全国重点旅游院校精品教材

中国旅游地理

（第二版）

主　编　姚雪峰
副主编　王佼佼　韩黄英
参　编　林　婧　闫利娜　刘　芳　刘依川　袁晓红　郭艳萍

中国旅游出版社

全国重点旅游院校精品教材编审委员会

顾　问

教育部高校旅游管理类专业教学指导委员会主任　　　　田里教授
海南大学　　　　　　　　　　　　　　　　　　　　　谢彦君教授

主　任

云南旅游职业学院原院长　　　　　　　　　　　　　　范德华
中国旅游出版社副社长　　　　　　　　　　　　　　　张文广

副主任

曙光酒店集团　　　　　　　　　　　　　　　程浩常务副总裁
华侨城旅游事业部　　　　　　　　　　　　王刚高级副总经理
太原旅游职业学院　　　　　　　　　　　　　张立芳副院长
江西旅游商贸职业学院　　　　　　　　　　　胡建华副院长
河北旅游职业学院　　　　　　　　　　　　　汤云航院长
三峡旅游职业技术学院　　　　　　　　　　　张耀武副院长
山西旅游职业学院　　　　　　　　　　　　　何乔锁院长
黑龙江旅游职业技术学院酒店管理烹饪系　　　刘训龙主任
陕西旅游烹饪职业学院　　　　　　　　　　　王新艳院长
青岛酒店管理职业技术学院文旅学院　　　　　石媚山院长

秘书长

中国旅游出版社教材与学术编辑室主任　　　　　　　　段向民

委员（各教材主编，略）

序

我国旅游教育经历了30年的发展，1733所旅游类院校积累了1.2万多种各类旅游教材，涉及的课程达到280多门。通过对多所院校及对学生的调研，我们发现现行旅游教材主要存在以下问题：同质化现象严重；教材不能很好地体现企业及相关行业的岗位需求；理论化突出而实践性不足；版式设计不够活泼；配套教学资源不完善。

为贯彻落实教育部最新教改精神，促进旅游等行业的教育事业发展，为进一步推动旅游高等职业教育国家级规划教材建设工作，发挥旅游类教材建设在提高旅游人才培养质量中的基础性作用，全面提升高等职业教育旅游类教材质量，教材编审委员会特组织编写团队，联合开发立体化教材。全国重点旅游院校"十三五"规划教材计划分批出版，第一批拟出版35种，涵盖了旅游管理大类的大部分专业核心课程。此次所选院校，均为以"旅游""酒店"等字样命名的院校，保证了院校的专业性。此次教材编审队伍搭建真正实现了专家指导、企业参与、编者共享的格局。专家有以田里教授、谢彦君教授为代表的业界翘楚，曙光酒店集团常务副总裁程浩、华侨城旅游事业部高级副总经理王刚等企业高管参与了教材的审稿工作，专家、院校、企业三方共同努力，努力打造出一套实用性强的教材。

令人欣慰的是，在新常态下，旅游业迎来了全新的发展机遇，业已进入又快又好发展的黄金期。伴随旅游业发展黄金期的到来，对于旅游相关人才的需求与日俱增，势必为旅游教育的发展开辟广阔前景。2015年10月26日，教育部会同国家旅游局联合发文，颁布了《加快发展现代旅游职业教育的指导意见》，特别强调要"加快构建现代旅游职业教育体系，深化产教融合、校企合作，培养适应旅游产业发展需求的高素质技术技能和管理服务人才"。文件指出，"鼓励校企联合开发专业课程，增加任务驱动型、项目开发型、行动研究型、案例教学型课程数量。组织开展优质课程资源建设,搭建旅游职业教育国家级数字化课程资源共享平台,支持开发一批数字化课程资源包"。本套教材的立体化开发,就是课程资源包的一部分。

教材是体现教学内容和教学要求的知识载体,是进行教学的基本工具,是提高教学质量的重要保证。本套教材改变了过去单一的课本教材模式,配合现代教育教学方式的改革,把课本、教学参考书、学生练习册、电子课件和多媒体教学手段以及网上教学辅导相结合,形成了教材的立体化开发格局。

全国重点旅游院校"十三五"规划教材编审委员会

2016年9月

再版前言

"中国旅游地理"是高职院校旅游管理专业学生的专业基础课程。再版教材突出学生的学习主体性，各单元以任务驱动为主线，围绕任务展开学习，注重学习中学生的主体性，提高学生分析和解决问题的能力，力求培养和提高学生的实际职业能力；各单元加入小结，注重教材内容的完整性；修改了单元练习，既有知识性又有实操性的练习，形成可考核、可互动的相关内容，锻炼学生将知识转变为专业性的技能技巧。

同时，结合党的"文旅行业融合发展实践"二十大精神，"增强中华文明传播力影响力"，以"思政链接"的形式增加更多的"思政"元素，让马克思主义中国化时代化的最新理论成果进教材，践行"为党育人、为国育才"的初心使命，培养德智体美劳全面发展的社会主义建设者和接班人。

本次再版，各单元增加多个微课，数字化资源以可视、可听、可互动让学生更加直观地学习。

再版教材以纸质教材为主、数字化资源为补充，具有较强的岗位指导性。

再版教材由河北旅游职业学院姚雪峰担任主编，河北旅游职业学院王佼佼及山西职业技术学院韩黄英担任副主编。全书共12个单元，其中，单元一、单元十二由姚雪峰编写，字数约80千字；单元二、单元七由河北旅游职业学院王佼佼编写，字数约81千字；单元三由唐山职业技术学院刘芳编写，字数约26千字；单元四由河北旅游职业学院闫利娜、山西旅游职业学院袁晓红（负责山西旅游区）编写，字数约43千字；单元五由河北旅游职业学院闫利娜编写，字数约40千字；单元六由河北旅游职业学院刘依川、姚雪峰编写，字数约26千字；单元八、单元九由河北旅游职业学院林婧编写，字数约81千字；单元十由山西旅游职业学院郭艳萍编写，字数约23千字；单元十一由山西职业技术学院韩黄英编写，字数约25千字。各单元微课由各单元编者提供。姚雪峰负责全书的统稿和审稿工作。

  本书在编写过程中，编者借鉴并参考了大量的资料和学者的书籍，在此表示由衷的谢意！由于时间仓促和水平有限，书中的疏漏与不足敬请专家、读者批评指正，并表示感谢！

编者
2024 年 1 月

前 言

"中国旅游地理"是高职院校旅游管理专业学生的专业基础课程。教育部发布的《高等职业教育创新发展行动计划（2015—2018年）》文件提出"创新发展高等职业教育，实现高等职业教育整体实力显著增强、人才培养质量持续提高、服务经济社会发展水平显著提升、高等教育结构优化成效更加明显"的目标，从而推动现代职业教育体系日臻完善，并把明确的任务和项目作为高等职业教育改革发展的工作载体，推动高等职业教育创新发展。为适应高职院校的课程改革，我们编写了此书。

本书编写以"教学做一体"为原则，理论知识本着"求实、求新、求简"的原则，所提供的知识与当前旅游的实际相结合；内容的编排上，既照顾内容的完整性，又删繁就简，突出重点。各单元设计，大多结合旅游企业的实际岗位需要，以任务驱动为主线，围绕任务展开学习，注重学习中学生的主体性，提高学生分析和解决问题的能力。同时，将知识转变为专业性的技能技巧，力求培养和提高学生的实际职业能力。本书分为12个单元，以任务驱动为主体，分为单元任务、知识准备、任务训练、课后作业4大部分，介绍了旅游地理学科理论、旅游地理环境和11个旅游区及34个旅游亚区的特色旅游资源和重要旅游景区景点。

本书的特色体现如下：

一、突出职业性和实用性。在教材内容的选取上结合旅游企业实际工作岗位的需要，设计任务，在完成任务的过程中认识岗位对知识的需求，并且在任务设计上注重可操作性。

二、理论教学以"适度、够用"为原则。针对高职高专学生的特点，以实用有效为宗旨，内容选取难易适中，培养学生主动探究和创新实践精神，给学生终身受用的知识和能力，适应时代对教育的要求。

三、突出旅游地理课程的地理性、区域性特点。引导学生学习代表性的旅游地图，便于学生形成空间概念，熟悉各旅游地的方位关系。各旅游大区特色旅游的概括，可以帮助学生把握中国旅游大区的地域性特点，为以后满足旅游企业岗位需要打下基础。

本书由河北旅游职业学院姚雪峰和山西旅游职业学院郭艳萍担任主编，河北旅游职业学院周立红、刘玉玲和山西职业技术学院韩黄英担任副主编。全书共12个单元，其中，单元一、单元六由姚雪峰编写，单元二、单元七由河北旅游职业学院王佼佼编写，单元三由周立红编写，单元四、单元五由河北旅游职业学院闫利娜编写，单元八、单元九由河北旅游职业学院林婧编写，单元十由郭艳萍编写，单元十一由韩黄英编写，单元十二由姚雪峰、刘玉玲编写，书中旅游线路由河北旅游职业学院李海梅编写。姚雪峰负责全书的统稿和审稿工作。

本书在编写过程中，编者借鉴并参考了大量的资料和学者的书籍，在此表示由衷的谢意！由于时间仓促和水平有限，书中的疏漏与不足敬请专家、读者批评指正，并表示感谢！

编者

2016年9月

目 录

单元一 中国旅游地理概述 ·· 1
    任务一 认知旅游和地理的关系 ·· 1
    任务二 认知中国旅游地理 ·· 4

单元二 林海雪原、火山熔岩、关东文化游——黑吉辽旅游区 ·· 11
    任务一 黑吉辽旅游区旅游特色 ·· 11
    任务二 黑龙江旅游区 ·· 17
    任务三 吉林旅游区 ··· 26
    任务四 辽宁旅游区 ··· 32

单元三 皇都名城、现代都市、燕赵文化游——京津冀旅游区 ·· 45
    任务一 京津冀旅游区旅游特色 ·· 45
    任务二 北京旅游区 ··· 49
    任务三 天津旅游区 ··· 59
    任务四 河北旅游区 ··· 65

单元四 古都古城、山岳胜迹、中原文化游——晋鲁豫陕旅游区 ······································ 80
    任务一 晋鲁豫陕旅游区旅游特色 ··· 80
    任务二 陕西旅游区 ··· 85
    任务三 山西旅游区 ··· 93
    任务四 河南旅游区 ·· 108
    任务五 山东旅游区 ·· 114

单元五 魅力草原、最美大漠、蒙古游牧文化游——内蒙古旅游区 ································· 122
    任务一 内蒙古旅游区旅游特色 ·· 122
    任务二 内蒙古旅游区 ··· 126

单元六　大漠绿洲、奇异民情、丝路文化游——宁甘新旅游区 …………………… 136
　　任务一　宁甘新旅游区旅游特色 …………………………………………… 136
　　任务二　宁夏旅游区 ………………………………………………………… 140
　　任务三　甘肃旅游区 ………………………………………………………… 146
　　任务四　新疆旅游区 ………………………………………………………… 157

单元七　秀山丽水、名城佳园、吴越文化游——沪苏浙皖赣旅游区 ………… 166
　　任务一　沪苏浙皖赣旅游区旅游特色 ……………………………………… 166
　　任务二　上海旅游区 ………………………………………………………… 169
　　任务三　江苏旅游区 ………………………………………………………… 175
　　任务四　浙江旅游区 ………………………………………………………… 185
　　任务五　安徽旅游区 ………………………………………………………… 192
　　任务六　江西旅游区 ………………………………………………………… 199

单元八　峡谷巨川、革命圣地、蜀楚文化游——川渝鄂湘旅游区 …………… 207
　　任务一　川渝鄂湘旅游区旅游特色 ………………………………………… 207
　　任务二　四川旅游区 ………………………………………………………… 212
　　任务三　重庆旅游区 ………………………………………………………… 222
　　任务四　湖北旅游区 ………………………………………………………… 228
　　任务五　湖南旅游区 ………………………………………………………… 235

单元九　岩溶洞乡、多彩民俗、西南文化游——黔滇桂旅游区 ……………… 243
　　任务一　黔滇桂旅游区旅游特色 …………………………………………… 243
　　任务二　贵州旅游区 ………………………………………………………… 248
　　任务三　云南旅游区 ………………………………………………………… 256
　　任务四　广西旅游区 ………………………………………………………… 267

单元十　雪域高原、圣山圣湖、藏乡文化游——青藏旅游区 ………………… 277
　　任务一　青藏旅游区旅游特色 ……………………………………………… 277
　　任务二　青海旅游区 ………………………………………………………… 282
　　任务三　西藏旅游区 ………………………………………………………… 290

单元十一 奇山阔海、热带侨乡、岭南文化游——闽粤琼旅游区 ……………………299
　　任务一　闽粤琼旅游区旅游特色 ……………………………………………299
　　任务二　福建旅游区 …………………………………………………………304
　　任务三　广东旅游区 …………………………………………………………311
　　任务四　海南旅游区 …………………………………………………………320

单元十二　港澳台旅游区 ………………………………………………………329
　　任务一　港澳台旅游区旅游特色 ……………………………………………329
　　任务二　香港旅游区 …………………………………………………………332
　　任务三　澳门旅游区 …………………………………………………………337
　　任务四　台湾旅游区 …………………………………………………………341

单元一

中国旅游地理概述

任务一　认知旅游和地理的关系

中国浙江的钱塘江大潮、安徽的黄山、江西的庐山、四川的峨眉山，古巴比伦的"空中花园"，约旦的"死海"，古埃及的金字塔及狮身人面像，北非撒哈拉大沙漠的"火神火种"壁画，加勒比海的百慕大群岛和远古玛雅文明遗址……沿地球北纬30°线前行，就可以看见这些奇妙的自然景观和许多令人难解的人类遗迹。不同的地域，存在不同的旅游景观，我们所见到的旅游景观都存在于一定的地理空间，并以一定的地理事物作为观赏对象，地理环境的区域差异性形成各自不同的旅游环境和旅游资源，由此可见，旅游与地理密不可分。

任务目标

中国民居的样式和风格呈多样化，分析造成这种景观现象的原因。

任务分析

分析造成中国民居的样式和风格多样化的原因，应先分析中国的民居地理分布和风格特点，然后从旅游和地理的关系入手，从而得出结论。

— 1 —

知识准备

一、旅游地理学

人类旅游活动是人类社会发展到一定历史阶段所产生的一种社会文化现象，是分布于广阔地理环境新兴的物质文化生活的高级消费形式，是人们为寻求精神上的愉快感受而进行的非定居性旅行和在游览过程中所发生的一切关系和现象的总和，同时也是以各种不同方式分配空间和利用时间的地理现象。

20世纪30年代，美国地理学家克·麦克默里发表的《游憩活动与土地利用的关系》一文，被公认为第一篇关于旅游地理研究的论文。"第二次世界大战"后，随着大众旅游的蓬勃发展，地理学界开展了广泛的地理研究。20世纪70年代中期，旅游地理学开始形成学科体系。鲁滨孙（H.Robinson）的《旅游地理学》、马特勒（M.Matley）的《国际旅游地理》、科特梁罗夫（E.A.Kotlyarov）的《休憩与旅游地理》、皮利（G.H.Pirle）的《旅行数据与时空生态学》、阿姆布洛西奇（J.Ambrozich）的《旅游地理学》和史密斯（S.Smith）的《旅游地理学过程、成果和展望》等都是具有一定代表性的旅游地理学著作。

地理学是研究地理环境以及人类活动与地理环境相互关系的科学。它具有两个显著的特点：

第一，综合性。地理环境由大气圈、水圈、岩石圈、生物圈等圈层构成，是地球表层各种自然要素、人文要素有机组合而成的复杂系统。地理学兼有自然科学与社会科学的性质。

第二，地域性。地理学不仅研究地理事物的空间分布和空间结构，而且阐明地理事物的空间差异和空间联系，并致力于揭示地理事物的空间运动、空间演变的规律。

旅游地理学是地理学的分支学科，是为了适应大众旅游活动和旅游产业发展需要，把地理学知识和技能应用于旅游领域的一门新兴学科。简言之，旅游地理学就是研究人类旅游活动与地理环境、社会经济之间关系的学科。

二、旅游和地理的关系

美国著名地理学家伊恩·姆·马特勒在《国际旅游地理》一书中说："旅游几乎没有哪个方面与地理无关，地理也几乎没有哪个部门无助于研究旅游现象。"旅游和地理的关系非常密切。

首先，人类的旅游活动是在一定的地理空间进行的。旅游者从居住地到旅游目的地再返回居住地，都离不开地理空间，是在地理空间位置上的移动。旅游活动的异地性和空间流动性，是其区别于其他休闲活动的最根本特征。

其次，人类的旅游活动都以一定的地理环境中的旅游资源作为观赏对象。各种旅游资源既是地理环境的组成部分，同时它们的形成和存在又受地理环境的影响和制约。自然旅游资源是在自然地理环境背景中产生的，它是地质、地貌、水文、气候、生物等自然地理环境因素相互影响相互作用的结果，如高山冰雪、热带雨林、大漠驼铃、林海雪原等；人文旅游资源也会受到一定自然地理环境的影响，并带有一定的区域特征的烙印，如中国的万里长城、埃及的大金字塔、雅典的古代神庙等。

最后，旅游地理环境的差异性形成了各地不同的旅游环境和旅游资源。旅游业是由旅游者、旅游资源和旅游媒介组成的，而旅游资源是旅游目的地吸引旅游者的最重要的因素。旅游地理环境的区域差异性形成了各地特色不同的旅游资源。正是这种差异的存在，唤起了人们的好奇心，促使人们产生旅游的欲望。不同地理环境产生的自然旅游资源和人文旅游资源的差异是人类旅游活动的基本动力。

小结

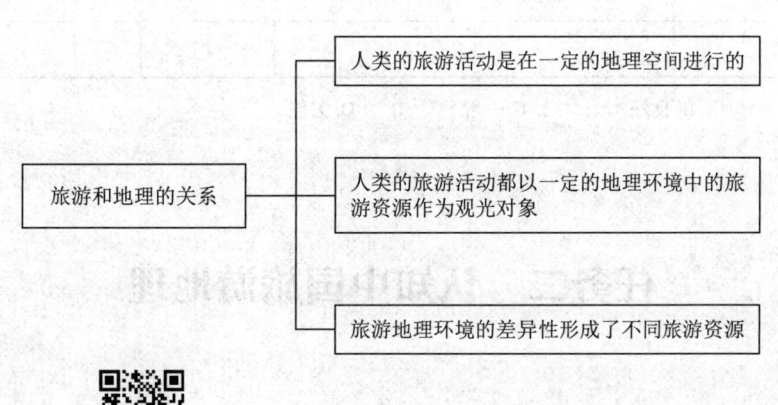

旅游和地理的关系
- 人类的旅游活动是在一定的地理空间进行的
- 人类的旅游活动都以一定的地理环境中的旅游资源作为观光对象
- 旅游地理环境的差异性形成了不同旅游资源

任务训练

中国民居

表 1-1-1 中国特色民居

特色民居	分布地区	民居特点
四合院		
窑洞		
土楼		
蒙古包		
一颗印		

续表

特色民居	分布地区	民居特点
碉楼		
竹楼		
原因分析		

任务评价

表1-1-2 中国特色民居任务评价

评价指标	评价分值											
	自我评价				组间评价				教师评价			
	A	B	C	D	A	B	C	D	A	B	C	D
分布地区												
民居特点												
原因分析												
团队合作												
总体印象												

A. 优秀　　　B. 良好　　　C. 一般　　　D. 欠佳

任务二　认知中国旅游地理

"观国之光"一词来源于中国古代的《易经》。中国是一个有着悠久旅游传统的国家，古代中国的旅游地理论述和研究始终伴随着中国人的旅行。《诗经》是最早记载中国人旅游活动的著作；《货殖列传》是中国最早的旅游经济地理著作；《水经注》是公元6世纪前中国最全面、最系统的地理学著作；《徐霞客游记》是中国古代著名的旅游地理著作。近现代，中国旅游地理学的研究更是不断发展，并取得了丰硕的成果。

任务目标

以小组为单位，概括中国哈尔滨、北京、三亚、苏州、桂林、兰州、拉萨的旅游景观特色，在此基础上，试分析影响中国多样性的旅游景观的因素。

任务分析

分析造成中国旅游景观多样性的原因，可以从分析中国的自然地理环境和人文地理环境入手，分析中国各地的自然地理环境和人文地理环境的差异，从而得出结论。

对哈尔滨、北京、三亚、苏州、桂林、兰州、拉萨旅游景观特色的概括，也要从分析这些城市的自然地理环境和人文地理环境入手，从而得出结论。

知识准备

一、地理环境与旅游活动

旅游与地理环境

地理环境由大气圈、水圈、岩石圈、生物圈等圈层构成，是地球表层各种自然要素、人文要素有机组合而成的复杂系统。旅游活动离不开旅游地理环境，它是人类在一定地理环境中的特殊活动，旅游活动受地理环境的制约并在一定程度上影响着地理环境。自然地理环境是由岩石、地貌、土壤、气候、水文、生物等自然要素有机结合而成的自然综合体，具有复杂性、多样性、地带性的特点。任何两个地区的自然地理环境都不可能是完全相同的，不同地区的自然地理环境形成了不同的旅游景观，许多自然旅游资源只能在特定的地理环境中形成，如岩溶地貌、丹霞地貌、黄土地貌、冰川地貌等。人文地理环境是人类的社会、文化和生产活动的地域组合，包括人口、民族、聚落、政治、经济、交通、军事、社会等成分。同自然地理环境一样，不同的人文地理环境形成了不同的人文旅游资源，如中国56个民族拥有着不同的民俗。

（一）地理环境对旅游活动的影响

地理环境的差异是旅游动机产生的基础；地理环境造就和烘托了旅游资源；地理环境的地域差异，导致旅游资源分布的区域性；地理环境的演变、突变改变着景物的形态，影响着区域旅游业的发展。

（二）旅游活动对地理环境的影响

人类的旅游活动深受地理环境的影响和制约，而旅游活动对地理环境也有反作用。人类为了发展旅游，并使旅游业取得良好的社会、经济效益，往往会在地理环境质量较高的地区，充分利用旅游资源和环境，从事旅游建设和旅游活动，使地理环境向着更有利于人类生存和旅游活动的方向发展。与此同时，在旅游开发过程中，人类有意或无意地破坏了环境与资源，变坏的环境又反过来作用于人类社会，引起旅游活动和环境的变化。

二、中国的地理环境

（一）中国自然地理环境

1. 复杂多样的地形地貌

中国地域辽阔，地质构造、地表组成物质及气候水文条件都很复杂，按地貌形态可分为山地、高原、丘陵、盆地、平原五大基本类型。其中山地和高原的面积较广，丘陵和平原占的比例较少。除以上五种基本地貌类型外，由于地势垂直起伏大，海陆位置差异明显引起的外营力的地区差别及地表组成物质不同等，还形成了冰川、冰缘、风沙、黄土、喀斯特、火山、海岸等多种特殊地貌。各种地貌类型都有其独特的形态和魅力，复杂多样的地形地貌使得中国自然风光多奇景。

【知识链接】

中国位于北半球，处在世界最大的洲——亚洲的东部，东临世界最大的洋——太平洋，领土疆域有960多万平方公里，在世界上排名第三位，地理位置十分优越。中国领土最东端在黑龙江省抚远三角洲即黑瞎子岛（48°27′N，135°05′E），是位于黑龙江和乌苏里江主航道中心线交会处的一个岛系，是中国最早见到太阳的地方；最西端在新疆帕米尔高原，约在中、塔、吉三国边界交点西南方约25公里处（39°15′N，73°33′E），那里有一座海拔5000米以上的雪峰；最北端位于东八区，北纬53°33′，黑龙江省的（漠河县）漠河以北的黑龙江主航道的中心线上；最南端在南海的南沙群岛中的曾母暗沙（3°58′N，112°16′E）。

2. 丰富多彩的气候类型

中国幅员辽阔，气候类型丰富多彩。最北的漠河位于北纬53°以北，属寒温带；最南的南沙群岛位于北纬3°58′，属赤道气候。中国高山深谷，丘陵盆地众多，受到地带性和非地带性因素的影响，气候类型多样。例如，青藏高原4500米以上的地区四季常冬，南海诸岛终年皆夏，云南中部四季如春，其余绝大部分地区四季分明。

【知识链接】

　　从纬度位置看，中国领土南北跨纬度很广，一部分位于中纬度地区，属北温带，一部分位于北回归线以南的热带。但我国没有地区位于寒带，只有在高山地区才有类似寒带的终年冰雪带。从海陆位置看，我国幅员辽阔，濒临渤海、黄海、东海、南海以及太平洋，有众多的岛屿和港湾，是一个海陆兼备的国家。纬度地带性，从北向南6000公里，从热带雨林到极地，丰富多样。经度地带性，按距海洋距离，由东到西，逐渐增大，气候也由湿润变得干旱。

3. 多种多样的水体环境

　　中国水域辽阔，是一个高山大河、瀑布湖泊、冰川海滨非常丰富的国家。中国既拥有总面积达17.47万平方公里的内陆水域，又毗邻浩瀚的海洋，同时江河湖泊泉兼备。水与山体、水与生物、水与气候、水与建筑物等，通过相互结合、交融渗透，形成了数量丰富、观赏价值和欣赏价值较高的水体旅游资源，并为开展各种水上旅游活动提供了广阔的场所。

4. 得天独厚的生物资源

　　中国在复杂多样的地形、气候等自然因素的综合作用下，形成了丰富的生物种类和多样化的生物群落。中国是世界上生物旅游资源最丰富的国家之一，几乎世界上所有的植物都可在中国找到生存的环境。加之在第四纪冰川期，中国许多地区未被冰川所覆盖，为大陆上的物种和生物群落的保存、发展提供了理想的场所，从而使中国不但生物种类丰富繁多，而且各地都不同程度地保存有白垩纪、第三纪以来的许多孑遗物种及其形成的植物群落，可以说中国的动植物旅游资源得天独厚。

　　复杂的地形地貌、丰富的气候类型、多样的水体环境和得天独厚的生物旅游资源，形成了中国独具特色、丰富多彩的自然旅游资源。

（二）中国人文地理环境

1. 源远流长的发展历史

　　中国是世界上文明发达最早的国家之一。发现于云南元谋的猿人化石表明，距今170万年前的"元谋人"是中国境内已知最早的原始人类。距今9000—4000年的新石器时代，中国形成了旱地农业经济区、稻作农业经济区和狩猎采集经济区。在距今六七千年的浙江余姚河姆渡和西安半坡遗址，发现了人工栽培的稻谷和粟粒及农耕工具。大约在5000年前，中国人已经发明创造了冶炼铜的技术。殷墟出土的甲骨文，证实中国有将近4000年的有文字可考的历史。3000多年前的商代，开始使用铁器；在制陶方面，有了白陶和彩陶；丝织生产也相当发达，产生了世界上最早的提花丝织技术。到了春秋时期，制钢技术已经出现。源远流长的历史发展到今天，为中国留下了许多具有不同时代特色的历史古迹。

2. 灿烂辉煌的中华文化

中国古代文化灿烂辉煌，是世界四大文明古国之一。早在数千年以前，中国就以独具特色的大河文化而闻名。其后，经过中华儿女的长期创造和积淀，中华文化更加丰富多彩、博大精深，其成就和影响，举世罕见。灿烂辉煌的中华文化，留下了许多具有不同时代特色的文化古迹。万里长城、秦陵兵马俑、剑门蜀道、京杭大运河、赵州桥、北京故宫等，都是世界建筑艺术史上的辉煌遗迹；造纸术、印刷术、指南针、火药，是中国科技成果的重要标志；摩崖石刻、古典园林、佛教石窟、陶瓷工艺等，具有鲜明的民族风格。同时，显示中华民族博大精深的文化底蕴和艺术渊源的文化艺术古迹也是中国人文旅游资源的重要组成部分。

3. 丰富多彩的民族风情

中国是一个统一的多民族的国家，56个民族由于所处的地理环境不同，在居住、饮食、服饰、生产、交通、婚丧、宗教、节庆，乃至语言文字、文学艺术等方面，形成了各自鲜明独特的习俗。任何一个旅游地区的民族风情在反映当地历史文化的同时，又反映了当地的社会生活，是旅游景区中重要的文化景观之一，它常常以浓郁的地方特色、鲜明的民族风采、形神兼备的表现形式，扩展了旅游内涵，成为旅游活动中最生动的旋律。丰富多彩的民族风情可以让旅游者在亲身感受中，分享快乐、开阔眼界，并获得历史、艺术、宗教等方面的文化知识。

三、中国旅游地理区划

旅游地理区是指自然地理与人文地理环境特征基本相似，自然旅游风光与旅游特征基本相近的地理区域综合体。旅游地理区划是人们因旅游的需求、规划、研究等实际需要，按照不同标准和指标，对一定地域的旅游资源所进行的地理区域划分。旅游地理区划是一个国家或地区旅游发展的一项基础工作，也是旅游工作者的一项基本技能，对国家旅游经济建设和旅游人才培养有积极作用。

中国旅游区划工作，各位学者因教学和科研的需要，先后提出一些方案。本书根据旅游区划的原则，依据旅游资源和区域文化的特点，在保证行政区划大体完整情况下，将全国划分为11大旅游区、34个旅游亚区，具体如表1-2-1所示。

表 1-2-1　中国旅游分区

旅游大区	旅游亚区
林海雪原、熔岩海滨、关东文化游——黑吉辽旅游区	黑龙江、吉林、辽宁
皇都名城、现代都市、燕赵文化游——京津冀旅游区	北京、天津、河北
古都古城、山岳胜迹、中原文化游——晋鲁豫陕旅游区	山西、山东、河南、陕西
魅力草原、最美大漠、蒙古游牧文化游——内蒙古旅游区	内蒙古
大漠绿洲、奇异民情、丝路文化游——宁甘新旅游区	宁夏、甘肃、新疆
秀山丽水、名城佳园、吴越文化游——沪苏浙皖赣旅游区	上海、江苏、浙江、安徽、江西
峡谷巨川、革命圣地、蜀楚文化游——川渝鄂湘旅游区	四川、重庆、湖南、湖北
岩溶洞乡、多彩民俗、西南文化游——黔滇桂旅游区	贵州、云南、广西
雪域高原、圣山圣湖、藏乡文化游——青藏旅游区	青海、西藏
奇山阔海、热带侨乡、岭南文化游——闽粤琼旅游区	福建、广东、海南
港澳台旅游区	香港、澳门、台湾

小结

```
                    ┌─ 地理环境与旅游活动
                    │                      ┌─ 中国自然地理环境
   中国旅游地理 ─────┼─ 中国的地理环境 ─────┤
                    │                      └─ 中国人文地理环境
                    └─ 中国旅游地理区划
```

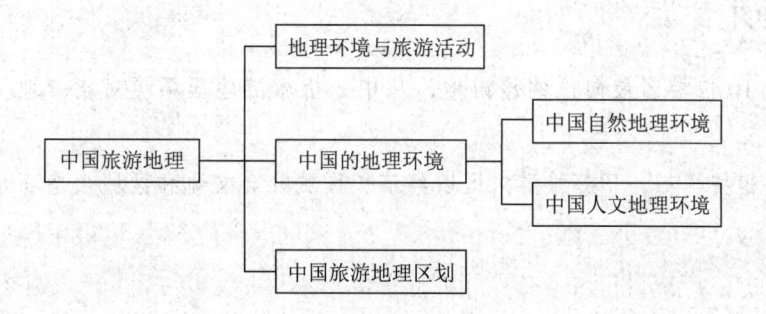

任务训练

表 1-2-2　中国特色旅游城市

特色旅游城市	景观特色
哈尔滨	
北京	
三亚	
苏州	
兰州	
桂林	
拉萨	
原因分析	

任务评价

表1-2-3 任务训练评价

评价指标	评价分值											
	自我评价				组间评价				教师评价			
	A	B	C	D	A	B	C	D	A	B	C	D
景观特点把握												
原因分析												
阐述过程												
团队合作												
总体印象												

A. 优秀　　　B. 良好　　　C. 一般　　　D. 欠佳

单元练习

1. 调查10位游客最向往的旅游地，从中分析旅游地理环境对旅游地选择的影响。

2. 查找相关资料，了解旅游对区域经济、区域社会文化和区域生态环境的影响。

单元一知识测试

单元二

林海雪原、火山熔岩、关东文化游
——黑吉辽旅游区

任务一　黑吉辽旅游区旅游特色

本旅游区包括黑龙江省、吉林省和辽宁省。这里有崇山林海，植被丰富，是野生动物的天堂；这里有漫长的海岸线，丰富的海洋动植物资源；还有沉睡的活火山、如仙境般的天池、熔岩。本旅游区与俄罗斯和朝鲜接壤，边境异域风情浓厚。汉族、满族、回族、蒙古族、朝鲜族、达斡尔族、鄂伦春族等生活在白山黑水之间，本区有着独特的北国风光。

任务目标

根据本区的旅游特色，设计本区旅游主题。

任务分析

要想设计本区的旅游主题，首先要了解本区的地理环境及特色旅游资源的类型、功能和成因，从而归纳本区旅游特色，设计本区旅游主题。

知识准备

一、地貌类型丰富，火山熔岩地貌突出

本区地貌类型丰富，有河谷，包括黑龙江、乌苏里江、鸭绿江的河谷。有山地，包括兴安山地、长白山山地、千山山地等。有平原，包括三江平原、松嫩平原、辽河平原。旅游区旅游景点也突出了山和水，著名的景点有长白山、松花湖、镜泊湖等。

本区濒临环太平洋火山带，第三纪以来，经历了多期岩浆活动，区内火山数量之多，熔岩规模之大，火山景观之典型，均居全国首位。它们主要出现于东北平原的外围，其中有的是近200多年前才喷发形成的，共有5个新生代火山带，11个火山群：五大连池火山群、镜泊湖火山群、科洛火山群、牡丹峰火山群、长白山火山群、龙岗火山群、伊通火山群、诺敏河—毕拉河火山群、绰尔河火山群、哈拉哈河火山群和宽甸火山群。

本区有漫长的海岸线，夏季的海滨清爽宜人。本区濒临渤海和黄海，海岸线曲折，多岛屿。千山山脉以东北—西南走向贯穿辽东半岛，山、海、岛、礁、沙滩、渔港、渔村相互融合，形成了多种特色的海滨风光，是旅游、避暑和疗养胜地。尤其是大连作为避暑胜地最为有名，众多的海滨浴场，沙软水清，环境优雅，景色宜人。

二、白色旅游资源独树一帜

寒冷而漫长的冬季是本区一大特色，冬季降雪日数多，积雪期长，积雪深。积雪最深可达50厘米，其白色旅游资源独树一帜，有利于开展冰雪特色旅游项目。

（一）冰雕和冰灯

冰雕，是一种以冰为主要材料来雕刻的艺术形式。同其他材料的雕塑一样，冰雕也分圆雕、浮雕和透雕三种。冰雕是一种雅俗共赏、赋抽象于具象之中、具有极高欣赏价值的艺术。冰灯，融冰雕艺术和灯光艺术为一体，是我国北方冬季民间流传的一种艺术形式。

哈尔滨是中国冰雪艺术的摇篮，哈尔滨冰灯驰名中外。哈尔滨冰灯游园会是中国冰灯艺术的发源地，是世界上形成时间最早、规模最大的室外冰灯艺术展览。冰景是以松花江天然冰、自来水和各种电灯为材料，用砌筑、堆垒、雕刻、喷浇、冷冻和镶嵌等方法，根据特定的主题需要和总体布局安排，在不同的园林空间加工出来的，是

融绘画、雕塑、建筑、园林、文学、音乐等多种艺术于一身并运用光学、力学、声学及电气、机械等科学技术的新兴的造型艺术。

（二）雪雕

又称雪塑，是把用雪制成的雪坯经过雕刻，塑造出的立体造型艺术，与冰灯、冰雕并称冰雪雕塑艺术。压缩后的雪坯有硬度，可以雕刻，加上雪有黏度，又可堆塑，使雪塑既有石雕的粗犷敦厚风格，又有牙雕的细腻圆润特点，形式厚重，空间感强，银白圣洁，富有光泽，雅俗共赏。尽管雪雕的寿命和其他雕塑作品相比十分短暂，但雪雕作品要比石雕、泥雕更有灵气。

（三）雾凇

雾凇俗称树挂，是北方冬季可以见到的一种类似霜降的自然现象，是一种冰雪美景。雾凇是由于雾中无数0℃以下而尚未结冰的雾滴随风在树枝等物体上不断积聚冻结的结果，表现为白色不透明的粒状结构沉积物。雾凇现象在我国北方是很普遍的，在南方高山地区也很常见，只要雾中有过冷却水滴就可形成。本区吉林的雾凇，号称中国四大自然奇观之一，每年都会吸引几万中外游客远道而来。

三、天象奇景独一无二

每年夏至这天，是大兴安岭漠河县北极光节。北极光和"白夜"是漠河独有的自然景观，因而人们又称漠河县为中国的"不夜城"和"极光城"。漠河是中国唯一的北极光最佳观测地，在每年的夏至前后9天左右时间内都容易看到。

漠河北极村位于北纬53°线以上，由于纬度较高，在夏季就产生了白昼现象。这些因素结合在一起，就使北极村成为观测神奇极光的最佳地点。又由于漠河位于北半球，所以人们通常把在漠河所看到的极光称为北极光。北极光的形状很多，在漠河出现的，综合起来有条状的、带状的、伞状的、扇状的、片状的、葫芦状的、梭状的、圆柱状的、球状的等。北极光的颜色是赤、橙、黄、绿、青、蓝、紫各色相间，色彩分明。由初升到消逝，其间变幻神奇莫测，缤纷绮丽。

四、生态旅游形式多样

本区旅游区具有丰富的生物旅游资源，可以开展形式多样化的生态旅游。

（一）森林旅游

本区是寒温针叶林和针阔混交林的主要分布区。红松是东北森林的典型树种。大小兴安岭、长白山是全国最大的林区，本区所拥有的原始森林面积和森林总面积在全国各旅游区中皆居首位，本区原始森林边缘地区在观光游览、康乐度假及科学考察等方面的旅游价值极高。

（二）生物旅游

本区是我国高纬度地区不可多得的野生动植物乐园，这里的黑熊、东北虎、金钱豹、紫貂、梅花鹿、丹顶鹤、人参、猴头蘑、黄芩、灵芝、不老草等动植物驰名中外，人参、貂皮、鹿茸被称为"关东三宝"。本区是我国目前最重要的动植物保护区，主要的自然保护区有扎龙丹顶鹤自然保护区、东北虎国家级自然保护区、丰林自然保护区、长白山自然保护区、医巫闾山自然保护区等。这些自然保护区不仅能唤醒和增强游客的生态环保意识，同时也为游客提供了更多的观赏对象和旅游地。

（三）湿地旅游

湿地是指海洋和内陆常年有浅层积水或土壤过湿的地段。许多湿地自然环境独特，风光秀丽，是人们旅游、度假、疗养的理想佳地。本区湿地面积居全国首位，相对成片的有乌裕尔河沼泽湿地、三江平原沼泽湿地和松阿察河沼泽湿地。目前已开发的湿地景区有扎龙自然保护区、三江自然保护区、洪河自然保护区、当奈湿地人居生态村、安邦河湿地公园等。

五、温带海滨风光奇特秀丽

本区濒临渤海和黄海，海岸线曲折，多岛屿。千山山脉以东北—西南走向贯穿辽东半岛，滨海旅游资源集中在辽宁地区，主要有辽南大连、辽东丹东、辽河三角洲营口及盘锦和辽西锦州及葫芦岛4个滨海旅游区。山、海、岛、礁、沙滩、渔港、渔村相互融合，形成了多种奇异秀丽的海滨风光，是旅游、避暑和疗养的胜地。

六、古代遗迹呈现多元化特色

本区历史古迹丰富，古城遗址众多，如辽、吉、黑三省的古长城；吉林省集安市与辽宁省桓仁县境内汉魏时期的高句丽古建筑、古墓群和壁画；黑龙江宁安市上京龙泉府遗址及留存下来的八宝琉璃井和南大庙、阿城区金代时期的都城——上京会宁府遗址等古迹；辽宁省境内现存的多处近代佛塔和清代关外三陵和沈阳故宫等。这些多元性文化遗址，既有游牧民族的风格，也反映了中原文化的特色，特别是以清代的古代遗迹保存最完整，而且数量最多，历史价值和旅游价值比较高。

七、民俗风情丰富多彩

本区民族众多，以汉族为主，同时包括满族、蒙古族、朝鲜族、回族、鄂伦春族、赫哲族等少数民族，其生产方式和生活方式的差异，形成了本区丰富多彩的民族风情。最典型的民间艺术是二人转和大秧歌。

【知识链接】

关东三怪

关东三怪是指"窗户纸糊在外、养个孩子吊起来、大姑娘叼个大烟袋"。因为关东的冬天长达四五个月，窗户纸糊在屋里容易被水蒸气弄湿，也容易被窗户缝的风吹坏，所以早些年在没有铝合金窗户之前，家家都把"窗户纸糊在外"。"养个孩子吊起来"这个习俗是源于本区最早的居民都是满族和蒙古族，这两个民族都是马背上的民族，即游牧民族，所以当大家逐水草而走的时候经常把孩子放在摇篮里挂在马背上迁移，就有了现如今的第二大怪。早在几十年前，妇女抽烟袋是很平常的，许多没嫁人的姑娘也叼着烟袋，因此被世人称为第三怪。这也是由于此区的冬天非常冷，当人们在外面劳作的时候，为了驱除寒气，人们往往会抽上一袋旱烟，而这根本就不关乎男女的问题，仅是一种生存的本能。

八、异域风情色彩浓烈

近代由于沙俄和日本的入侵，本区城市风貌留下了异域文化的痕迹。特别是哈尔滨，从城市规划到城市建设都采用俄罗斯的风格，同时又吸收了当时西方的建筑艺术特色，素来有着"东方小巴黎""东方莫斯科"的美名；吉林省长春市的伪满洲国皇宫，是中日合璧的产物，也是日本帝国主义侵华的物证；大连市中山广场附近的日式底层庭院式住宅区，也同样彰显着异域风情。

【思政链接】

关东地区曾诞生了中华人民共和国的第一炉钢水、第一架喷气式飞机、第一辆内燃机车、第一块"的确良"等，是我国重要的工业和农业基地，也是我国工业的摇篮，2018年9月，习近平总书记用了4天时间，行程2000公里，"把脉问诊"，对本地区的经济振兴提出了新要求。

小结

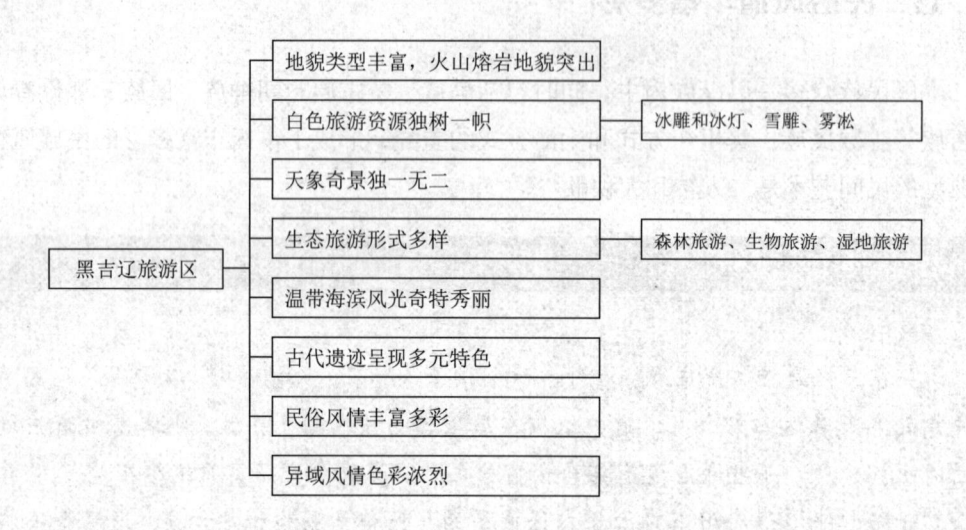

```
                    ┌─ 地貌类型丰富，火山熔岩地貌突出
                    ├─ 白色旅游资源独树一帜 ──── 冰雕和冰灯、雪雕、雾凇
                    ├─ 天象奇景独一无二
  黑吉辽旅游区 ──────┤─ 生态旅游形式多样 ──── 森林旅游、生物旅游、湿地旅游
                    ├─ 温带海滨风光奇特秀丽
                    ├─ 古代遗迹呈现多元特色
                    ├─ 民俗风情丰富多彩
                    └─ 异域风情色彩浓烈
```

任务训练

表2-1-1　黑吉辽旅游区旅游主题

主题名称	推荐理由	根据主题推荐的旅游景区或景点

任务评价

表2-1-2　黑吉辽旅游区旅游主题任务评价

评价指标	评价分值											
	自我评价				组间评价				教师评价			
	A	B	C	D	A	B	C	D	A	B	C	D
主题准确、鲜明												
推荐理由合理												

续表

评价指标	评价分值											
	自我评价				组间评价				教师评价			
	A	B	C	D	A	B	C	D	A	B	C	D
景点把握熟练												
团队合作												
总体印象												

A. 优秀　　　　B. 良好　　　　C. 一般　　　　D. 欠佳

任务二　黑龙江旅游区

黑龙江省是中国最东北的省份，也是全国纬度最高、气温最低的省份。全省面积为46万多平方公里，省会为哈尔滨市。北部、东部以黑龙江、乌苏里江为界，与俄罗斯相望；西部与内蒙古自治区毗邻；南部与吉林省接壤。全省属高寒温带大陆性气候，旅游资源具有古朴、原始、神奇的特色。冰雪旅游、火山熔岩景观、少数民族风情是本区的主要特色旅游。大森林、大湿地、大湖泊、大瀑布、大火山成为本区特色自然旅游资源。同时，北方都市风光、少数民族风情、边界小镇等人文景观也为本区增添了迷人的色彩。

任务目标

1. 学生自行寻找黑龙江旅游区游览图，根据下面旅游行程线路，在图中标注旅游景点。

【黑龙江奇山异水】7日游

Day 1：来自全国各地的旅客集中抵达哈尔滨市。

Day 2：哈尔滨—齐齐哈尔：太阳岛、冰雪大世界、二龙山旅游风景区。

Day 3：齐齐哈尔—漠河：扎龙自然保护区、乌苏里江第一塔、五大连池。

Day 4：漠河—黑河：漠河北极村风景旅游区、北极星广场、"松苑"公园。

Day 5：黑河—伊春—牡丹江：汤旺林海奇石风景区、镜泊湖景区、黑宝熊乐园。

Day 6：牡丹江—哈尔滨：亚布力滑雪场、伏尔加庄园、东北虎林园。

Day 7：返程，结束愉快的黑龙江之旅。

2. 根据黑龙江旅游区游览图，了解黑龙江旅游区的特色旅游及代表性的旅游景区。

任务分析

要想了解黑龙江旅游区的特色旅游，首先要了解黑龙江旅游区的自然与人文地理环境，从而分析黑龙江旅游区的旅游特色；其次要熟悉黑龙江旅游景区特点及分布情况；最后总结出黑龙江旅游区的特色旅游及代表性景区。

知识准备

一、哈尔滨游览区

（一）太阳岛风景名胜区

坐落在哈尔滨市松花江北岸，是江漫滩湿地草原型沿江生态区，国家5A级旅游景区。太阳岛碧水环绕，景色迷人，具有质朴、粗犷、天然无饰的原野风光特色，是一处由冰雪文化、民俗文化等资源构成的多功能风景区。一年一度的太阳岛国际雪雕艺术博览会，作为哈尔滨国际冰雪节的重要内容早已驰名中外，景区包括天鹅湖、太阳瀑、水阁云天、松鼠岛等景观。

（二）中央大街

位于具有"东方小巴黎"之称的音乐之都哈尔滨市，是目前亚洲最大最长的步行街，国家4A级旅游景区，是来哈尔滨旅游观光者的必到之地，也是哈尔滨的风情地标。中央大街全长1450米，宽21.34米，其中马路方石路宽10.8米。中央大街现有欧式、仿欧式建筑75栋，各类保护建筑36栋，其中中央大街主街有17栋。整个步行街区就是全国第一个开放式、公益型建筑艺术博物馆，堪称"汇百年建筑风格聚世界艺术精华"。

（三）冰雪大世界

位于哈尔滨市区松花江北，总占地面积6万平方米，用冰量8万立方米，用雪量16万立方米，建造有九大景区，彰显了作为世界最大的"冰雪迪士尼乐园"的宏伟气势和国际化特色。其项目主要包括:《林海雪原》冰雪实景演出;"冰雪动漫嘉年华"活动和游客动漫游戏互动体验项目;冰雪欧秀歌舞表演和"酷·哈尔滨"大型冰上杂技表演。同时,园区还发挥了距市区近这一大优势,开展了滑雪国际组合冰雕大赛等30余项参与性活动,满足了游客白天游览冰雪大世界的需求。

(四)哈尔滨市建筑艺术馆

位于哈尔滨市道里区透笼街88号,是用于展示城市历史文化和建筑艺术的专业展馆,由全国重点文物保护单位索菲亚教堂和市级保护建筑原犹太新会堂两部分组成。圣索菲亚教堂始建于1907年,是拜占庭式教堂建筑的典型代表,教堂内的壁画、吊灯、钟楼及穹顶和唱诗台都具有较高的历史文化价值和建筑艺术观赏价值。犹太新会堂始建于1918年,为中国最大的犹太会堂建筑,是19世纪末到20世纪中叶犹太人在哈尔滨居住生活的历史见证。

(五)二龙山旅游风景区

位于哈尔滨东部,距哈尔滨市区54公里,有"哈尔滨东花园"之称。这里树木密集,花草丛生,水域面积辽阔,旅游设施齐全,是休闲度假、观光旅游的理想之地。景区占地25平方公里,一湖碧水,三面环山,自然风光,美不胜收。这里既有二龙戏珠、长龙卧波、银峰插翠、碧波唱晚等十大丽景,又有宝岛飞虹、湖面飞鱼等奇观。

(六)亚布力滑雪场

位于尚志市境内,距哈尔滨193公里。亚布力滑雪旅游度假区分为竞技滑雪区和旅游滑雪区,占地面积22.55平方公里。共有11条初、中、高级滑雪道,它的高山滑雪道是亚洲最长的,这里是开展竞技滑雪和旅游滑雪的最佳场地,曾于1996年成功举行了第三届亚冬会的全部雪上项目,整个滑雪场处于群山环抱之中,林密雪厚,风景壮观。

(七)东北虎林园

坐落在松花江北岸,占地面积144万平方米,拥有700多只人工饲养繁育的纯种东北虎。东北虎林园包含具有科普教育功能的科普陈列馆和供游客参观的野化驯养区、成虎区、育成虎区、种虎区、狮虎区、非洲狮区、虎王区、幼虎区、步行区和观虎台等多处参观景点。东北虎林园是世界上最大的东北虎饲养和繁育基地、国家东北虎种源繁育基地和国家级陆生野生动物疫源疫病监测站。

二、伊春游览区

伊春市位于黑龙江省东北部,是座美丽的林业城市,是国家的重要木材生产基地。这里因盛产珍贵的红松,被誉为"红松故乡"和"祖国林都"。

(一)汤旺林海奇石风景区

距伊春市中心区120公里,石林平均海拔436.6米,总面积163.57平方公里,分为石林景观区和山水风光游览区。其中以小兴安岭奇石景观区内的由地质遗迹形成的各类拟态奇石和繁茂的植被为特色,展示了国家地质公园和国家森林公园特有的风韵,同时它还是中国青少年科学考察探险基地。

(二)五营国家森林公园

位于伊春市五营区北5.5公里处,这里古树参天,林海茫茫,有我国规模最大、保存最完整的红松原始森林带。五营国家森林公园是集观光、度假、探险、科普教育等于一体的森林生态旅游胜地,为国家4A级旅游景区。

(三)茅兰沟森林旅游区

位于黑龙江省东北部,小兴安岭北麓,嘉荫县向阳乡辖区。整个景区面积近60平方公里,集山奇、水秀、林茂、潭幽、瀑美于一身,是经地壳变迁后形成的集所有山水美景于一体的构造深谷,是小兴安岭目前已发现的唯一的类型最齐全、发育最典型、造型最丰富的花岗岩峡谷地质遗迹。主要景观有:野鸽峰、岩鹰、石老妪茅兰瀑布、黑龙潭、三阶潭、五阶潭、卧虎池等。

(四)上甘岭溪水国家森林公园

位于伊春市上甘岭区,公园总面积45.8平方公里,为国家4A级旅游景区。公园集森林、湿地和溪流于一体,森林覆盖率达96%以上,有"森林生态博物馆,林都伊春后花园"的美誉。公园划分为"七区六景两园一村"。原始乔木观赏区占地面积4.76平方公里,园内共有植物1390多种,囊括了小兴安岭所有高大乔木、低矮灌木、草本和藤本植物。园中环山甬道长5000米,观赏区内不仅建有各具特色的木制建筑,还有众多游乐项目,可以让游客乐在其中。

三、齐齐哈尔游览区

（一）扎龙自然保护区

位于齐齐哈尔市境内（部分地区位于大庆市杜尔伯特蒙古族自治县和林甸县境内），面积 2100 平方公里，主要保护对象为丹顶鹤等珍禽及湿地生态系统。扎龙国家级自然保护区是中国首个国家级自然保护区，被列入中国首批"世界重要湿地名录"。扎龙自然保护区中以水禽为主，尤以鹤类种类多、密度大而著称于世，素有"鹤的故乡"之称，是世界上鹤类种类最多、数量最大的自然保护区。

（二）乌苏里江第一塔

坐落在中俄边境乌苏里江畔的黑龙江珍宝岛湿地国家级自然保护区试验区内。塔高 55 米，建筑面积 740 平方米。塔体为钢架混凝土结构，外部玻璃幕墙呈半球造型，高空远看宛如一颗耀眼的明珠镶嵌在乌苏里江江畔，是黑龙江边境新的标志性建筑景观，集森林湿地防火、湿地科普教育、湿地监测、旅游观光、文化休闲、娱乐等多种功能于一体，是游客领略虎林边塞风光的绝美视点和最佳高度。

四、牡丹江游览区

（一）镜泊湖景区

国家 5A 级旅游景区，位于牡丹江市的西南面，总面积 1200 平方公里，是我国北方著名的风景区和避暑胜地，被誉为"北方的西湖"。镜泊湖是历经五次火山爆发，由熔岩阻塞河流形成的高山堰塞湖，是世界上少有的高山湖泊。镜泊湖分为北湖、中湖、南湖和上湖四个湖区，流向由西南向至东北向，蜿蜒曲折呈 S 状，湖区周围有火山群、熔岩台地等。镜泊湖湖中大小岛屿星罗棋布，吊水楼瀑布、珍珠门、大孤山、小孤山、白石砬子、城墙砬子、道士山和老鸹砬子是镜泊湖中著名的八大景观。

（二）渤海国上京龙泉府遗址

位于黑龙江省宁安市东京城。渤海国是中国唐代在东北地区以靺鞨族建立的地方政权，前后设有"五京"，上京龙泉府为其四面环山，三面濒临牡丹江，遗址布局由外城、内城、宫城组成，以唐朝长安城为范例进行规划设计。城垣和宫城内主体建筑遗址保存基本完整，是研究渤海历史和唐代城市史、建筑史的重要实物资料，为国家4A级景点。

（三）火山口国家森林公园

国家4A级旅游景区，位于镜泊湖西北约50公里，坐落在张广才岭海拔1000米的深山区，是国家级自然保护区，又称"火山口原始森林"，是一个以湖光山色为主的自然风光旅游胜地，也是集森林生态环境、森林保健功能、自然景观、人文景观于一体的生态公园。距今1万年前，火山喷发形成了7个直径大小不等的火山口，同时岩浆流淌形成了地下溶洞群，在原生裸地上形成了以红松林为主的"地下森林"，是一座天然的绿色宝库。

（四）爱情谷主题公园景区

位于绥芬河市区西北，国家4A级旅游景区，景区总占地面积是131.4万平方米，地处山清水秀的天长山和地久山之间，地势呈南低北高，围绕天长湖，依势打造形成了"二十一景七场两栈一中心"的绿色生态景区，与城区自然融合成"景城一体"唯美画卷。公园内以树种的不同类型被划分为纸婚、木婚、银婚、金婚等不同区域，不同婚龄的伴侣可以在相应的区域共同植下一株"爱情树"，留下美好，见证幸福。得天独厚的经纬海拔，独具匠心的景观山水，让这里成为遇见爱情、表白爱情、见证爱情、升华爱情的独一无二之处。

（五）雪乡国家森林公园

雪乡国家森林公园别名双峰林场，国家4A级旅游景区，坐落于长白山脉张广才岭与老爷岭的交会处，是中国有名的冰雪旅游胜地，除了核心景区——"中国雪乡"之外，还包括了二十多个景点：羊草山、大秃顶子山、二龙山影视城，以及后来开发的雪乡大雪谷、原始林观光区等。这些景点都在雪乡国家森林公园的范围之内。

雪乡国家森林公园因贝加尔湖冷空气与日本海暖湿气流在此频繁交汇，以及山高林密的小气候影响，造就了这里"夏无三日晴，冬雪漫林间"的奇特景象，每年10月份开始至次年4月份，雪期长达7个月，积雪深达2米，称得上是全国降雪量较大的地区。这里的皑皑白雪随物具形，自然堆积成一个个千姿百态的雪堆，和典型的东北民居交相辉映，堪称童话世界，是旅行者及摄影爱好者冬季观雪的好去处。

五、黑河市游览区

（一）五大连池风景区

位于黑龙江省北部，国家 5A 级旅游景区，世界地质公园，黑龙江大小兴安岭和松嫩平原的转换处。景区内 14 座新老时期火山的喷发年代跨越 200 多万年，这里拥有世界上保存最完整、分布最集中、品类最齐全、地貌最典型的新老期火山地质地貌，被誉为"天然火山博物馆"和"打开的火山教科书"。五大连池由 14 座火山锥组成，其中老黑山和火烧山，是我国最新、保存最完整的火山地貌景观。五大连池风景区除了五个串珠状的堰塞湖外，还分布着药泉湖、南北月牙泡、八卦湖等景点。

（二）瑷珲古城

位于黑河市爱辉区，分内、外城两部分，内城近似方形，周长 3465 米。外城有南大营、北大营、校兵场等，城内建有衙门公署、城隍庙、文庙、大人符、万寿宫等，内城为官员驻地居民住宅。瑷珲古城建有瑷珲历史陈列馆，复建有魁星阁、萨布素公园等景观。

（三）王肃公园

坐落在黑河市爱辉区东侧，旧称"海兰公园"，民间都称其为"东花园"。王肃公园始建于 1918 年，建成时园内建有戏楼、凉亭、假山，还有秋千、球场等，起名为"海兰公园"。1946 年 9 月，为缅怀和纪念在黑河解放事业中壮烈牺牲的革命烈士王肃，黑河人民在海兰公园中心处修建了王肃烈士墓，同时还在园内修建了烈士塔，纪念那些为抗日战争和解放战争胜利而英勇牺牲的烈士们。1949 年，当地政府又在园内修建了苏联红军烈士纪念塔，纪念那些为解放黑河而牺牲的异国英烈们。1981 年海兰公园正式更名为王肃公园。

【思政链接】

黑河解放区奠基人王肃

王肃，原名王玉纯，1914 年 4 月出生于奉天省新民县二区（今辽宁省新民市兴隆堡乡）金太牛村一个贫苦农民家庭，少年进入新民师范学校（今沈阳大学新民师范学院）学习。1934 年 7 月，考入东北大学，积极探索救国救民的真理，参加"一二·九"和"一二·一六"抗日爱国运动。1934 年 9 月，王肃与几名进步青年毅然放弃学业，冲破敌人封锁，奔赴山西加入八路军。1937年11月光荣加入中国共产党，从此改名王肃。他坚持开展敌后游击战争，组织参加了反"扫荡"斗争，奋勇杀敌，受到军分区司令部嘉奖。1945年10月23日，王肃等19名干部到达北安，成立了中共嫩江省工作委员会（后改为中共黑龙江省工作委员会）。1945年11月初，王肃一行4人受黑龙江省委指派到黑河开展建党建军建政工作。1946年1月，击退匪徒取得上二公司令部保卫战的胜利，后续配合全省剿匪斗争，歼灭土匪四五百人，为建立巩固人民政权奠定了基础。1946年6月12日，王肃和战友从黑龙江省委开完会，返回黑河途中遭遇土匪袭击，王肃在同土匪激战中身中数弹，壮烈牺牲，年仅32岁。为了永远纪念王肃同志，原黑河海兰剧场改名为王肃电影院，人民公园改名为王肃公园，王肃任司令员时的人民自治军司令部所在地大兴街改名为王肃街。

六、鸡西游览区

鸡西市位于黑龙江省东南部，其东、东南与俄罗斯交界。境内有烟波浩渺、气势磅礴的"北国绿宝石"——兴凯湖，有水深流急的乌苏里江，有"第二次世界大战"遗址、被称作"东方马其诺防线"的虎头地下军事要塞，有举世闻名的中苏自卫反击战发生地珍宝岛，有历经百年沧桑的"东方第一庙"——虎头关帝庙，有集自然景观与人文景观为一体的麒麟山、卧龙湖、哈达河、八楞山、凤凰山森林公园、北大荒书法艺术长廊、辽金古城遗址等旅游景区。

兴凯湖位于鸡西市东部，为中俄界湖，北1/3的面积属中国，南部属俄罗斯。兴凯湖由大、小两湖组成。大兴凯湖和小兴凯湖虽然离得很近，景观却迥然不同。小兴凯湖温柔恬静，鱼跃鸟飞，帆影点点，湖水静悄悄的，水面平如明镜，是我国内湖。而大兴凯湖烟波浩渺，天水一色，横无际涯，气势磅礴，被称为"绿宝石"。

七、漠河游览区

漠河，又称墨河，因河水黑如墨而得名。漠河位于我国最北端，由于地理位置独特，有"白夜"和"北极光"两大天然奇特天象，因而有"金鸡冠上之璀璨明珠"的美誉。

（一）漠河北极村风景旅游区

坐落于中国最北部边陲小村里，是我国大陆最北端的临江小镇，漠河北极村与俄罗斯阿穆尔州的伊格娜恩依诺村隔江相望，有"北极村"和"不夜城"之称。在北极村有北陲哨兵、神州北极等参观景点，集自然景观和人文景观于一体，为国家5A级旅游景区。

（二）北极星广场

北极星广场建于2002年6月，由金杯广场、极目广场、妇女儿童乐园、5·6纪念广场4部分组成，占地4.5公顷，每年一度的北极光节、冰雪文化节、国际冰雪汽车越野拉力赛开幕仪式都在这里举行。位于153个台阶之上的北极星雕塑是漠河县的标志性建筑，名为腾飞。左面是一只展翅欲飞的天鹅，右面是一只引吭高歌的金鸡，意为漠河是"金鸡之冠、天鹅之首"，顶端的星为北极星，意为漠河是祖国北陲的一颗璀璨明星。

➡ 小结

黑龙江旅游区		
	哈尔滨游览区	太阳岛风景名胜区、中央大街、冰雪大世界
		哈尔滨市建筑艺术馆、二龙山旅游风景区
		亚布力滑雪场、东北虎林园
	伊春游览区	汤旺林海奇石风景区、五营国家森林公园
		茅兰沟森林旅游区
		上甘岭溪水国家森林公园
	齐齐哈尔游览区	扎龙自然保护区、乌苏里江第一塔
	牡丹江游览区	镜泊湖景区、渤海国上京龙泉府遗址、火山口国家森林公园
		爱情谷主题公园景区、雪乡国家森林公园
	黑河市游览区	五大连池风景区、瑷珲古城、王肃公园
	鸡西游览区	兴凯湖
	漠河游览区	漠河北极村风景旅游区、北极星广场

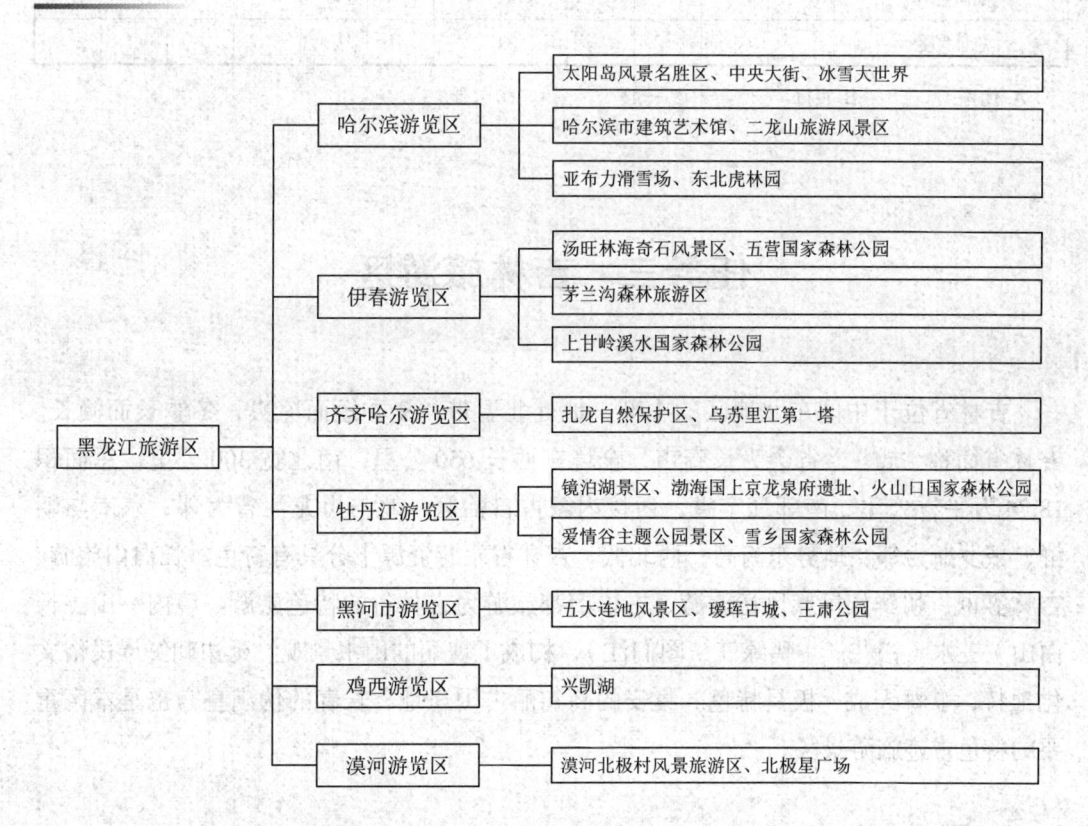

任务训练

以小组的形式，通过教材或其他方式了解黑龙江旅游景点，获取旅游景点信息，以"黑龙江奇异景观之旅"为旅游主题，推荐旅游景点。每组选出1名同学代表小组阐述任务完成的过程，讲解推荐的旅游景点及推荐的理由。

任务评价

表 2-2-1 黑龙江旅游区任务训练评价

评价指标	评价分值											
	自我评价				组间评价				教师评价			
	A	B	C	D	A	B	C	D	A	B	C	D
景点推荐												
推荐理由												
阐述过程												
讲解水平												
团队合作												
总体印象												

A. 优秀　　　B. 良好　　　C. 一般　　　D. 欠佳

任务三　吉林旅游区

吉林省位于中国东北地区的中部，地处北温带，夏季短而凉爽，冬季长而漫长。吉林省简称"吉"，省会为长春市，全境东西长650公里，南北宽300公里，总面积18.74万平方公里，南邻辽宁省，西接内蒙古自治区，北与黑龙江省为邻，东南与朝鲜、俄罗斯为邻，地势东南高，西北低。吉林省旅游资源十分具有特色。长白山旅游、吉林雾凇、朝鲜族民族风情旅游、古国旧都旅游为吉林省的特色旅游。境内一山（长白山）三水（松花江、鸭绿江、图们江），构成了瑰丽的山水景观。延边朝鲜族民俗文化独特，歌舞天成，极具特色。集安的高句丽古国遗址、长春的伪满皇宫也是本区重要的特色古迹旅游景区。

单元二 林海雪原、火山熔岩、关东文化游——黑吉辽旅游区

任务目标

1. 学生自行寻找吉林旅游区游览图，根据下面旅游行程线路，在图中标注旅游景点。

【寻梦吉林】6日游

Day 1：来自全国各地的旅客集中抵达吉林的首府城市——长春市。
Day 2：长春：伪满皇宫博物院、净月潭、东北民族民俗博物馆。
Day 3：长春—四平—通化—白山：满族博物馆、白鸡峰森林公园、龙湾火龙湖。
Day 4：白山—延边：天池、珲春防川风景区、长白山。
Day 5：延边—吉林：松花湖、北大湖滑雪场。
Day 6：返程，结束愉快的吉林之旅。

2. 根据吉林旅游区游览图，了解吉林旅游区的特色旅游及代表性的旅游景区。

任务分析

要想了解吉林旅游区的特色旅游及代表性的旅游景区，首先要了解吉林旅游区的自然与人文地理环境，从而分析吉林旅游区的旅游特色；其次要熟悉吉林旅游景区特点及分布情况；最后总结出吉林旅游区的特色旅游及代表性景区。

知识准备

一、长春游览区

（一）伪满皇宫博物院

位于长春市东北隅的光复北路，是建立在伪满皇宫旧址上的宫廷遗址博物馆。伪满皇宫是中国清朝末代皇帝爱新觉罗·溥仪充当伪满洲国皇帝时居住的宫殿，为全国优秀的爱国主义教育基地，是国家首批5A级旅游景区。

皇宫可分为进行政治活动的外廷和日常生活的内廷两部分，现分别辟为伪满皇宫陈列馆和伪满帝宫陈列馆。外廷（皇宫）是溥仪处理政务的场所，主要建筑有勤民楼、怀远楼和嘉乐殿，勤民楼是溥仪办公的地方。此外还有花园、假山、养鱼池、游泳池、网球场、高尔夫球场、跑马场以及书画库等其他附属场所。内廷（帝宫）是溥

仪及其家属日常生活的区域，其中辑熙楼是溥仪和皇后婉容的居所，是日常起居之处。同德殿是"福贵人"的居所，另外还设有一些娱乐设施。如今，帝宫的一部分已辟为吉林省博物馆，主要展出高句丽、渤海、辽、金等在东北建立的封建王朝的史料。

【知识链接】

伪满洲国是1931年"九一八事变"后，日本侵略者利用前清废帝爱新觉罗·溥仪在东北建立的一个傀儡政权——满洲帝国，将长春定为"国都"，改名"新京"，成为日本帝国主义统治东北的政治、军事、经济、文化中心。此傀儡政权"领土"包括现中华人民共和国辽宁、吉林和黑龙江三省全境、内蒙古东部及河北北部，通过这一傀儡政权，日本在中国东北实行了14年之久的殖民统治。因为当时中国南京国民政府不承认这一政权，故其被称为"伪满洲国"。

（二）净月潭

位于长春市东南部，国家5A级旅游景区，景区内山明水秀，气候宜人，空气清新，一年四季的景致各不相同。净月潭景区森林面积逾100平方公里，潭水面积430公顷，区内人工森林形成了包括红松、黑松、樟子松、落叶松在内的30多个树种的特色森林景观，冬季景区内积雪深度约30厘米，是天然的滑雪场。景区内包括净月潭国家重点风景名胜区、净月潭国家森林公园和吉林省净月潭旅游度假区三部分。

（三）长春世界雕塑公园

位于长春市人民大街国家，国家5A级旅游景区。长春世界雕塑公园是一座以自然山水与人文景观相融为特色、以"友谊·和平·春天"为主题、以东西方文化艺术相融合为理念的大型现代雕塑艺术主题公园。园内拥有来自世界212个国家和地区的397位雕塑家创造的441件涵盖当今世界多样艺术风格，融合各种艺术流派的精美雕塑作品供游人欣赏。

（四）长影世纪城

位于长春市净月潭风景区西侧，国家5A级旅游景区，是我国首家电影制片工业与旅游业相结合的电影主题公园，是借鉴美国好莱坞环球影城和迪士尼乐园的精华建造而成。长影世纪城影视文化主题鲜明突出，它具有丰富的电影文化和民族文化内涵，以影视节目为载体，让观众可以充分享受电影艺术和优秀的中华民族文化带给人们的高品位的精神愉悦。

二、吉林市游览区

（一）松花湖

位于吉林市区西南部，国家 4A 级旅游景区，景区总面积达 700 平方公里，是吉林省最大的人工湖。松花湖风景区分 10 个相对独立的景区，有骆驼峰、凤舞池、五虎岛、卧龙潭、石龙壁、摩天岭等，以"水旷、山幽、林秀"景观为其景观特色。

（二）雾凇岛

位于吉林市龙潭区乌拉街满族镇，松花江下游，因雾凇多且美丽而得名。雾凇岛的最佳观赏季节是每年 12 月下旬到次年 2 月底，每天最理想的雾凇拍摄时间为 10：00—11：30。雾凇岛树形奇特，沿江的垂柳挂满了洁白晶莹的霜花，江风吹拂银丝闪烁，景色既野又美，是观赏和拍摄雾凇的最佳之地。

（三）北大湖滑雪场

位于吉林市境内，是我国规模最大、设备最先进、自然资源最好的滑雪场，也是我国重要的冰雪运动训练基地和冰雪旅游中心，为我国首批国家 4A 级旅游景区。北大湖滑雪场三面环山，冬季风力小，气温适宜，积雪深、雪质好，滑雪场现有高山雪道 11 条，总长度 20 公里，面积 70 余公顷，雪道最大坡度为 32°，最小坡度为 7°，同时还有滑雪索道 7 条与之相配套；10 公里环形越野雪道 1 条，冬季现代两项靶场 1 座，占地 7040 平方米；跳台 2 座，空中技巧滑雪台 1 座；旱地雪橇道 1 条。

（四）拉法山国家森林公园

位于吉林市蛟河市境内，国家 4A 级旅游景区，包括六大景区，是一个以自然、生态、森林、红叶人文和谐为特色的森林公园。拉法山有三大自然奇观堪称中国一绝，一是山呈三面锥体，无论怎样变换视角，其山型仍然不变。这是国内其他名山罕见的；二是以洞奇闻名于世。拉法山素有"八十一峰、七十二洞"之说，现已发现各种天然洞穴上百处。拉法山洞穴中还有一绝是其国内独有的大气泡洞。此洞长 22.2 米，宽 3.4 米，高 2.5 米，海拔 754 米，具有特殊的观赏价值和地质科研价值；拉法山的第三个自然奇观是多奇石，如拳石、净手石、飞来石、金蟾石、飞鹰石、熊猫石、莲花石、骆驼石、老熊观天石、青蛇探路石等。

三、通化游览区

高句丽文物古迹旅游景区

位于集安市境内,国家 5A 级旅游景区,于 2004 年 7 月被列入《世界遗产目录》。高句丽王朝距今已有 2000 多年的历史,列入《世界遗产名录》的项目包括五女山城、国内城、丸都山城、12 座王陵、26 座贵族墓葬、好太王碑和将军坟 1 号陪冢。集安保存着世界上最多的高句丽文物古迹,包括山城、陵墓、碑石、上万座古墓和众多的出土文物,构成了令世界瞩目的水洞沟文化。

四、延边游览区

延边朝鲜族自治州是中国吉林省下辖的一个自治州,位于吉林省东部,地处中、俄、朝三国交界处,首府为延吉市。延边是东北亚区域经济、人口、地理三个重心的交汇点,在联结亚、欧、美海陆运输格局中居于重要的枢纽地位。

朝鲜族以能歌善舞而著称于世,著名的舞蹈有长鼓舞、刀舞、扇舞、巫舞等。朝鲜族男子喜欢摔跤、踢足球,女子喜欢压跳板和荡秋千,因此,延边素有"歌舞之乡""足球之乡"的美称。延边境内有起伏的长白山地,图们江畔独特的自然景观、别具一格的"一眼看三国"的防川边境风光、仙景台风景区和悠远的古渤海国遗址。浓郁的朝鲜民族风情使延边充满了诱人的魅力。

(一)长白山风景区

位于延边州安图县和白山市抚松县境内,是中国和朝鲜两国的界山,为国家 5A 级旅游景区。长白山是中国东北境内海拔最高、喷口最大的火山体。因其主峰白云峰多白色浮石与积雪而得名,素有"千年积雪为年松,直上人间第一峰"的美誉。长白山主峰白头山海拔 2691 米,是我国东北最高的山地,长白山是松花江、图们江、鸭绿江的发源地。长白山景区集湖泊、瀑布、温泉、峡谷、地下森林、火山熔岩林、高山大花园、地下河、原始森林、云雾、冰雪等旅游景观为一体,是集生态游、风光游、边境游、民俗游四位一体的旅游胜地。

(二)珲春防川风景区

位于延边自治州珲春市东南部,国家 4A 级旅游景区。风景区位于中国、朝鲜、俄罗斯三国交界的地带，面积为20平方公里，是中国唯一濒临日本海的景区，也是中国距离日本海和日本最近的地方。防川风景区以其独特的"一眼望三国"以及区内的自然湖泊、森林、珍稀植物、鸟类等闻名。

（三）六鼎山文化旅游风景区

位于敦化市市区南郊，国家5A级旅游景区。核心区包括全国重点文物保护单位六鼎山渤海古墓群、世界最大的尼众道场正觉寺、满族精神家园清祖祠、世界最高露天坐佛金鼎大佛等名胜景观，它们与六鼎山、八旗山和圣莲湖一起，构成了湖光与山色相映、人文与自然共存的和谐景观。

小结

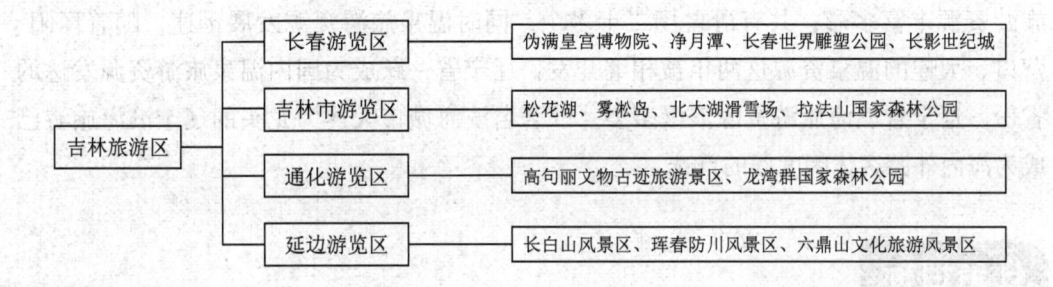

```
                  ┌── 长春游览区 ── 伪满皇宫博物院、净月潭、长春世界雕塑公园、长影世纪城
                  │
                  ├── 吉林市游览区 ── 松花湖、雾凇岛、北大湖滑雪场、拉法山国家森林公园
吉林旅游区 ──────┤
                  ├── 通化游览区 ── 高句丽文物古迹旅游景区、龙湾群国家森林公园
                  │
                  └── 延边游览区 ── 长白山风景区、珲春防川风景区、六鼎山文化旅游风景区
```

任务训练

以小组的形式，通过教材或其他方式了解吉林旅游景点，获得旅游景点信息，以"吉林奇山异水之旅"为旅游主题，推荐旅游景点。每组选出1名同学代表小组阐述任务完成的过程，讲解推荐的旅游景点及推荐的理由。

任务评价

表2-3-1 吉林旅游区任务训练评价

评价指标	评价分值											
	自我评价				组间评价				教师评价			
	A	B	C	D	A	B	C	D	A	B	C	D
主题准确、鲜明												
推荐理由合理												
景点把握熟练												
团队合作												
总体印象												

A.优秀　　　　B.良好　　　　C.一般　　　　D.欠佳

任务四　辽宁旅游区

辽宁省，简称"辽"，寓意"辽河流域，永远安宁"，位于中国东北地区的南部，南临渤海、黄海，隔鸭绿江与朝鲜为邻，东南隔海与日本相望，东、北、西三面与吉林、内蒙古、河北等省区接壤，省会为沈阳市。辽宁省是关东文化旅游区中唯一的沿海省份，也是我国东北地区进行对外贸易和国际交往的重要通道。辽宁省自然风光奇特秀丽，名胜古迹众多，旅游资源分布广泛。辽宁省是清王朝的发祥地，其皇家文化旅游资源历史悠久，沈阳故宫是中国仅存的两座完整的皇家宫殿群之一；辽宁省冰雪旅游资源丰富多彩，共有滑雪场二十多个，同时温泉旅游资源发展迅速，随着辽阳、营口、大连的温泉资源这两年被相继开发，辽宁省一跃成为国内温泉旅游资源发达的省份。辽宁省滨海旅游资源浪漫多姿，以著名滨海城市大连为龙头的辽宁滨海旅游已成为海内外游客休闲度假的首选。

任务目标

1. 学生自行寻找辽宁旅游区游览图，根据下面旅游行程线路，在图中标注旅游景区。

Day 1：来自全国各地的旅客集中抵达辽宁省省会城市——沈阳市，游览沈阳故宫。

Day 2：沈阳—辽阳—抚顺—本溪：清永陵、本溪水洞与地质博物馆。

Day 3：本溪—丹东—大连：丹东抗美援朝纪念馆、鸭绿江国家级风景名胜区、河口景区。

Day 4：大连：金石滩、大连老虎滩海洋公园、星海广场。

Day 5：大连—旅顺：蛇岛、旅顺军港、汤岗子温泉。

Day 6：旅顺—葫芦岛—锦州：兴城海滨、笔架山风景区、辽沈战役纪念馆。

Day 7：锦州—盘锦—鞍山：千山风景名胜区、玉佛苑。

Day 8：鞍山—沈阳—返程：返程，结束愉快的辽宁之旅。

2. 根据辽宁旅游区游览图，了解辽宁旅游区的特色旅游及代表性景区。

任务分析

要想了解辽宁旅游区的特色旅游及代表性的旅游景区，首先要了解辽宁旅游区的自然与人文地理环境，从而分析辽宁旅游区的旅游特色；其次要熟悉辽宁旅游景区特点及分布情况；最后总结出辽宁旅游区的特色旅游及代表性景区。

知识准备

一、沈阳游览区

沈阳市，辽宁省省会，东北地区的政治、金融、文化、交通、信息和旅游中心，同时也是我国最重要的重工业基地之一，素有"东方鲁尔"的美誉。沈阳市是我国历史文化名城之一，从西汉设立候城，至今已有两千多年的历史，特别是明末清初时期，这里更是"一朝发祥地，两代帝王城"，并遗留有众多的历史文化古迹，如清沈阳故宫和清福陵、清昭陵等。

（一）沈阳故宫

沈阳故宫，国家4A级旅游景区，始建于公元1625年，是清朝入关前清太祖努尔哈赤、清太宗皇太极建造的皇宫，又称盛京皇宫。现已辟为沈阳故宫博物院，是中国现存完整的两座宫殿建筑群之一。其占地6万平方米，全部建筑共90余所，300余间。它以独特的历史、地理条件和浓郁的满族特色而迥异于北京故宫。金龙蟠柱的大政殿、崇政殿，排如雁行的十王亭，万字炕口袋房的清宁宫，古朴典雅的文朔阁，以及凤凰楼等高台建筑，在中国宫殿建筑史上绝无仅有。

（二）清"两陵"——福陵、昭陵

清福陵是清太祖努尔哈赤与孝慈高皇后叶赫那拉氏的陵墓。位于沈阳市旧城东北，俗称东陵，是清朝命名的第一座皇陵。福陵现存古建筑32座（组），古建筑以神道为中轴线对称分布，由南向北依次为下马碑、石牌坊、大红门、神道、石像生、一百单八磴、神功圣德碑碑亭和方城。方城之内有隆恩门、隆恩殿、大明楼、宝城和宝顶，为国家4A级旅游景区。

清昭陵位于沈阳市古城北约5公里，因此也称"北陵"，是清朝第二代开国君主太宗皇太极以及孝端文皇后博尔济吉特氏的陵墓，占地面积16万平方米，是清初"关外

三陵"中规模最大、气势最宏伟的一座。陵寝建筑的平面布局遵循"前朝后寝"的陵寝原则,自南向北由前、中、后三个部分组成,其主体建筑都建在中轴线上,两侧对称排列,系仿自明朝皇陵而又具有满族陵寝的特点,是清代皇家陵寝和现代园林相结合的游览胜地,为国家4A级旅游景区。

二、抚顺游览区

抚顺市位于辽宁省东部,是中国北方重要的工业基地。抚顺市是一座历史悠久的古城,也是清朝的发祥地。世界文化遗产、清朝关外三陵之首——永陵,伫立在启运山下。抚顺市还是满族的发祥地,我国目前唯一展示满族民族发展历史的综合性游览区——中华满族风情园就位于抚顺市新宾满族自治县赫图阿拉城东侧。

(一)清永陵

清永陵是清王朝的祖陵,顺治十六年(1659)尊为永陵。在陵内埋葬着努尔哈赤的六世祖、曾祖、祖父、父亲及他的伯父和叔父,辈分位居清朝关外三陵之首,也是我国现存规模较大,体系完整的古代帝王陵寝建筑群。清永陵不仅以神奇的风水,丰富的内涵,重要的价值闻名于世,而且在建筑形制、布局、造型、工艺上都有自己的建筑特点和艺术特色。

(二)赫图阿拉城

赫图阿拉城是一座拥有400余年的历史古城,始建于明万历三十一年(1603)。明万历四十四年(1616)正月初一努尔哈赤于此"黄衣称朕",建立了大金政权,史称后金。后金天聪八年(1634),被皇太极尊称为"天眷兴京",是辽宁省重点文物保护单位、国家4A级旅游景区。

(三)煤矿博物馆

坐落于抚顺市西露天矿参观台原址。博物馆景区分为抚顺煤矿博物馆、露天矿大型设备陈列广场、大型毛泽东塑像和西露天矿矿坑4大部分。其中抚顺煤矿博物馆主体建筑面积6630平方米,突出百年、煤都、领袖、独有、珍贵、领先六大特色,从自然、历史、人文等方面介绍了煤、抚顺煤矿的衍生过程、抚顺煤矿百年历史和21世纪以来抚矿集团的发展进程。

（四）雷锋纪念馆

位于抚顺望花区雷锋路东段 61 号，在原雷锋生前所在部队驻地附近，占地面积 99900 平方米。新馆展览面积 3680 平方米，分为二层，一层采用高科技动态场景与艺术品插画等手段相结合，翔实、生动地再现雷锋的成长历程和新形势下雷锋精神的五方面内涵。二层展示了全国学雷锋活动的源起和发展脉络以及全国学雷锋活动成果。陈展展品丰富，展出了雷锋大量生平史料，亮点突出，是全国爱国主义教育基地。

【思政链接】

雷锋精神

雷锋（1940 年 12 月 18 日—1962 年 8 月 15 日）是一位把自己短暂的一生全部献给了党和人民的好战士。生前系原工程兵某团汽车连班长，1962 年执行运输任务时不幸殉职，雷锋同志以短暂的一生谱写了壮丽的人生诗篇，树起了一座令人景仰的道德丰碑，是全国人民学习的光辉榜样。他"一心向着党，向着社会主义，向着共产主义"，体现了热爱党、热爱祖国、热爱社会主义的崇高理想和坚定信念；他立志"做一个对人民有用的人"，体现了服务人民、助人为乐的奉献精神；他甘当"螺丝钉"，在平凡的岗位上做出了不平凡的事迹，体现了干一行爱一行、专一行精一行的敬业精神；他通过学习钻研，不断地丰富和提升自己，体现了锐意进取、自强不息的创新精神；他"不乱花一分钱，不乱买一寸布，不掉一粒粮，做到省吃俭用，点滴积累，志愿国家建设"，体现了艰苦奋斗、勤俭节约的创业精神……雷锋同志是我们学习的榜样。

（五）猴石森林公园

位于新宾满族自治县西南部，因园内一块酷似"金猴拜月"的天然巨石而得名。其地貌属长白山系龙岗余脉的延伸部分，受第四季冰川的作用形成了起伏连绵挺拔峻峭的冰川地貌景观，原始森林和天然奇峰异石为猴石森林公园主要景观。景区内有林海行舟、骆驼回头、天成弥勒大佛及我国目前最长最窄的夹扁石等 40 多处崖石及人文景观，集雄、奇、险、秀、幽于一山，为国家 4A 级旅游景区。

（六）红河峡谷漂流景区

位于抚顺市清原满族自治县红河谷国家森林公园内，以其原始性、刺激性、参与性、大众性等几大独有特征，被誉为"中国北方第一漂"。漂流途经河水多年切割而形成的"U"形峡谷,素有"东北小三峡"之称。沿途有迎客壁、鸡冠岩、老艄、龙门跳、上山虎、双龙艄、神龟送客、双乳峰等天然景点,为国家4A级旅游景区。

三、本溪游览区

(一)本溪水洞风景名胜区

位于本溪市东郊,国家5A级旅游景区,是目前发现的世界第一长的地下充水溶洞。景区以水洞为中心,包括温泉寺、庙后山、关门山、汤沟和铁刹山五处重要景点,是集山、水、洞、湖、林等自然景观和寺庙、古人类遗址等人文景观于一体的风景名胜区。水洞地下暗河全长2800米,面积3.6万平方米,空间40余万立方米。水洞最开阔处高38米、宽50米,洞内水流终年不竭,河道曲折蜿蜒,"三峡""九湾"清澈见底,故名"九曲银河"。银河两岸石笋林立,洞顶钟乳高悬,沿河百余处景点各具特色,构成了美丽的画卷。

(二)五女山山城

位于辽宁本溪市桓仁县县城东北8.5公里处的五女山上,国家5A级旅游景区,是史料中记载的高句丽第一代王城"纥升骨城"的部分遗址。五女山山城依山势而建,呈不规则的楔形,南北长1540米,东西宽350至550米,分山腰的外城和山顶的内城两部分。目前城内主要发现了3处大型建筑遗址以及城墙、哨所、兵营、蓄水池等遗迹。五女山山城作为高句丽的早期都城,在东北地区历史以及高句丽民族历史的研究中有十分重要的历史价值。

(三)关门山国家森林公园

位于本溪县南部,国家4A级旅游景区,自古就有"东北黄山""东北桂林"的美誉,因双峰对峙,一阔一窄,一大一小,其状如门,故称关门山。景区有四大景区:小黄山景区、夹砬子景区、龙门峡景区和月台子景区,以"山美、水美、树美、花美、云美"为其特色。

四、丹东游览区

（一）鸭绿江风景名胜区

位于鸭绿江中下游辽宁省丹东市境内，国家4A级旅游景区，东起浑江口，西至大东港，与朝鲜碧潼、清水、义洲、新义州隔江相望。鸭绿江风景名胜区由绿江景区、水丰景区、太平湾景区、虎山景区、大桥景区和江口景区组成，全长210公里，面积420平方公里，绚丽多彩的自然景观和丰富的人文景观使其独具特色。

（二）凤凰山国家风景名胜区

位于丹东凤城市郊，南与朝鲜妙香山相望，北与本溪水洞呼应，是国家4A级旅游景区。凤凰山自古就有"辽东第一山"的美誉。凤凰山最高峰为攒云峰，海拔836米，现已建成西山景区和东山景区。凤凰山是以自然景观为主，历史文化古迹、边塞田园风光、风俗民情为辅的山岳型风景名胜区，融"泰山之雄伟，华山之险峻，庐山之幽静，黄山之奇特，峨眉之秀美"为一体，素以"雄伟险峻，泉洞清幽，花木奇异，四季景秀"著称于世。

五、鞍山游览区

（一）千山风景名胜区

位于鞍山市东南，国家5A级旅游景区，古称积翠山，因山峰近千，又名千华山、千顶山、千朵莲花山，素有"东北明珠"之誉。它与长白山、医巫闾山并称为"东北三大名山"。千山以峰秀、石俏、谷幽、庙古、佛高、松奇花盛而著称，奇峰、怪石、苍松和梨花是千山的四大自然景观。千山历史文化悠久，名胜古迹繁多，由于佛、道两教共居一山而形成"古刹隐山林，道观筑谷间"，九宫、八观、五大禅林和十二茅庵闻名遐迩。

（二）玉佛苑

坐落于玉佛山风景名胜区的核心景区内，国家4A级旅游景区，占地面积2.2万平方米，因供奉世界最大玉佛而享誉海内外，是集宫殿、庙宇园林建筑风格为一体的巧筑奇构。其以玉佛阁为主体，由钟楼、鼓楼、三洞式山门、玉带桥、荷花池、花果岛等组成，主体玉佛阁气势恢宏、金碧辉煌，殿内的"释迦牟尼—渡海观音"玉佛重260.76吨，七色一体、色彩斑斓、雕琢细腻、光泽瑰丽。

（三）汤岗子温泉旅游度假区

位于鞍山市南郊12公里处，国家4A级旅游景区，被誉为"亚洲著名温泉"和"亚洲第一泥"，汤岗子温泉每天涌出的泉水约有1000吨，水温高达72℃，泉水无色无臭，清澄透明，富含20种元素，如钾、钠、镁、硫、铝、氯、氡等。其中，最具医疗价值的是具有微弱放射性的惰性气体之一———氡。这些泉水在饮用后可起到健胃、增进食欲的疗效；沐浴后可令皮肤润滑，头发发亮，关节活络，周身通泰，特别是对关节炎有特殊的疗效。

六、旅顺游览区

（一）蛇岛

位于旅顺口区西北部的渤海中，距陆地最近处7海里是国家级自然保护区。主峰海拔216.9米，四面多悬崖峭壁，岩石裸露，唯东南角有一片卵石滩。岛上坡陡沟深，土层深厚，结构疏松，天然岩缝和岩洞较多，成为蝮蛇栖身生息的良好环境。岛内植物繁盛，达200余种。在林丛、石穴、山梁、阴谷等处，活动着1.8万余条单一品种的蝮蛇，学名黑眉蝮蛇，是我国宝贵的野生动物资源，在医药和科学研究上具有重要价值。

（二）潜艇博物馆

位于旅顺军港风景秀丽的黄金山海岸，国家4A级旅游景区，是亚洲最大、中国第一大的潜艇博物馆。馆内主要有033型国产退役潜艇一艘和8500平方米的潜艇文化展示大楼，大楼内设360°、270°大型潜艇巡航模拟馆两个。

（三）白玉山

位于旅顺市区中心，国家4A级旅游景区，是大连十大风景名胜区之一。白玉山塔是白玉山景区的主要景观，原名为"表忠塔"，位于旅顺白玉山顶端，该塔是日本帝国主义侵华的罪证。景区内的奇石馆展示的500多块奇石大都是本地特有的鹅卵石，令人叹为观止。百鸟园里"斗鸡"和"孔雀放飞"别有洞天。海军兵器馆馆藏600多种共千余件展品，堪称"近代兵器世界"。登顶白玉山可俯瞰旅顺新老市区全貌。

七、大连市游览区

（一）大连老虎滩海洋公园

位于大连市区南部，国家 5A 级旅游景区，是一座集游览、娱乐、休闲、科普和购物于一体的现代化海洋主题公园。老虎滩海洋公园占地 118 万平方米，海岸线长 4 公里，是中国目前最大、内容最丰富、世界一流的现代化海滨游乐场所。老虎滩海洋公园有 5 个场馆：极地海洋动物馆（常说的老虎滩极地馆或老虎滩海洋馆）、欢乐剧场、海兽馆、珊瑚馆和鸟语林。

（二）金石滩国际旅游度假区

位于大连市区的东部，国家 5A 级旅游景区，国家重点风景名胜区，国家地质公园。金石滩国际旅游度假区三面环海，延绵 30 多公里长的海岸线，凝聚了 3 亿—9 亿年的地质奇观，被称为"凝固的动物世界"和"天然地质博物馆"，有"神力雕塑公园"的美誉。金石滩国际旅游度假区有四个旅游中心：绿色中心、蓝色中心、银色中心和彩色中心，是中国北方理想的海滨旅游度假胜地。

（三）星海广场

位于大连南部海滨风景区，是亚洲最大的城市广场，是大连市的城市标志之一。星海广场总占地面积 176 万平方米，是世界最大的城市公用广场，外圈周长 2.5 公里，是北京天安门广场面积的四倍。广场中央设有全国最大的汉白玉华表，高 19.97 米，直径 1.997 米，以此纪念香港回归祖国，华表底座和柱身共饰有 9 条巨龙，寓意九州华夏儿女都是龙的传人。

（四）圣亚海洋世界

位于星海广场西侧的星海公园内，是国家首批 4A 级旅游景区。有圣亚海洋世界、圣亚极地世界、圣亚深海传奇、圣亚珊瑚世界、圣亚恐龙传奇五大场馆，是由中国、新西兰、中国香港联合投资近一亿元人民币建成的海底通道式水族馆，拥有至今仍是亚洲最长的海底通道。圣亚海洋世界以提供海洋生物和水下海景观赏为主，以丰富的展示手段和生动的水生环境造景再现了海底世界。

（五）大连俄罗斯风情街

地处大连市胜利桥西北，又称为团结街，保留了38栋原远东白俄罗斯时期的建筑，距今已有百年历史，是中国第一条具有俄罗斯19、20世纪建筑风格的街道。该街以欧式风格建筑为主，经营俄罗斯餐厅、夜总会、酒吧、旅游工艺品店、纪念品店等，另外还有用蜡像塑造的20世纪二三十年代白俄罗斯远东总督等行政官员当时在大连地区办公、生产等情景，这里还运用了俄式风情马车等娱乐设施，开展特色旅游活动。

八、锦州市游览区

（一）笔架山风景区

位于锦州市天桥镇，国家4A级旅游景区，以笔架山岛和"天桥"为主要景点，分为岛上游览、海上观光、岸边娱乐、沙滩海浴和度假休养五个区域。从海岸到笔架山岛有一条长1620米，高出海滩的砂石路，人称"天桥"，天桥平坦径直，把海岸和山岛连在一起，像一条蛟龙随着潮涨潮落而时隐时现，神奇绝妙，堪称"天下一绝"。

（二）医巫闾山

古称于微闾、无虑山，地处今锦州市境内，国家4A级旅游景区，国家级自然保护区。自隋开始，此山便成为"北镇"的"五大镇山"之一，它以悠久、博大精深的历史文化和秀丽、奇特的自然风光而享誉国内外。闾山分北部、中部、南部、东部四个主要游览区，主要景点有：北镇庙、圣水桥、鱼池、观音阁、四角亭、旷观亭、蓬莱仙境、莲花石、望海寺、万年松、名山、老爷阁、风井、桃花洞、白云关、游目天表等。

九、葫芦岛市游览区

（一）觉华岛旅游度假区

位于葫芦岛市兴城东南，国家4A级旅游景区，是辽东湾最大的岛屿，与古城、温泉并称"兴城三宝"，是兴城市不可或缺的城、泉、山、海、岛五大景观之一。觉华岛山石秀美、古树参天，南有张家山岛和杨家山岛，北有磨盘山，一大三小相映成趣。名胜古迹众多，素有"北方佛岛"之称。著名的景点有：辽代大龙宫寺、明代大悲阁、海云寺、石佛寺、八角井、唐王洞等。

（二）兴城海滨

位于兴城市城东南，国家 4A 级旅游景区，是一个水质洁净、坡缓沙细、长约 1500 米天然的半月形海湾。海滨浴场绵延 14 公里，沙细滩缓，潮稳波清，共建有 4 个海滨浴场。兴城海滨浴场内无暗礁，岸边沙滩细软洁白，晶莹如玉，海水深浅适宜，清澈见底，海岸地势开阔，绿树掩映，是我国北方优质的海滨浴场。

（三）兴城古城

位于兴城市老城区中心，国家 4A 级旅游景区。兴城古城始建于明宣德三年（1428），明天启三年（1623）经明右副都御史袁崇焕复修。古城略呈正方形，城墙周长 3274 米，高 8.88 米，底宽 6.5 米，顶宽 5 米。墙顶外沿筑垛口，内修女儿墙。城墙基础砌青色条石，外砌大块青砖，内垒巨型块石，中间夹夯黄土。城墙四面正中各设有城门一座，城的正中心是钟鼓楼，重檐高耸，气势巍峨。在钟鼓楼与南城门之间，是著名的明代商业街。古城内东南隅，有一座已有 560 年历史的文庙，是为奉祀孔子所建。各城门上修筑了高耸的箭楼，各门内侧沿城墙修有蹬道，四角高筑炮台，突出于城角。城内还有祖氏石坊、城隍庙、将军府、周家住宅等景点。

（四）九门口长城

位于绥中县境内，世界文化遗产，国家 4A 级旅游景区，九门口古名"一片石关"，号称"京东首关"，始建于明洪武十四年（1381）。九门口长城全长 1704 米，因其城桥下有九个泄水城门而得名。其南端起于危峰绝壁间，与自山海关方向而来的长城相接，依山势起伏盘旋升腾，九道水门横跨两山之间，建筑结构独特，防御设施密集，形成"城在水上走，水在城下流"之势，享有"水上长城"的美誉。

十、盘锦游览区

红海滩风景区位于盘锦市大洼区，渤海湾东北部，辽河三角洲湿地内，属于湿地生态旅游景区，是国家 4A 级旅游景区。包括红海滩、月牙湾湿地、苇海观鹤三个景点，它以全球保存的最完好、规模最大的湿地资源为背景，以举世罕见的红海滩、世界最大的芦苇荡为依托，使自然环境与人文景观的完美结合，打造了集游览、观光、休闲、度假为一体的综合型绿色生态旅游景区。

小结

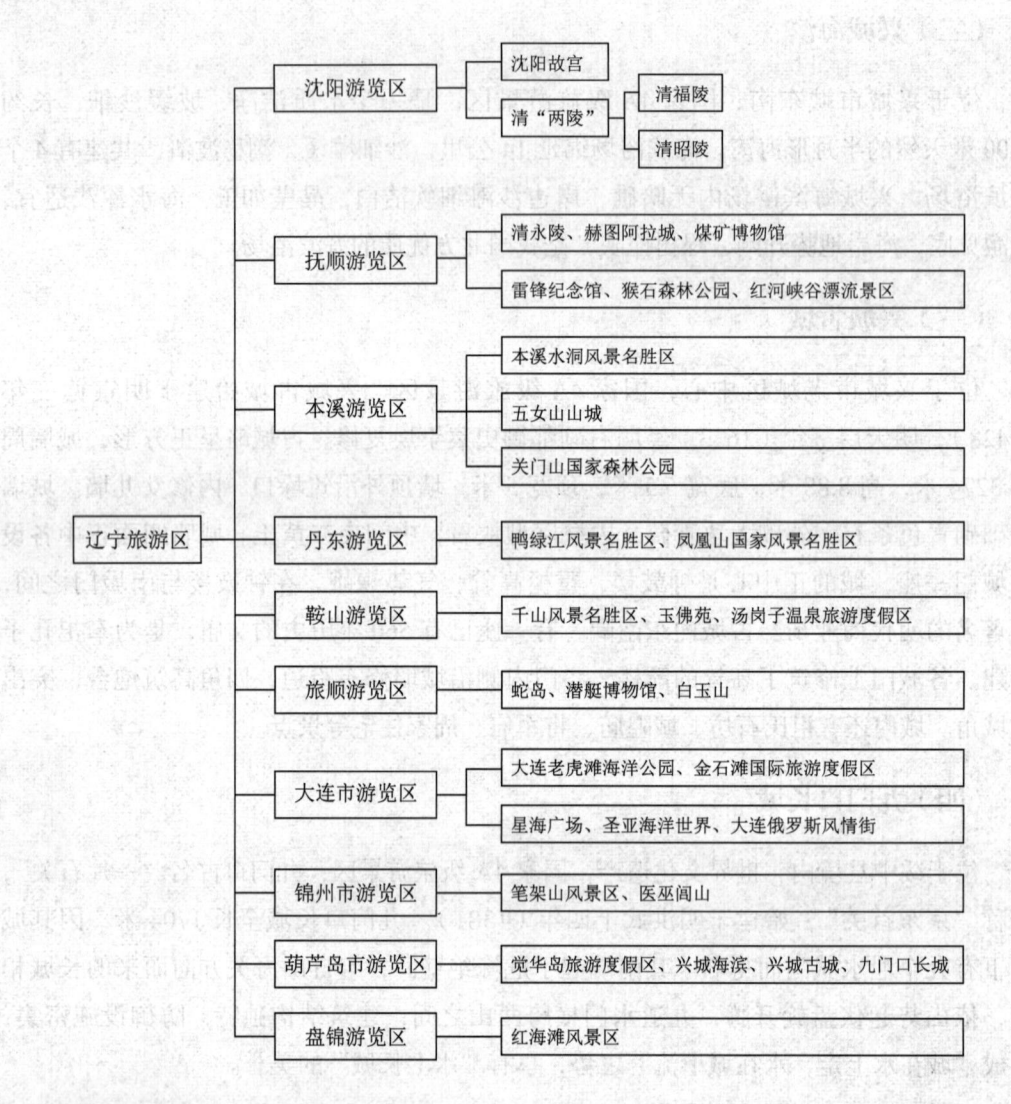

```
                    ┌─ 沈阳游览区 ──┬─ 沈阳故宫
                    │              │              ┌─ 清福陵
                    │              └─ 清"两陵" ──┤
                    │                             └─ 清昭陵
                    │
                    ├─ 抚顺游览区 ──┬─ 清永陵、赫图阿拉城、煤矿博物馆
                    │              └─ 雷锋纪念馆、猴石森林公园、红河峡谷漂流景区
                    │
                    ├─ 本溪游览区 ──┬─ 本溪水洞风景名胜区
                    │              ├─ 五女山山城
                    │              └─ 关门山国家森林公园
                    │
 辽宁旅游区 ────────┼─ 丹东游览区 ── 鸭绿江风景名胜区、凤凰山国家风景名胜区
                    │
                    ├─ 鞍山游览区 ── 千山风景名胜区、玉佛苑、汤岗子温泉旅游度假区
                    │
                    ├─ 旅顺游览区 ── 蛇岛、潜艇博物馆、白玉山
                    │
                    ├─ 大连市游览区 ┬─ 大连老虎滩海洋公园、金石滩国际旅游度假区
                    │              └─ 星海广场、圣亚海洋世界、大连俄罗斯风情街
                    │
                    ├─ 锦州市游览区 ── 笔架山风景区、医巫闾山
                    │
                    ├─ 葫芦岛市游览区 ── 觉华岛旅游度假区、兴城海滨、兴城古城、九门口长城
                    │
                    └─ 盘锦游览区 ── 红海滩风景区
```

任务训练

以小组的形式，通过教材或其他方式了解辽宁旅游景点，获得旅游景点信息，以"辽宁温带海滨之旅"为旅游主题，推荐旅游景点。每组选出1名同学代表小组阐述任务完成的过程，讲解推荐的旅游景点及推荐的理由。

任务评价

表 2-4-1 辽宁旅游区任务训练评价

评价指标	评价分值											
	自我评价				组间评价				教师评价			
	A	B	C	D	A	B	C	D	A	B	C	D
景点推荐												
推荐理由												
阐述过程												
讲解水平												
团队合作												
总体印象												

A. 优秀　　　B. 良好　　　C. 一般　　　D. 欠佳

单元练习

模拟场景：风云旅行社前台接待员小李，2023年8月2日，接待了一位从事教师职业的四十岁左右的中年男子，客人想在暑假期间前往黑吉辽旅游区旅游，让小李推荐值得游玩的地方。

单元二知识测试

角色：小组成员分别扮演前台接待员、游客。

要求：作为风云旅行社前台接待员小李，规范完成对这位从事教师职业的四十岁左右的中年男子暑假期间去黑吉辽旅游区旅游的接待任务。

根据情境表演，按照以下要求，做好组间互评，听取老师的建议。

表 2-4-2 单元练习评价

评价项目	评价内容	组间互评				教师建议			
		A	B	C	D	A	B	C	D
旅行社前台接待人员仪容仪表	着装整洁大方得体、仪容仪表规范								
旅行社前台接待人员礼仪规范	服务礼貌用语规范、规范运用态势语言								
接待人员对旅游景点介绍	推荐最佳旅游线路、经典景点								
	选择最佳介绍方法								
	突出核心介绍内容								

续表

评价项目	评价内容	组间互评				教师建议			
		A	B	C	D	A	B	C	D
通用能力	与顾客之间的有效沟通								
	语言表达能力、应变能力								
努力方向：									

A. 优秀　　　　B. 良好　　　　C. 一般　　　　D. 欠佳

单元三

皇都名城、现代都市、燕赵文化游
——京津冀旅游区

任务一　京津冀旅游区旅游特色

本旅游区包括北京、天津、河北共一省二市，地处我国华北平原北部，地理位置优越，东临渤海，西依太行山，南接中原，北连内蒙古高原，首都北京是本旅游区所依托的中心城市。全区地处我国第三阶梯，属温带季风气候，四季变化明显，自然资源类型齐全多样。本旅游区历史文化悠久，人文旅游资源荟萃，皇都名城、燕赵文化特色鲜明，现代都市经济繁荣，交通发达，是全国政治、文化、科技创新和国际交往中心，在我国旅游业中居于重要位置。

任务目标

根据本区的旅游特色，设计本区旅游主题。

任务分析

要想设计本区的旅游主题，首先要了解本区的地理环境及特色旅游资源的类型、功能和成因，从而归纳本区旅游特色，设计本区旅游主题。

知识准备

一、地貌类型齐全，自然景观丰富

本区地势西北高东南低，处在高原向平原过渡的地带，构成了排列有序的坝上高原、燕山和太行山山地、河北平原三大地貌单元。其中坝上高原属内蒙古高原的一部分，平均海拔1200~1500米，地势高耸、起伏和缓，尤以皇家猎苑——木兰围场著称。华北平原北部的燕山山脉及西部的太行山脉，构成该地区环绕的山地屏障，在山地与山麓平原的相接处，地形变化多样，气候条件好，植被茂密，自然景观层次丰富，如苍岩山、白石山、野三坡、塞罕坝等景区，小五台山海拔2882米，为本区最高峰。河北平原区是华北大平原的一部分，流经该区的海河、滦河形成各具特色的两河风光，白洋淀、衡水湖、易水湖等湖泊如珍珠般散落于该区，北京玉泉等名泉泉水淙淙、林木茂密、环境清幽，秦皇岛的北戴河、南戴河、昌黎黄金海岸等为我国著名的度假旅游胜地。

二、京畿要地古都新韵

本区历史悠久、文化灿烂，孕育了无数的历史名胜和文物古迹，也造就了众多的历史文化名城，截至2023年10月，国务院公布的142座国家历史文化名城，有8座位于本区。早在距今69万年前，北京猿人在这里繁衍生息，周口店北京人遗址是世界上最具代表性、资料最丰富、最完整的古人类遗址。人类建筑史上的伟大奇迹——长城在本地区留存众多，其中八达岭长城、慕田峪长城、金山岭长城、山海关长城是国内外游客的向往之地。京杭大运河的通惠河、北运河和南运河各具特色，共同构成了京杭大运河在本区的壮丽画卷，留下了丰富的历史文化遗存。代表性的河段有京杭大运河北起点北京通州段、天津三岔口段、河北沧州段等。古都北京的建筑规模宏大、气势雄伟、布局严谨，故宫是我国规模最大、保存最完整的古代宫殿建筑群。此外承德避暑山庄、明清皇家陵寝等世界文化遗产也都令人叹为观止。从远古时期的古人类遗迹到晚清政府的灭亡，中国历史上各个时期的发展片段在本区都有所反映。北京作为祖国的心脏，都市风貌繁盛可喜，亚运村、鸟巢、水立方、三里屯、秀水街、中关村广场等都是首都新貌的体现，天津作为北方综合工业、商业城市，沿海对外开放城市和自由贸易试验区，尽显现代大都市风貌。河北石家庄、唐山、邯郸等一批区域中心城市也具有一定的现代大都市风貌。

三、燕赵文化一枝独秀

本地区独特的地理环境孕育形成了燕赵文化，无论从中华武术到地方戏曲，还是从民间艺术到风情民俗，都体现了其粗犷、豪放、激越、慷慨的雄风侠骨。金、元杂剧先盛行于此而后传入吴越之地，涌现出关汉卿、王实甫等戏剧家，形成独具燕赵风韵的戏剧，如京剧、评剧、河北梆子等。燕赵大地还是中华武术的发祥地之一，精英荟萃的沧州武术、博大精深的永年杨氏太极拳在中华武术中占有重要地位。自春秋战国时期以来，这里尚武成风，名将辈出，战国时期的乐毅、廉颇，东汉后期的刘备、张飞、赵云，宋太祖赵匡胤，都是这一地域人士。此外，本地区民间艺术丰富多彩，吴桥杂技、唐山皮影、昌黎地秧歌、徐水狮子舞、沧州木板大鼓等民间艺术享誉中外。

【思政链接】

国粹京剧

京剧又称平剧、京戏等，是中国五大戏曲剧种之一，场景布置注重写意，腔调以西皮、二黄为主，用胡琴和锣鼓等伴奏，被视为中国国粹，中国戏曲三鼎甲"榜首"。

徽剧是京剧的前身。清代乾隆五十五年（1790）起，原在南方演出的"三庆""四喜""春台""和春"这四大徽班陆续进入北京，他们与来自湖北的汉调艺人合作，同时又吸纳了昆曲、秦腔的部分剧目、曲调和表演方法，还吸收了一些地方民间曲调，通过不断地交流、融合，最终形成京剧。京剧形成后在清朝宫廷内开始快速发展，直至民国时期得到空前繁荣的发展。

京剧走遍世界各地，分布地以北京为中心，遍及中国，成为介绍、传播中国传统艺术文化的重要媒介。以梅兰芳命名的京剧表演体系被视为东方戏剧表演体系的代表，为世界三大表演体系之一。京剧是中华民族传统文化的重要表现形式，其中的多种艺术元素被喻作中国传统文化的象征符号。2010年11月16日，京剧被列入"世界非物质文化遗产代表作名录"。

四、旅游商品备受青睐

本区历史文化底蕴深厚，拥有丰富多彩的旅游商品和土特产品。著名的传统特色工艺品，如北京景泰蓝、天津杨柳青年画、泥人张彩塑、河北内画壶、唐山瓷器等深受游客喜爱；本区也有种类众多的风物特产，如河北鸭梨、沧州金丝小枣、张家口口蘑、太行三珍等享誉中外；此外还有风味独特的美食佳肴，如北京烤鸭、天津狗不理包子、承德塞外宫廷菜、保定驴肉火烧、唐山大饹馇等，无不体现着本区的地方特色。

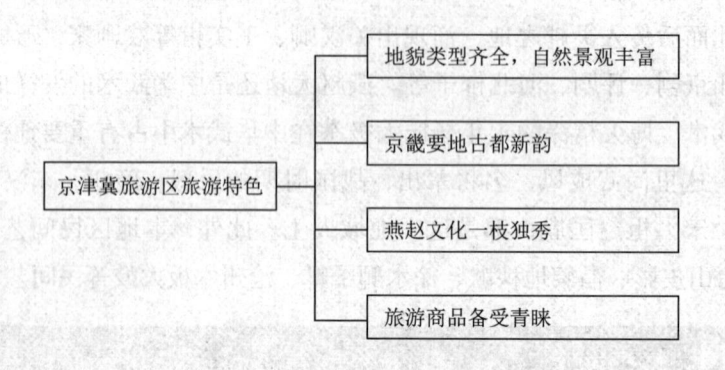

小结

京津冀旅游区旅游特色
- 地貌类型齐全，自然景观丰富
- 京畿要地古都新韵
- 燕赵文化一枝独秀
- 旅游商品备受青睐

任务训练

表 3-1-1　京津冀旅游区旅游主题

主题名称	推荐理由	根据主题推荐的旅游景区或景点

任务评价

表 3-1-2　京津冀旅游区旅游主题任务评价

评价指标	评价分值											
	自我评价				组间评价				教师评价			
	A	B	C	D	A	B	C	D	A	B	C	D
主题准确、鲜明												
推荐理由合理												
景点把握熟练												
团队合作												
总体印象												

A. 优秀　　　B. 良好　　　C. 一般　　　D. 欠佳

任务二　北京旅游区

北京市简称"京"，是中华人民共和国首都，四个直辖市之一，全国政治、文化、国际交往和科技创新中心。北京市西拥太行，北枕燕山，东临渤海，西南敞向华北平原，是连接我国东北、西北和中原地区的枢纽，是南北往来的交通要冲。北京是中国著名的八大古都之一，是首批国家历史文化名城和世界上拥有世界文化遗产数量最多的城市，三千多年的历史孕育了故宫、天坛、八达岭长城、颐和园、明十三陵等众多名胜古迹。2008年北京夏季奥运会、2022年北京冬季奥运会使其成为全球首个"双奥城市"，为北京旅游开创了新的发展空间。北京以其独特的风格与内涵，向国内外游客展示着自身的独特魅力。

任务目标

1. 学生自行寻找北京旅游区游览图，根据下面旅游行程线路，在图中标注旅游景区。

【北京古城新韵之旅】5日游

Day 1：天安门广场、故宫。
Day 2：恭王府、雍和宫。
Day 3：颐和园、冰丝带。
Day 4：八达岭长城、明十三陵。
Day 5：周口店猿人遗址、十渡风景区。

2. 根据北京旅游区游览图，了解北京旅游区的特色旅游及代表性的景区。

任务分析

要想了解北京旅游区的特色旅游及代表性的旅游景区，首先要了解北京旅游区的自然与人文地理环境，从而分析北京旅游区的旅游特色；其次要熟悉北京旅游景区特点及分布情况；最后总结出北京旅游区的特色旅游及代表性景区。

知识准备

北京旅游区可分为市中心游览区和京郊环城游览区。市中心游览区包括东城区、西城区、海淀区、朝阳区、丰台区和石景山区。京郊游览区包括顺义区、通州区、大兴区、房山区、门头沟区、昌平区、平谷区、密云区、怀柔区、延庆区。市中心游览区分布着众多的历史遗迹和文化景点，与现代都市景观形成鲜明对比，京郊环城游览区则以优美的自然风光为主，人文景观也颇具特色。

一、市中心游览区

（一）东城游览区

1. 故宫

又名紫禁城，位于北京市中心，前通天安门，后倚景山，东近王府井街市，西临中南海，是明清两代（1368—1911）的皇家宫殿，现为"故宫博物院"。故宫是世界上现存最大、最完整的古代宫殿建筑群，规划严整、气势雄伟、豪华壮丽，是国家5A级旅游景区，1961年被列为第一批全国重点文物保护单位；1987年被列为世界文化遗产。

北京故宫四面环有高10米的城墙和宽52米的护城河。城内的建筑分为外朝和内廷两部分。外朝的中心为太和殿、中和殿、保和殿，统称三大殿，是国家举行重大典礼的地方。内廷的中心是乾清宫、交泰殿、坤宁宫，统称后三宫，是皇帝和皇后居住的正宫，其后为御花园。每座建筑都展示了中国传统建筑的精湛工艺和优雅设计，充满了华丽而庄重的氛围。故宫内外壁面装饰布满了精美的砖雕、木雕、漆画和彩绘。檐口、屋顶、栏杆等都装饰着精致的龙、凤、祥云等吉祥图案。故宫还拥有丰富的文物和珍宝收藏，展示了中国古代文化的辉煌和底蕴。

2. 天安门

位于北京城传统的中轴线上。天安门建于明永乐十五年（1417），原名承天门，清顺治八年（1651）改建后称天安门。城门五阙，重楼九楹，通高33.7米。在2000余平方米雕刻精美的汉白玉须弥基座上，是高10余米的红白墩台，墩台上是金碧辉煌的天安门城楼。城楼下是碧波粼粼的金水河，河上有5座雕琢精美的汉白玉金水桥。城楼前两对雄健的石狮和挺秀的华表巧妙地相配合，使天安门成为一座完美的建筑艺术杰作。

3. 天坛

地处原北京外城的东南部，始建于明朝永乐十八年（1420），占地272万平方米，整体面积比紫禁城（故宫）还大些。天坛是我国现存最大的一处坛庙建筑，是明、清两朝皇帝"祭天""祈谷"的场所，有两重垣墙，分为内坛、外坛两部分，坛墙北呈圆形，南为方形，象征"天圆地方"。天坛集古代哲学、历史、数学、力学、美学、生态学于一体，是古建筑中的精品代表作，其以严谨的建筑布局、奇特的建筑构造和瑰丽的建筑装饰著称于世界，现为国家5A级旅游景区，1998年被列为世界文化遗产。主要建筑有祈年殿、皇穹宇、圜丘坛，它们依次排列在南北向的一条中轴线上，全部殿宇、坛基都朝南且呈圆形，以象征天，布局完整且富有美感。

4. 雍和宫

位于北京市区东北角，是北京市规模最大、保存最完好的藏传佛教（黄教）寺院，现为全国重点文物保护单位，国家4A级旅游景区。最早为清世宗胤禛作贝勒和亲王时期的府邸，后改为皇家寺院，成为清政府管理全国藏传佛教事务的中心。雍和宫将汉、满、蒙古、藏等的民族建筑风格融为一体，由天王殿、雍和宫大殿、永佑殿、法轮殿、万福阁等五进宏伟大殿组成，另外还包含东西配殿以及"四学殿"（讲经殿、密宗殿、数学殿、药师殿）。

（二）西城游览区

1. 恭王府

位于前海西沿、什刹海南岸，国家5A级旅游景区，是清代规模最大的一座王府，曾先后作为和珅、庆王永璘的宅邸。清咸丰元年（1851），恭亲王奕訢成为宅子的主人，恭王府的名称也因此得来。恭王府及其花园历经了清王朝由鼎盛至衰亡的整个历史进程，故有"一座恭王府，半部清代史"的说法。恭王府分为平行的东、中、西三路。中路的3座建筑是府邸的主体，一是大殿，二是后殿，三是延楼，延楼东西长160米，有40余间房屋。东路和西路各有3个院落，和中路建筑遥相呼应。王府的最后部分是花园，其20多个景区各具特色。

2. 什刹海

位于市中心城区西城区，是北京珍贵稀有的内湖，京杭大运河的北端码头。什刹海是北京城内面积最大、风貌保存最完整的一片历史街区，因此成为了解老北京文化，观看老北京建筑，感受老北京生活的极佳去处。什刹海包括前海、后海和西海（又称积水潭）三个水域及临近地区，与"前三海"相呼应，俗称"后三海"。景区风光秀丽，被誉为"北方的水乡"。

3. 北海公园

位于北京城的中心，东邻景山，南濒中南海，北连什刹海，是中国现存历史上建园最早、保存最完整、文化沉积最深厚的古典皇家园林，为国家4A级旅游景区。北海园林是根据我国古代神话故事《西王母传》中描写的仙境所造，历经辽、金、元、明、清五代，逐步形成了今天的格局。全园以北海为中心，占地69公顷（其中水面39公顷）。这里水面开阔，湖光塔影，苍松翠柏，花木芬芳，亭台楼阁，叠石岩洞，绚丽多姿，宛如仙境。景区主要由琼华岛、东岸和北岸组成。琼华岛上树木苍郁，亭台楼阁幽静，白塔耸立山巅，成为公园的标志。

4. 白云观

位于北京西城区西便门外，是北京市最著名的道教庙宇，也是道教全真派的祖庭。白云观的建筑基本按照中国传统的中轴线对称布局，在中轴线上，依次分布着照壁、牌楼、山门、窝风桥、财神殿、玉皇殿、丘祖殿和三清四御殿等十几座殿宇，配殿、廊庑分列中轴两旁。明版《正统道藏》、唐石雕老子坐像及元大书法家赵孟頫的《松雪道德经》石刻和《阴符经》附刻为白云观"三宝"。

（三）海淀游览区

1. 颐和园

颐和园，前身为清漪园，坐落在北京西郊，距城区15公里，占地约290公顷，是我国四大名园之一。它是以昆明湖、万寿山为基址，以杭州西湖风景为蓝本，汲取了江南园林的设计手法和意境而建成的一座大型山水园林，也是保存最完整的一座皇家行宫御苑，被誉为"皇家园林博物馆"。1998年，被联合国教科文组织列入《世界遗产名录》，为国家5A级旅游景区。

园中主要景点大致分为三个区域：以庄重威严的仁寿殿为代表的政治活动区，是清朝末期慈禧与光绪从事内政、外交政治活动的主要场所；以乐寿堂、玉澜堂、宜芸馆等庭院为代表的生活区，是慈禧、光绪及后妃居住的地方；以万寿山和昆明湖等组成的风景游览区，是供帝后们休闲娱乐的场所。

2. 圆明园遗址公园

坐落在北京西郊海淀区，与颐和园毗邻。它始建于康熙四十六年（1707），是清朝帝王用150余年时间修建的一座大型皇家宫苑，国家5A级旅游景区，全国重点文物保护单位，爱国主义教育基地。圆明园占地350公顷，建筑面积近20万平方米，曾以其宏大的地域规模、杰出的营造技艺、精美的建筑景群、丰富的文化收藏和博大精深的民族文化内涵而享誉于世，被誉为"一切造园艺术的典范"和"万园之园"。1860年（咸丰十年），圆明园惨遭英法联军的洗劫和焚毁，1900年（清光绪二十六年），八国联军侵占北京，西郊诸园再遭劫掠，此后又长期遭到官僚、军阀、官商的巧取豪夺，一代名园就此成为一片废墟。目前，圆明园已经成为一处遗址公园，游客可以在这里观看到残存的建筑遗址和园林景观。

3. 香山公园

位于北京西郊海淀区，地势险峻，苍翠连绵，是一座具有山林特色的皇家园林，现为国家4A级旅游景区。景区内主峰香炉峰俗称"鬼见愁"，海拔557米，顶有一块巨大的乳峰石，形状像香炉，晨昏之际，云雾缭绕，远远望去，犹如炉中香烟袅袅上升，故名香炉山，简称香山。主要景点有明清两代建筑风格的寺院——碧云寺、国内仅存的木质贴金——五百罗汉堂、迎接六世班禅的行宫——宗镜大昭之庙、颇具江南特色的古雅庭院——见心斋、毛泽东和中共中央进驻北平最早居住和办公的地方——双清别墅、孙中山先生灵柩暂厝地——碧云寺金刚宝座塔、碧云寺孙中山纪念堂及孙中山衣冠冢。香山红叶最闻名，每逢霜秋，遍山黄栌，如火如荼，瑰丽无比。

（四）朝阳游览区

1. 国家体育场——鸟巢

位于北京朝阳区奥林匹克公园中心区南部，是2008年第29届北京奥林匹克运动会、2022年北京冬奥会的主体育场。奥运会期间承担举行奥运会和残奥会开闭幕式、田径比赛及足球比赛决赛，能容纳观众10万人。奥运会后成为北京市民广泛参与体育活动及享受体育娱乐的大型专业场所，并成为具有地标性的体育建筑和奥运遗产。

"鸟巢"设计充分体现了人文关怀，碗状座席环抱着赛场的收拢结构，上下层之间错落有致，无论观众坐在哪个位置，和赛场中心点的视线距离都在140米左右。许多建筑专家都认为："鸟巢"不仅为2008年奥林匹克运动会树立了一座独特的历史性的标志性建筑，而且在世界建筑发展史上也有开创性意义。

2. 国家游泳中心——"水立方"

位于北京朝阳区奥林匹克公园B区西侧，是北京为2008年夏季奥运会修建的主游泳馆，2008年北京奥运会标志性建筑物之一。其与国家体育场分列于北京城市中轴线北端的两侧，共同形成相对完整的北京历史文化名城形象。

"水立方"的设计理念融建筑设计与结构设计于一体，设计新颖，结构独特。2008年奥运会期间，国家游泳中心承担了游泳、跳水、花样游泳等比赛，可容纳观众座席17000座，其中永久观众座席为6000座，奥运会期间增设临时性座位11000个。现已成为具有国际先进水平的、集游泳运动健身休闲于一体的体育中心。

3. 国家速滑馆——"冰丝带"

2022年冬奥会标志性场馆——国家速滑馆，外形上由22条晶莹美丽的"丝带"状曲面玻璃幕墙环绕，因此，又被称为"冰丝带"，与雄浑的钢结构"鸟巢"、灵动的膜结构"水立方"相得益彰，共同组成了北京这座世界上首个"双奥之城"的标志性建筑群。2022年冬奥会期间承担了速度滑冰比赛，在此处共诞生了14块金牌。其主场馆建筑面积约8万平方米，高33米，能容纳约12000名观众。"冰丝带"通过"智慧建造"，创造了8个月完成主体建设的"冬奥速度"。外立面由3360块曲面玻璃单元拼装而成，每一块玻璃都有不同的弯曲弧度。

【思政链接】

冬奥精神

2022年4月8日，中共中央总书记、国家主席、中央军委主席习近平在北京冬奥会冬残奥会总结表彰大会上发表讲话，提出胸怀大局、自信开放、迎难而上、追求卓越、共创未来的北京冬奥精神。

胸怀大局：心系祖国、志存高远，把筹办举办北京冬奥会、冬残奥会作为"国之大者"，以为国争光为己任，以为国建功为光荣，勇于承担使命责任，为了祖国和人民团结一心、奋力拼搏。

自信开放：雍容大度、开放包容，坚持中国特色社会主义道路自信、理论自信、制度自信、文化自信，以创造性转化、创新性发展传递深厚文化底蕴，以大道至简彰显悠久文明理念，以热情好客展现中国人民的真诚友善，以文明交流促进世界各国人民相互理解和友谊。

迎难而上：苦干实干、坚韧不拔，保持知重负重、直面挑战的昂扬斗志，百折不挠克服困难、战胜风险，为了胜利勇往直前。

追求卓越：执着专注、一丝不苟，坚持最高标准、最严要求，精心规划设计，精心雕琢打磨，精心磨合演练，不断突破和创造奇迹。

共创未来：协同联动、紧密携手，坚持"一起向未来"和"更团结"相互呼应，面朝中国发展未来，面向人类发展未来，向世界发出携手构建人类命运共同体的热情呼唤。

4. 北京欢乐谷

位于北京市朝阳区东四环四方桥东南，占地面积56万平方米，是目前国内最为国际化、现代化的主题公园之一，现为国家4A级旅游景区。景区以文化景观、艺术表演和游乐体验为核心，集海、陆、空三栖游乐于一体，由"峡湾森林、爱琴港、失落玛雅、香格里拉、蚂蚁王国、亚特兰蒂斯、欢乐时光"七大文化主题区组成。通过主题文化包装及故事演绎，以建筑、雕塑、园林、壁画、表演、游乐等多种形式，向游客展示了一种多姿多彩的地球生态环境与地域文化。

5. 798 艺术区

位于北京市朝阳区，为北京的文化创意产业集聚区。798原身是718联合厂，于1952年筹建，其于1964年4月拆分为多个厂，798厂为其中之一。从2001年开始，来自北京周边和北京以外的艺术家开始集聚798厂，他们以艺术家独有的眼光发现了此处对从事艺术工作的独特优势。充分利用原有厂房的风格，稍做装修和修饰，使之摇身一变成为富有特色的艺术展示和创作空间。这里是集齐了各种画展、雕塑、手工艺品、文创、动漫手办店铺等元素的半商业街区，门面装修非常有特色，是艺术生的天堂，也是摄影爱好者的福地，非常适合年轻人拍照打卡。

（五）丰台游览区

卢沟桥

位于北京西南广安门外30里的永定河上，国家4A级旅游景区，全国重点文物保护单位，爱国主义教育基地。1937年7月7日，这里发生了震惊中外的"卢沟桥事变"，揭开了全国抗日战争的序幕。卢沟桥全长266.5米，宽7.5米，最宽处可达9.3米。卢沟桥共有桥墩十座，共11孔，整个桥体都是石结构，关键部位均有银锭铁榫连接，为华北最长的古代石桥。桥上的石刻十分精美，最有名的是望柱上雕刻的大小不等、形态各异、数之不尽的石狮子。民间有句歇后语说："卢沟桥的石狮子——数不清。"天下名桥各擅胜场，而卢沟桥却以高超的建桥技术和精美的石狮雕刻独标风韵，誉满中外，实属古今中外一大奇观。

（六）石景山游览区

八大处公园

八大处公园是一座历史悠久、风景宜人的佛教寺庙园林，位于北京西山风景区南麓，方圆332公顷，最高处海拔464米，是中华人民共和国成立后北京市首批重点文物保护单位之一，现为国家4A级旅游景区。八大处公园，因保存完好的八座古刹而得名，有一处长安寺、二处灵光寺、三处三山庵、四处大悲寺、五处龙泉庵、六处香界寺、七处宝珠洞、八处证果寺。同时又以自然天成的"十二景"闻名遐迩，此"十二景"依次顺序为：绝顶远眺、春山杏林、翠峰云断、卢师夕照、烟雨鹃声、雨后山洪、水谷流泉、高林晓日、五桥夜月、深秋红叶、虎峰叠翠、层峦晴雪。

二、京郊环城游览区

（一）八达岭长城

位于北京市延庆区军都山中，自古以来就是通往山西、内蒙古、张家口的交通要道，史称"天下九塞之一"，1987年被列入《世界遗产名录》，现为国家5A级旅游景区。八达岭长城典型地表现了万里长城雄伟险峻的风貌。作为北京市的屏障，这里山峦重叠，形势险要，气势极其磅礴的城墙南北盘旋延伸于群峦峻岭之中。依山势向两侧展开的长城雄峙危崖，陡壁悬崖上古人所书的"天险"二字，确切地概括了八达岭长城的重要军事地位。

八达岭长城可供游览地段达3741米，其中南段1176米、北段2565米，共有烽火台16座。其城墙高大坚固，墙体平均高7.8米，基部全由重达半吨以上的花岗岩条石筑成，墙基厚约6.4米；墙上部由大城砖砌成，墙内夯泥土碎石，宽5.8米，可容五马并骑或十人同行。

（二）明十三陵

位于北京西北郊昌平区境内的燕山山麓的天寿山，距离北京约50公里。明十三陵是明朝迁都北京后十三位皇帝的墓葬群，埋葬了从明朝第三位皇帝明成祖朱棣到最后一位皇帝明崇祯朱由检，其间230多年，先后葬入13位皇帝、23位皇后、2位太子、30余名妃嫔、1位太监，是世界上保存完整、埋葬皇帝最多的墓葬群。

十三陵地处东、西、北三面环山的小盆地之中，陵区周围群山环抱，中部为平原，陵前有小河曲折蜿蜒。十三座陵寝呈扇面形分列于长陵左右，既是一个统一的整体，各陵又自成一个独立的单位，陵墓规格大同小异。目前对外开放的有四处景区：长陵、定陵、昭陵和总神道。明十三陵作为中国古代帝陵的杰出代表，展示了中国传统文化的丰富内涵。2003年被联合国教科文组织列入《世界遗产名录》，现为国家5A级旅游景区。

（三）周口店猿人遗址

位于北京城西南约50公里处的房山区境内，是世界上迄今为止人类化石材料最丰富、最生动、植物化石门类最齐全，同时研究最为深入的古人类遗址，1987年被列入《世界遗产名录》，现为国家4A级旅游景区。这里是距今70万至20万年的"北京人"、距今20万—10万年的第4地点早期智人、距今4.2万—3.85万年的田园洞人、距今 3 万年左右的山顶洞人生活过的地方。周口店遗址共发现不同时期的各类化石和文化遗物地点 27 处，出土人类化石 200 余件，石器十多万件以及大量的用火遗迹及上百种动物化石等，成为举世闻名的人类化石宝库和古人类学、考古学、古生物学、地层学、年代学、环境学及岩溶学等多学科综合研究基地。

（四）十渡风景区

位于北京市房山区，是中国北方唯一一处大规模喀斯特岩溶地貌，现为国家 4A 级旅游景区和国家地质公园。这里河谷狭长蛇行，谷壁刀劈斧削，拒马河依山绕岭从西北至东南流贯全境，两侧山峰如塔似剑。东起千河口，西至大沙地，北到石人峰，南临笔架山，占地面积 213 平方公里，游览长度百余里。主要景区有一渡"石门憨水"、二渡"剑壁平关"、三渡"笋峰祈雨"、四渡"仙峰朗月"、五渡"叠翠听风"等十八个渡口。

（五）古北水镇

位于北京市密云区古北口镇，坐落在司马台长城脚下，因位于古北口附近，又具有江南水乡乌镇风格而得名。古北水镇拥有明清及民国风格的山地合院建筑，独具江南水乡风韵，是一个集观光游览、休闲度假、商务会展、创意文化等旅游业态为一体，独具北方风情的度假小镇。其夜景堪称北京一绝，重磅打造了"八大名玩"，登长城、品长城、望长城、赏长城、聆长城、宿长城、戏长城、醉长城，成为北京夜游时尚新地标，吸引众多年轻人及国际友人前来休闲度假，也是摄影家和美食爱好者的天堂。

（六）野鸭湖

位于北京延庆区八达岭长城脚下的官厅湖畔，是华北地区最大的湿地鸟类自然保护区，现为国家 4A 级旅游景区。保护区总面积为 6873 公顷，其中湿地面积达 3939 公顷。野鸭湖动植物资源丰富，生物多样性、稳定性较高，成为北京地区甚至华北地区重要的鸟类栖息地之一，是观鸟、观植、观景的好去处。

（七）京东大溶洞

位于北京市平谷区黑豆村东侧，西距北京城区 90 公里，因其为京东地区首次发现，故名京东大溶洞，为国家 4A 级旅游景区。京东大溶洞发育于中元古界长城，系高于庄组白云岩地层，距今大约十五亿年。洞内全长 2500 余米，其中有 100 米水路，分布着种类繁多的沉积岩，如鹅管、石笋、石珍珠、石钟乳、石塔、石幔、石人、石兽、石花等。京东大溶洞共分为八大景区：蓬莱仙境、江南春雨、水帘洞等。包括数十处景观：圣火银珠、西风卷帘、鲲鹏傲雪等，其中最为壮观的景观是洞壁具有浮雕特色的"龙绘天书"，形态奇特，或似片片浮云，或如座座莲花，或如簇簇巨蘑，令人称奇叫绝。

小结

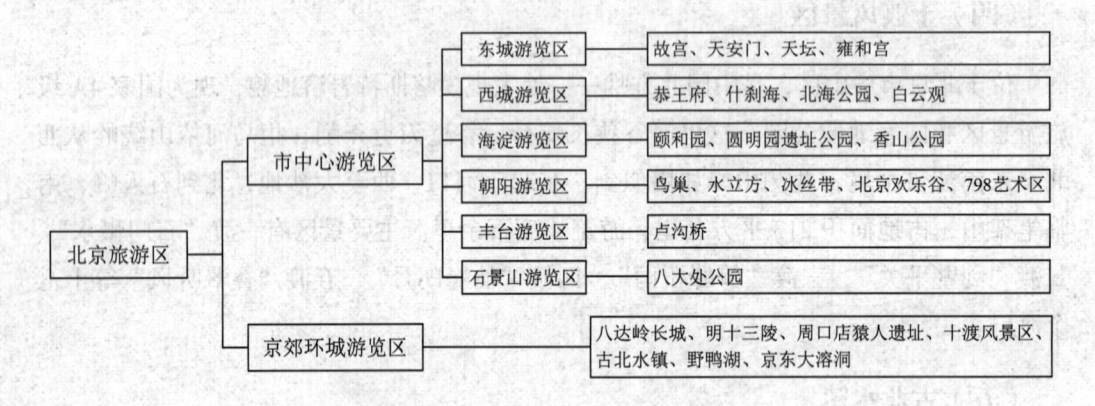

```
北京旅游区 ── 市中心游览区 ── 东城游览区 ── 故宫、天安门、天坛、雍和宫
                          ── 西城游览区 ── 恭王府、什刹海、北海公园、白云观
                          ── 海淀游览区 ── 颐和园、圆明园遗址公园、香山公园
                          ── 朝阳游览区 ── 鸟巢、水立方、冰丝带、北京欢乐谷、798艺术区
                          ── 丰台游览区 ── 卢沟桥
                          ── 石景山游览区 ── 八大处公园
          ── 京郊环城游览区 ── 八达岭长城、明十三陵、周口店猿人遗址、十渡风景区、古北水镇、野鸭湖、京东大溶洞
```

任务训练

以小组的形式，通过教材或其他方式了解北京旅游景点，获得旅游景点信息，以"畅玩北京乐享亲子"为旅游主题，推荐旅游景点。每组选出1名同学代表小组阐述任务完成的过程，讲解推荐的旅游景点及推荐的理由。

任务评价

表 3-2-1　北京旅游区任务训练评价

评价指标	评价分值											
	自我评价				组间评价				教师评价			
	A	B	C	D	A	B	C	D	A	B	C	D
主题准确、鲜明												
推荐理由合理												
景点把握熟练												
团队合作												
总体印象												

A. 优秀　　　B. 良好　　　C. 一般　　　D. 欠佳

任务三　天津旅游区

天津市简称"津"，别名津沽、津门等。中华人民共和国直辖市、国家中心城市、特大城市、环渤海地区经济中心、首批沿海开放城市之一，素有"渤海明珠"之称。"天津"这个名称最早出现在明朝永乐初年，意为天子经过的渡口，永乐二年（1404），天津筑城设卫，称"天津卫"。历经600余年，特别是近代百年，造就了天津中西合璧、古今兼容的独特城市风貌，"近代百年看天津"，成为世人共识。1989年评选出的"津门十景"分别是"天塔旋云""蓟北雄关""三盘暮雨""古刹晨钟""海门古塞""沽水流霞""故里寻踪""双城醉月""龙潭浮翠""中环彩练"，这些景观成为天津旅游景观的代表。

任务目标

1.学生自行寻找天津旅游区游览图，根据下面旅游行程线路，在图中标注旅游线路。

【天津都市】休闲之旅4日游

Day 1：天津古文化街、天津之眼。

Day 2：欢乐谷、杨柳青博物馆。

Day 3：海滨旅游度假区。

Day 4：黄崖关长城、独乐寺。

2.根据天津旅游区游览图，了解天津旅游区的特色旅游及代表性的旅游景区。

任务分析

要想了解天津旅游区的特色旅游及代表性的旅游景区，首先要了解天津旅游区的自然与人文地理环境，从而分析天津旅游区的旅游特色；其次要熟悉天津旅游景区特点及分布情况；最后总结出天津旅游区的特色旅游及代表性景区。

知识准备

天津市下辖16个市辖区，市辖区分为中心城区、环城区、滨海新区和蓟州区。中心城区包括和平区、河东区、河西区、南开区、河北区、红桥区，环城区包括东丽区、西青区、津南区、北辰区，远郊区旅游资源主要集中在蓟州区。

一、市中心游览区

（一）古文化街旅游区

位于天津南开区东门外，海河西岸，北起老铁桥大街，南至水阁大街。南北街口各有牌坊一座，上书"津门故里"和"沽上艺苑"，全长680米，宽5米，系商业步行街，现为国家5A级旅游景区。天津古文化街整体建筑为仿清民间式建筑风格，天后宫位于全街的中心，建于公元1326年，每年农历三月二十三日娘娘生日时，这里都会举行"皇会"。现今天后宫已成为天津民俗博物馆，主要介绍天津的历史变革，馆内陈列着各种民俗风情实物。除了天后宫，这里还拥有距今600年天津最大的道教殿堂——玉皇阁，最具天津特色的四合院群落——通庆里，以及中西合璧式的天津八大家之一的刘家大院。

（二）五大道文化旅游区

五大道风情区是指坐落在天津市和平区成都道以南，马场道以北，西康路以东，马场道与南京路交口以西的一片长方形区域，为国家4A级旅游景区。拥有20世纪二三十年代建成的具有不同国家建筑风格的花园式洋房2000多幢，其中风貌建筑和名人故居300多处，被誉为"万国建筑博览馆"。

五大道是最具天津文化符号的地标。在五大道，每幢建筑里所蕴含的故事都展现了近代中国百年风云，民国总统曹锟、徐世昌以及北洋内阁多位总理，美国前总统胡佛和前国务卿马歇尔等中外名人曾在此居住。历史在这里透过这些人物命运的起伏被串联起来，五大道以它独特的方式记录和见证着近代中国的兴衰荣辱、跌宕起伏，成为中国近现代百年历史风云变幻的见证，是一笔宝贵的历史文化遗存。

（三）天津意式风情街

位于天津市河北区，原意大利租界，由河北区五经路、河北区博爱道、河北区胜利路、河北区建国道这四条河北区的道路合围起来的四方形地区组成，现为国家4A级旅游景区。这里意大利风格的小洋楼成群，目前有保存完整的欧洲建筑近200栋。在意大利老租界里，还有梁启超的饮冰室、曹禺故居、李叔同故居、袁世凯及冯国璋的府邸等。天津意式风情街以体现浓郁的意大利风情为宗旨，将风情区建设成为集旅游、商贸、休闲、娱乐和文博为一体的综合性多功能区。

（四）周恩来邓颖超纪念馆

位于天津市南开区，毗邻风光旖旎、景色宜人的天津水上公园风景区，占地70000平方米，建筑面积13411平方米，于1998年2月28日周恩来100周年诞辰纪念日前夕建成开放。

馆内基本陈列分为四大展区，即主展馆、仿建的北京中南海西花厅展区、周恩来总理专机展区和"新海门"号船舶展区。主展馆一层为"人民总理周恩来"展览，三层为"20世纪中国妇女的杰出代表邓颖超"展览；西花厅展区设有复原陈列和主题文物展"伟大的情怀"；周恩来总理专机展区陈列着苏联政府赠送给周恩来的伊尔—14型678号飞机；"新海门"号船舶展区陈列着1992年承担邓颖超骨灰撒放任务的"新海门"号船舶。陈列展览主题突出，生动再现了周恩来、邓颖超两位伟人光辉灿烂的一生，以及他们为祖国、为人民鞠躬尽瘁的优秀品质和崇高精神。

周恩来邓颖超纪念馆是全国爱国主义教育示范基地、全国廉政教育基地、国家一级博物馆和国家4A级旅游景区。

（五）天津之眼

"天津之眼"摩天轮，又称天津永乐桥摩天轮，坐落于天津市河北区李公祠大街与五马路交口的永乐桥上。它是一座跨河建设、桥轮合一的摩天轮，兼具观光和交通功用，是天津地标建筑之一，现为国家4A级旅游景区。摩天轮高度为120米，轮外装挂48个透明座舱，每舱可乘8个人，舱内舒适宽敞，可同时供384人观光。座舱到达最高处时，乘客能看到方圆数十公里的景致，海河风貌尽收眼底，夜晚华灯初上，景色更加优美。

二、环城游览区

（一）天津欢乐谷主题公园

天津欢乐谷主题公园占地面积35万平方米，坐落于天津市东丽湖畔，为国家4A级旅游景区。全园分为六大主题区：演艺中心、欢乐时光、海洋之心、维京海港、圣诞村、飞跃加勒比。全园拥有56项水陆两栖、老少皆宜的游乐设施，每日近90场的艺术盛宴，将这里打造成为一座充满热情与浪漫的繁华都市欢乐之都。

（二）杨柳青博物馆

位于千年古镇杨柳青的石家大院，内设有民俗陈列和石府复原陈列。原是一处晚清民居建筑群，是清代津门八大家之一石元士的旧宅，其中建筑面积2900多平方米。纵观整个大院，60米长大甬道的两侧共有四合套式12个院落，所有院落都是正偏布局，四合套成。通体格局、建筑风格、艺术装饰，都反映了清末民初的文化遗存和当时的民俗民风。独具特色的天津杨柳青博物馆荟萃了民间工艺的精华，为国家4A级旅游景区。

【知识链接】

杨柳青年画

杨柳青年画，为中国著名的民间木版年画，与苏州桃花坞年画并称"南桃北柳"。它继承了宋、元绘画的传统，吸收了明代木刻版画、工艺美术、戏剧舞台的形式，采用木版套印和手工彩绘相结合的方法，既有劲道功力的木刻韵味，又有民族绘画的独特格调。杨柳青年画创立了鲜明活泼、喜气吉祥、富有感人题材的独特风格，运用寓意、写实等多种手法，反映现实生活、时事风俗和历史故事。每一幅年画都鲜明活泼，喜气洋洋，深受群众欢迎。2006年5月20日，该遗产经国务院批准列入第一批国家级非物质文化遗产名录。

三、滨海新区游览区

（一）大沽口炮台

位于天津市滨海新区海河出海口处，是中国近代北方海防要隘军事设施，国家4A级旅游景区，全国重点文物保护单位。炮台始建于明代后期，清代多次进行修缮。中国军民曾在这里多次浴血抗击外国侵略者，大沽口炮台成为近代中国人民英勇抗击外国侵略者的历史见证。1997年，我国在"威"字炮台基础上建立大沽口炮台遗址博物馆，展示了19世纪我国那一段被列强欺辱的历史，室外还有古老的炮台、古炮、城墙等景观。

（二）滨海航母主题乐园

位于天津市滨海新区汉沽八卦滩，为国家4A级旅游景区。天津滨海航母主题公园整体占地面积达22万平方米，于2011年十一期间正式对外开放。以"基辅号"航母观光游览为主线，军事为特色主题，形成集聚航母观光、武备展示、主题演出、会务会展、拓展训练、国防教育、娱乐休闲、影视拍摄八大功能板块于一身的大型军事主题公园。富有体验性、参与性、娱乐性、刺激性的体验项目以及作为特大型的国防教育基地，使其成为京津地区的"明星"景区和"王牌"产品。

（三）海滨旅游度假区

位于天津市滨海新区高沙岭东面，又叫作海滨浴场，是目前中国最大的人工海滨浴场之一，国家4A级旅游景区。这里建有全中国规模最大、高15米的拥有三个直滑道和两个旋转滑道的冲水滑梯。度假区已经形成以海洋为特色，以温泉为优势，集海上旅游、温泉康体、休闲度假、会议接待、开发投资为一体的旅游度假区。

四、蓟州游览区

（一）独乐寺

独乐寺，俗称大佛寺，位于天津蓟州区城内西大街。古寺始建于唐贞观十年，辽统和二年（984）重建，是中国仅存的三大辽代寺院之一，为全国重点文物保护单位、国家4A级旅游景区。

独乐寺的山门和观音阁为辽代建筑，其他都是明清时期所建。山门屋顶为五脊四坡形，是我国现存最早的庑殿顶山门，檐出深远而曲缓，檐角如飞翼，展现了中国建筑特有的艺术效果。主建筑观音阁面阔五间，进深四间，阁高23米，是我国现存双层楼阁建筑中最高的一座。观音阁内，一尊塑于辽代、高16米的泥塑观音菩萨矗立中央，因其头上塑有十个小观音头像，故又称之为"十一面观音"，其面容丰润慈祥，仪态端庄，造型匀称，姿态优美，实为古代雕塑艺术的精华。

（二）白塔

位于蓟州区城西南隅，独乐寺正南300米处，旧称渔阳郡塔。明嘉靖十二年（1533）在塔前修建观音寺，塔身呈白色，也称观音寺白塔。辽代清宁四年（1058）、明嘉靖、隆庆、万历和清乾隆年间都曾重修。

塔平面八角形，通高 20.6 米。此塔下部为密檐塔型，上部砌作覆钵式，造型奇特，是中国辽塔中的精品之一。塔基下部砌花岗石条，上部筑仿木砖雕须弥座，其壶门内浮雕舞乐伎，刻工精细，栩栩如生，是研究辽代音乐舞蹈的重要例证。塔身南面设门，内置佛龛；东、西、北三面设砖雕假门；四个侧面凸雕碑形，上书佛教偈语。八个转角处作重层小塔。塔身上出三层砖檐，檐角系铜铎。檐上置塔座承覆钵形圆肚、十三天和铜刹。素有"金峰平挂西天月，玉柱直擎北塞云"之誉。

（三）黄崖关长城

位于天津市蓟州区最北端 30 公里处的东山上，初建于北齐，于明代重修，为世界文化遗产，国家首批 4A 级旅游景区。黄崖关长城东有悬崖为屏，西以峭壁为依，楼台林立，关隘扼守水陆要冲，是比较完备的古代军事防御体系。这一段长城建筑的特点是，台墙有砖有石，敌楼有方有圆，砌垒砖有空心有实心。景区包括黄崖关和太平寨、关城塞堡、敌台水关应有尽有，接山跨河，布局巧妙，集雄险奇秀于一身。

▶ 小结

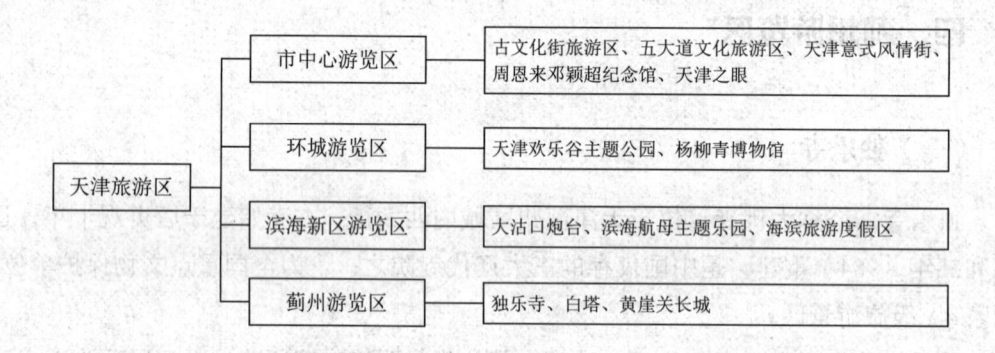

天津旅游区	市中心游览区	古文化街旅游区、五大道文化旅游区、天津意式风情街、周恩来邓颖超纪念馆、天津之眼
	环城游览区	天津欢乐谷主题公园、杨柳青博物馆
	滨海新区游览区	大沽口炮台、滨海航母主题乐园、海滨旅游度假区
	蓟州游览区	独乐寺、白塔、黄崖关长城

▶ 任务训练

以小组的形式，通过教材或其他方式了解天津旅游景点，获得旅游景点信息，以"古风津韵"为旅游主题，推荐旅游景点。每组选出 1 名同学代表小组阐述任务完成的过程，讲解推荐的旅游景点及推荐的理由。

任务评价

表 3-3-1 天津旅游区任务训练评价

评价指标	评价分值											
	自我评价				组间评价				教师评价			
	A	B	C	D	A	B	C	D	A	B	C	D
主题准确、鲜明												
推荐理由合理												
景点把握熟练												
团队合作												
总体印象												

A. 优秀　　　　B. 良好　　　　C. 一般　　　　D. 欠佳

任务四　河北旅游区

河北省古属冀州，故简称"冀"，在战国时期大部分属于赵国和燕国，又被称为"燕赵大地"，省会城市为石家庄市，面积约19万平方公里。河北地处我国华北地区的核心地带，其最北侧是内蒙古高原的延伸部和燕山山系，其西部为隔开黄土高原与华北平原的太行山山区，其东侧是广袤无垠的华北平原以及渤海湾。河北省历史悠久，文化底蕴深厚，早在5000多年前，中华民族的三大始祖黄帝、炎帝和蚩尤在河北由征战到融合，开创了中华文明史，元、明、清三朝定都北京，河北成了拱卫京师的畿辅之地。河北省旅游资源丰富，这里有燕山峻岭、坝上森林草原、滨海度假胜地、华北明珠白洋淀等自然风光，也有世界遗产避暑山庄及外八庙、清代帝王陵寝群清东陵和清西陵、金山岭长城、天下第一关山海关等名胜古迹，还有西柏坡、狼牙山等红色旅游景区，璀璨的历史文化与秀美的湖光山色在这里交相辉映。

任务目标

1. 学生自行寻找河北旅游区游览图，根据下面旅游行程线路，在图中标注旅游线路。

【乐享河北】文化之旅 7 日游
Day 1：张家口：宣化古城、张北草原。
Day 2：承德：避暑山庄、外八庙。
Day 3：唐山：清东陵、唐山地震博物馆。
Day 4：秦皇岛：北戴河、山海关。
Day 5：保定：野三坡、白洋淀景区。
Day 6：石家庄：西柏坡、正定古城。
Day 7：邯郸：广府古城、娲皇宫。
2. 根据河北旅游区游览图，了解河北旅游区的主要景区。

任务分析

要想了解河北旅游区的特色旅游及代表性的旅游景区，首先要了解河北旅游区的自然与人文地理环境，从而分析河北旅游区的旅游特色；其次要熟悉河北旅游景区特点及分布情况；最后总结出河北旅游区的特色旅游及代表性景区。

知识准备

一、冀北游览区

冀北旅游区位于河北省北部，包括承德、张家口两市，是河北重点旅游区之一。它以皇家文化、自然风光为特色，主要景区有避暑山庄、外八庙、金山岭长城、木兰围场、宣化古城、崇礼万龙滑雪场等著名景区。

（一）承德游览区

1. 避暑山庄

又名承德离宫或热河行宫，位于河北省承德市中心北部，武烈河西岸一带狭长的谷地上，是清代皇帝夏天避暑和处理政务的场所。它始建于康熙四十二年（1703），竣工于乾隆五十七年（1792），历经清朝三代帝王：康熙、雍正、乾隆，以朴素淡雅的山村野趣为格调，取自然山水之本色，吸收江南塞北之风光，成为中国现存规模最大的古代帝王宫苑。

避暑山庄的建筑布局大体可分为宫殿区和苑景区两大部分，苑景区又可分为湖区、平原区和山区三部分。山庄内有康熙、乾隆钦定的72景。拥有殿、堂、楼、馆、亭、榭、阁、轩、斋、寺等建筑一百余处，其最大特色是山中有园，园中有山。避暑山庄兴建后，清帝每年都有大量时间在此处理军政要事，接见外国使节和边疆少数民族政教首领。这里发生的一系列重要事件、重要遗迹和重要文物，成为中国多民族统一国家最后形成的历史见证。

避暑山庄是我国最富有艺术特色的皇家园林，具有高度的艺术成就，是中国古典园林的一颗璀璨的明珠。避暑山庄于1994年被联合国教科文组织列入《世界遗产名录》，现为国家4A级旅游景区。

2. 外八庙

外八庙是指清朝在承德避暑山庄周围依照西藏、新疆、蒙古藏传佛教寺庙的形式修建的十二座藏传佛教寺庙群。由于当年有八座寺庙由清政府理藩院管理，于北京喇嘛印务处注册，并在北京设有常驻喇嘛的"办事处"，并且这些寺庙都在古北口外，故统称"外八庙"（即口外八庙之意）。1994年"外八庙"同避暑山庄一起被列入《世界遗产名录》，现为国家5A级旅游景区。承德外八庙建筑雄伟，规模宏大，反映出清代前期建筑技术和建筑艺术的超高成就，也是汉、蒙古、藏文化交融的典范。

3. 木兰围场

位于河北省东北部（承德市围场满族蒙古族自治县），这里自古以来就是一片水草丰美、禽兽繁衍的草原，曾是清代皇家猎苑。现今，这里还保留着东庙宫、乾隆打虎洞和石刻、古长城说碑等十几处清代皇帝行围狩猎和北巡围场的文物古迹，以及点将台、将军泡子、十二座连营等古战场遗址。木兰围场不仅是著名的狩猎名苑，更是一个四季分明、气候宜人、风景优美的旅游胜地，主要景区有塞罕坝风景区、御道口风景区、红松洼风景区等。

【思政链接】

"人间奇迹"塞罕坝

塞罕坝位于河北省承德市围场满族蒙古族自治县境内，地处内蒙古高原与河北北部山地的交界处。塞罕坝是蒙汉合璧语，译为"美丽的高岭"，历史上曾是一处水草丰沛、森林茂密、禽兽繁集的天然名苑。随着清王朝历史的推移，因政治腐败和财政颓废，清政府在同治二年（1863）开围放垦，塞罕坝森林植被遭到破坏。到解放初期，原始森林已荡然无存，地区退化为高原荒丘。中华人民共和国成立后，党和国家十分重视国土绿化，林业部决定在河北北部建立大型机械林场。1962年，塞罕坝林场正式组建，几代塞罕坝人发扬牢记使命、艰苦创业、绿色发展的塞罕坝精神，在"黄沙遮天日、飞鸟无栖树"的荒漠地上艰苦奋斗、甘于奉献。现塞罕坝已成为国家级森林公园、国家4A级旅游景区，2017年，塞罕坝荣获联合国颁发的"地球卫士奖"。习近平总书记称赞林场的建设者们，创造了荒原变林海的人间奇迹，用实际行动诠释了绿水青山就是金山银山的理念，铸就了牢记使命、艰苦创业、绿色发展的塞罕坝精神。

4. 金山岭长城

位于河北省承德市滦平县境内，系明朝爱国将领戚继光担任蓟镇总兵时期（1567—1582）主持修筑，是万里长城的精华地段。因其视野开阔、敌楼密集、景观奇特、建筑艺术精美、军事防御体系健全、保存完好而著称于世，素有"万里长城，金山独秀"之美誉，堪称万里长城的巅峰之作。金山岭长城西起龙峪口，东至望京楼，全长10.5公里，有关隘5处，敌楼67座，烽燧3座。其挡马墙、障墙、文字砖墙、麒麟影壁墙、库房楼铺房在万里长城中绝无仅有。金山岭长城作为长城的组成部分于1987年被列入世界文化遗产，现为国家5A级旅游景区。

5. 国家一号风景大道

位于承德坝上，东起塞罕坝国家森林公园，途经御道口牧场管理区、围场满族蒙古族自治县，西至丰宁满族自治县大滩镇，全长180公里，是国内首条国家层面注册的风景大道。横亘在内蒙古高原与华北平原之间，沿途二十余处景区，一路经过塞罕坝国家森林公园、御道口风景区、五道沟、滦河神韵、京北第一草原等著名景区，尽览草原、森林、河流、山地、乡村等坝上无限风光。同时它也是一条古风浓郁的文化大道，皇家行宫、驿站遗存、满蒙风情、多元文化相互交融。该地还重建了康熙饮马驿站、乾隆行围驿站、天成号驿站等，再现了皇家御路。

6. 董存瑞烈士陵园

位于河北省隆化县，是为纪念全国著名战斗英雄董存瑞烈士于1954年在清康熙皇帝波洛河屯行宫旧址上修建的。陵园占地9.16万平方米，是全国以烈士名字命名的陵园中占地面积最大的。园内有纪念牌楼、烈士纪念碑、董存瑞烈士塑像、烈士墓、纪念馆、碑林等13项主体建筑，并珍藏了老一辈革命家、学者、知名人士为董存瑞烈士的题词、书画210余件。该园为爱国主义教育示范基地，国家4A级旅游景区。

（二）张家口游览区

1. 宣化古城

位于张家口市东南，始建于唐僖宗文德元年（888），明洪武十七年（1384）动工展筑，清康熙三十二年（1693）改置宣化府。因其为京城以西第一座府城，故称"京西第一府"。宣化古城是中国北方现存古城中历史悠久、规模宏大、地位重要的著名城池，古城内国家级、省级重点文物保护单位多达13处，1992年被河北省人民政府公布为历史文化名城。古城主要的景点包括清远楼、镇朔楼、下八里张世卿墓、五龙壁砖雕、立化寺塔、柏林寺石塔等"京西第一"，还有拱极楼、察哈尔省民主政府旧址、旧城垣、时恩寺等重点文物保护单位。

2. 崇礼国家级冰雪旅游度假区

位于张家口的崇礼区，作为2022年冬奥会滑雪项目的比赛场地之一，是国内著名的滑雪度假区。崇礼全区现已建成万龙、云顶、太舞、长城岭、富龙、多乐美地、银河7大滑雪场，成为国内最大的高端滑雪集聚区，具备成为世界级滑雪胜地的基本条件，2020年12月成为河北省内首家国家级旅游度假区。全区拥有雪道169条，长162公里，其中15条雪道通过国际雪联认证，各类缆车索道67条，长44.5公里。云顶、太舞、万龙、富龙四家雪场连续两年入围"中国滑雪场十强"。

3. 草原天路

位于张家口市张北县和崇礼区的交界处，全长约323.9公里，东接承德一号风景大道，西连内蒙古草原，起自张承界，经赤城县、张北县、崇礼区、沽源县、万全区、尚义县，止于冀蒙界。犹如一条蛟龙，盘踞于崇山峻岭之间，蜿蜒曲折、跌宕起伏。蓝天与之相接，白云与之呼应，行走在天路之上，就像是漫步在云端，故而得名"天路"。草原天路是连接崇礼滑雪场、赤城温泉区、张北草原风景区、白龙洞风景区、大青山风景区的一条重要通道，也是中国十大最美丽的公路之一。公路沿线蜿蜒曲折、河流山峦、沟壑纵深、草甸牛羊、景观奇峻，展现出一幅百里坝头风景画卷，分布着古长城遗址、桦皮岭、野狐岭、张北草原等众多人文、生态和地质旅游资源。

4. 蔚州古城

位于河北省蔚县，现为国家3A级旅游景区，古城始建于北周大象二年（580），于明朝洪武十年重修，距今已有1400多年的历史，古城自古就是富饶繁华的商埠重地，不仅物产丰富，而且以丰富多彩的民间文化闻名四方。古城轮廓为不规则形状，南面宽阔，北面狭小，东西两面多弯不平直。古城不开北门，而在北城垣上修筑玉皇阁。城内以东西南北四大街为主干线，形成以鼓楼与南门对称，南北大街为中轴的建筑格局。历史上蔚州地区以汉民族文化为主流，可在古城形制上却一反汉民族传统"礼制"严格讲求：方正端庄、泾渭分明、中轴对称的规划而建设，是蔚州古城最大特色。古城现存1600多米的北城墙、南门、蔚州署、玉皇阁、真武庙、常平仓、灵岩寺、南安寺塔、鼓楼、城隍庙、财神庙、清真寺等诸多古建筑。

二、冀东游览区

冀东游览区位于河北省东部,包括秦皇岛、唐山两市。秦皇岛市因中国第一个皇帝秦始皇东巡至此,入海求仙而得名,是我国规模较大、设施齐全的海滨度假胜地。唐山市文化底蕴丰厚,人杰地灵"不食周粟""老马识途"等典故发生在这里,还有清东陵、长城关隘、景忠山、菩提岛、李大钊故居等自然人文景观。

(一)秦皇岛游览区

1. 北戴河

地处秦皇岛市北戴河区东部沿海,东北至鸽子窝公园,西南至戴河入海的戴河口,是国家4A级旅游景区,海滨旅游休闲度假胜地,有"中国夏都""天然氧吧""观鸟的麦加"之誉。这里拥有海洋、森林、湿地三大主要生态系统,还有联峰山、鸽子窝、中海滩三大风景,是我国北方理想的避暑胜地。北戴河还是西伯利亚—东亚—澳大利亚鸟类迁徙途径上的一个重要地点,每年春秋迁徙季节有大量鸟类通过这一信道北上南下,是一个无可取代的鸟类研究基地。

2. 山海关

又称"榆关",也作渝关,又名临闾关,是秦皇岛市的一个辖区,位于秦皇岛市东北15公里处。明朝洪武十四年(1381),中山王徐达奉命修永平、界岭等关带兵到此地,以古渝关非控扼之要,于古渝关东六十里移建山海关,因其北倚燕山,南连渤海,故得名山海关。

山海关是世界文化遗产长城的组成部分,是国家历史文化名城旅游景区和国家5A级旅游景区。山海关是一座防御体系比较完整的城关,在1990年以前被认为是明长城东端起点,故有"天下第一关"之称。其以威武雄壮的"天下第一关"箭楼为主体,辅以靖边楼、临闾楼、牧营楼、威远堂、瓮城、东罗城、长城博物馆等长城建筑。2001年,国务院将山海关列为国家历史文化名城旅游景区,"老龙头""孟姜女庙""角山""天下第一关"等六大风景区开始对中外游客开放,闻名国内外。

3. 黄金海岸

位于秦皇岛昌黎县,全长52.1公里,沙质松软,色黄如金,故称黄金海岸,是我国北方唯一的国家级海洋自然风景保护区,以沙漠与大海的"吻痕"为特色,被评为中国最美的八大海岸之一。黄金海岸百里金滩,沙细、滩软、水清、潮平,由于海潮和季风的作用,在海岸形成了世上罕见的大沙山,高达30—40米,这些金黄色的沙山呈新月形,陡缓交错,起伏有序,形成了国内独有、可与澳大利亚的布里斯班相媲美的天然海洋大漠风光。主要景点有昌黎国际滑沙中心、翡翠岛、金沙湾沙雕大世界、黄金海岸射击场等。

4. 乐岛海洋公园

位于秦皇岛山海关区，是国内规模最大、最具海洋特色，融互动游乐、运动休闲、动物展演、科普展示、度假娱乐为一体的海洋主题公园，为国家4A级旅游景区。游客可以在园内观赏海狮、海豚、白鲸的精彩表演；可以乘坐潜艇观光或潜水与鱼儿嬉戏，体会漫游海底，探索大自然无穷奥秘的乐趣；还可以观赏特色文化表演和高档次的大型文艺演出。

公园按照不同的功能区域划分为欢乐海湾、文化广场、戏水乐园、风情美食街、海滨浴场、运动休闲、海洋剧场等七大功能区域，共有一百余种参与项目。

（二）唐山游览区

1. 清东陵

位于遵化市境内，西距北京市区125公里，是我国现存规模最宏大、体系最完整、布局最得体的帝王陵墓建筑群，现已被列为世界文化遗产，国家5A级旅游景区。占地80平方公里的15座陵寝中，埋葬着5位皇帝（顺治、康熙、乾隆、咸丰、同治）、15位皇后、136位妃嫔、3位阿哥、2位公主共161人。诸陵园以顺治的孝陵为中心，排列于昌瑞山南麓，均由宫墙、隆恩殿、配殿、方城明楼及宝顶等建筑构成。景区有清代最长的神道——长达6公里的孝陵神道；清代规模最大的石像生——数量达18对的孝陵石像生；还有目前国内唯一被誉为地下佛堂和石雕宝库的裕陵地宫石刻和号称"清陵之冠"的慈禧陵。

2. 唐山地震博物馆

位于唐山市路南区，是为纪念1976年唐山大地震和唐山人民在全国人民的全力支援下抗震救灾、重建唐山的伟大壮举而建立的，为全国爱国主义教育基地。该馆分为科普展馆和纪念展馆两部分。科普展馆位于地上一层，分为地震科学、地震活动观测、地震灾害防御、地震紧急救援、地震活动体验、人类美好梦想等7个部分，主要展示地震科普知识、国内观测预报地震的高科技手段。纪念展馆位于地下一层，包括序厅、劫难篇、救灾篇、自强篇、振兴篇和发展篇共六个部分。展览设计既突出了1976年的历史特色和唐山大工业文化背景，又本着体现历史性、真实性和客观性的原则，加大文物、景观陈列力度，共展出照片近500幅，实物近300件，复原式景观4组，蜡像30余尊。走进展览空间，使游客能身临其境地感受1976年唐山地震后的惨烈情景，与唐山人民共同经历抗震救灾和恢复生产的悲壮历程，深刻体会"公而忘私、患难与共、百折不挠、勇往直前"抗震精神的凝铸与升华。

3. 李大钊纪念馆

李大钊故居纪念馆包括展览馆和故居两部分。其中展览馆坐落在河北省乐亭县城，于1997年8月16日落成开馆，占地130亩，建筑面积8656平方米，为国家4A级旅游景区。主要参观景区有：李大钊生平事迹陈列展览、李大钊廉洁风范展览、李大钊纪念碑林等。李大钊故居位于河北省乐亭县大黑坨村中央，坐北朝南，南北长55.5米，东西宽18.2米，占地面积为1010.1平方米，共有房屋21间，是一座具有明清以来乐亭县民房建筑风格的一宅两院的穿堂套院。李大钊故居不仅是李大钊诞生和幼年成长的地方，也是他和夫人赵纫兰成婚安家长期生活过的地方。

【思政链接】

20世纪初中国的播火者——革命先驱李大钊

李大钊是中国共产党的主要创始人之一。1920年初，李大钊等革命家就开始商议在中国建立无产阶级政党。同年秋，他领导建立了北京的共产党早期组织和北京社会主义青年团，并积极推动建立全国范围的共产党组织。

中国共产党成立后，李大钊代表党中央指导北方的工作，在北方广大地区宣传马克思主义，开展工人运动，建立党的组织。1922—1924年，他受党的委托，奔走于北京、上海、广州之间，帮助孙中山改组国民党，为建立第一次国共合作的统一战线作出重大贡献。李大钊还领导北方党组织配合五卅运动，配合北伐胜利进军，开展反帝反军阀斗争，为大革命胜利推进作出卓越贡献。

1927年4月6日，李大钊在北京被捕入狱。在狱中，他备受酷刑，始终严守党的秘密，坚贞不屈、大义凛然。4月28日，李大钊英勇就义，时年38岁。

"铁肩担道义，妙手著文章"，是李大钊光辉一生的真实写照。李大钊开创的伟大事业和留下的思想遗产永远不可磨灭，他播撒的革命种子已经在中国大地上生根、开花、结果。

4. 国际旅游岛

位于河北省唐山市东南部滨海，乐亭县西南部，是由滦河和潮汐作用冲积而成，历史悠久，形态各异，资源丰富。国际旅游岛包括菩提岛、祥云岛、月岛及周边岛屿，总面积达73平方公里。其中菩提岛总面积5.07平方公里，属河北省海洋自然保护区、国家4A级旅游景区、全国十大美丽海岛，以古、幽、闲、野、秀闻名于世。月岛总面积11.96平方公里，为国家4A级旅游景区，岛上建筑是仿荷兰风情而设计的，一座座红顶小木屋独具特色，是中国北部海域最负盛名的生态旅游度假中心之一。祥云岛总面积22.73平方公里，海岸线长26公里，拥有优质天然细沙，沙滩坡度平缓，温泉资源丰富，是天然优质的海滨浴场。

三、冀中游览区

冀中旅游区位于河北省中部地带，主要由中部平原和滨海平原组成，海河流域贯穿全境，包括保定市、沧州市和廊坊市。该地区河流纵横，物产丰富，交通发达，旅游资源丰富。主要景区有清西陵、白洋淀、野三坡、吴桥杂技大世界等。

（一）保定游览区

1. 清西陵

位于河北省易县城西15公里的永宁山下，是我国规模最大、保存最完整、品种最齐全的清代皇家陵墓群之一，现已被列为世界文化遗产，全国重点文物保护单位，国家5A级旅游景区。清西陵建有4座黄帝陵、3座皇后陵、4座王爷、公主、阿哥园寝，共14座陵寝和2座附属建筑（永寺福、行宫），埋葬着雍正、嘉庆、道光、光绪4位皇帝，9位皇后、57位妃嫔、2位王爷、6位阿哥，共计78人。

清西陵具有极高的史艺价值，雍正皇帝的泰陵建有世界上单体规模最大的品字形石牌坊；道光皇帝的陵墓建有世界最大的楠木雕龙隆恩殿；嘉庆皇帝的昌陵隆恩殿，地面采用花斑石铺墁，有满堂宝石之誉；光绪皇帝的崇陵采用贵重的铜铁木建造，有"铜梁铁柱"之称；孝和睿皇后的昌西陵建有中国古代陵寝中唯一的回音壁和回音石；清西陵永福寺、行宫为清代陵寝附属建筑仅存的孤例。

2. 白洋淀

位于河北保定境内，是中国海河平原上最大的湖泊，现有大小淀泊143个，其中以白洋淀较大，总称白洋淀。白洋淀水域面积336平方公里，是华北平原最大的淡水湖，素有华北明珠之称，也有"北国江南、北地西湖"之誉，为国家5A级旅游景区。

白洋淀由堤防围护，淀内壕沟纵横，河淀相通，田园交错，水村掩映。白洋淀旅游的特色主要包含以下几点：一是乘汽艇或木船，穿行于纵横交错的芦苇丛中；二是品尝水鲜，白洋淀盛产鱼虾，虾则体大肉厚，鱼则个大肉嫩；三是观看渔民拉网捕鱼，甚至可以与渔民一起下淀捕鱼，体验一下渔家的生活。

3. 野三坡

位于河北省西北部，保定市涞水县境内，是我国北方著名的旅游胜地，为国家5A级旅游景区。这里自然风光奇特，以"雄、险、奇、幽"的自然景观和古老的历史文物著称，享有"世外桃源"的美誉。主要景点有：百里峡、清泉山、鱼谷洞泉、拒马河、百草畔、龙门天关等。

野三坡的地址遗迹具有典型性、稀有性、系统性，是华北板内造山带的典型代表。此外，野三坡还有完整的地址遗迹，侵入岩、火山岩、沉积岩、变质岩各类岩石遗迹齐全，异常发育的构造节理、断层、褶皱等构造遗迹突出，山地夷平面、河流阶地各种地貌遗迹丰富多彩，是一部生动的地质教科书，一座天然的地质博物馆。

4. 直隶总督署

是清代直隶总督的办公处所，位于河北省保定市。直隶是今河北省的前身，总督是省最高军政首脑。直隶总督署是目前我国保存最为完好的清代省级衙门，1988年被国务院公布为全国重点文物保护单位，现为国家4A级旅游景区。

直隶总督署建于清雍正七年（1729）。该署规模宏大，东西宽130米，南北长220余米，占地总面积30000余平方米。整座衙署严格按照清朝规制修建，坐北朝南，分为东、中、西三路，作为主体建筑的大门、仪门、大堂、二堂、官邸、上房均设在中轴线上，东西两路是幕府院、花厅、箭道等辅助建筑。建筑均为布瓦顶、小式硬山建筑，是一座典型的清代衙署建筑群。直隶总督府历经八帝187年的历史，共设有直隶总督75人，99任，方观承、曾国藩、李鸿章、袁世凯等均在此任职，有"一座总督衙署，半部清史写照"之称。主要景点有仪门、戒石坊、大堂、二堂、三塘等。

5. 满城汉墓

位于河北省保定市满城区，系西汉中山靖王刘胜及其妻窦绾之墓，曾出土过上万件珍贵的文物，以"金缕玉衣""长信宫灯"最为有名。现为全国重点文物保护单位、国家4A级旅游景区。满城汉墓平面布局上大同小异，均由墓道、甬道、北耳室、南耳室、中室和后室六个部分组成。墓中还设有构思精妙的防盗和排水系统。该墓保存完整，作为汉诸侯王、后一级的大型崖洞墓，规模宏大，结构复杂，建造精巧，揭示了西汉时期诸侯王的墓葬结构和埋葬制度，是研究汉代"因山为陵"葬制的重要材料。墓中出土的文物充分反映了西汉盛世时期高度发达的物质文明，为研究汉代冶炼、铸造、漆器、纺织等手工业发展和医学、农业发展提供了重要的实物资料。主要参观景点为刘胜墓和窦绾墓。

（二）沧州游览区

吴桥杂技大世界

吴桥县位于河北省东南部，是我国杂技发祥地之一，被国内外杂技界公认为"中国杂技之乡"。1993年，吴桥县政府与香港国旅合资兴建了"吴桥杂技大世界"，把杂技艺术作为一项独有的旅游资源加以开发利用，现为国家4A级旅游景区。内设十大景点，融千年杂技文化于一苑，集游乐、人文、博物、民俗、杂技培训、比赛交流于一体。主要景点有江湖文化城、魔术迷幻宫、杂技奇观宫、红牡丹剧场、吴桥杂技博物馆、滑稽动物园等。

四、冀南游览区

冀南指河北省南部，包括石家庄市、衡水市、邢台市和邯郸市。该地区是华北历史最悠久的地区，是中华文明的发源地之一。其中河北省邢台市曾是殷商古都、西周邢国、后赵的国都，河北省邯郸市曾是战国时期赵国的国都，历史文化名城。优美的自然环境和悠久的历史文化，使冀南旅游区拥有丰富的文化遗产和自然景观。

（一）石家庄游览区

1. 西柏坡

位于石家庄平山县，华北平原和太行山交汇处，三面环山，一面环水，西扼太行山，东临冀中平原，距石家庄仅90公里。西柏坡是解放战争时期中央工委、中共中央和解放军总部的所在地，是解放全中国，筹备新中国的总指挥部，有"新中国从这里走来""中国命运定于此村"的美誉。西柏坡为我国革命圣地之一，是国家重点文物保护单位，又是国家5A级旅游景区。主要景点有：西柏坡中共中央旧址、西柏坡陈列馆、西柏坡石刻园、西柏坡纪念碑、西柏坡青少年文明园、国家安全教育展览馆等。

2. 正定古城

位于河北省西南部，古称常山、真定，历史上曾与北京、保定并称"北方三雄镇"，是河北省会石家庄的北大门，为国家历史文化名城。正定古城现存隋唐以来建筑38处，始建于隋开皇六年的隆兴寺是中国著名的十大名寺之一；寺内铜铸千手千眼观音是我国现存最高的铜铸立式大佛；摩尼殿歇山式抱厦，是世界古建筑孤例；龙藏寺碑被誉为"隋碑第一"；倒坐观音被鲁迅先生惊叹为"东方美神"；开元寺钟楼是中国现存的唯一唐代钟楼。天宁寺凌霄塔、开元寺须弥塔、临济寺澄灵塔、广惠寺多宝塔等造型奇特，建筑精美，具有极高的建筑学、美学价值，被誉为"古建艺术宝库"和"佛教文化博物馆"。

3. 嶂石岩

位于石家庄西南100公里的赞皇县境内，是太行山森林公园精华所在，为国家4A级旅游景区。景区面积约120平方公里，全旅游区的地貌为"嶂石岩地貌"，和丹霞地貌、张家界地貌并称为中国三大旅游砂岩地貌。嶂石岩景观主要为"丹崖、碧岭、奇峰、幽谷"，其景观特色大致可概括为"三栈牵九套，四屏藏八景"。三栈即三条古道；九套即连接三条古道的九条山谷；四屏乃整体看似四道屏障而又相对独立的四个分景区（九女峰、圆通寺、纸糊套、冻凌背），其中回音壁为世界上最大的天然回音壁。

4. 苍岩山

位于河北省井陉县东南部，总面积63平方公里，最高处为玉皇顶，为全国重点风景区，国家4A级旅游景区。苍岩山奇峰异石林立，青松翠柏常青，历史文化悠久，宛如一颗璀璨的明珠，镶嵌在太行山中，享有"五岳奇秀揽一山，太行奇峰唯苍岩"之誉。景区以壮观的山势、地貌和山间众多的名寺古刹为主，峭壁石崖，崖壁陡峭，而且岩壁都是赤红色，别具特色。山间的古刹和寺院园林主要有：福庆寺、卧佛寺、龙岩寺、公主坟、菩萨顶、玉皇顶等。

5. 华北军区烈士陵园

位于河北省石家庄市桥西区，为国家4A级旅游景区，红色旅游经典景区，爱国主义教育基地。1948年秋，经朱德总司令提议，为了纪念抗日战争、解放战争时期牺牲在华北大地的革命烈士而修建，1954年建成并对外开放，是我国兴建较早、建筑造型艺术较高的烈士陵园之一。

园内安葬着马本斋、周建屏、常德善、包森、周文彬等历次革命历史时期牺牲在华北地区牺牲的318位团职以上的革命烈士，安放着650多位烈士和老红军的骨灰，国际主义战士诺尔曼·白求恩大夫和柯棣华大夫均安葬于此。陵园占地21万平方米，主要纪念建筑物有：烈士纪念碑、影视厅、迎宾厅、烈士纪念馆、印度援华医疗队纪念馆、华北革命战争纪念馆、华北局纪念亭、白求恩墓、柯棣华墓、烈士墓区和颇具规模的铜像群以及董振堂、赵博生纪念亭等。

（二）邢台游览区

崆山白云洞

位于河北省邢台市临城县境内，为国家重点风景名胜区，国家地质公园，国家4A级旅游景区。崆山白云洞是我国北方一处难得的喀斯特洞穴景观，形成于5亿年前的中寒武纪。白云洞中的钟乳岩断裂发育，溶孔、溶穴分布密集，给人以形态美、线条美、空间美等多种艺术享受，堪称岩溶造型"博物馆"和"地下迷宫"。

（三）邯郸游览区

1. 娲皇宫

位于河北邯郸市涉县索堡镇中皇山上，为中国神话传说女娲娘娘炼石补天，抟土造人之地，属全国重点文物保护单位、国家级风景名胜区、国家5A级旅游景区。娲皇宫是中国规模最大、肇建时间最早、影响地域最广的奉祀女娲的历史文化遗存，被誉为"华夏祖庙"，为全国祭祖圣地之一。现存北齐石刻、唐代题记、宋代砖墙、明清建筑等古遗址，有林地、山谷、园林、水系等自然景观，其中，北齐摩崖石刻、主体建筑娲皇阁、女娲祭典为景区三大精髓，分别以"天下第一壁经群""活楼吊庙""国家非物质文化遗产"的殊荣享誉国内外，是研究我国根祖文化的重要基地。

2. 广府古城

位于河北省邯郸市永年东南20公里处，距今已有2600多年的历史，为全国重点文物保护单位，中国历史文化名镇，国家5A级旅游景区。广府古城坐落于4.6万亩的永年洼湿地中央，为独一无二的旱地水城，被誉为"北国小江南"。广府古城墙不但颇具规模，雄伟壮观，而且保存完好。广府古城还是杨式太极拳、武式太极拳的发祥地，被誉为"中国太极拳之乡"。主要景点有弘济桥、毛遂墓、西八闸、藏兵洞等。

3. 丛台公园

位于河北省邯郸市市中心，是邯郸市建设最早，规模颇大，以武灵丛台为中心开辟成的一座大型历史文化公园。丛台公园得名于园中心的武灵丛台，是古城邯郸的象征，相传建于赵国武灵王时期（前325—前299年），距今已有2000多年的历史。丛台公园全区面积360亩，园内园中园已有13个，主要景点有武灵丛台、七贤祠、秦始皇纪念馆等，为国家4A级旅游景区。

【思政链接】

民族融合的结晶——胡服骑射

赵武灵王是战国时赵国的一位奋发有为的国君，他为了抵御北方胡人的侵略，实行了"胡服骑射"的军事改革。改革的中心内容是穿胡人的服装，学习胡人骑马射箭的作战方法。其服上褶下绔，有貂、蝉为饰的武冠，金钩为饰的具带，足上穿靴，便是骑射。为此，他力排众议，带头穿胡服，习骑马，练射箭，亲自训练士兵，使赵国军事力量日益强大，进而能西退胡人，北灭中山国，成为"战国七雄"之一。胡服骑射是赵文化的代表，其基本内涵为开放、进取、包容，展现出赵国在逐鹿中原时所表现出的改革创新精神，具有中原华夏文化和北方草原文化构成的二重性，集中反映了北方地区诸民族冲突与融合的过程。

小结

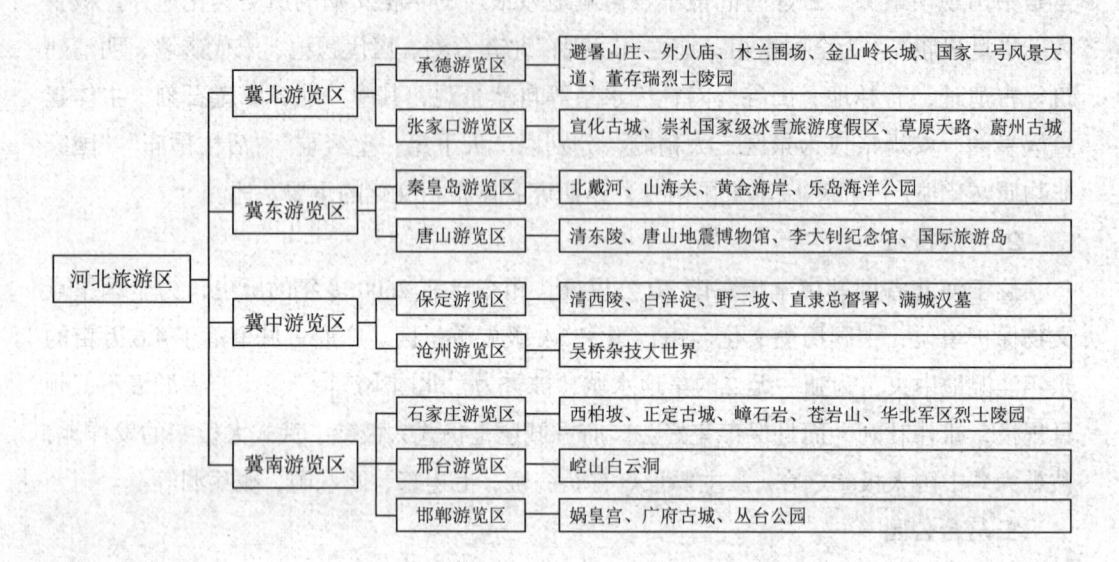

河北旅游区
- 冀北游览区
  - 承德游览区：避暑山庄、外八庙、木兰围场、金山岭长城、国家一号风景大道、董存瑞烈士陵园
  - 张家口游览区：宣化古城、崇礼国家级冰雪旅游度假区、草原天路、蔚州古城
- 冀东游览区
  - 秦皇岛游览区：北戴河、山海关、黄金海岸、乐岛海洋公园
  - 唐山游览区：清东陵、唐山地震博物馆、李大钊纪念馆、国际旅游岛
- 冀中游览区
  - 保定游览区：清西陵、白洋淀、野三坡、直隶总督署、满城汉墓
  - 沧州游览区：吴桥杂技大世界
- 冀南游览区
  - 石家庄游览区：西柏坡、正定古城、嶂石岩、苍岩山、华北军区烈士陵园
  - 邢台游览区：崆山白云洞
  - 邯郸游览区：娲皇宫、广府古城、丛台公园

任务训练

以小组的形式，通过教材或其他方式了解河北旅游景点，获得旅游景点信息，以"燕赵山水之旅"为旅游主题，推荐旅游景点。每组选出1名同学代表小组阐述任务完成的过程，讲解推荐的旅游景点及推荐的理由。

任务评价

表3-4-1 河北旅游区任务训练评价

评价指标	评价分值											
	自我评价				组间评价				教师评价			
	A	B	C	D	A	B	C	D	A	B	C	D
主题准确、鲜明												
推荐理由合理												
景点把握熟练												
团队合作												
总体印象												

A. 优秀　　B. 良好　　C. 一般　　D. 欠佳

单元练习

1. "燕赵红色行"为旅游主题，推荐至少 5 个旅游景点。
2. 搜集相关资料，推荐燕赵文化旅游区特色饮食及旅游商品。

单元三知识测试

单元四

古都古城、山岳胜迹、中原文化游
——晋鲁豫陕旅游区

单元四导学

任务一　晋鲁豫陕旅游区旅游特色

本旅游区包括陕西（陕）、山西（晋）、河南（豫）和山东（鲁）四省，地处我国华北地区，黄河贯穿全境，属于黄河的中下游地区，地理位置适中，属暖温带大陆季风气候，由于地处我国地势的第二、三阶梯，地貌形态丰富，包含高原、山地、丘陵、盆地、平原等。本区有着孕育中华民族摇篮的黄河，是悠久灿烂的华夏文明的发祥地，历史文化悠久，是我国历代政治、经济、文化的中心地区。本区旅游资源种类丰富，有悠久的中原文化、众多的古城古都、丰富的文物古迹、雄伟的风景名山等，分布相对集中，旅游资源价值高，是我国重要的旅游区域。

任务目标

根据本区的旅游特色，设计本区旅游主题。

任务分析

要想设计本区的旅游主题，首先要了解本区的地理环境及特色旅游资源的类型、功能和成因，从而归纳本区旅游特色，设计本区旅游主题。

单元四 古都古城、山岳胜迹、中原文化游——晋鲁豫陕旅游区

知识准备

一、地貌形态丰富，类型齐全

本区地处我国地势的第二、三阶梯，地域辽阔，山川秀丽，地貌形态丰富，包括：黄淮平原、关中平原、山东丘陵、秦巴山地、豫西山地、黄土高原等，类型齐全，涵盖了平原、丘陵、山地、盆地、高原五种地貌。

黄淮平原位于中国河南省东部、山东省西部，黄河以南淮河以北，属于华北平原的南部，主要是由黄河、淮河下游泥沙冲积而成。这里是我国人类祖先早期活动的主要地区，有众多的古都遗址和古城景观，如洛阳、开封、商丘等。

关中平原又称渭河平原，位于陕西省中部，号称"八百里秦川"，是经渭河及其支流泾河、洛河等冲积而成。这里地势平坦、土壤肥沃，兼有山川之利，有"秦中自古帝王都"的美称，留下了众多的古建筑及皇陵古迹等，是我国著名的人文旅游胜地。

山东丘陵位于黄河以南，大运河以东的山东半岛上，是我国的三大丘陵之一，由中部的胶莱平原将山东丘陵分为鲁中南丘陵和鲁东丘陵。鲁中南丘陵的海拔多在千米以上，包括泰山、鲁山、沂山、蒙山等雄伟山体，其中泰山因其山势巍峨雄浑而被尊称为"五岳之首"，历代帝王多在此封禅祭祀，是一座历史文化名山。鲁东丘陵的海拔不高，但大多山姿秀丽，崂山就是典型代表，海拔仅1132米，但山石奇特，云遮霞映，清泉流淌，风光无限，被人赞为"泰山虽云高，不及东海崂"。

秦巴山地位于关中以南，两山夹一川的地势结构十分突出，两山由秦岭和大巴山组成，中间夹有汉中盆地和安康盆地。秦岭被尊为华夏龙脉，主峰太白山海拔3767米，坐落于陕西省宝鸡市境内。秦岭北部是渭河，是黄河最大的一级支流；南部是汉江，是长江最大的一级支流。秦岭山地的秀美山水风光在古代就享有盛誉，千百年的开发陆续形成了华山、骊山、太白山等众多风景秀丽的山岳游览地。汉中盆地位于陕西省西南部，有"汉家发祥地，中华聚宝盆"的美誉，地理位置十分险要，是历代的兵家必争之地。

豫西山地地处黄河以南、渭河平原及秦巴山地以东、淮河平原以西，汉江流域以北，囊括伏牛山脉、熊耳山脉、外方山脉、邙山等，形成了许多风光秀丽的旅游山地。中岳嵩山风景迷人、山体秀丽，山中名刹少林寺是禅宗的祖庭，也是中原武术的发祥地。伏牛山是秦岭东段的支脉，豫西著名的山岳风景区，为淮河与汉江的分水岭，尧山、白云山也是其重要的旅游景区。邙山位于古都洛阳以南，山水相映，自古被称为风水宝地，历代皇帝贵族死后多葬于此，有"生在苏杭，死葬北邙"之说。

— 81 —

黄土高原位于我国西北部，是世界上最大的黄土高原，本区主要由山西高原和陕北高原构成，范围为西起陕西的白于山、子午岭，东至太行山，囊括陕西凤翔、铜川、韩城一线以北地区，基本上包括了陕西的大部分地区和山西的全部地区。这里分布着典型的黄土景观，地表破碎，千沟万壑，在游人面前呈现的是一幅神奇、幽旷的自然画卷。

二、名山名峰众多，风景奇丽

本区山地、丘陵分布比较广泛，有众多名山，其中五岳名山就占了4个，包括：山东的东岳泰山、陕西的西岳华山、山西的北岳恒山、河南的中岳嵩山。还有佛教名山五台山、道教名山崂山、避暑胜地鸡公山、骊山等。这些名山不仅自然风光旖旎多姿，而且人文旅游景观极为丰富。

三、黄河横穿全境，水体风光秀美

本区最重要的自然旅游资源就是中国的母亲河——黄河，黄河在本区依次流经陕、晋、豫、鲁四省。从晋陕交界处的大峡谷，流经郑州的风光绮丽的黄河旅游区，最后途经山东入海，形成了许多著名的黄河水体风光，如陕西和山西交界处的壶口瀑布、三门峡等均是著名的黄河游览区。

本区除黄河外，还有发源于河南桐柏山的淮河，山东境内也有部分京杭大运河。本区的湖泊多为人工水库，高山出平湖，截断峡谷，湖光美丽，大多成为著名的风景区。

四、暖温带季风气候，四季分明

本区除陕西秦岭以南外，都属于温带季风气候，少部分地区为中温带，大部分地区为暖温带半湿润、暖温带湿润气候类型。这里四季分明，春季短促，干旱多风，夏季炎热，秋季天高气爽，冬季寒冷，旅游淡旺季明显，秋季是旅游的黄金季节。

五、古文化发祥地，文物古迹星罗棋布

本区位于黄河中下游地区，历史上自然条件优越，气候适宜，靠近大河，为亚洲大陆早期人类文明最发达的地区之一，是华夏祖先最早生存繁衍的地区之一，中国早

期的奴隶社会就是从这里发展起来的，中国早期封建王朝也多在此建都，在相当长的历史时期内，黄河中下游地区是我国的政治、经济、文化中心，自夏以来的奴隶社会，虽因各种原因，都城几经迁徙，但都没有离开此区，西安、洛阳、开封、安阳、太原、临淄、商丘、曲阜等城市，先后做过各国都城，所以古都遗址、帝王陵墓、名寺古塔、石窟比比皆是，本区是我国古文化遗址分布最密集，种类最多的地区。

此区属于中原文化旅游区，中原文化是中华文化的重要源头和核心组成部分。中原文化以河南省为核心，以广大的黄河中下游地区为腹地，逐层向外辐射，影响延伸至海外。中国历史上先后有20多个朝代定都于中原地区，河南省占据中国八大古都的一半，包括洛阳、开封、安阳和郑州。

六、宗教建筑千姿百态，文化艺术博大精深

本区是我国佛教、道教的发祥地，宗教建筑比比皆是，而且艺术价值、宗教价值都极高，是重要的人文旅游资源。河南洛阳的白马寺是我国第一座官方出资兴建的佛教寺院，被称为"祖庭"。自北魏起，一直延续到晚唐，开凿时间长达400多年的洛阳龙门石窟和大同云冈石窟均属我国四大石窟，也是珍贵的石窟艺术珍品。隋唐时期佛教在我国逐步发展成熟，留下了以西安慈恩寺、陕西扶风法门寺、河南少林寺、山西五台山佛光寺为代表的宗教建筑。元明清各代，佛教的建筑数量仍不断增加，形态也千姿百态。1994年被列入世界文化遗产——曲阜三孔中的孔庙作为儒家文化的象征，是祭祀孔子的宗教建筑，以庄重肃穆的皇宫式建筑风格深刻体现了儒家精神的精髓。

本区的文化艺术形式多种多样，历史悠久，如戏剧、书法、绘画、雕塑等都具有极深的艺术造诣，每个省都有自己传统的剧种。历代书法名家的手迹遍布区内各大名山、大川、建筑物，最著名的是泰山石刻和西安碑林，堪称书法艺术的宝库。河南安阳汉画、山西永乐宫元代壁画是古代绘画水平再现的杰出典范。古陵墓、石窟、寺庙中的雕塑作品，历经千年风雨，仍旧光彩照人，具有极高的考古研究价值。

七、民俗风情绚丽多彩，旅游商品丰富

本区由于气候、经济、文化等多方面原因的影响，形成了一些独特的民俗、民风，如"关中八大怪"、雁北的"骡驮花轿""洛阳水席水做菜"等。著名的旅游商品有陕西的户县农民画、陕北剪纸、凤翔木版年画、仿秦兵马俑等；山西的太原大曲、闻喜花馍、孟封饼、六味斋酱肉、汾酒、老陈醋等；河南的杜康酒、洛阳宫灯及唐三彩、朱仙镇木版年画、汴绣等；山东的东阿阿胶、德州扒鸡、烟台苹果、日照的绿茶等。

小结

晋鲁豫陕旅游区旅游特色
- 地貌形态丰富，类型齐全
- 名山名峰众多，风景奇丽
- 黄河横穿全境，水体风光秀美
- 暖温带季风气候，四季分明
- 古文化发祥地，文物古迹星罗棋布
- 宗教建筑千姿百态，文化艺术博大精深
- 民俗风情绚丽多彩，旅游商品丰富

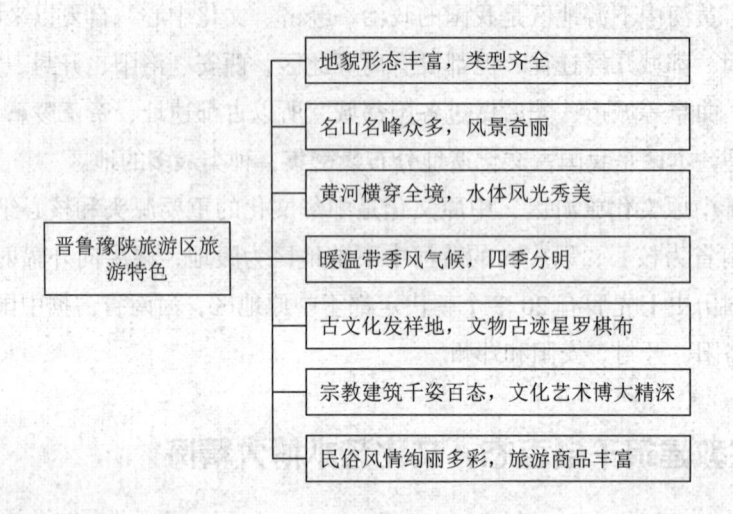

任务训练

表 4-1-1 晋鲁豫陕旅游区旅游主题

主题名称	推荐理由	根据主题推荐的旅游景区或景点

任务评价

表 4-1-2 晋鲁豫陕旅游区旅游主题任务评价

评价指标	评价分值											
	自我评价				组间评价				教师评价			
	A	B	C	D	A	B	C	D	A	B	C	D
主题准确、鲜明												
推荐理由合理												
景点把握熟练												
团队合作												
总体印象												

A. 优秀   B. 良好   C. 一般   D. 欠佳

任务二　陕西旅游区

陕西省，简称"陕"或"秦"，位于中国内陆的腹地，地处黄河中游，全省面积21万平方米，南北长、东西窄，古称为雍州、梁州之地（陕北、关中属雍州，陕南为梁州），又称三秦。陕西省历史悠久，是中华民族的摇篮和中华文明的发祥地，周、秦、汉、唐等13个王朝在此建都，也是世界著名古都和丝绸之路的起点。陕西旅游区包括陕北、关中和陕南三个游览区。陕北游览区主要包括延安、榆林等陕北高原地区，以文物古迹、革命旧址为主要旅游资源特色；关中游览区主要包括宝鸡、西安、咸阳、铜川和渭南等渭河平原和秦岭山地地区，以名山、古迹、古物景观为主要旅游特色；陕南游览区主要包括汉中、安康、商洛等汉中盆地和大巴山地区，以古镇古迹、名山、自然风光为主要旅游特色。

任务目标

1. 学生自行寻找陕西旅游区游览图，根据下面旅游行程线路，在图中标注旅游景区。

【全景陕西】双飞7日游
Day 1：来自全国各地的游客集中抵达西安：大唐芙蓉园、大小雁塔。
Day 2：西安—壶口：黄帝陵、轩辕庙、壶口瀑布。
Day 3：西安—延安：延安革命纪念馆、杨家岭、王家坪、枣园、1938街区。
Day 4：西安—西安：法门寺、乾陵、回民街、永兴坊。
Day 5：西安—临潼：华清宫、秦始皇兵马俑、钟鼓楼。
Day 6：西安—华山：华山、大唐不夜城。
Day 7：西安—返程：陕西历史博物馆、西安城墙，返程。

2. 根据陕西旅游区游览图，了解陕西旅游区的特色旅游及代表性的景区。

任务分析

要想了解陕西旅游区的特色旅游及代表性的旅游景区，首先要了解陕西旅游区的自然与人文地理环境，从而分析陕西旅游区的旅游特色；其次要熟悉陕西旅游景区特点及分布情况；最后总结出陕西旅游区的特色旅游及代表性景区。

知识准备

陕西省位于西北内陆腹地，横跨黄河和长江两大流域中部，是连接中国东部、中部、西北和西南地区的重要交通枢纽。陕西自古便是帝王建都之地，留下的帝王陵墓共有79座，其中有世界闻名的秦始皇陵和兵马俑，被称为"东方的金字塔"。北山和秦岭把陕西划分为三大主要自然区域，北部是陕北高原、中部是关中平原、南部是秦巴山区。

一、陕北旅游区

本区南部是黄土高原地区，北部是毛乌素沙漠地区。陕北是中国现代革命圣地，毛泽东等老一辈无产阶级革命家在这里留下了大批宝贵的革命文物、革命纪念地和丰富的精神财富——陕北革命精神。

（一）延安游览区

延安市位于陕北南半部，古称延州，历来是陕北地区政治、经济、文化和军事中心，被誉为"三秦锁钥，五路襟喉"，是国家历史文化名城。旅游以"三黄一圣"（黄帝陵庙、黄河壶口瀑布、黄土风情文化、革命圣地）享誉中外。

1. 宝塔山

宝塔山是延安市的标志性建筑，是历史名城延安的标志，是革命圣地的象征。宝塔山，古称丰林山，宋时改名为嘉岭山，位于延安城东南方，海拔1135.5米，为周围群山之冠。宝塔山是融自然景观与人文景观为一体、历史文物与革命旧址合二为一的著名风景名胜区。宝塔建于唐代，高44米，共九层，登上塔顶，全城风貌可尽收眼底。宝塔山自然景观十分迷人，山上遍布各种名贵乔灌木，林木茂盛，空气清新。人文景观除延安宝塔外，尚有宋代摩崖石刻、明代大铁钟、清代"重修嘉岭书院记"石碑、范公井、烽火台、古城墙及望寇台等文物古迹，还有日本工农党校旧址，古今名人诗词碑刻等景观。

2. 王家湾毛主席旧居

位于延安市安塞县王家湾乡王家湾村。1947年4月13日—6月8日，中共中央机关和毛泽东、周恩来、任弼时转战陕北期间，在此居住。旧址为1排5孔坐北面南的土窑洞。东起2孔窑洞由房东居住，其余3孔窑洞为套洞，任弼时住第3孔窑洞。毛泽东在此地撰写了关于西北战场的作战方针和蒋介石政府已处在全民的包围之中等文章。其间，中共中央先后就中央城市工作部的任务，开辟国民党统治区第二战场，开展反内战、反迫害、反饥饿的群众运动等问题作出重要指示，还领导西北野战军取得了羊马河战役和蟠龙战役的胜利。

3. 南泥湾革命旧址

位于延安城东南，1941年3月，八路军三五九旅在旅长王震的率领下在南泥湾开展了著名的大生产运动，使其成为著名的红色旅游胜地。南泥湾是中国共产党军垦事业的发祥地，是南泥湾精神的诞生地。南泥湾革命旧址包括毛泽东视察南泥湾旧居、三五九旅旅部旧址、七一八团烈士纪念碑、七一九团烈士纪念碑、中央管理局干部休养所、南泥湾垦区政府旧址、八路军炮兵学校旧址以及南泥湾大生产展览室等。

【思政链接】

南泥湾精神

1941年，为打破国民党军队对陕甘宁边区实行的严密军事包围和经济封锁，由王震率领的八路军一二〇师三五九旅进驻南泥湾，发扬"自力更生、艰苦奋斗"的革命精神，实行屯垦，生产自救。在短短的三年内，把荆棘遍野、荒无人烟的南泥湾变成了"平川稻谷香，肥鸭遍池塘。到处是庄稼，遍地是牛羊"的陕北好江南。

4. 黄帝陵

黄帝陵，是中华民族始祖黄帝轩辕氏的衣冠冢，位于陕西省黄陵县城北桥山，号称"天下第一陵"，国家5A级旅游景区，国家级风景名胜区，第一批全国爱国主义教育示范基地。黄帝陵由陵道和神道两部分组成，总长455米，宽5米，其中陵道长260米，神道长195米，二者均用花岗岩条石铺筑。陵道采用形断而意连、曲不离直的手法构建，共277个台阶。黄帝陵，陵高3.6米，周长48米，四周砌有1米多高的花墙。陵前大石碑上刻有"桥山龙驭"4个大字，相传黄帝在此乘龙升天。陵前有祭亭，红柱绿瓦，四角飞檐，亭中石碑刻"黄帝陵"，系1958年郭沫若所书。

5. 壶口瀑布

东濒山西省临汾市吉县壶口镇，西临陕西省延安市宜川县壶口乡，为两省共有的旅游景区。壶口瀑布是北方最富有特色的大型瀑布奇景，瀑布宽达50米，深约50米，最大瀑面3万平方米。滚滚黄河水流经此，形成了500余米宽的洪流。从陕西一侧观看壶口瀑布，瀑布在两岸之间变得上宽下窄，在50米的落差中翻腾倾涌，声势如同在巨大无比的壶中倾出，故名"壶口瀑布"。壶口瀑布以其巨大的力量，泻入河谷，冲入深槽，展现出一幅惊心动魄的自然画卷，显示出"黄河之水天上来，奔流到海不复回"的宏伟气概。壶口瀑布呈现出"水底冒烟""霓虹戏水""晴空洒雨""旱天鸣雷""山飞海立"等奇特幻景。

（二）榆林游览区

位于陕西省的最北部，在陕北黄土高原和毛乌素沙地南缘的交界处，也是黄土高原和内蒙古高原的过渡区，是国家级历史文化名城。榆林市及周边地区文物古迹星罗棋布，有大大小小的古遗址、古城堡、古庙建筑100多处。名胜古迹有西北最大的道场所在地——佳县白云山；我国最大的沙漠淡水湖——神木红碱淖；陕西最大的摩崖石刻群——红石峡；高原要塞——镇北台以及李自成行宫、易马城等。

1. 毛乌素沙漠

位于陕西省榆林地区和内蒙古自治区鄂尔多斯市之间，面积达4.22万平方公里，万里长城从东到西穿过沙漠南缘。毛乌素，蒙古语意为"坏水"，地名起源于陕北靖边县海则滩乡毛乌素村。据考证，古时候这片地区水草肥美，风光宜人，是很好的牧场。后来由于气候变迁和战乱，地面植被丧失殆尽，就地起沙，形成后来的沙漠（沙地）。

2. 红石峡

位于榆林市城北3公里处，当地人也称为"雄石峡"，因为山上都是红色石头，所以得名红石峡。红石峡谷长约350米，峡谷东崖高约11.5米，西崖高13米，东西对峙，峭拔雄伟。峡谷内石窟古刹林立，两岸崖壁上有琳琅满目的摩崖石刻是陕西省最大的摩崖石刻群，有真、草、隶、篆等历代石刻160余幅，号称"塞上碑林"。

3. 红碱淖景区

位于陕西省神木市境内，是全国最大的沙漠淡水湖，具有独特的自然景观，国家4A级旅游景区。红碱淖水域辽阔，烟波浩渺，蓝天白云，碧水黄沙，交相辉映，景色壮观。环湖四周自然生态良好，环境优雅，红碱淖湿地是全球最大的珍稀濒危鸟类——遗鸥繁殖与栖息地，还有非常丰富的渔业资源，有鲤鱼、草鱼、鲫鱼、鲢鱼等17种淡水野生鱼类。

二、关中旅游区

位于陕西省中部，包括西安、铜川、宝鸡、咸阳、渭南五个省辖地级市。从公元前11世纪起，先后有西周、秦、西汉、前赵、前秦、后秦、西魏、北周、隋、唐10个王朝在西安及其附近建都，历代帝王在西安建都之多，历史之久，为中国城池之最，在世界名城中也属罕见。关中是黄河文化的摇篮和中心，有数十万年前的蓝田人和大荔人文化，有仰韶文化的典型代表——半坡文化，有西安、咸阳等著名的古都古城，有著名寺庙草堂寺；同时险峻的西岳华山、神奇的太白山更增加了这片土地无穷的魅力。

（一）西安游览区

位于陕西省关中平原中部，古称长安，是我国七大古都之一。灿烂悠久的历史，给西安留下了极其丰富而珍贵的名胜古迹和历史文物，古建筑、古遗址、古墓葬、古文物比比皆是，著名的景点有：蓝田猿人遗址、半坡村遗址、大雁塔、骊山华清池、秦始皇陵等。

1. 钟鼓楼

钟鼓楼是西安市象征性建筑，坐落在西安市内四条大街的十字中心，初建于明洪武年间（1368—1398），昔日楼上悬铁钟报时，故名钟楼。钟楼呈正方形，由基座和楼体两部分组成。基座由青砖砌筑，高8.6米，宽35.5米，四门正中各有高大券门相通。楼体为重檐复层四角攒尖顶木质结构，边长23米，高26米，每层有半拱装饰，形式优美。

鼓楼位于西大街，与钟楼是同一时代的建筑物，因上悬巨鼓报时而得名。鼓楼呈长方形，通高33米，长52.6米，宽38米，楼体结构与钟楼相当。

2. 西安碑林博物馆

位于西安市城南隅三学街，旧址为宋代文庙，是一座园林式的大院，创建于宋元祐二年（1087），历经元、明、清三代，碑石逐渐增多，形成"碑石之林"，是收藏我国古代碑石时间最早名碑最多的艺术宝库。碑林建有陈列室、游廊、碑亭共7个，藏有碑石珍品2 300多件，以碑石精华荟萃而闻名中外，是中国最大的石碑宝库，具有极高的史学和艺术价值。第一室陈列的《开成石经》，是一个大型的"石质书库"，刻有十三部儒家经典全文。共有114石，228面，总计60多万字，是我国现存唯一完整的石经，也是世界最大、最重的一部经典石经。西安碑林博物馆荟萃了各代书法家用不同的字体和书法流派书写的碑文，其中唐代著名书法家的作品占很大比重。碑林还收藏有唐代石雕精品"昭陵六骏"等文物。

3. 大、小雁塔

坐落在陕西省西安市和平门外4公里处的慈恩寺内，原名慈恩寺塔，是楼阁式砖塔，塔身呈方形锥体，具有中国传统建筑艺术的风格。塔高64米，共七层，塔身用砖砌成，内有楼梯盘旋而上。唐代以来，每逢正月十四、十五、十六三日，大慈恩寺内会举办传统的庙会，俗称"雁塔庙会"，同时这里也是文人墨客聚集之地，举子及第后均登塔题名，"雁塔题名"遂成为士子们仰慕向往之事，塔的前边留有唐代至清代千余年间的陕西举人题名刻石。大雁塔每层四面各有一个拱券门洞，凭栏远眺，长安风貌尽收眼底。

小雁塔位于西安南门外荐福寺内，其建造晚于大雁塔半个世纪，为正方形密檐式砖塔，挺拔秀丽，同大雁塔交相辉映，成为古长安保留至今的显著标志之一。塔原有15层，塔顶毁于地震，现为13层，高40多米，底层每边11余米。塔的首层高大，往上逐渐缩小，塔身修长而带曲线，极为精致美观。

4. 骊山

位于西安临潼区城南，西距西安市 25 公里。海拔 800 米，东西长约 5 公里，南北宽约 3 公里，系秦岭山脉的一个支峰，最高峰仁宗庙海拔 1256 米。古时山上松柏满坡，林涛滚滚，从远处看去，郁郁葱葱，活像一匹奔腾青骏的骊马立于渭河平原，所以人们叫它骊山。山上有两峰，称东绣岭和西绣岭，均满披青松翠柏，郁郁苍苍。每当夕阳西下，云霞满天，苍山绣岭涂上万道红霞，景色妩媚动人，酷似一匹"火焰驹"，被誉为关中八景之一——"骊山晚照"。山腰有兵谏亭，是 1936 年 12 月 12 日西安事变时蒋介石被捕处。西绣岭第一峰上的烽火台，是历史上"烽火戏诸侯，一笑失天下"的典故发生的地方。华清池今已建成游览区和疗养所。

5. 秦始皇兵马俑博物馆

秦始皇兵马俑博物馆建设于兵马俑坑原址之上，位于西安市临潼区东 7.5 公里的骊山北麓，西距西安 37.5 公里。秦始皇是中国历史上第一个多民族的中央集权国家的皇帝，秦始皇陵也是中国历史上第一个皇帝陵园。

秦始皇陵兵马俑坑是秦始皇陵的陪葬坑，位于陵园东侧 1500 米处，坐西向东，三坑呈品字形排列。俑坑布局合理，结构奇特，在深 5 米左右的坑底，每隔 3 米架起一道东西向的承重墙，兵马俑排列在墙间空当的过洞中。其中共出土了约 7000 个秦代陶俑及大量的战马、战车和武器，代表了秦代雕塑艺术的最高成就。兵马俑陪葬坑均为土木混合结构的地穴式坑道建筑，是世界最大的地下军事博物馆。

（二）华山风景游览区

位于西安华阴市南，北濒黄河、南依秦岭，属典型的花岗岩地貌，东、西、南三峰呈鼎形相依，为华山主峰；中峰、北峰相辅，周围各小峰环卫而立，奇峰突兀、巍峨壮丽，以"险、奇、峻、绝、幽"而名冠天下，是五岳之一的"西岳"。华山还是道教圣地，为"第四洞天"，山上现存道观 20 余座。风景区内著名的景点有青柯坪、回心石、千尺幢、百尺峡、老君犁沟、长空栈道、玉泉院、东道院、镇岳宫等。

（三）咸阳游览区

位于关中平原中部，渭河北岸，九嵕山之南，因山南水北俱为阳，故名咸阳。咸阳东南邻省会西安市，西与宝鸡市、东北与渭南市、铜川市交界，西北与甘肃省接壤，是我国中原地区通往大西北的要冲，中国历史文化名城。咸阳主要旅游景点有乾陵、沙河古桥风情园、咸阳博物馆、渭滨公园、茂陵博物馆、杨贵妃墓、昭陵、郑国渠、北杜铁塔、彬县大佛寺石窟、开元古塔、彬县大佛寺、甘泉宫遗址、黄土民俗村等。甘泉宫遗址为秦汉遗址，在西汉时期，其规模仅次于长安未央宫；乾陵是中国历史上第一座夫妇皇帝唐高宗李治和女皇武则天的合葬墓，气势如山，名扬天下；乾县铁佛寺位于乾县城北清凉山下，先后建成总建筑面积 26000 余平方米，占地面积 30 余亩，构筑古朴，雄伟壮观，典雅大方。

（四）法门寺游览区

位于陕西省宝鸡市扶风县城北 10 公里处的法门镇，东距西安市 120 公里，西距宝鸡市 96 公里。始建于东汉末年恒灵年间，距今约有 1700 多年历史，有"关中塔庙始祖"之称。

1987 年 4 月 3 日，我国发现法门寺唐代地宫，在地下沉睡 1000 多年的唐代文化宝藏得以面世，震惊中外。其中地宫出土的佛指舍利，是世界上目前发现的有文献记载和碑文证实的释迦牟尼佛真身舍利，是佛教世界的最高圣物；地宫中发现的 13 件宫廷秘色瓷，是世界上目前发现的年代最早，并有碑文证实的各色瓷器；地宫中出土的双轮十二环大锡杖，长 1.96 米，是目前世界上发现的年代最早、体型最大、等级最高、制作最精美的佛教法器；地宫出土的一整套宫廷茶具，是目前世界上发现的年代最早、等级最高、配套最完整的宫廷茶具；盛装第四枚佛指舍利的八重宝函，是世界上发现的制作最精美、层数最多、等级最高的舍利宝函；安奉第三枚佛祖真身舍利的鎏金银宝函，上面錾刻金刚界四十五尊造像曼荼罗，是目前世界上发现的最早的密宗曼荼罗坛场。法门寺文化景区现已成为陕西西线旅游的龙头单位和世界佛教朝拜中心、佛教文化研究中心和海内外人士向往的旅游胜地。

三、陕南游览区

陕南位于秦岭山脉以南，地貌特征为"两山夹一川"。陕南有西部中心城市"汉家发祥地，中华聚宝盆"的汉中；中部中心城市"上虞古城"的安康；东部中心城市"商鞅封邑"的商洛。

（一）汉中游览区

汉中市简称"汉"，有"汉家发祥地，中华聚宝盆"的美誉，位于陕西省西南部，地处北暖温带和亚热带气候的过渡带，北依秦岭，南屏巴山，汉水横贯全境，形成汉中盆地。汉中的两汉三国文化底蕴厚重，自然风光独特秀丽，有"秦巴天府"之称，悠久而丰富的历史为汉中留下了诸多名胜古迹：被誉为世界交通史，文化史上"奇迹"与"瑰宝"的褒斜栈道、石门及其摩崖石刻、汉刘邦的拜将台及其为汉王时的宫殿遗

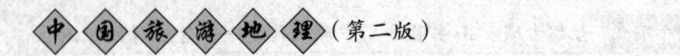

址古汉台，还有众多的历史名人墓地、祠堂等。

（二）安康游览区

安康市山川秀丽，资源丰富，历史悠久，有"巴山药乡"之称。全市有国家级森林公园5个（南宫山国家森林公园、鬼谷岭国家森林公园、千家坪国家森林公园、天华山国家森林公园、上坝河国家森林公园），国家级自然保护区2个（天华山自然保护区、化龙山自然保护区）。

（三）商洛游览区

商洛市的文物古迹、自然景观和人文景观丰富多彩，商洛道（亦称商於古道）是秦驰道的主干道之一，为"秦楚咽喉"，是长安通往东南诸地和中原地区的交通要道。全市主要旅游景点有牛背梁国家森林公园、金丝峡、仙娥湖和天洞、佛爷洞、月亮洞、玉虚洞等溶洞。

牛背梁国家森林公园位于商洛市柞水县营盘镇朱家湾村，是国家级自然保护区，面积达16520公顷，国家一级保护动物羚牛就生活在这里。茂密的原始森林、清幽的潭溪瀑布、独特的峡谷风光、罕见的石林景观以及秦岭冷杉、杜鹃林带、高山草甸和第四纪冰川遗迹所构成的特有的高山景观造就了这座融景观多样性与独特性于一园的国家级森林公园。

➥ 小结

陕西旅游区	陕北旅游	延安游览区	宝塔山、王家湾毛主席旧居、南泥湾革命旧址、黄帝陵、壶口瀑布
		榆林游览区	毛乌素沙漠、红石峡、红碱淖景区
	关中旅游	西安游览区	钟鼓楼、西安碑林博物院、大、小雁塔、骊山、秦始皇兵马俑博物院
		华山游览区	华山风景名胜区
		咸阳游览区	乾陵、咸阳博物馆、茂陵博物馆
		法门寺游览区	法门寺
	陕南旅游	汉中游览区	
		安康游览区	
		商洛游览区	牛背梁国家森林公园

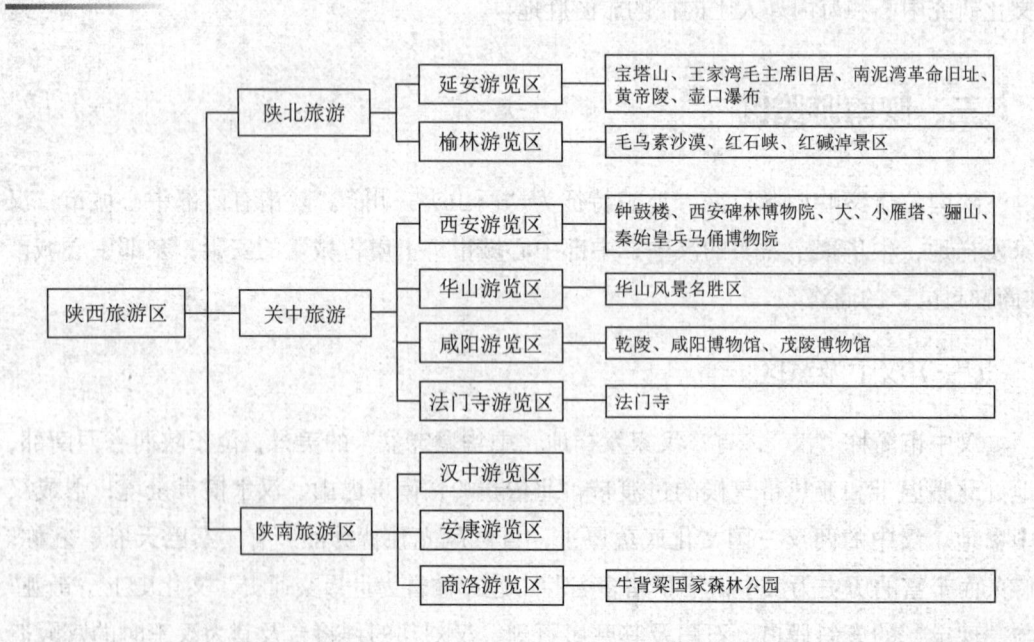

单元四 古都古城、山岳胜迹、中原文化游——晋鲁豫陕旅游区

📌 任务训练

以小组的形式,通过教材或其他方式了解陕西旅游景点,获得旅游景点信息,以"陕西红色之旅"为旅游主题,推荐旅游景点。每组选出1名同学代表小组阐述任务完成的过程,讲解推荐的旅游景点及推荐的理由。

📌 任务评价

表 4-2-1 陕西旅游区任务训练评价

评价指标	评价分值											
	自我评价				组间评价				教师评价			
	A	B	C	D	A	B	C	D	A	B	C	D
景点推荐												
推荐理由												
阐述过程												
讲解水平												
团队合作												
总体印象												

A. 优秀　　　　B. 良好　　　　C. 一般　　　　D. 欠佳

任务三　山西旅游区

山西省因位于太行山西侧而得名,又因春秋时属晋地,故简称"晋"。山西省位于黄土高原东侧,华北平原西侧,境内起伏不平,有山地、丘陵、高原、盆地、台地等多种地貌。东西两侧有太行山、吕梁山,中部由北向南主要有恒山、五台山、系舟山、太岳山和中条山等山脉,山西还是全国唯一拥有五岳(北岳恒山)、五镇(中镇霍山)和四大佛教名山(五台山)的省份。流经山西19个县的黄河,是山西、陕西两省的天然分界线,峡谷两岸秀峰林立,形态万千。这些名山大川犹如一幅幅美不胜收的画卷,形成多处风光宝地,成为山西取之不尽、用之不竭的旅游资源。

山西地处黄河中游,是中华民族的发祥地之一,素有"中国古代艺术博物馆""文献之邦"的美称,现有世界遗产4处:平遥古城、大同云冈石窟、五台山、长城(山

西段）。山西拥有丰富的历史文化遗产，迄今为止山西有文字记载的历史达3000年之久，历史上的山西无论在政治、军事、经济、文化等各个方面，都有着举足轻重的地位。

任务目标

1. 学生自行寻找山西旅游区游览图，根据下面旅游行程线路，在图中标注旅游线路。

【"晋善晋美"之旅】7日游

Day 1：太原：晋祠、天龙山石窟。

Day 2：太原—大同：云冈石窟、华严寺、应县木塔。

Day 3~4：大同—忻州：恒山悬空寺、五台山、雁门关、芦芽山。

Day 5~6：忻州—晋中：平遥古城、乔家大院、绵山。

Day 7：长治—临汾：壶口瀑布、尧庙、洪洞大槐树寻根祭祖园。

2. 根据山西旅游区游览图，了解山西旅游区的特色旅游及主要旅游景区。

任务分析

要想了解山西旅游区的特色旅游及代表性的旅游景区，首先要了解山西旅游区的自然与人文地理环境，从而分析山西旅游区的旅游特色；其次要熟悉山西旅游景区特点及分布情况；最后总结出山西旅游区的特色旅游及代表性景区。

任务准备

一、晋北游览区

晋北游览区包括大同、朔州、忻州三市，此区域北邻内蒙古，东望河北，自古以来南屏中原，北控大漠，扼南北交通要冲，具有重要的军事战略地位。本区域不仅历史文化悠久，而且以名山大川为主的自然旅游资源分布广、等级高。人文旅游资源主要以边塞文化、古建筑与宗教文化为主。主要景区有：云冈石窟景区、大同华严寺景区、大同城区善化寺、恒山悬空寺、应县木塔景区、五台山风景名胜区、代县雁门关景区、宁武芦芽山景区等。

（一）大同游览区

大同古称平城、云州、云中，辽代改称大同，曾是北魏京都，辽金陪都，明清重镇。位于山西北部，与河北、内蒙古交界，处于黄土高原东部，因处在内外长城之间，故为北方的边陲重地，也是胡汉文化交融的地方，具有多民族交融形成的独特文化特征。大同境内名胜古迹遗存众多，著名的有大同古城、云冈石窟、恒山悬空寺、大同土林、火山群、长城等景点。

1. 云冈石窟景区

位于山西省大同市西16公里处的武周山南麓，武周川北岸，为全国重点文物保护单位，国家5A级旅游景区，2001年被联合国教科文组织列入《世界遗产名录》。

云冈石窟开凿于公元460年的北魏王朝，至公元524年结束。从洞窟的形制和雕刻艺术的风格来看，可分为早、中、晚三期，东、中、西三区，东西绵延约1公里，气势恢宏，内容丰富，是北魏王朝建都平城（今大同）期间留下的一座历史丰碑。石窟现存主要洞窟45个，大小窟龛252个，造像51000余尊，是我国规模最大的古代石窟群之一，代表了5—6世纪中国杰出的佛教石窟艺术。其中最早雕琢的昙曜五窟，造像布局严谨统一，艺术上突出造像高大挺拔，朴拙浑厚的气势，是中国佛教艺术第一个巅峰时期的经典杰作。特别是第20窟的"露天大佛"，堪称云冈石窟的代表作，体现了石窟早期佛雕造像受犍陀罗艺术的影响，具有明显的外来艺术特征，被称为云冈石窟的"外交官"。云冈石窟历史久远，规模宏大，内容丰富，雕刻精细，被誉为中国美术史上的奇迹。

【思政链接】

云冈石窟中所见的民族意识和文化自觉

1933年9月，中国营造学社的梁思成、林徽因、刘敦桢等人调研了云冈石窟，并在后来发表的《云冈石窟中所表现的北魏建筑》一文指出："云冈石窟乃西域印度佛教艺术大规模侵入中国的实证。但观其结果，在建筑上并未动摇中国基本结构。在雕刻上强烈地触动了中国雕刻艺术的新创造——其精神、气魄、格调，根本保持着中国固有的。而最后却在装饰花纹上，输给中国以大量的新题材、新变化、新刻法，散布流传直至今日。"文中对石窟"建筑的"价值的讨论，是营造学社以"结构理性主义"建构中国建筑史叙事的重要成果，展现了20世纪初现代建筑史学勃兴阶段中国学人的民族意识和文化自觉。

2. 华严寺景区

位于大同古城内西南隅，占地面积达 66000 平方米，是中国现存年代较早、保存较完整的一座辽金寺庙建筑群，为全国重点文物保护单位，国家 4A 级旅游景区。

华严寺始建于辽重熙七年（1038），依据佛教经典《华严经》而命名，兼具辽国皇室宗庙性质，地位显赫，后毁于战争，金天眷三年（1140）重建得以。明代中叶以后因寺院影响扩大，遂分为上下两寺，以大雄宝殿为中心称上华严寺，以薄伽教藏殿为中心称下华严寺。清代中期后重建山门、观音殿、地藏阁等建筑。上华严寺俗称上寺，坐西向东，与契丹族信鬼拜日有关，上寺由前后两进院落组成，有山门、过殿、观音阁、地藏阁及两厢廊庑，高低错落，井然有序。大雄宝殿是辽金建筑，在华严寺内北隅，殿身东向，大殿面阔九间，进深五间，矗立在 4 米余高的台上，面积 1559 平方米，是国内现存最大的佛殿之一。下华严寺位于上寺的东南侧，俗称下寺，以辽代薄伽教藏殿为中心，由前后两进院落组成，有辽代塑像、石经幢、楼阁式藏经柜和天宫楼阁等，其薄伽教藏殿内的辽代塑像和天宫楼阁均为国宝。

3. 善化寺

位于山西省大同市平城区南寺街 6 号，建筑高低错落，主次分明，左右对称，是中国现存规模最大、最为完整的辽金时期建筑，为全国重点文物保护单位，国家 4A 级旅游景区。

寺庙始建于唐开元年间，唐玄宗时称开元寺，五代后晋初改名大普恩寺，俗称南寺。明代予以修缮，明正统十年（1445）始更名善化寺。善化寺主要建筑沿中轴线坐北朝南，渐次展开，层层迭高，前为山门，中为三圣殿，后为大雄宝殿。山门位于最前沿，也称正门，建于金代，门内两侧塑有四大天王塑像。三圣殿建于金代天会至皇统年间，正面佛坛之上供有"华严三圣"塑像三尊，中为毗卢遮那佛，西为普贤菩萨，东为文殊菩萨，故而此殿称为三圣殿。大雄宝殿坐落在后部高台之上，乃是善化寺最大殿宇，前有月台，左右设有钟鼓二楼。大殿面阔七间，进深五间，殿内正中供有五方佛像，殿内东西两侧砖台之上置有二十四诸天塑像，神态各异，性格鲜明。殿内西、南两壁之上，现存有清朝康熙四十七年至五十五年所绘壁画，内容均为佛教故事。大雄宝殿东侧为文殊阁，西侧为普贤阁。普贤阁，面阔三间，进深三间，乃是一座三间见方重檐的两层楼阁，高高耸立于寺院之内，楼阁坐西向东，阁内置有木梯，可登阁远眺。

4. 恒山悬空寺

位于山西省大同市浑源县恒山金龙峡西侧翠屏峰的峭壁间，素有"悬空寺，半天高，三根马尾空中吊"的俚语，以险峻著称，是中国仅存的佛、道、儒三教合一的独特寺庙，为全国重点文物保护单位，国家 4A 级旅游景区。

悬空寺始建于北魏太和十五年（491），金、元历代重建修葺，明、清两代达到极盛。建筑群构筑于绝壁，楼阁间有栈道相通，危梯盘旋，殿堂叠架，全寺共有大小房屋40间，有塑像的殿阁17个。寺依岩壁背西面东，呈南北走向多层次横向布列，井然有序，错落有致。从南端山门拾级而上，踏入寺门，院内南北各有"危楼"对峙，既是钟鼓楼，又是门楼。西侧的双檐平顶楼阁，依崖建造，东西就岩起墙，形成长不足10米、宽仅3米的狭长院落。自钟楼内攀梯而上，可入三佛殿、太乙殿和关帝殿。三殿顶部南北两侧就崖入龛，分别建观音、地藏、伽蓝三殿。钟楼以北悬崖峭壁上，悬挂起两座宏伟的三层围廊歇山顶楼阁。楼体下面的木柱就岩支撑，将楼大部悬空，构成悬空寺惊险壮观的场面。寺内建筑形式多样，高低有序，如悬似挂，凌空欲飞。寺内有各种铜铸、铁铸、泥塑、石雕像78尊，还有镌刻于崖壁的碑文、题咏，它们均具有较高的艺术和文物价值。

悬空寺不仅以建筑的惊险奇巧著称于世，而且其三教殿"三教合一"的奇特格局也是趣味横生。在历经1500多年战争此起彼伏的金戈铁马格局中，悬空寺竟然得以保存完好，未受损害，堪称奇迹中的奇迹。

（二）朔州游览区

朔州市位于中国山西省北部，桑干河上游，西北毗邻内蒙古自治区，南扼雁门关隘，地貌轮廓总体上是北、西、南三面环山，中间是桑干河域冲积平原。朔州历史悠久，早在历史上的秦汉时期就曾设置过雁门郡、代郡、朔平府等重要郡治。因地处内外长城之间的塞上，一直是北方各民族相互争战、往来、徙居的重要地点，是北方游牧文化同中原农耕文化交会融合之地，拥有丰富的旅游资源，著名景区有应县木塔、崇福寺、金沙滩旅游区、杀虎口等。

应县木塔位于山西省朔州市应县城西北佛宫寺内，全称佛宫寺释迦塔，为全国重点文物保护单位，国家4A级旅游景区。与意大利比萨斜塔、巴黎埃菲尔铁塔并称"世界三大奇塔"。

应县木塔始建于辽清宁二年（1056），金明昌二年（1191）增修，是世界上现存最古老、最高大的纯木结构楼阁式古塔。木塔位于寺南北中轴线上的山门与大殿之间，属于"前塔后殿"的布局。整个建筑由塔基、塔身、塔刹三部分组成，总高67.31米。塔基分上下两层，由砖石砌筑而成，下层方形，上层依塔身做八角形。塔身五层六檐，有四个暗层，合计九层。木塔在设计上独具匠心，采用内外八角筒式框架结构，两层之间的梁用斜撑连接，承上启下，提高了抗震能力。塔壁四面辟门，壁外设平座栏杆，形成回廊。塔内明层与暗层夹道中，有木梯供人攀登，从二层起皆设置斗拱挑出平座勾栏。木塔的五个明层均有塑像。1974年，我国在整修塔内塑像时还发现了辽统和八年（990）刻经、统和二十一年（1003）契丹藏，以及木版套色绢制佛像画。此外，塔内匾额众多，独具观赏价值。

（三）忻州游览区

忻州市位于山西省中北部，古称"秀容"，简称"忻"，别称"欣"，素有"晋北锁钥"之称，为山西省省辖市。忻州山岳纵横，地貌多样，自然景观独特；历史悠久，文物古迹星罗棋布。忻州旅游形成了以五台山为龙头的五大旅游景区，主要旅游景区有五台山、芦芽山、雁门关、禹王洞、赵杲观、洪福寺、老牛湾等。

1. 五台山风景名胜区

位于山西省忻州市五台县城东北部，五峰耸立，顶无林木，如垒土之台，故名。平均海拔1100米以上，最高点北台叶斗峰海拔3061.1米，被誉为"华北屋脊"。五台山为全国重点文物保护单位，国家5A级旅游景区，2009年被联合国教科文组织列入《世界遗产名录》。

五台山相传是文殊菩萨的道场，与浙江普陀山、安徽九华山、四川峨眉山共称"中国佛教四大名山"。这里最早的寺庙显通寺始建于东汉永平年间，经历代修葺扩建已形成一定规模，被称为五台山佛教寺庙的祖庭。五台山现存寺庙90余处，其中显通寺、塔院寺、菩萨顶、殊像寺、罗睺寺被列为五台山五大禅处。五台山也是当今中国唯一兼有汉传佛教和藏传佛教的佛教圣地。塔院寺的大白塔，通高75.3米，为尼泊尔匠师阿尼哥设计，是五台山的标志。菩萨顶系传说中的文殊菩萨居住处，为五台山黄庙之首。

位于台外的南禅寺，建于唐建中三年（782），其大雄宝殿是我国现存最古老的木结构建筑之一，属全国重点文物保护单位。位于台外的佛光寺，其东大殿建于唐大中十一年（857），也是我国现存最古老的佛寺之一，建筑年代仅次于南禅寺，属全国重点文物保护单位。

2. 雁门关景区

雁门关，地处忻州市代县县城以北约20公里处的雁门山中，是长城上的重要关隘，以"险"著称，被誉为"中华第一关"，有"天下九塞，雁门为首"之说。雁门关与宁武关、偏头关合称为"外三关"，是长城（山西段），为世界文化遗产，全国重点文物保护单位，国家5A级旅游景区。

雁门关依托雁门山和雁门水而得名，雁门山山形似门，北扼塞外高原，南屏忻定盆地，为兵家必争之咽喉要道。关城约建于唐代以前，现有唐关城遗址，地处代县西北13公里处的铁裹门南山脊，现雁门关城为明洪武七年（1374）由旧址向东迁筑而成。雁门关的围城随山势而建，周长5公里多。城墙的南端分别与关城的东西两翼相连，向北则沿着山脊延伸到谷底合围,合围处建有城门。围城以外还筑有3道大石墙和25道小石墙,起到屏障的作用。关城正北的山岗上有明清驻军的营房旧址,东南有练兵的校场。西门外有关帝庙,东门外有靖边祠,祭祀战国名将李牧,现仅存石台、石狮子、石旗杆和数通明清碑刻。雁门关东西两侧连接长城,东走茹越口、铁甲岭,直达平型关;西去阳方口,抵黄河岸边的偏头关,属于内长城上的一道雄关。雁门关小北门两侧镌联语一副——"三边冲要无双地,九塞尊崇第一关",概括了其地理形势在战争中的重要位置。

3. 芦芽山景区

芦芽山系管涔山的主峰,位于山西省忻州市宁武县西马坊乡、武家沟一带的管涔山腹地,距宁武县城西南30公里,面积241.53平方公里,是中国北方一处颇为罕见的花岗岩奇山。这里重峦叠嶂,簇拥大小200多座山峰,大小瀑布30余处,是山西省十大旅游区中唯一以自然风光见长的风景区,也是集国家地质公园、国家森林公园、国家自然保护区、国家水利风景区及中国民间文化旅游示范区于一体的风景名胜区。

芦芽山景区素称"五百里奇秀芦芽山",是整个华北地区生态保存最完整、最原始的地区,被誉为"世界生态保护史上的奇迹"。景区以芦芽山生态旅游区(国家4A级旅游景区)为中心,拥有自然奇观国家地质公园"万年冰洞"(国家4A级旅游景区)、汾河源头(国家4A级旅游景区)、中国历史文化名村"悬空古村"、亚高山草甸"马仑草原"、我国"九大最恐怖栈道"之一的"悬崖古栈道"、中国北方地区发现的唯一的崖葬群"石门悬棺",以及情人谷、高山天池湖泊群等众多优质旅游景点。

二、晋中游览区

该旅游区包括太原、晋中、吕梁、阳泉四市,位于山西省中部。省会太原位于太原盆地中,古称晋阳,也称龙城,为国家历史文化名城、国家园林城市、太原都市圈核心城市,是我国中部地区重要的能源基地、老工业基地,是山西省政治、经济、文化、交通和国际交流中心,自古就有"锦绣太原城"之誉,拥有2500多年的历史。主要景区有晋祠天龙山、平遥古城景区、祁县乔家大院、介休市绵山风景区、交城县玄中寺景区、盂县藏山旅游风景名胜区等。

(一)太原游览区

1. 晋祠博物馆

位于太原市西南晋源区晋祠镇悬瓮山麓的晋水之滨,为全国重点文物保护单位,国家4A级旅游景区，是为纪念晋国开国诸侯唐叔虞（后被追封为晋王）及母后邑姜后而建，也是中国现存最早的皇家园林，为晋国宗祠。祠内山环水绕，古木参天，在如画的美景中，建有近百座殿、堂、楼、阁、亭、台、桥、榭，是集中国古代祭祀建筑、园林、雕塑、壁画、碑刻艺术为一体的珍贵历史文化遗产。晋祠的古建筑设计精巧，结构合理，坚固稳健，圣母殿、鱼沼飞梁、献殿并称三座"国宝"。圣母殿重檐歇山顶，面阔七间，进深六间，殿身四周围廊，是中国现存古代建筑中环廊殿周的最古实例。祠内的周柏隋槐、宋侍女像、难老泉被誉为"晋祠三绝"。圣母殿左侧的周柏，树身向南与地面成45°的斜角，形似一条卧龙。隋槐在关帝庙内，老枝纵横，盘根错节。难老泉水自悬瓮山底岩层流出，晶莹透彻。圣母殿内有43尊泥塑彩绘人像，系宋代原塑，尤其以侍女像与真人相仿，性格鲜明，表情自然，具有高度的艺术表现力，为中国古代雕塑艺术中的精品。

2. 天龙山石窟

天龙山原名方山，属吕梁山脉分支，海拔1700米，位于太原市西南36公里处，有专用公路相连。早在东魏时高欢建了避暑宫，北齐高洋建了天龙寺，并都开凿了石窟。石窟分布在东西两峰，大小石窟共25窟，现存大小石佛500余尊，画像、浮雕、藻井1144尊（幅），石质完整，光源充足，展现着东魏、北齐、隋、唐、五代近三个世纪的艺术杰作，反映了不同时期石窟艺术的不同风格和卓越的艺术成就。

（二）晋中游览区

1. 平遥古城景区

位于山西省晋中地区中部，太原盆地南端，旧称古陶，距今已有2800多年的历史。平遥古城是国家历史文化名城，国家5A级旅游景区，1997年12月被联合国教科文组织列入《世界遗产名录》。

平遥古城建于西周宣王时期（前827—前782年），北魏时改称平遥，并一直延续至今。古城是明初为防御外族武装南扰，在旧城基础上扩建重筑而成，目前基本保存了明清时期的县城原型。现存有6座城门瓮城、4座角楼和72座敌楼。平面布局似龟状，俗称"乌龟城"，有"龟前戏水，山水朝阳"的说法。城墙总周长6163米，墙高约12米。在封闭的城池里，以市楼为中心，有"四大街，八小街，七十二条蚰蜒巷"之称，大街小巷设计明朗，沿街筑二层阁楼，开设店铺，后接四合院，功能分明。城内的衙署、城隍庙、文武庙、清虚观等建筑齐全，完整地体现了明清时的城市规划理念和形制分布。城内外有各类遗址、古建筑300多处，有保存完整的明清民宅近4000座，街道商铺都体现历史原貌，被称作研究中国古代城市的活样本，为人们展示了一幅非同寻常的汉族社会、经济、文化及宗教发展的完整画卷。

【思政链接】

晋商文化的诚信精神

清朝末年，平遥城内有个讨吃要饭的老太太，十几年如一日，衣衫褴褛、蓬头垢面，平遥城人见了她，都像见了"瘟神"一样，躲得远远的。突然有一天，这位乞丐婆婆惠顾了"日昇昌"，颤颤巍巍地掏出一张汇票要求兑换白银。伙计一看大吃一惊。汇票金额高达一万两千两白银，更让人震惊的是这张汇票还是三十多年前张家口分号开出的。汇票是真是假？总号上上下下一阵慌乱。最后经掌柜查验，确认汇票真实无疑，日昇昌立即将本息全额兑付予乞丐婆婆。原来，这个老太太年轻时，丈夫在张家口做皮货生意，赚钱后将一万两千两白银交由日昇昌张家口分号汇出，汇票藏在身上，原想回家团聚。不料途中染病身亡。悲痛欲绝的妻子在乡亲的帮助下料理了丈夫的后事，从此家境每况愈下，最后沦为乞丐。几十年后，老太太无意中整理丈夫唯一的遗物夹袄时才摸出了这张汇票。

通过这件事，日昇昌票号的诚信声名大振，业务愈加红火，不但山西票号与日昇昌的业务往来日趋频繁，就连外省商号以及沿海一带的米帮、丝帮，也愿意与"日昇昌"进行业务交往，其事业如日中天。

晋商以诚实守信为商业精神，创造出令世人瞩目的商业辉煌。票号是山西商业中极为独特也最具代表性的行业，一纸汇票千里传，万两银子立刻取。在当时复杂多变的环境下，没有一种内在的商业文化的支撑，很难达到这样的水平和高度。可以说晋商以诚实守信为根本思想原则，并将其贯穿了整个商业活动。

2. 绵山风景区

位于山西省晋中介休市东南20公里处，跨介休、灵石、沁源三市县地界，最高海拔2560米，是太岳山中段的一大高峰，为山西省重点风景名胜区，国家5A级旅游景区，中国历史文化名山，中国清明节（寒食节）发源地，中国寒食清明文化研究中心，中国寒食清明文化博物馆。绵山景点主要分布于岩沟及北山腰坳崖之间，纵深约10公里。著名的《大唐汾州抱腹寺碑》深藏于抱腹岩底150米深的崖沟断崖处，为唐碑之珍品，保存完好。除此之外，宋、金、元等历代碑刻、雕塑异彩纷呈，颇具文物价值。著名的寺庙有东汉古刹铁瓦寺、三国曹魏抱腹寺、北魏鸾公岩和唐代回鸾寺等，以及建筑面积为3万多平方米的华夏第一观——大罗宫。奇岩、险道、秀水、古柏、唐碑、宋塑、名刹、巨宫和真神介子推、真佛空王佛，以及流传千年而不衰的寒食清明习俗，组成了绵山独特的自然和人文景观。

3. 乔家大院

位于山西省晋中市祁县乔家堡村，真名"乔在中堂"。大院是清代全国著名商业金融资本家乔致庸的宅第，始建于清代乾隆年间。1985年，乔家大院馆址设立了祁县民俗博物馆。

大院始建于乾隆二十年（1755），同治、光绪年间数次扩建，历时160余年。宅园占地8724.8平方米，建筑面积4175平方米，分为6所大院19进小院，313间房屋，平面布局呈双"喜"字形。大院设计精巧，建筑气势宏伟，布局严谨。从外观上看，大院为全封闭式城堡式建筑群，整个院落三面临街，不与周围民居相连。外围是封闭的砖墙，高10米有余，大门为城门洞式，是一座具有北方汉族传统民居建筑风格的古宅。大院内饰富丽堂皇，彩绘雕刻精工，线条清晰，造型逼真，构思无一雷同。婚丧礼仪、生活起居等民俗氛围独具特色，再现晋中一带风土人情。乔家大院体现了中国清代民居建筑的独特风格，具有相当高的观赏、科研和历史价值，是一座无与伦比的艺术宝库，被称为"北方民居建筑的一颗明珠"。

（三）交城县玄中寺景区

位于山西省吕梁市交城县西北10公里处的石壁山上，始创于北魏延兴二年（472），建成于承明元年（476）。因此地层峦叠嶂，山形如壁，故又改名"石壁寺"。1983年，玄中寺被国务院列为汉族地区佛教全国重点寺院，国家4A级旅游景区。

寺内最古建筑为明神宗万历三十三年（1605）所建，天王殿、大雄宝殿、七佛殿、千佛殿等殿堂，从低到高，错落有致，与山势融为一体。此外还有钟鼓二楼、南北塔院、祖师殿、鸠鸽殿、接引殿、准提殿及僧舍、禅院、客房、斋堂等建筑散布各处；秋容塔雄峙寺东山巅，为宋代遗物。从北魏到隋唐，玄中寺先后驻锡过中国佛教净土宗的三大祖师，弥陀净土信仰从士人阶层迅速向中国民间流传，进而开宗立派，并远播朝鲜、日本，玄中古寺成为继庐山东林寺之后，中国佛教净土宗的又一个祖庭。

（四）盂县藏山旅游风景名胜区

藏山，坐落在太行山西麓，山西省阳泉市盂县城北18公里处长池镇藏山村东的重峦叠嶂中，东临石家庄，西接太原，南望娘子关，北倚五台山和西柏坡，自然风光迷人，人文古迹丰富，是国家4A级旅游景区。

藏山古名盂山，因春秋时期藏匿赵氏孤儿得名。藏山祠是山中的主要景点，规模宏大，由文子祠、寝宫、藏孤洞、梳洗楼、八义祠、报恩祠、启忠祠组成，是一个气势壮观的建筑群体。其主体建筑文子祠受到过朝廷的赐封，其中藏山神庙更是升格为

"万岁朝廷香火院",在全国各大寺庙中实属罕见。山中还有总圣悬楼、木牌坊等古建筑。除此之外,各种碑碣铭文、摩崖石刻、浮雕壁画等文物古迹也是随处可见。

三、晋东南游览区

该区域位于山西省东南部,晋、冀、豫三省交界处,包括了长治市和晋城市所辖范围,拥有巍峨的太行山脉和众多革命旧址,太行山水游、红色经典游是其主要特色。主要景区有壶关县太行山大峡谷八泉峡景区、武乡县八路军太行纪念馆、皇城相府生态文化旅游区、陵川县王莽岭景区等。

(一)长治游览区

1. 太行山大峡谷八泉峡景区

位于长治市壶关太行山大峡谷中段,壶关太行山大峡谷旅游专线北侧,为国家4A级旅游景区。景区是山西太行山大峡谷内风景最为壮美、内涵最为丰富、气势最为宏大的高品位景区之一。由于太行山大峡谷中的桥后山沟有八股泉水同出一地,自古以来民间就称之为"八道水",加之峡谷中部又有两处泉群均为八个泉眼,三处泉水数量均为八,所以太行山大峡谷此处的景区被命名为"八泉峡"。八泉峡流程11公里,流域总面积60.3平方公里,峡谷气候湿润,植被丰富,旅游资源丰美,地理位置优越,被称为"世界级极品旅游资源"。该峡集江河峡谷、石灰岩地区干旱峡谷和溪流峡谷诸般景致为一体,共分五个景区,拥有近百个景点,是自然观光、生态旅游和休闲度假的理想佳境。

2. 八路军太行纪念馆

位于长治市武乡县城太行街363号,是一座全面反映八路军14年抗战历史的大型革命纪念馆,集旅游观光和博物馆价值为一体的国家一级博物馆和国家4A级旅游景区。八路军太行纪念馆区主要分为主展区和游览区两大部分。主展区包括八路军简史陈列厅、八路军将帅厅、日军侵华暴行厅;游览区包括八路军游击战术演示厅、八路军抗战纪念碑、八路雄风碑林、徐向前元帅纪念亭等。纪念馆通过大量的照片、图表、地图和珍贵的革命实物,展示了太行地区八路军和人民抗战时期的贡献,再现了朱德、彭德怀、刘伯承、邓小平、杨尚昆等老一辈无产阶级革命家的形象,激励中国人民继承和发扬无产阶级革命家艰苦奋斗的精神。

(二)晋城游览区

1. 皇城相府生态文化旅游区

位于晋城市阳城县北留镇,是一处罕见的明清两代城堡式官宦住宅建筑群,为国家5A级旅游景区。皇城相府又称午亭山村,总面积3.6万平方米,是清文渊阁大学士兼吏部尚书加三级、《康熙字典》总阅官、康熙皇帝35年经筵讲师陈廷敬的故居。皇城相府建筑群分内城、外城两部分,有院落16座,房屋640间。御书楼金碧辉煌,中道庄巍峨壮观,斗筑居府院连绵,河山楼雄伟险峻,藏兵洞层叠奇妙,被专家誉为"中国北方第一文化巨族之宅"。整个建筑枕山临水,依山而筑,错落有致。随处可见木雕砖雕工艺精美,亭台楼阁,曲径回廊相连,牌坊石碑林立。

2. 王莽岭景区

位于晋城市陵川县古郊乡境内,因西汉王莽追赶刘秀到此地安营扎寨而得名,为国家4A级旅游景区。景区包括王莽岭、锡崖沟、昆山、刘秀城四个景系,总面积150多平方公里,最高海拔1700余米,最低处跌入河南省辉县市境内仅300米左右,是南太行的最高峰,风光秀丽,景色宜人。这里的云海、日出、奇峰、松涛、挂壁公路、红岩大峡谷、立体瀑布,形成了八百里太行最著名的自然景观,素有"清凉圣境""避暑天堂""世外桃源""太行至尊"之美誉。

四、晋南游览区

该区域包括临汾、运城两个城市,地处黄河北干流中游以东,由临汾盆地和运城盆地组成,土地肥沃,水源丰盈,矿产资源丰富,是中华文明的重要发祥地之一和黄河文明的摇篮,也是开展黄河文化游的主要区域之一。临汾素有"华夏第一都"之称,该市是华北地区重要的粮棉生产基地,盛产小麦、棉花等,素有"棉麦之乡"和"膏腴之地"美誉。运城因"盐运之城"而得名,素有"五千年文明看运城"的说法,女娲补天、黄帝战蚩尤、舜耕历山、禹凿龙门、嫘祖养蚕、后稷稼穑等传说均发生在运城。主要景区有洪洞大槐树寻根祭祖园旅游景区、乡宁县云丘山景区、黄河壶口瀑布旅游区、解州关帝庙、永乐宫壁画艺术博物馆和尧庙—华门旅游区等。

(一)临汾游览区

1. 洪洞大槐树寻根祭祖园旅游景区

位于山西省临汾市洪洞县,是全国以"寻根"和"祭祖"为主题的唯一民祭圣地,国家5A级旅游景区,山西省重点文物保护单位,2008年,大槐树祭祖习俗被列为《国家级非物质文化遗产名录》。

明朝初年，为了巩固国家统治的经济基础，朱元璋决定实行移民屯田政策。从明洪武三年至永乐十五年，明政府先后组织了18次大规模官方移民。这场明代大移民是中国历史上规模最大、范围最广、有组织、有计划的一次迁徙，迁徙长达五十年，涉及1230个姓氏，将山西平阳、潞州、泽州、汾州等地的百姓，迁徙至河南、山东、河北等18个省市500多个县份。传说历次山西大移民时，都要到洪洞县大槐树下集合，所以至今河南、山东、安徽、河北等地人民口中仍流传着"若问祖先来何处，山西洪洞大槐树"之说。

现在的洪洞大槐树景区由"移民古迹区""祭祖活动区""民俗游览区""汾河生态区""根祖文化广场"五大主题板块组成，有碑亭、二三代大槐树、千年槐根、祭祖堂、广济寺、石经幢、移民浮雕图、中华姓氏苑等60余处景点。

2. 云丘山景区

位于山西省临汾市乡宁县，地处吕梁山与汾渭地堑交会处，总面积210平方公里，主开发景区面积为35平方公里，为国家5A级旅游景区，是晋南根祖旅游核心景区，中华农耕文明发源地之一，也是华夏乡土文化的地理标志，中和文化——非物质文化遗产的传承地。

云丘山特殊的喀斯特地貌和石山森林环境形成了各种奇峰异景，崇山、险峰、奇石、飞瀑、沟壑、清泉、云海等自然景观享之不尽，可谓是"千峰竞秀，万壑峥嵘"，享有"姑射最秀峰巅""河汾第一名胜"的美誉。云丘山不仅自然景观奇特，而且文化底蕴深厚，著名景点有云丘书院，多宝灵岩禅寺等。同时，云丘山也是几千年来道家仙士的常游之所，道教全真道龙门派祖庭亦发源于此，有五龙宫、八宝宫等道观殿宇。

此外，云丘山还完整保存有11座千年古村落，是罕见的晋南窑洞古村落群。其中，老子李耳在周游四海时曾下榻塔尔坡，后世道家闻名而至，和当地山民结邻而居，逐渐形成村落，塔尔坡古村更被称为"千年民居建筑的活化石"。

3. 黄河壶口瀑布旅游区

壶口瀑布位于晋陕大峡谷南段，东濒山西省临汾市吉县壶口镇，西临陕西省延安市宜川县壶口乡，为两省共有旅游景区，国家重点风景名胜区，国家地质公园，国家5A级旅游景区。

壶口瀑布，号称"黄河奇观"，也是中国第二大瀑布和水流量最大的瀑布。黄河自晋陕峡谷南下，从山西一侧看瀑布，因在瀑布下流，气势更为壮观。500多米宽的河水，到龙王辿时，由于受河床走势的影响，河面骤然收缩为30余米，跌入数十米深的河槽中，落差达50多米，山鸣谷应，形如茶壶注水，故名"壶口"。以壶口瀑布为中心的风景区，集黄河峡谷、黄土高原、古塬村寨为一体，主要景点有孟门山，龙王辿遗址、龙洞、十里龙槽等。

4. 尧庙—华门旅游区

位于山西省临汾市秦蜀路南端,为祭祀唐尧而建,距今已有1300余年的历史,历代均为国家级祭祀之所,为山西省重点文物保护单位。华门,位于尧庙广场的西面,锦悦城东南侧,尧都旅游区中心,为国家4A级旅游景区。

尧庙坐北向南,现存山门、五凤楼、尧井亭、广运殿、寝宫等建筑。华门,由太原理工大学赵建彬老师设计,是一座华夏文明纪念碑。华门建立于2002年,由基座、主门及门楼三部分构成,建筑面积2.2万余平方米,总投资5000万元。华门博采"门"建筑精华,集历史纪念和游览观光于一体,正面三门矗立,象征尧、舜、禹三帝。华门内部以丰富的文化内涵展示了华夏文明和民族文化,并以"源远流长、门开国盛、尧天舜日、东方巨龙、连环九鼎、天下巨联、登高望远、华门飞愿、名门博览、华门之夜"十大景观而著称。

(二)运城游览区

运城在山西的最南端,西邻黄河,古称"河东",因"盐运之城"得名,素有"五千年文明看运城"的说法,是中华民族重要的发祥地之一,也是最早叫"中国"的地方。旅游以寻根祭祖游、黄河风情游、德孝文化和善文化为主。主要的景区有武庙之祖解州关帝庙、中国四大名楼之一的鹳雀楼、道教三大祖庭之一的永乐宫、《西厢记》故事发生地普救寺、中华祭祀圣地后土祠,以及西滩、李家大院、五老峰、历山、司马光墓等。

1. 解州关帝庙

位于运城市解州镇,北靠银湖盐池,面对中条山,为全国重点文物保护单位,国家4A级旅游景区,是我国现存始建年代最早、规模最大、档次最高、保存最全的关帝庙宇,被誉为"关庙之祖""武庙之冠"。

解州关帝庙创建于隋开皇九年(589),宋朝大中祥符七年(1014)重建,嗣后屡建屡毁,现存建筑为清康熙四十一年(1702)大火之后历时十载而重建的。关帝庙众多建筑坐北向南,沿南北向中轴线有序展开:中轴线的南端是为纪念刘、关、张桃园结义而建的"结义园",园内古木参天,山水相依,并建有结义坊、君子亭、三义阁等主体建筑;中轴线北端的主庙,主要由琉璃龙壁、端门、午门、御书楼、崇宁殿、刀楼、印楼、春秋楼和众多牌坊组成,是进行关公祭祀活动的主要场所。

2. 永乐宫壁画艺术博物馆

永乐宫原名大纯阳万寿宫,是为纪念八仙之一吕洞宾而建造的大型道观,位于芮城县北2.5公里处城关镇龙泉村东侧,原址在芮城县西南的永乐镇,1959—1964年因处于黄河三门峡水库的淹没区，遂迁于今址。永乐宫壁画艺术博物馆依托永乐宫西院搬迁时所建具有地方特色的建筑，于2015年3月正式成立。为全国重点文物保护单位，国家4A级旅游景区。

博物馆建筑面积2455平方米，占地面积25485平方米、展厅面积1494.18平方米，分设有展室、服务区、办公区等设施。旨在通过展示现有馆藏文物（300余件），现有壁画摹本（元代四座建筑内1∶1原大）、1961年至今所发掘收集的永乐宫建筑大搬迁资料、搬迁前全国各大院校艺术家所临摹的原大手稿、历年来全国书画名家手稿等珍贵资料，向公众展示祖国优秀文化遗产及重大事件，满足人民群众日益增长的精神文化需求。藏品年代涉及新石器、商、周、秦、汉、唐、宋、元、明、清、近代，种类有陶器物、玉石器、铜器、塑像、钱币、绢轴等，现藏品采用库存保管及展厅保存。

永乐宫壁画面积约1005.68平方米，题材丰富，画技高超。它继承了唐、宋以来优秀的绘画技法，又融汇了元代的绘画特点，形成了永乐宫壁画的独特风格。其中三清殿内的《朝元图》是我国现存画技最高、画幅巨大、保存最为完整的古代绘画精品，也是世界绘画史上群像构图发展的顶峰，被誉为"东方画廊"。

小结

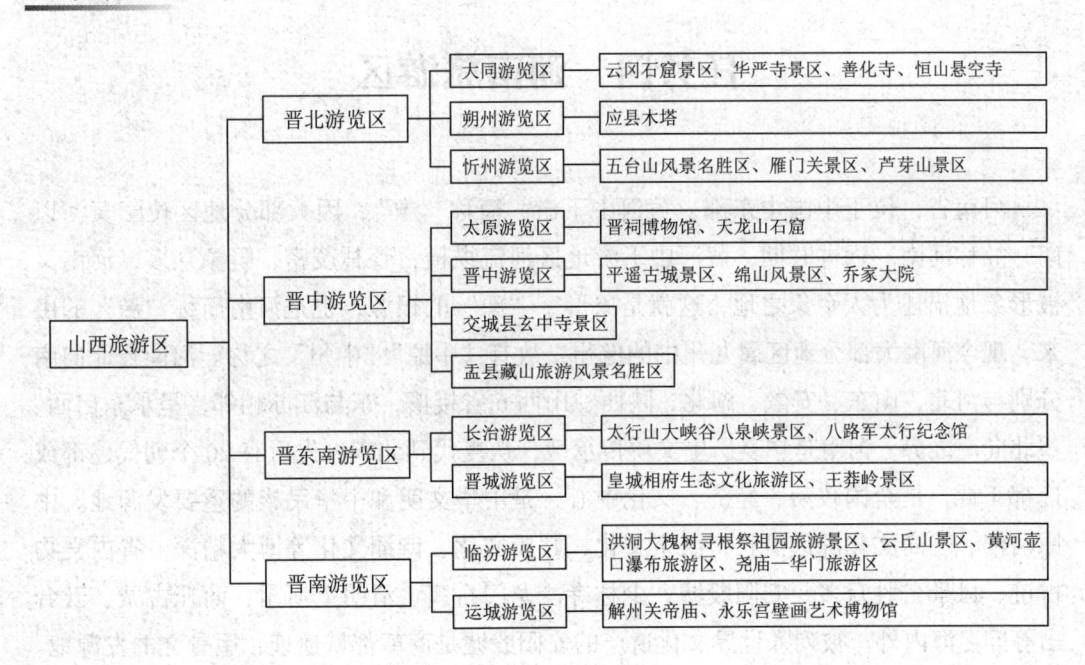

山西旅游区		
晋北游览区	大同游览区	云冈石窟景区、华严寺景区、善化寺、恒山悬空寺
	朔州游览区	应县木塔
	忻州游览区	五台山风景名胜区、雁门关景区、芦芽山景区
晋中游览区	太原游览区	晋祠博物馆、天龙山石窟
	晋中游览区	平遥古城景区、绵山风景区、乔家大院
	交城县玄中寺景区	
	盂县藏山旅游风景名胜区	
晋东南游览区	长治游览区	太行山大峡谷八泉峡景区、八路军太行纪念馆
	晋城游览区	皇城相府生态文化旅游区、王莽岭景区
晋南游览区	临汾游览区	洪洞大槐树寻根祭祖园旅游景区、云丘山景区、黄河壶口瀑布旅游区、尧庙—华门旅游区
	运城游览区	解州关帝庙、永乐宫壁画艺术博物馆

任务训练

以小组的形式，通过教材或其他方式了解山西旅游景点，获得旅游景点信息，设计山西旅游主题。每组选出1名同学代表小组阐述任务完成的过程，并讲解旅游主题中的主要旅游景点。

任务评价

表 4-3-1　山西旅游区任务训练评价

评价指标	评价分值											
	自我评价				组间评价				教师评价			
	A	B	C	D	A	B	C	D	A	B	C	D
主题准确、鲜明												
推荐理由合理												
景点把握熟练												
团队合作												
总体印象												

A. 优秀　　　　B. 良好　　　　C. 一般　　　　D. 欠佳

任务四　河南旅游区

河南省，位于中国中东部，黄河中下游，简称"豫"，因大部分地区位于黄河以南，故称河南。远古时期，黄河中下游地区河流纵横，森林茂密，野象众多，河南又被形象地描述为人牵象之地，这就是象形字"豫"的根源，也是河南简称"豫"的由来。现今河南大部分地区属九州中的豫州，故有"中原""中州"之称。河南自北向南分别与河北、山东、安徽、湖北、陕西、山西 6 省接壤，东与江苏相邻，呈承东启西、望北向南之势。河南是华夏历史文明传承区，从夏代到北宋，先后有 20 个朝代建都或迁都于此，是全国政治、经济、文化中心，是中华文明和中华民族的重要发源地。中原河洛、三商文化源远流长，汉字文化、姓氏文化、诗词文化等博大精深，省内文物古迹、风景名胜众多，安阳殷墟、少林寺、龙门石窟、清明上河园、商丘古城、云台山等闻名海内外。被列入世界文化遗产的安阳殷墟是商朝都城遗址，甲骨文的发源地。丝绸之路（河南段），是古代东西方交流的桥梁，见证了经济文化交融。大运河（河南段）是古代南北交通要道，展现了古代水利智慧，为世界文化遗产的一部分。

单元四 古都古城、山岳胜迹、中原文化游——晋鲁豫陕旅游区

任务目标

1. 学生自行寻找河南旅游区游览图，根据下面旅游行程线路，在图中标注旅游景区。

【河南文化之旅】6日游

Day 1：来自全国各地的游客集中抵达郑州，自由活动。

Day 2：郑州—开封：清明上河园、开封府、大宋东京梦华。

Day 3：开封—登封：少林寺、嵩山书院。

Day 4：登封—洛阳：隋唐洛阳城天堂明堂、应天门、白马寺、丽景门、龙门石窟。

Day 5：洛阳—焦作：云台山。

Day 6：焦作—郑州：河南博物院，返程。

2. 根据河南旅游区游览图，了解河南旅游区的特色旅游及代表性的旅游景区。

任务分析

要想了解河南旅游区的特色旅游及代表性的旅游景区，首先要了解河南旅游区的自然与人文地理环境，从而分析河南旅游区的旅游特色；其次要熟悉河南旅游景区特点及分布情况；最后总结出河南旅游区的特色旅游及代表性景区。

知识准备

一、洛阳游览区

洛阳是中华文明的发祥地之一，河洛文化源远流长。佛教文化可以追溯到东汉，距今已有1900多年的历史，魏晋南北朝时期，洛阳有佛寺1000多座，到隋唐时期，洛阳佛教文化更加发达，因此洛阳是中国佛教的发源地和北方佛教重镇。

（一）白马寺

位于河南省洛阳市老城以东，被称为"中国第一古刹"，是佛教传入中国后的第一所官办寺院，白马寺是我国佛教的发源地，又被尊为佛教的"祖庭"和"释源"。

白马寺为长方院落，坐北朝南，现在的布局为明嘉靖时重修，寺内主要建筑有天

王殿、大佛殿、大雄殿、接引殿、毗卢阁、齐云塔等建筑。山门东西两侧有迦叶摩腾和竺法兰二僧墓。大雄殿是寺院内最大的殿宇，殿内贴金雕花的大佛龛内塑的是三世佛，两侧排列十八尊神态各异、眉目俊朗的罗汉塑像。塑像是用漆、麻、丝、绸在泥胎上层层裱裹，然后揭出泥胎而制成，这种"脱胎漆"工艺叫夹苎干漆工艺，在国内是独一无二的，乃寺中塑像之精品。

（二）龙门石窟

位于洛阳市城南13公里处，是中国四大石窟之一（另外三大石窟为：山西云冈石窟、甘肃敦煌莫高窟和甘肃天水麦积山石窟），它始凿于北魏孝文帝由平城（今山西大同市）迁都洛阳（493）前后，历经东魏、西魏、北齐、北周、隋、唐和北宋等朝代，连续大规模营造达400年之久，至今仍存有窟龛2000多个，佛塔70余座，造像10万余尊，最大的佛像卢舍那佛，通高17.14米；最小的佛像在莲花洞中，每个只有2厘米高，称为微雕；碑刻题记有2600余品，数量之多位列中国各大石窟之首。2000年联合国教科文组织将龙门石窟列入《世界遗产名录》。

（三）老君山景区

位于河南省洛阳市栾川县县城东南，为世界地质公园、国家5A级旅游景区、国家级自然保护区，中原道教圣地祖庭。老君山是秦岭余脉伏牛山的主峰，玉皇顶海拔2217米。老君山距今已有两千多年的历史，北魏皇帝曾在山中建庙祈福，唐太宗亲笔赐名——老君山，明神宗诏御老君山为"天下名山"。主要景点有太清宫、十方院、灵官殿、观音殿、三清殿、老君庙等。其中老君山金顶道教建筑群依托山顶建筑，全部采用明清皇家宫殿式建筑形式，特别是金殿、亮宝台、玉皇顶三座金顶，成为老君山道观群的亮点。

二、登封游览区

登封市位于河南省中西部，地形以山地和丘陵为主，是中国优秀旅游城市，著名"文物之乡"和"武术之乡"。登封历史悠久，旅游资源得天独厚，形成了以佛、道、儒、险、古为突出特色的六大景区。

（一）嵩山

位于河南省登封市西北面，古时名为"外方"，夏商时称"崇高"，五代后称中岳嵩山，与泰山、华山、恒山、衡山共称五岳。嵩山是中华文明的发源地，历史悠久，是我国古代重要的政治、经济、文化中心之一。

嵩山自然景观优美，山体从东至西横卧，故有"华山如立，中岳如卧"之说。太室山和少室山各有36峰，历代的帝王将相、墨客骚人、僧道隐士，根据这些山峰的形态，给这些美丽的山峰命名，遂有72峰之说。在72峰之外，山上还有谷、洞、潭、瀑等各类景致。嵩山不仅风景优美，而且文化高度繁荣，被誉为我国历史发展的博物馆，名胜古迹遍布，寺庙宫观林立，祠、庵、塔、堂、院、宅、馆众多，碑刻题记、石雕、壁画星罗棋布，其中有中国六最：禅宗祖庭——少林寺、现存规模最大的塔林——少林寺塔林、现存最古老的塔——北魏嵩岳寺塔、现存最古老的石阙——汉三阙、树龄最高的柏树——汉封"将军柏"、现存最古老的观星台——告城元代观星台。

嵩山于2004年被联合国教科文组织世界地质公园专家评审会评为世界地质公园，2010年8月登封"天地之中"历史建筑群被联合国教科文组织列入《世界遗产名录》。

（二）少林寺

位于河南省登封市西北，嵩山少室山下，是少林武术的发源地，禅宗祖庭，此地环境清幽，周围皆是郁郁葱葱的古树，故得名"少林寺"，意为"深藏于少室山下茂密丛林中的寺院"。

相传达摩祖师来到嵩山，在少林寺广招信徒，弘扬佛法禅宗，从此确立了少林寺禅宗祖庭的地位。到了唐代，少林寺又因一段"十三棍僧救唐王"的故事而声名大振，在唐王的特许下，少林寺可以拥有僧兵，自成体系的少林武术于是成为中华武术的代表之一。

少林寺寺院宏大，山门、天王殿、大雄宝殿、立雪亭、千佛殿等共七进院落，总面积达30000平方米。山门是一座面阔三间的单檐歇山顶建筑，它坐落在两米高的砖台上，门额上有清康熙帝亲笔所题的"少林寺"三个大字。

【知识链接】

登封"天地之中"

登封"天地之中"历史建筑群在2010年被列为世界文化遗产。以"天地之中"理念为核心的文化遗产聚落，包括周公测景台和登封观星台、嵩岳寺塔、太室阙和中岳庙、少室阙、启母阙、嵩阳书院、会善寺、少林寺建筑群（包括常住院、塔林和初祖庵）等8处11项优秀历史建筑，相关遗产要素构成主要有367座古建筑、651品碑碣石刻、871株古树名木及壁画、匾额等附属文物。这组建筑群是中国古代礼制、宗教、科技和教育等建筑类型的代表和范例，是中国古代建筑技术和建筑艺术漫长发展的滥觞，穿越沧桑岁月，谱写出灿烂辉煌的中华文明乐章。

三、开封游览区

开封市是国务院首批命名的历史文化名城，中国七大古都之一，悠久的历史和灿烂的古文化给开封留下了众多的文物古迹和风景名胜，如清明上河园、大相国寺等。

（一）清明上河园

位于河南省开封市西北，是以宋代著名画家张择端的代表作《清明上河图》复原再现的大型宋代历史文化主题公园，该园占地面积500余亩，其中水面面积120亩，拥有大小古船50余艘，各种宋式房屋400余间，形成了中原地区最大的气势磅礴的宋代古建筑群。园内建筑古朴典雅，在景观中融入了一系列北宋民俗风情和市井文化的剧目表演，具有极高的观赏性、娱乐性、参与性。

（二）大相国寺

位于开封市中心，始建于北齐天保六年（555），是我国汉传佛教十大名寺之一，在中国佛教史上有着重要的地位和广泛的影响。大相国寺原名建国寺，因唐睿宗为纪念其由相王登上皇位，赐名大相国寺，并亲笔书写了"大相国寺"匾额。大相国寺在北宋时期达到空前鼎盛，经多次扩建后占地达500余亩，辖64个禅、律院，养僧千余人，成为我国历史上第一座"为国开堂"的皇家寺院。目前保存的建筑为清顺治和乾隆年间重修，主要包括天王殿、大雄宝殿、八角琉璃殿、藏经楼、千手千眼佛等。

四、焦作游览区

焦作市位于河南省中部，是华夏民族早期活动的中心区域之一，有裴李岗文化、仰韶文化和龙山文化遗址，是司马懿、韩愈、李商隐等历史文化名人故里，是中国太极拳发源地，拥有云台山、神农山、青天河3个国家5A级旅游景区，同时还包括陈家沟、丹河峡谷、云台溶洞、韩园景区、焦作影视城、南水北调天河公园等主要景区。

（一）云台山

位于河南省焦作市修武县境内，以"北方岩溶地貌"被列入首批世界地质公园名录，国家5A级旅游景区。云台山以山称奇，以水叫绝，因峰冠雄，因峡显幽，景色荟萃各不同，主峰为茱萸峰。景区内群峡间列、峰谷交错、悬崖长墙、崖台梯叠的"嶂石岩地貌"景观，是以构造作用为主，与自然侵蚀共同作用形成的特殊景观，既具有美学观赏价值，又具有典型性。主要景点有泉瀑峡、潭瀑峡、红石峡、青龙峡，峰林峡等。

（二）陈家沟

位于河南省温县城东 5 公里处的清风岭上中段，南临黄河，北依太行，与伏羲画卦台、河洛汇流处隔河相望，是国家 4A 级旅游景区，有"太极第一村"之称，闻名中外的太极拳就诞生在此地。主要景点有：太极拳祖祠、中国太极拳博物馆、杨露禅学拳处、东沟创拳处等。其中太极拳祖祠是纪念太极拳祖师陈王廷之地。

▶ 小结

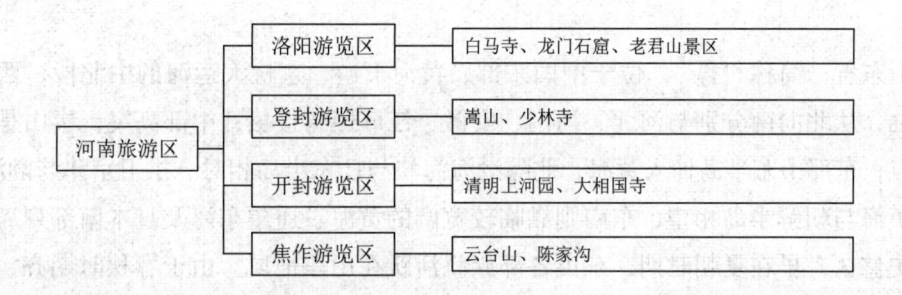

```
                ┌─ 洛阳游览区 ─── 白马寺、龙门石窟、老君山景区
                │
                ├─ 登封游览区 ─── 嵩山、少林寺
河南旅游区 ─────┤
                ├─ 开封游览区 ─── 清明上河园、大相国寺
                │
                └─ 焦作游览区 ─── 云台山、陈家沟
```

▶ 任务训练

以小组的形式，通过教材或其他方式了解河南旅游景点，获得旅游景点信息，以"河南古都行"为旅游主题，推荐旅游景点。每组选出 1 名同学代表小组阐述任务完成的过程，讲解推荐的旅游景点及推荐的理由。

▶ 任务评价

表 4-4-1 河南旅游区任务训练评价

评价指标	评价分值											
	自我评价				组间评价				教师评价			
	A	B	C	D	A	B	C	D	A	B	C	D
景点推荐												
推荐理由												
阐述过程												

续表

评价指标	评价分值											
	自我评价				组间评价				教师评价			
	A	B	C	D	A	B	C	D	A	B	C	D
讲解水平												
团队合作												
总体印象												

A. 优秀　　　　B. 良好　　　　C. 一般　　　　D. 欠佳

任务五　山东旅游区

山东省，简称"鲁"，位于中国东部、黄河下游、京杭大运河的中北段，西部连接内陆，从北向南分别与河北、河南、安徽、江苏四省接壤；中部高突，泰山是全境最高点；东部山东半岛伸入黄海，北隔渤海海峡与辽东半岛相对、拱卫京津与渤海湾，东隔黄海与朝鲜半岛相望，东南则靠临较宽阔的黄海、遥望东海及日本南部列岛。山东历史悠久，早在夏朝时期，东夷各部族就活跃在山东地域。由于春秋时期齐、鲁两国发达的经济、政治、文化在中国历史上的重大影响，所以山东又称"齐鲁之邦"。人们常常以"一山一水一圣人"来评价齐鲁文化在中国传统文化里面的地位。"一山"是指泰山，"一水"是指黄河，"一圣人"是指孔子。

山东运河旅游资源璀璨，是中国大运河的咽喉要道，其中京杭运河流经山东的德州、聊城、泰安、济宁和枣庄 5 市，运河山东段的 8 段河道、15 处遗迹点被列为世界文化遗产。枣庄的台儿庄古城，位于京杭大运河的中心点，为国家 5A 级旅游景区，素有"运河文化的活化石""中国民居建筑博物馆"之美称，更有"天下第一庄""中国最美水乡"之誉。此外，山东的红色旅游也很丰富，著名的有抗日战争中取得重大胜利的台儿庄战役，台儿庄大战纪念馆是国家 4A 级旅游景区和国家首批国防爱国主义教育基地等。

任务目标

【齐鲁青未了】

1. 学生自行寻找山东旅游区游览图，根据下面旅游行程线路，在图中标注旅游景区。

Day 1：来自全国各地的游客集中抵达济南，游览大明湖、趵突泉。
Day 2：济南—泰安：泰山、岱庙。
Day 3：泰安—曲阜：孔庙、孔府、孔林。
Day 4：曲阜—青岛：栈桥、八大关、崂山。
Day 5：青岛—威海：刘公岛、威海幸福门、成山头。
Day 6：威海—蓬莱：蓬莱阁、八仙过海景区，返程。

2. 根据山东旅游区游览图，了解山东旅游区的特色旅游及代表性景区。

任务分析

要想了解山东旅游区的特色旅游及代表性的旅游景区，首先要了解山东旅游区的自然与人文地理环境，从而分析山东旅游区的旅游特色；其次要熟悉山东旅游景区特点及分布情况；最后总结出山东旅游区的特色旅游及代表性景区。

知识准备

一、济南游览区

济南市位于山东省中西部，是山东省省会，具有 2000 多年的历史，是龙山文化的发源地。济南自然风光秀丽，城内百泉争涌，自古就有"泉城"的美誉。尤以趵突泉、黑虎泉、五龙潭、珍珠泉四大名泉久负盛名。

（一）趵突泉公园

位于济南市区中心，南靠千佛山，东临泉城广场，北望大明湖，占地面积 158 亩，是以泉为主的特色园林。趵突泉是泉城济南的象征与标志，与千佛山、大明湖并称为济南三大名胜。趵突泉是济南众泉之冠，是公园内的主景，泉池东西长 30 米，南北宽 20 米，泉分三股涌出平地，每天就涌出 7 万立方米的泉水，泉水澄澈清冽，水质清醇甘洌，是理想的天然饮用水，可以直接饮用，"趵突腾空"为明清时期济南八景之首。公园内还有泺源堂、娥英祠、望鹤亭、观澜亭、尚志堂、李清照纪念堂与易安旧居、沧园、白雪楼、万竹园、李苦禅纪念馆、王雪涛纪念馆等人文景观。

（二）大明湖公园

位于济南市旧城区北部，是一个由城内众泉汇流而成的天然湖泊。泉水由南岸流入，水满时从宋代修建于北岸的北水门流出，湖底由不透水的火成岩构成，因而湖水"恒雨不涨，久旱不涸"，常年保持较固定的水位。济南八景中，大明湖有三景："明湖泛舟""历下秋风""汇波晚照"。公园自然景观优美宜人，"四面荷花三面柳，一城山色半城湖"是其风景的最好写照。园内人文景观十分丰富，历下亭、铁公祠、南丰祠、北极庙等三十余处名胜古迹掩映于绿树繁花之间，展现出悠久的历史文化。

（三）千佛山

位于济南市南部偏东，为泰山余脉。千佛山原称历山，又称舜耕山，相传，上古禹舜帝为民时，曾躬耕于历山下，故称舜耕山。据史料记载，隋开皇年间，山东佛教盛行，虔诚的佛教徒依山沿壁镌刻了众多的石佛，于山腰处建千佛寺故而得名千佛山，唐贞观年间，重新修葺，将"千佛寺"改称"兴国禅寺"。现主要旅游景点有万佛洞、千佛崖、观音园、兴国禅寺、卧佛等。

二、泰安游览区

泰安市地处山东省中部，北与省会城市济南相连，南临孔子故里曲阜，东连瓷都淄博，西濒黄河。泰安因辖区内泰山而得名，取"泰山安则四海皆安"之意，象征国泰民安。早在5000年前，这里就孕育了"大汶口文化"，成为中华民族的发祥地之一。秦汉时期以来，屡经沿革，历尽沧桑，曾经设置过郡、路、州、府，是区域性政治、经济、文化中心。

泰山风景名胜区

泰山又称岱山、岱宗、岱岳、东岳、泰岳等，位于山东省中部，形成于太古代，因受来自西南和东北两方面的压力，褶皱隆起，经深度变质而形成中国最古老的地层——泰山群，后因地壳变动，被多组断裂分割，形成块状山体，现仍以每年0.5毫米的速度继续增高。

泰山有着深厚的文化内涵，其古建筑主要为明清风格，融建筑、绘画、雕刻、山石、林木为一体，是东方文明伟大而庄重的象征。著名风景名胜有天柱峰、日观峰、百丈崖、仙人桥、五大夫松、望人松、龙潭飞瀑、云桥飞瀑、三潭飞瀑等，可观赏的泰山四绝为："泰山日出""云海玉盘""晚霞夕照""黄河玉带"。

岱庙位于泰山南麓，又称东岳庙、太庙，是泰山最大、最完整的古建筑群，为道教神府，是古代帝王祭祀泰山神和举行封禅大典的场所。岱庙始建于秦汉，扩建于唐宋，金元明清多次重修，是泰山上下延续时间最长、规模最大、保存最完整的一处古建筑群。岱庙与北京故宫、山东曲阜三孔、承德避暑山庄和外八庙，并称中国四大古建筑群。岱庙建筑风格采用帝王宫城形制营建，主体建筑是北宋大中祥符二年（1009）修建的天贶殿，其按照中国古代建筑的最高规格修建，殿内保存有巨幅宋代壁画《启跸回銮图》，是我国现存道教壁画的上乘之作。岱庙内碑碣林立，古木参天，今保存着历代的碑碣石刻300余通，素有"岱庙碑林"之称，其中有中国现存最早的石刻——秦李斯的小篆碑，有充分体现汉代隶书风格的"衡方碑""张迁碑"，有晋代三大丰碑之一的"孙夫人"碑和形制特异的唐"双束碑"，以及宋至清历代重修的御制碑等。"汉柏""唐槐"为岱庙古树名木之最，被列入《世界遗产名录》。

三、曲阜游览区

曲阜市位于山东省西南部，古称鲁县，是周朝时期鲁国国都。曲阜是我国古代伟大的思想家、教育家、儒家学派创始人孔子的故乡，是国务院首批命名的历史文化名城之一，被西方人士誉为"东方耶路撒冷"。曲阜以5000年的悠久历史和"礼仪之邦"的盛名著称于世，拥有大量珍贵的文物，"孔府、孔庙、孔林"统称"三孔"，1994年，联合国教科文组织将"三孔"列入《世界遗产名录》。

（一）孔府

孔府也称圣府，西邻孔庙，是孔子世袭"衍圣公"的世代嫡裔子孙的官署和私邸，规模宏大，是我国仅次于明、清皇帝宫室的最大府第，号称"天下第一家"。孔府占地200多亩，有楼轩厅堂460多间，院落九进，布局分东、西、中三路：东路为家庙所在地，有报本堂、桃庙等；西路为学院，是旧时衍圣公读书、学诗学礼和会客之所；中路是孔府的主体部分，前为官衙，设三堂六厅（大堂、二堂、三堂，管勾厅、百户厅、知印厅、掌书厅、典籍厅、司乐厅），后为内宅，包括前上房、前堂楼、后堂楼等，是衍圣公全家活动的地方，最后是孔府花园，是历代衍圣公及其眷属游赏之所。孔府是我国封建社会中典型的官衙与内宅合一的贵族庄园。

（二）孔庙

位于山东省曲阜市南门内，为我国最大的祭孔要地。孔子逝世后的第二年（478），鲁哀公将孔子故宅改建为庙。此后历代帝王不断加封孔子，扩建庙宇，到清代，雍正帝下令大修，扩建成现代规模。庙内共有九进院落，以南北为中轴，分左、中、右三路，纵长630米，横宽140米，有殿、堂、坛、阁460多间，门坊54座，"御碑亭"13座，拥有各种建筑100余座的庞大建筑群。孔庙内的圣迹殿、十三碑亭及大成殿东西两庑，陈列着大量碑碣石刻，这里保存汉代以来历代碑刻1044块，有封建皇帝追谥、加封、祭祀孔子和修建孔庙的记录，也有帝王将相、文人学士谒庙的诗文题记，是研究封建社会政治、经济、文化、艺术的珍贵史料。特别是碑刻中有汉碑和汉代刻字二十余块，是中国保存汉代碑刻最多的地方，有我国"第二碑林"之称。大成殿是孔庙的主殿，也是孔庙的核心，殿高24.8米，阔45.8米，深24.9米，重檐九脊，和北京故宫太和殿、岱庙天贶殿并称为东方三大殿。

（三）孔林

孔林本称至圣林，坐落于曲阜城北，是孔子及其家族的专用墓地，占地3000余亩，是我国规模最大、持续年代最长、保存最完整的一处氏族墓葬群和人工园林。自汉代以后，历代统治者对孔林重修、增修，形成孔林丰富的地上文物，对于研究中国墓葬制度的沿革和古代政治、经济、文化、风俗、书法、艺术等都具有很高的价值。主要景点有孔子墓、万古长春坊、至圣林坊、洙水桥等。

四、滨海游览区

山东滨海半岛游览区主要由青岛、威海、烟台等沿海城市组成。

青岛历史文化悠久，地方特色浓郁，拥有"万国建筑博览会"之美称。青岛市位于山东半岛东南端，东南濒临黄海，西北连接陆地，背倚奇峰崂山，环抱"内海"胶州湾，天然造就三面临海，绵亘伸展的滨海丘陵地貌。其主要景点有：栈桥、崂山、八大关、五四广场、青岛奥帆中心、青岛啤酒博物馆、钓鱼台等。威海市主要景点有：刘公岛、成山头、鸡鸣岛、西霞口等。烟台市主要景点有：蓬莱阁、长岛、八仙过海景区、养马岛、张裕酒文化博物馆等。

（一）崂山风景名胜区

崂山是山东半岛的主要山脉，其主峰"巨峰"（又称崂顶）海拔1133米，是我国海岸线第一高峰，有着海上"第一名山"之称。崂山是典型的花岗岩冰川地貌，耸立在黄海之滨，高大雄伟。"山海相连，山光海色"是崂山风景的特色。崂山风景区由巨峰、流清、太清、棋盘石、仰口、北九水、华楼七大风景游览区组成，围绕崂山的海岸线长达87公里，沿海大小岛屿有18个，构成了崂山的海上奇观。崂山也是中国著名的道教名山，有"九宫八观七十二庵"，保存下来的以太清宫的规模为最大，历史也最悠久。

（二）八大关风景区

位于汇泉东部，是中国著名的风景疗养区，占地面积70余公顷，有十条幽静清凉的大路纵横其间，因其主要大路以我国八大著名关隘命名，故统称为八大关。

八大关风景区的特点之一是把公园与庭院融合在一起，到处是郁郁葱葱的树木，四季盛开的鲜花，十条马路的行道树品种各异；另一特点是建筑造型独特，汇聚了众多的各国建筑风格，故有"万国建筑博览会"之称，这里集中了俄、英、法、德、美、丹麦、希腊、西班牙、瑞士、日本等20多个国家的各式建筑风格。

（三）成山头风景区

又名"天尽头"，位于山东省荣成市龙须岛镇，因地处成山山脉最东端而得名。成山头三面环海，一面接陆，与韩国隔海相望，是中国陆海交接处的最东端，最早看见海上日出的地方，自古就被誉为"太阳启升的地方"，有"中国的好望角"之称。成山头风景区最高点海拔200米，主要有海驴岛、始皇庙、秦代立石、拜日台、秦桥遗迹、望海亭、观涛阁、镇龙石和野生动物园等著名景点。

（四）刘公岛

位于山东半岛最东端的威海湾内，它面临黄海，背接威海湾，素有"东隅屏藩""海上桃源""不沉的战舰"之称。刘公岛北部海蚀崖直立陡峭，南部平缓绵延，主要景点有中国甲午战争博物院、中国甲午战争博物馆、刘公岛国家森林公园、刘公岛博览园、刘公岛鲸馆、旗顶山炮台、东泓炮台、铁码头等。

【思政链接】

民族英雄邓世昌

甲午中日战争爆发后，1894年9月17日在黄海大东沟海战中，清朝北洋舰队中"致远"号的舰长邓世昌指挥"致远"舰奋勇作战，后在日舰围攻下，"致远"舰多处受伤，全舰燃起大火，船身倾斜。邓世昌鼓励全舰官兵道："吾辈从军卫国，早置生死于度外，如今之事，有死而已！"随后毅然驾舰全速撞向日本主力舰"吉野"号右舷，决意与敌舰同归于尽。倭舰官兵见状大惊失色，集中炮火向"致远"舰射击，不幸一发炮弹击中"致远"舰的鱼雷发射管，管内鱼雷发生爆炸导致"致远"舰沉没。邓世昌坠落海中后，其随从以救生圈相救，被他拒绝，并说："我立志杀敌报国，今死于海，义也，何求生为！"邓世昌在黄海海战中，充分表现了顽强的战斗精神和血战到底的英雄气概，被称为民族英雄。

（五）蓬莱阁风景区

位于蓬莱市区西北的丹崖山上，以"八仙过海"传说和"海市蜃楼"奇观享誉海内外。蓬莱阁高15米，双层木结构，重檐八角，四周环以朱赤明廊，供人极目远眺，阁上名人匾额楹联众多；阁南有三清殿、吕祖殿、天后宫、龙王宫等道教宫观建筑，均依丹崖山势而筑，层层而上，高低错落，与阁浑然一体；阁东、东南建观澜亭，为观赏东海日出之所，西侧海市亭，因可观望海市蜃楼之境而名。蓬莱阁与滕王阁、黄鹤楼、岳阳楼一起并称"中国四大名楼"。

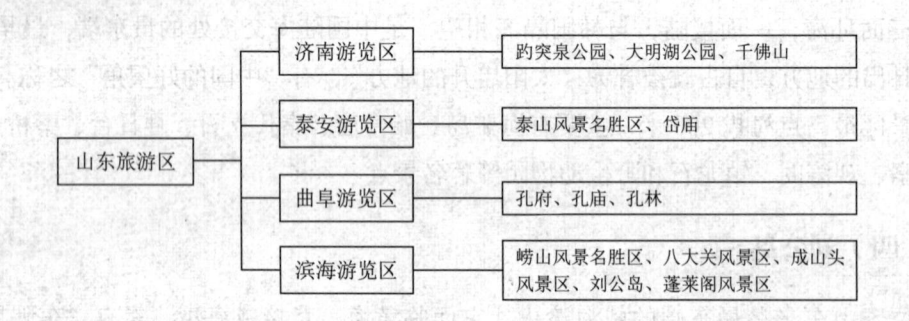

小结

```
               ┌── 济南游览区 ──── 趵突泉公园、大明湖公园、千佛山
               │
               ├── 泰安游览区 ──── 泰山风景名胜区、岱庙
山东旅游区 ──┤
               ├── 曲阜游览区 ──── 孔府、孔庙、孔林
               │
               └── 滨海游览区 ──── 崂山风景名胜区、八大关风景区、成山头
                                  风景区、刘公岛、蓬莱阁风景区
```

任务训练

以小组的形式，通过教材或其他方式了解山东旅游景点，获得旅游景点信息，以"山东海滨休闲之旅"为旅游主题，推荐旅游景点。每组选出1名同学代表小组阐述任务完成的过程，讲解推荐的旅游景点及推荐的理由。

任务评价

表4-5-1 山东旅游区任务训练评价

评价指标	评价分值											
	自我评价				组间评价				教师评价			
	A	B	C	D	A	B	C	D	A	B	C	D
景点推荐												
推荐理由												
阐述过程												

续表

评价指标	评价分值											
	自我评价				组间评价				教师评价			
	a	b	c	d	a	b	c	d	a	b	c	d
讲解水平												
团队合作												
总体印象												

A. 优秀　　　　B. 良好　　　　C. 一般　　　　D. 欠佳

单元练习

1. 搜集相关资料，推荐本区特色饮食和特色旅游商品。
2. 以"中原名山之旅"为旅游主题，推荐5处景区。

单元四知识测试

单元五

魅力草原、最美大漠、蒙古游牧文化游
——内蒙古旅游区

任务一　内蒙古旅游区旅游特色

本旅游区是一个以蒙古族和汉族为主,朝鲜族、回族、满族、达斡尔族、鄂温克族、鄂伦春族等多个民族聚居的区域。内蒙古位于中国北部边疆,是我国东西跨度最大的省份,是连接东北亚和中亚的重要桥梁,也是中国向北开放的重要门户。内蒙古属半干湿的中温带季风气候,东部为半湿润地带,西部为半干旱地带。本区地势较高,地貌以高原为主体,还有草原、沙漠、森林、山地、湖泊等多种形态。在这片别具北国风光、极富传奇色彩的土地上,辽阔的草原风光、魅力的沙漠风情、众多的文化古迹、独特的游牧文化和绚丽的民族风情,使海内外游客深刻地感受着它的塞外情韵。

任务目标

根据本区的旅游特色,设计本区旅游主题。

任务分析

要想设计本区的旅游主题,首先要了解本区的地理环境及特色旅游资源的类型、功能和成因,从而归纳本区旅游特色,设计本区旅游主题。

知识准备

一、独特的高原地貌

本区地形主要以高原为主，即内蒙古高原，位于中国北部，是中国的第二大高原。内蒙古高原开阔坦荡，地面起伏和缓。高原上既有碧野千里的草原，也有沙浪滚滚的沙漠，是中国天然牧场和沙漠的分布区之一。地势由西北向东南平缓下降，"远看是山，近看是原"是内蒙古高原的显著特征。整个高原可分为呼伦贝尔高原、锡林郭勒高原、乌兰察布尔高原和鄂尔多斯高原几部分。戈壁和沙漠是内蒙古高原的显著地貌特色，戈壁、沙漠、沙地依次从西北向东南略呈弧形分布，西部沙漠戈壁面积较大。境内大小湖泊千余，其中著名的有呼伦湖、贝尔湖、乌梁素海等，短小河流数以千计，多为内陆河。高原之中形态各异的丘陵、盆地、山脉、沙漠以及分布其间的河流、湖泊，具有极大的旅游吸引力。

二、典型的气候特征

内蒙古属典型的中温带季风气候，具有降水量少而不匀，寒暑变化剧烈的显著特点。冬季漫长而寒冷，夏季温热而短暂，气温变化剧烈，冷暖悬殊甚大。降水量受地形和海洋远近的影响，自东向西由 500 毫米递减至 50 毫米左右。蒸发量则相反，自西向东由 3000 毫米递减至 1000 毫米左右。与之相应的气候带呈带状分布，从东向西由湿润、半湿润区逐步过渡到半干旱、干旱区。这里晴天多，阴天少，日照时数普遍都在 2700 小时以上，长时达 3400 小时。春、冬季多风大，年平均风速在 3 米/秒以上，蕴藏着丰富的光热、风能资源。

三、奇特的自然风光

（一）草原景观

分布于内蒙古高原的北部和中部，由呼伦贝尔西半部向南经锡林郭勒盟、昭乌达盟直到黄土高原的北部地区，属典型的温带草原。内蒙古草原涵盖世界所有草原类型，被称为完整的天然草原博物馆。呼伦贝尔、锡林郭勒、科尔沁、乌兰察布、鄂尔多斯和乌拉特等著名草原宽广辽阔，一望无际，牛羊遍野。骑马、骑骆驼、观赏草原风光、体验草原牧民生活，以及参加赛马、马术、骑射等牧民娱乐生活，是草原旅游的主要内容。

（二）沙漠景观

内蒙古的沙漠、沙地分布较广，从西到东分布有巴丹吉林、腾格里、乌兰布和库布齐四大沙漠，以及毛乌素、浑善达克、科尔沁三大沙地，本区充分利用独特的沙漠资源开发了沙漠生态旅游、探险旅游、沙漠娱乐与沙湖度假等旅游产品，建成了一批具有一定规模的沙漠旅游区。

（三）其他自然旅游资源

本区还拥有面积广袤的林地，位于阴山与鄂尔多斯高原之间的内蒙古河套平原，富饶美丽，有"谷仓"和"塞北江南"之称。内蒙古的野生动植物资源丰富，被列为第一批国家保护的珍稀野生植物的有20余种，珍贵稀有动物10余种，鸟类有300多种，蒙古野驴和野骆驼属于世界上最珍贵的兽类，驯鹿是内蒙古特有的动物。另外，内蒙古还拥有众多天然湖泊，神奇的石林、冰臼地貌等丰富多彩的自然景观。

四、灿烂的蒙古族文化

内蒙古旅游区生活着风情独特、民风淳朴的蒙古族，他们长期把逐水草而居的所有空间看成他们的生存空间，在这种大尺度、宽视野的生存环境下，在不断流动的生活过程中，他们的精神世界形成了豁达的民族品格，他们用天地、生命、父母、爱情来表达明快的思想境界、情感和心态，很少表现阴暗负面的情绪。大草原、大沙漠、大森林的恢宏壮美是蒙古文化的重要特征。

本区推出了呼伦贝尔大草原文化旅游节、旅游那达慕、蒙古族服装服饰艺术节、昭君文化节、818哲里木赛马节、阿拉善金秋胡杨节、呼伦贝尔冰雪节等100多个大型节庆活动。这些活动同当地文化和资源优势紧密结合，内容丰富，特色鲜明，使旅游者在尽情观赏草原风光的同时，充分领略浓郁的民族风情和地方特色。

【知识链接】

那达慕大会

"那达慕"是蒙古语，意思是"娱乐、游戏"，以表示丰收的喜悦之情。那达慕大会是蒙古族历史悠久的传统节日，在蒙古族人民的生活中占有重要地位。每年的七、八月份，牲畜肥壮，水草丰美，草原上的人们都会聚集在一起欢庆丰收。

那达慕大会在2006年被列入第一批国家级非物质文化遗产名录。那达慕大会的传统内容包括赛马、射箭和摔跤，以及敖包祭祀等。赛马、射箭和搏克，俗称蒙古"男儿三艺"，其中，以搏克（蒙古式摔跤比赛）最受老百姓欢迎。那达慕大会是蒙古族文化的重要象征，它不仅是一场体育盛宴，更是一个民族团结、文化交流的平台。

小结

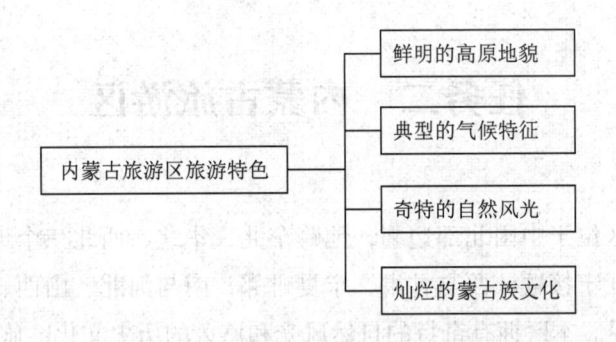

内蒙古旅游区旅游特色
- 鲜明的高原地貌
- 典型的气候特征
- 奇特的自然风光
- 灿烂的蒙古族文化

任务训练

表 5-1-1　内蒙古旅游区旅游主题

主题名称	推荐理由	根据主题推荐的旅游景区或景点

任务评价

表 5-1-2　内蒙古旅游区旅游主题任务评价

评价指标	评价分值											
	自我评价				组间评价				教师评价			
	A	B	C	D	A	B	C	D	A	B	C	D
主题准确、鲜明												
推荐理由合理												
景点把握熟练												

续表

评价指标	评价分值											
	自我评价				组间评价				教师评价			
	A	B	C	D	A	B	C	D	A	B	C	D
团队合作												
总体印象												

A. 优秀　　　　B. 良好　　　　C. 一般　　　　D. 欠佳

任务二　内蒙古旅游区

内蒙古旅游区位于中国北部边疆，地跨东北、华北、西北三个地理大区，东北与黑龙江、吉林、辽宁接壤，西与甘肃、宁夏毗邻，南与河北、山西、陕西相连，北与蒙古和俄罗斯交界。本区拥有奇特的自然风光和悠久的历史文化，旅游资源十分丰富。大面积的草原和沙漠是本区最吸引人的独特的自然风光，而历史悠久的游牧文化和多彩浓厚的民俗风情是其重要的人文风光。本区东部主要是草原风光，著名的有呼伦贝尔大草原、锡林郭勒草原、希拉穆仁草原等；西部主要是沙漠风光，比较著名的有巴丹吉林沙漠、腾格里沙漠、库布齐沙漠的响沙湾等；中部以名胜古迹为主，有成吉思汗陵、昭君墓、五当召、大昭寺等。内蒙古辽阔的草原风光、魅力的沙漠风情、独特的游牧文化和绚丽的民族风情，使之成为中外游客旅游的必去之地。此外，内蒙古旅游区的长城旅游资源丰富，境内的长城绵延约7500余公里，横跨12个盟市，修筑朝代之多、长度之长、分布地区最广，成为中国长城之最，其中著名的长城遗存，代表性长城有鄂尔多斯市准格尔旗铧尖段秦长城、赤峰市克什克腾旗乌拉苏太段金界壕、阿拉善盟阿拉善右旗汉武帝阳山长城芦泉烽燧等。

任务目标

1.学生自行寻找内蒙古旅游区游览图，根据下面旅游行程线路，在图中标注旅游景区。

【草原纵歌】6日游

Day 1：来自全国各地的旅客集中抵达海拉尔，游览成吉思汗广场、呼伦贝尔民族博物馆。

Day 2：海拉尔—额尔古纳—室韦：莫日格勒河、额尔古纳湿地、室韦小镇。
Day 3：室韦—黑山头—满洲里：呼伦贝尔大草原、边防公路、186彩带河。
Day 4：满洲里—阿尔山：满洲里国门、满洲里套娃、呼伦湖、巴尔虎蒙古部落。
Day 5：阿尔山—海拉尔：阿尔山国家森林公园。
Day 6：海拉尔—全国各地：鄂温克博物馆，返程。

2.根据内蒙古旅游区游览图，了解内蒙古旅游区的特色旅游及代表性的景区。

任务分析

要想了解内蒙古旅游区的特色旅游及代表性的旅游景区，首先要了解内蒙古旅游区的自然与人文地理环境，从而分析内蒙古旅游区的旅游特色；其次要熟悉内蒙古旅游景区特点及分布情况；最后总结出内蒙古旅游区的特色旅游及代表性景区。

知识准备

内蒙古旅游区可分为内蒙古东部、中部、西部三个游览区。其中内蒙古东部游览区主要包括呼伦贝尔市、兴安盟、赤峰市等，以呼伦贝尔市海拉尔区为中心。内蒙古中部游览区主要包括呼和浩特市、包头市、鄂尔多斯市、乌兰察布市、锡林郭勒盟等，以呼和浩特为中心。内蒙古西部游览区主要包括阿拉善盟。

一、东部游览区

（一）呼伦贝尔游览区

呼伦贝尔市位于内蒙古自治区东北部，是我国北方狩猎、游牧民族的重要发祥地。呼伦贝尔市旅游资源十分丰富，拥有森林、草原、湿地、湖泊、河流，构成了目前中国规模最大、最为完整的生态系统，是中国优秀旅游城市、全国唯一的草原旅游重点开发地区、国家级旅游业改革创新先行区。呼伦贝尔拥有铁路、公路和航空组成的立体交通网络，拥有海拉尔、满洲里两个国际航空港，与俄罗斯和蒙古国毗邻，是中国仅有的一座中、俄、蒙三国交界城市，拥有满洲里、黑山头等8个国家级口岸。

1. 呼伦贝尔大草原

位于呼伦贝尔市西部，因境内的呼伦湖和贝尔湖而得名，地势东高西低，是我国目前保存最完好的草原，总面积一亿四千九百万亩，有"牧草王国"之称。这里地域辽阔，水草丰美，有3000多条纵横交错的河流，500多个星罗棋布的湖泊，风景优美，景色宜人。每到夏季，这里莺飞草长，牛羊遍地，游人可以在草原上徒步、骑马，观看摔跤、赛马、乌兰牧骑的演出，吃草原风味"全羊宴"，也可以在晚上的篝火晚会尽情体验游牧民族的独特风情。

2. 额尔古纳国家湿地公园

位于呼伦贝尔市西部的额尔古纳市郊，大兴安岭西北麓，根河桥以东13公里处，主要包括根河及其两岸的河谷地带，是中国目前保持状态最完好、面积较大、风光旖旎的湿地，它被誉为"亚洲第一湿地"，是国家4A级旅游景区。湿地公园内的湿地类型丰富，主要由河流、沼泽构成，分为湿地保育区、恢复重建区、宣教展示区、合理利用区与管理服务区五大功能分区。同时额尔古纳湿地是蒙古族的发源地，这里有丰富的蒙古族文化遗产，包括敖包、蒙古包、马术表演等。

3. 莫尔道嘎国家森林公园

位于呼伦贝尔大草原和兴安岭的交会处，是我国最大的森林公园之一，是国家4A级旅游景区。景观以"林海、松风、蓝天、白云"的夏季风光和"冰峰、雪岭、严寒、雾凇"的冬季风韵为特色，分成龙岩山、翠然园、原始林、激流河、民俗村、界河六个景区。

4. 满洲里国门

位于满洲里市市区以西9公里处。景区包括国门、41号界碑、红色旅游展厅、中共六大展览馆、满洲里红色秘密交通线遗址等景观。其中第五代国门与俄罗斯国门相对而立，是一幢高30米，宽40米的乳白色建筑，国门上方有七个遒劲的大字"中华人民共和国"，上面悬挂的国徽闪着的金光，国际铁路在下面通过。登上国门，俄境后贝加尔斯克区的车站、建筑、街道、行人尽收眼底。满洲里国门是了解中俄两国历史文化、边境风光和两国友谊的好去处。

满洲里国门景区

（二）兴安盟游览区

兴安盟（"兴安"系满语，汉语为"丘陵"之意）位于内蒙古自治区东北部，地处大兴安岭向松嫩平原过渡带，西北部与蒙古国接壤，边境线长126公里。兴安盟位于嫩江、松花江流域和科尔沁沙地源头，是大兴安岭林海的重要组成部分，原生态旅游资源得天独厚。

阿尔山是兴安盟西北部的一个城市，位于大兴安岭脊中段，是兴安盟林区的政治、经济、文化中心。阿尔山有全国最大的功能齐全的森林公园，森林覆盖率超过60%，有"绿色宝库"之称。

阿尔山国家森林公园

位于大兴安岭山脉西南麓，呼伦贝尔、科尔沁、锡林郭勒和蒙古国四大草原交会处，为国家4A级旅游景区。包括森林、湿地、温泉、湖泊等多种自然景观，有大兴安岭第一峰——特尔美山（海拔1378米）和大兴安岭第一湖——达尔滨湖，还有多个火山遗址、冰川遗址和原始森林，主要景点包括杜鹃湖、石塘林、三潭峡、龟背岩、驼峰岭天池等。

（三）赤峰游览区

1. 乌兰布统旅游区

位于克什克腾旗，是一个以草原、湖泊、沙地、湿地、森林等多种自然景观为主，兼具人文历史和民俗风情的大型旅游区。乌兰布统旅游区内有丰富的自然景观，包括广袤的草原、碧蓝的湖泊、金黄的沙地、翠绿的森林等。旅游区还有丰富的人文历史和民俗风情，有许多历史遗迹，如成吉思汗点将台、乌兰布统古战场等。这里也有丰富的民俗活动，如蒙古族的那达慕大会、祭祀活动等，晚上还可以观看乌兰布统之夜大型户外实景剧，享受沉浸式的体验，领略蒙古族敖包文化的绚丽多彩。

【思政链接】

乌兰布统之战

乌兰布统（蒙语，红瓮的意思，汉译红山），位于今内蒙古昭乌达盟克什克腾旗南部，周围是平坦的草原和低矮沙丘，中起一赭色山峰，远望像坛子，南与围场县接界。清代，这里是康熙出巡蒙古的要道，是出古北口经围场达漠南、漠北蒙古直抵尼布楚的要道，地理位置十分重要。17世纪90年代，在木兰围场北部发生了清军与民族分裂分子噶尔丹叛军的乌兰布通之战。战后，清政府与喀尔喀蒙古、内蒙古各部在多伦举行会盟大典。这两次重大的历史事件与北巡秋狝有着密切的内在联系，是清政府有效统治内外蒙古的重大历史转折。

2. 玉龙沙湖

位于赤峰市翁牛特旗乌丹镇境内。这里的沙漠、沙湖、沙松和响沙是科尔沁沙地的一部分，有"八百里瀚海"之称。景区内草原与茫茫无边的科尔沁沙地相连，沙地中有一眼清泉，积水成湖。湖面很大，湖中有十几座沙岛，岛上有草、草中有鸟，十分独特。在这里游客可以体验野外露营、冲沙、沙漠滑翔伞、徒步穿行沙地等项目，还可以乘坐景区内专业沙漠越野车，在沙海中狂野冲浪，尽享特殊的快感。

3. 克什克腾世界地质公园

位于内蒙古赤峰市克什克腾旗，占地面积1343平方公里，由第四纪冰川遗迹、花岗岩地貌、高原湖泊、河流、火山地貌、沙地、草原、温泉及高原湿地等景观组成的大型综合地质公园，由阿斯哈图、平顶山、西拉木伦、青山、黄岗梁、热水、达里诺尔、浑善达克和乌兰布统9个园区组成。公园内自然风光独特，生态类型多样，民族风情浓郁。

二、中部游览区

（一）呼和浩特游览区

1. 大昭寺

位于呼和浩特旧城南部，由于昭中供奉银制释迦牟尼像，所以当时也称银佛寺。清代康熙年间，康熙皇帝亲自来过大昭寺，因其住在寺中，所以大昭寺也是康熙皇帝的家庙。大昭寺是呼和浩特最早建成的黄教寺院，在蒙古地区有很大的影响力。大昭寺的平面布置采用汉庙形式，占地面积3万余平方米，其中建筑面积为八千多平方米，主要建筑有山门、天王殿、菩提过殿、九间楼、经堂、佛殿等，"银佛、龙雕、壁画"为大昭寺的"三绝"。

2. 昭君博物院

位于呼和浩特市区，是一座以展示和保护中国古代著名女性王昭君历史文化遗产为主旨的专题性博物馆。主要包括昭君故里、王昭君纪念馆、王昭君塑像、王昭君墓等建筑。其中，昭君故里是博物院的核心区域，包括昭君宅、昭君井、昭君祠等历史遗迹。王昭君塑像是博物院的标志性建筑，位于博物院的中心广场，用青铜铸造而成。昭君墓又称"青冢"，有昭君墓、祭祀亭、石碑等建筑。

（二）包头游览区

1. 五当召

位于内蒙古包头市东北约70公里的五当沟内，它与西藏的布达拉宫、青海的塔尔寺和甘肃的拉卜楞寺齐名，是我国藏传佛教的四大名寺之一。五当召始建于清康熙年间，自建寺以来一直是蒙古族佛教徒朝拜的佛教圣地。其主体建筑以八大经堂（现存六座）、三座活佛邸和一幢安放本召历世活佛舍利塔的灵堂组成，另有僧房六十余间以及塔寺附属建筑，全部房舍二千五百余间，占地300多亩。五当召气势宏伟、建筑规模盛大，是内蒙古唯一保存完整的纯藏式建筑群，也是藏传佛教的活动中心。

2. 春坤山生态旅游景区

位于包头市九峰山北麓固阳县境内，山势呈东西走向，东高西低，海拔在1800—2340米，主峰红芪峰海拔2340米，是包头市制高点，春坤山被誉为"鹿城之巅、云中草原"，同时也是内蒙古自治区西部较大的高山草甸草原。春坤山环境优美，动植物种类丰富，气候凉爽，负氧离子浓度高，是一个天然的氧吧，也是避暑休闲、疗养保健的好去处，为国家4A级旅游景区。

（三）鄂尔多斯游览区

1. 响沙湾

位于鄂尔多斯市达拉特旗中部，是集观光与休闲度假为一体的大型综合型沙漠休闲景区，地处中国第七大沙漠——库布齐沙漠东端，是国家5A级旅游景区。响沙湾又名"银肯"响沙，是中国三大响沙之一，沙高110米，宽400米，沙坡斜度约50度，沙丘呈月牙形沙湾状。这里沙丘连绵分布，景色壮观，嫩黄色的沙漠一望无垠，从沙丘顶部滑下，沙子会发出轰鸣声，形成著名的"响沙"奇观，是罕见的自然景观，在这里还有骑骆驼、玩滑翔伞等娱乐项目。

【思政链接】

库布齐沙漠治理

库布齐沙漠是中国第七大沙漠，位于内蒙古中西部，在河套平原上黄河"几"字弯的南岸，总面积达1.86万平方公里，由于距离北京的直线距离仅800公里，也曾是中国荒漠化最为严重的地区之一，又被称为"悬在首都上空的一盆沙"。经过30年的治理，库布齐沙漠的三分之一已变成绿洲，成为世界上唯一被整体治理的沙漠。库布齐治沙模式成功践行了习近平总书记提出的"绿水青山就是金山银山"的理念，被联合国称为"全球治沙样本"。库布齐沙漠治理模式为全球荒漠化治理提供了"中国方案"，为推进人类可持续发展贡献了"中国经验"，成为中国走向世界的一张"绿色名片"。

2. 成吉思汗陵

位于鄂尔多斯高原南部，是国家5A级旅游景区。成吉思汗陵是成吉思汗的衣冠冢所在地，陵墓的主体建筑是三座蒙古包式的大殿，正殿内有一座高约5米的成吉思汗塑像，后面的寝宫里有三个黄缎子覆顶的蒙古包，西殿里陈列有成吉思汗当年用过的兵器。在陵园东南处有成吉思汗的行宫，行宫里的蒙古包式宫殿及用具等，全部仿制了成吉思汗的行宫模式。陵园正南处有一座独具风格的白塔，这里也是成吉思汗陵旧址。

（四）乌兰察布游览区

1. 乌兰哈达火山地质公园

位于内蒙古中部的乌兰察布市察哈尔右翼后旗，是我国最大的火山群之一，集聚着草原火山群、熔岩地貌及堰塞湖景观，被誉为天然的"火山博物馆"。这个公园以火山地貌和草原生态为特色，拥有丰富的地质遗迹和自然景观。乌兰哈达火山地质公园内有五座火山，形态各异，分别是乌兰哈达火山、大脑袋火山、哈尔德茨格火山、花定格火山和乌兰哈达火山。植被和动物资源丰富，具有草原、森林、湖泊等多种生态系统，是野生动物的栖息地。

2. 辉腾锡勒草原

位于乌盟察右中旗中南部，阴山北麓，是世界上保存最完好的典型的高山草甸草原之一。草原上点缀着99个天然湖泊，素有"九十九泉"之称。草原风光旖旎，有辉腾锡勒湖、黄花沟等大小湖泊和河流多处。黄花沟是辉腾锡勒草原的一大景观，景区内野生动物资源丰富，有黄羊、狐狸、野兔等。辉腾锡勒湖是内蒙古最大的高原湖泊之一，湖水清澈，景色宜人，湖边有许多候鸟在此栖息。辉腾锡勒草原风力发电场是我国最大的风力发电场之一，在这里可以欣赏到壮观的风力发电景象。

（五）锡林郭勒盟游览区

1. 元上都遗址

位于内蒙古自治区锡林郭勒盟正蓝旗草原，忽必烈曾在此登基建立了元朝。元上都南临上都河，北依龙岗山，周围是广阔的金莲川草原，城址布局分为宫城、皇城、外城，形成了以宫殿遗址为中心，呈分层、放射状分布，既有土木为主的宫殿、庙宇建筑群，又有游牧民族传统的蒙古包式建筑的总体规划形式。在2012年第36届世界遗产大会上，中国元上都遗址被列入《世界遗产名录》。

2. 多伦湖景区

位于锡林郭勒盟正蓝旗，是内蒙古最大的淡水湖，国家4A级旅游景区和国家级水利风景区。多伦湖景区主体由七个相连的湖泊组成，形成了两个湖心、三个半岛、一个沙半岛。这里夏季温热多雨，秋季凉爽宜人，四季气温变化分明，自然景观丰富多彩，特别适于休闲度假和避暑。多伦湖盛产鲤鱼、鲫鱼等十几种营养丰富的淡水鱼。景区建设了塞外长城、观音洞、厄莫山凉亭等多个景点，还有骑马、漂流、划船、游泳、垂钓等多个娱乐项目。

3. 乌拉盖草原

乌拉盖草原因乌拉盖河得名，保存着完整的纯天然草甸草原，有"天边草原"的美誉。境内有原始草原、湖泊、白桦林、芍药谷、黄花沟等独特的自然景观和布林庙、成吉思汗边墙等历史文化遗迹，还有独特的乌珠穆沁部落民俗风情文化。乌拉盖草原还有国家4A级旅游景区九曲湾、布林泉、野狼谷。其中乌拉盖野狼谷，地处乌拉盖大草原腹地，是电影《狼图腾》的拍摄主景地，是一个彰显狼文化与蒙元文化特色的原生态旅游景区，景区内主要有草原狼科普展馆、狼窝酒店、彩虹民宿、狼园驿站、乌珠穆沁民俗体验基地等。

三、西部游览区

主要指阿拉善游览区。阿拉善盟位于内蒙古自治区最西部，在内蒙古自治区12个盟市中面积最大、人口最少。游览区沙漠文化、草原文化、骆驼文化、航天文化、赏石文化交相辉映，拥有全球唯一以沙漠为主题的世界地质公园、世界三大胡杨林之一的额济纳胡杨林、世界三大载人航天中心之一的东风航天城（酒泉卫星发射中心）等。阿拉善盟额济纳地区出土的居延汉简被誉为20世纪中国四大考古发现之一，曼德拉山岩画被称为"美术世界的活化石"。

1. 额济纳胡杨林旅游区

位于内蒙古阿拉善盟额济纳旗，是国家5A级旅游景区，为国家级自然保护区阿拉善沙漠世界地质公园的重要组成部分。景观集沙漠、戈壁、草原、湖泊、胡杨林于一体，拥有神奇的自然景观和独特的人文景观，主要景点为一道桥到八道桥，每个地点的风景各具特色，其中四道桥是电影《英雄》取景地，八道桥为巴丹吉林沙漠北缘腹地，是沙漠王国主题运动公园。

2. 巴丹吉林沙漠

位于内蒙古自治区阿拉善右旗北部，总面积4.7万平方公里，是我国第三大沙漠。最高沙峰为必鲁图峰，海拔1617米，相对度500多米，是最高世界沙山，俗称"世界沙漠珠峰"。高耸入云的沙山，神秘莫测的鸣沙，静谧的湖泊和湿地，构成了巴丹吉林沙漠独特的迷人景观。奇峰、鸣沙、湖泊、神泉、寺庙是巴丹吉林沙漠的"五绝"。

3. 腾格里沙漠

腾格里沙漠是中国第四大沙漠，内部有沙丘、湖盆、草滩、山地、残丘及平原等地貌，腾格里沙漠中分布着数百个存留数千万年的湖泊，较有名的有天鹅湖和月亮湖，均为国家4A级旅游景区。其中月亮湖是有着6000万年历史的原生态湖泊，是世界上大漠中唯一自然的、完整的、酷似中国版图的湖泊，一半是淡水湖，一半是咸水湖，湖周围生长着多种灌木林草和珍稀的白天鹅等。天鹅湖，有"大漠天湖"的美称，与月亮湖南北相距35公里左右，形成了以沙漠、湖泊为自然景观基色，以沙漠观光探险旅游为主题的综合性旅游景区。

小结

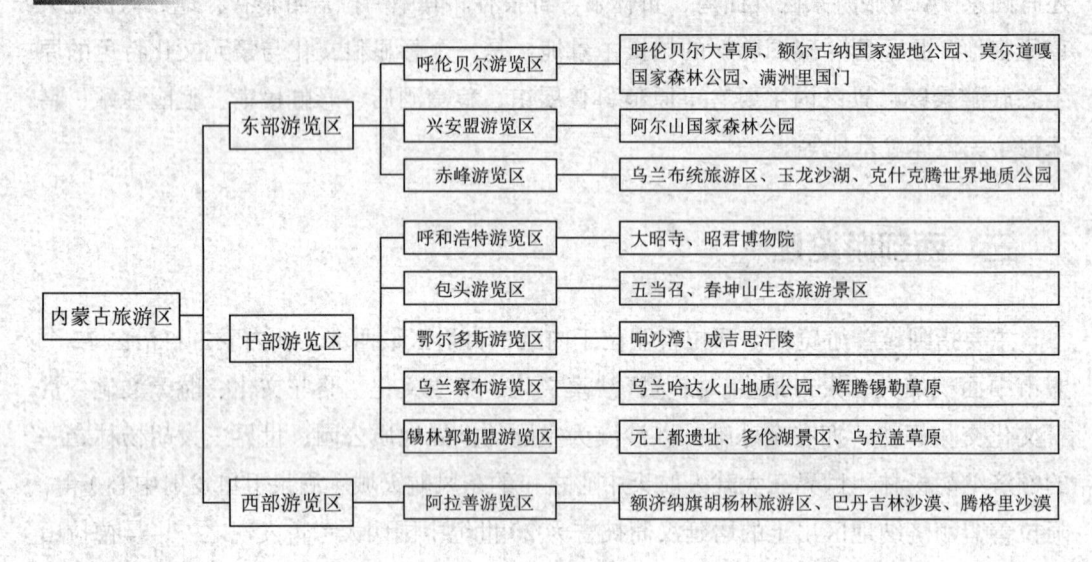

```
                          ┌─ 呼伦贝尔游览区 ── 呼伦贝尔大草原、额尔古纳国家湿地公园、莫尔道嘎
                          │                   国家森林公园、满洲里国门
                 东部游览区 ─┼─ 兴安盟游览区 ──── 阿尔山国家森林公园
                          │
                          └─ 赤峰游览区 ────── 乌兰布统旅游区、玉龙沙湖、克什克腾世界地质公园

                          ┌─ 呼和浩特游览区 ── 大昭寺、昭君博物院
                          │
                          ├─ 包头游览区 ────── 五当召、春坤山生态旅游景区
内蒙古旅游区 ─ 中部游览区 ─┼─ 鄂尔多斯游览区 ── 响沙湾、成吉思汗陵
                          │
                          ├─ 乌兰察布游览区 ── 乌兰哈达火山地质公园、辉腾锡勒草原
                          │
                          └─ 锡林郭勒盟游览区 ─ 元上都遗址、多伦湖景区、乌拉盖草原

                 西部游览区 ── 阿拉善游览区 ──── 额济纳旗胡杨林旅游区、巴丹吉林沙漠、腾格里沙漠
```

任务训练

以小组的形式，通过教材或其他方式了解内蒙古旅游景点，获得旅游景点信息，以"内蒙古沙漠探秘"为旅游主题，推荐旅游景点。每组选出1名同学代表小组阐述任务完成的过程，讲解推荐的旅游景点及推荐的理由。

任务评价

表 5-2-1 内蒙古旅游区任务训练评价

评价指标	评价分值											
	自我评价				组间评价				教师评价			
	A	B	C	D	A	B	C	D	A	B	C	D
景点推荐												
推荐理由												
阐述过程												
讲解水平												
团队合作												
总体印象												

A. 优秀　　　　B. 良好　　　　C. 一般　　　　D. 欠佳

单元练习

模拟场景：风云旅行社前台接待员小李，2023年8月2日，接待了40左右的母亲和10岁的女儿，客人想暑假期间去内蒙古旅游区旅游，让小李推荐值得游玩的地方。

单元五知识测试

角色：小组成员分别扮演前台接待员、游客。

要求：作为风云旅行社前台接待员小李，规范完成对母女二人暑假期间去内蒙古旅游区旅游的接待任务。

根据情境表演，按照以下要求，做好组间互评，听取老师的建议。

表 5-2-2 单元练习评价

评价项目	评价内容	组间互评 A	B	C	D	教师建议 A	B	C	D
旅行社前台接待人员仪容仪表	着装整洁大方得体、仪容仪表规范								
旅行社前台接待人员礼仪规范	服务礼貌用语规范，规范运用态势语言								
接待人员对旅游景点介绍	推荐最佳旅游线路、经典景点								
	选择最佳介绍方法								
	突出核心介绍内容								
通用能力	与顾客之间的有效沟通								
	语言表达能力、应变能力								
努力方向：									

A. 优秀　　　B. 良好　　　C. 一般　　　D. 欠佳

单元六

大漠绿洲、奇异民情、丝路文化游
——宁甘新旅游区

任务一　宁甘新旅游区旅游特色

单元六导学

　　本旅游区包括宁夏回族自治区、新疆维吾尔自治区和甘肃省，地处我国西北边陲，全区地处我国地势的第二阶梯，深居内陆，远离海洋，大陆性干旱半干旱气候是形成本区独特的地理环境的主要因素。本区自然景观类型多样，有景色宜人的温带草原，有苍茫的沙漠戈壁及奇特的风成地貌，还有巍巍雪山和生机勃勃的绿洲。同时这里还是少数民族聚居的区域，边塞风情和少数民族风情浓郁。独特的地理环境下孕育着悠久的丝路文化和多姿多彩的民族风情，吸引着世界各地的旅游者。

任务目标

　　根据本区的旅游特色，设计本区旅游主题。

任务分析

　　要想设计本区的旅游主题，首先要了解本区的地理环境及特色旅游资源的类型、功能和成因，从而归纳本区旅游特色，设计本区旅游主题。

知识准备

一、独特复杂的地表特征

本区高山盆地相间分布，沙漠与绿洲交相辉映，地表特征对比强烈。其中阿尔泰山与天山之间为准噶尔盆地，天山与昆仑山、阿尔金山之间为塔里木盆地，北山山地、龙首山与祁连山之间为河西走廊。这种高山与盆地、平原相间分布的地貌格局构成了本区旅游资源分布的基本地表特征。本区分布着一系列高大的山脉和著名的山峰，如昆仑山、阿尔金山、祁连山、天山、阿尔泰山等，险峻高耸，对登山探险、科学考察、猎奇观光的旅游者具有很大的吸引力。

二、大漠绿洲特色鲜明

本区深居内陆，远离海洋，大部分区域为温带大陆性干旱半干旱气候，冬季严寒而干燥，夏季高温，降水稀少，且降水自东向西递减，气温日较差和年较差都很大，所以当地流传着"早穿棉袄午穿纱，围着火炉吃西瓜"的民谚。本区是我国沙漠集中分布的地区，如塔克拉玛干沙漠、古尔班通古特沙漠、腾格里沙漠等，沙海浩瀚无垠，其中塔克拉玛干沙漠是我国最大的沙漠。沙漠分布地区大风天气一般十分活跃，形成了本区特有的风蚀地貌和风积地貌两大类地貌形态。风蚀地貌形态丰富，有风蚀洼地、风蚀长丘、风蚀城堡、雅丹地貌、风蚀蘑菇和风蚀柱等，其中位于准噶尔盆地西北边缘的乌尔禾"魔鬼城"最为著名。风积地貌主要指沙丘，风积地貌在本区形成了沙丘和响沙等沙漠景观，著名的有敦煌的鸣沙山、新疆的塔克拉玛干沙漠和中卫的沙坡头等。同时位于甘肃省西北部的河西走廊，东起乌鞘岭，西至古玉门关，南北介于南山（祁连山和阿尔金山）和北山（马鬃山、合黎山和龙首山）间，长约900公里，在整个走廊地区，以祁连山冰雪融水所灌溉的美丽富饶的绿洲，是古代丝绸之路由西安通向西域的必经之路，主要旅游城市有武威、张掖、酒泉、敦煌等。

三、丝路文化举世闻名

汉武帝派张骞出使西域后，逐渐形成一条连接中国腹地与欧洲诸地的陆上商业贸易通道，这条东方与西方之间经济、政治、文化进行交流的主要道路被称为"陆上丝绸之路"。丝绸之路全长7000多公里，大多集中在本区内，沿途有嘉峪关、敦煌莫高窟、麦积山石窟、拉卜楞寺等历史文化古迹以及青海湖、罗布泊、雅丹地貌、天池等壮丽多样的自然景观，吸引着大批来自全世界的游客。

【知识链接】

陆上丝绸之路

陆上丝绸之路指的是从古长安出发，经过河西走廊、西域等地，最终到达罗马帝国的东西方文明交流之路。它的开通促进了东西方之间经济和文化的交流，在宣传、保存、创新、整合、再生等文化融合作用方面尤为影响深远。丝绸之路是东西方融合、交流和对话之路，两千多年来为人类文明的共同繁荣做出了巨大贡献。

四、民族风情绚丽多姿

本区是我国少数民族聚居较多的区域，有维吾尔族、哈萨克族、蒙古族、回族、满族等40余个少数民族，各民族有着悠久的历史和独特古老的文化，民俗活动异彩纷呈，民族风情绚丽多姿。

新疆是一个多民族地区，主要居住有维吾尔族、汉族、哈萨克族、回族、蒙古族、柯尔克孜族、锡伯族、塔吉克族、乌孜别克族、满族、达斡尔族、塔塔尔族、俄罗斯族等民族，是中国五个少数民族自治区之一，其中维吾尔族人口最多，约占全区人口的五分之二。宁夏是我国回族的聚居区，回族占总人口三分之一以上。甘肃是以汉族为主的省份，兰州西南的临夏、陇南两个自治州，是藏族、回族、东乡族、保安族、撒拉族等少数民族的集聚地，有着独具一格的民族风情。漂亮美丽的庭院、陈设华丽的帐篷、色彩鲜艳的民族服饰、风味十足的民族饮食、热情剽悍的民间文体活动、虔诚庄重的宗教活动、能歌善舞的民族兄弟，使得本区的民族风情绚丽多姿。

五、旅游商品丰富

本区旅游商品非常丰富，地域特色鲜明。宁夏回族自治区的"红、黄、蓝、白、黑"五宝（即枸杞、甘草、贺兰石、滩羊皮、发菜）；新疆维吾尔自治区的吐鲁番葡萄、哈密瓜、库尔勒香梨、伊宁苹果、喀什巴丹杏以及和田玉石、新疆地毯、英吉沙小刀；甘肃省的白兰瓜、兰州百合、黑瓜子、蕨菜以及酒泉夜光杯、洮河石砚、天水的雕漆、保安的腰刀等。

小结

```
                        ┌── 独特复杂的地表特征
                        ├── 大漠绿洲特色鲜明
           丝路文化旅游区 ──┼── 丝路文化举世闻名
                        ├── 民族风情绚丽多姿
                        └── 旅游商品丰富
```

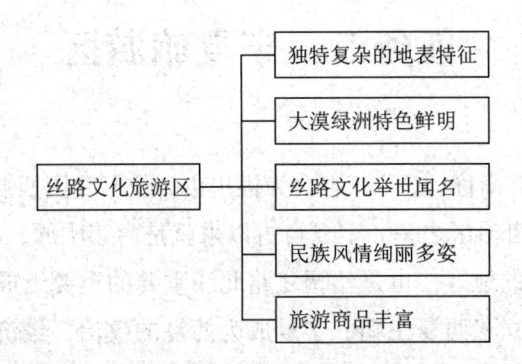

任务训练

表 6-1-1 宁甘新旅游区旅游主题

主题名称	推荐理由	根据主题推荐的旅游景区或景点

任务评价

表 6-1-2 宁甘新旅游区旅游主题任务评价

评价指标	评价分值											
	自我评价				组间评价				教师评价			
	A	B	C	D	A	B	C	D	A	B	C	D
主题准确、鲜明												
推荐理由合理												
景点把握熟练												
团队合作												
总体印象												

A. 优秀　　　　B. 良好　　　　C. 一般　　　　D. 欠佳

任务二　宁夏旅游区

宁夏回族自治区，简称"宁"，省会为银川市，位于我国西北内陆、黄河上游、河套西部，是我国五大自治区之一。宁夏自古以来就是内接中原，西通西域，北连大漠，各民族南来北往频繁的地区，也是丝绸之路北线重要的重要组成部分。历史上党项族的首领李元昊在此建立了西夏王朝，宁夏成为西夏的政治、经济、文化中心，并形成了独特的西夏文化。作为黄河流经的地区，这里同样有着古老悠久的黄河文明，形成了黄河风情旅游。作为"关中屏障，河陇咽喉"，从战国秦到明代，都曾在宁夏修过长城，有着"中国长城博物馆"的美誉，成为吸引游客的重要景点，如贺兰山三关口长城等。本区独具特色的大漠风光更是美妙绝伦，沙湖风景区、沙坡头等魅力十足。此外，本区回族民俗文化绚丽多姿，回族婚礼、回族歌舞、回族节日、各种民族风味小吃等，尽显民族风情韵味。

任务目标

1. 学生自行寻找宁夏旅游区游览图，根据下面旅游行程线路，在图中标注旅游景区。

【醉美宁夏】经典6日游

Day 1：北京乘坐火车，前往塞上江南、神奇宁夏的首府城市——银川市。

Day 2：银川—吴忠：贺兰山岩画、西夏王陵、西部影视城。

Day 3：银川—中卫：中华黄河楼、沙坡头风景区。

Day 4：中卫—银川：腾格里金沙岛景区、中华回乡文化园。

Day 5：银川—北京：鸣翠湖国家湿地公园、水洞沟古文化景区、中国枸杞馆。

Day 6：抵达北京，结束愉快的宁夏之旅。

2. 根据宁夏旅游区游览图，了解宁夏旅游区的特色旅游及代表性的景区。

任务分析

要想了解宁夏旅游区的特色旅游及代表性的旅游景区，首先要了解宁夏旅游区的自然与人文地理环境，从而分析宁夏旅游区的旅游特色；其次要熟悉宁夏旅游景区特点及分布情况；最后总结出宁夏旅游区的特色旅游及代表性景区。

知识准备

一、北部游览区

（一）沙湖生态旅游区

位于石嘴山市平罗县，总面积80多平方公里，为国家5A级旅游景区，是一处融江南水乡与大漠风光为一体的"塞上明珠"，以自然景观为主体，沙、水、苇、鸟、山五大景观有机结合，是集风景旅游、观光娱乐、体育竞技、疗养避暑、休闲度假为一体的风景名胜区。

（二）贺兰山岩画

位于银川市贺兰县的贺兰山东麓，有"刻在石头上的史诗"之称。贺兰山在古代是匈奴族、鲜卑族、突厥族、回鹘族、吐蕃族、党项族等北方少数民族驻牧游猎、生息繁衍的地方。贺兰山岩画景区景色优美，有6000余幅神秘悠远的古代岩画分布在沟谷两侧，记录了远古人类在3000年前至1万年前放牧、狩猎、祭祀、争战、娱舞、交媾等生活场景，也记录了羊、牛、马、驼、虎、豹等多种动物图案和抽象符号，这些揭示了原始氏族部落自然崇拜、生殖崇拜、图腾崇拜、祖先崇拜的文化内涵，是研究中国人类文化史、宗教史、原始艺术史的文化宝库。

（三）镇北堡西部影视城

位于银川市西夏区镇北堡镇，为国家5A级旅游景区，由两座古代城堡遗址组成，现为西部影视城所在地，被誉为"中国一绝"。这里保持并利用了古堡原有的奇特、雄浑、苍凉、悲壮、残旧、衰而不败的景象，同时突出了它的荒凉感、黄土味及原始化、民间化的审美内涵，被誉为"东方好莱坞"。镇北堡西部影城现在已成为宁夏集观光、娱乐、休闲、餐饮、购物于一体的旅游景区。

（四）西夏王陵

位于银川市西夏区贺兰山下，是西夏王朝历代帝王的陵寝，是我国现存最密集的帝王陵区，陵区由帝王陵墓和陪葬墓组成。各陵封土高耸，有如巨型土塔，又被称为"东方金字塔"。按昭穆（古代宗法制度）宗庙次序。左为昭，右为穆；父曰昭，子曰穆的葬制排列，形成东西两行。西夏王陵不仅吸收了秦汉以来，特别是唐宋皇陵之所长，同时又受到佛教建筑的影响，将汉族文化、佛教文化与党项民族文化有机地结合在一起，构成了我国陵园建筑中别具一格的形式。西夏陵规模宏伟，布局严整，每座帝陵由阙台、神墙、碑亭、角楼、月城、内城、献殿、灵台等部分组成。在景区内可参观西夏陵园遗址、西夏陪葬墓遗址、西夏博物馆、西夏史话艺术馆、西夏碑林等景点。

（五）承天寺塔

位于银川市兴庆区的承天寺内，始建于西夏垂圣元年（1050），俗称"西塔"。据记载，西夏开国皇帝李元昊死后，其子年幼登位，皇太后为保其子"圣寿无疆"，祈望李家天下和西夏江山"延永"坚固，遂建造了承天寺和佛塔。承天寺坐西朝东，由前后两进院落组成。殿屋廊宇，规模宏大，前院是五佛殿和承天寺塔，后院有韦驮殿和卧佛殿。现今寺院内修建了博物馆，增建了古建筑展室，收藏了许多宁夏历史、民族、军事等方面珍贵的文物，成为人们观赏和游乐的重要活动场所。

（六）南关清真大寺

位于银川市兴庆区玉皇阁北街和南熏东街交会处西北角，是银川市回族群众进行宗教活动的中心场所。银川南关清真大寺是一座具有阿拉伯风格和民族特色的建筑，是银川市回族群众进行宗教活动的中心场所。每逢主麻日或每年回族传统节日时，成百上千的穆斯林会聚于此，朝圣礼拜。南关清真大寺系中国古典式建筑群，规模宏大，布局严整。礼拜大殿有前厦后室，殿堂门窗为红松木，雕刻工艺精美，南北厢房布置得体。

（七）中华回乡文化园

位于宁夏回族自治区银川市郊，依托古老的纳家户清真大寺和回族风情浓郁的纳家户村所建，以展示伊斯兰建筑文化、礼俗文化、饮食文化、宗教文化、农耕与商贸文化为特色，是银川滨河新区旅游的核心景点之一。园区包括主体大门、中国回族博物馆、回族礼仪大殿、民俗村、演艺大殿、餐饮中心等，是中国唯一一处回族文化习俗的陈列展示场所。

（八）鸣翠湖

位于银川市兴庆区掌政镇境内，是黄河流域、西部地区第一家国家湿地公园。鸣翠湖是黄河古道东移鄂尔多斯台地西缘的历史遗存，是明代长湖的腹地，湖中动植物种类丰富，其中有国家一级保护动物黑鹳、中华秋沙鸭、白尾海雕、大鸨，国家二级保护动物大天鹅、小天鹅、鸳鸯、鸢等，每逢春夏，成千上万只鸟类在这里栖息繁衍，是集生态保护、旅游观光、会议度假、休闲娱乐为一体的生态示范园区。

（九）水洞沟景区

位于宁夏灵武市临河镇，被誉为"中国史前考古的发祥地""中西文化交流的历史见证"，是全国重点文物保护单位，国家5A级旅游景区，国家地质公园。景区内独特的雅丹地貌，鬼斧神工地造就了"魔鬼城、旋风洞、卧驼岭、摩天崖、断云谷、怪柳沟"等二十多处奇绝景观。同时，它是中国最早发掘的旧石器时代遗址，还是我国明代长城、烽燧、城堡、沟堑、藏兵洞、大峡谷、墩台等军事防御建筑大观园，是中国目前保存较为完整的长城立体军事防御体系。

二、中部游览区

（一）沙坡头风景区

位于中卫市城西，腾格里沙漠东南缘，濒临黄河，为国家5A级旅游景区。这里南靠层峦叠嶂、巍峨雄奇的祁连山余脉香山，北连沙峰林立、绵延万里的腾格里大沙漠，中间被奔腾而下，一泻千里的黄河横穿而过，是一处富有浓郁西部特色的著名沙漠旅游区。高山、黄河、沙漠、长城和绿洲在此汇聚一地，形成了独特的自然地理人文景观。这里有中国最大的天然滑沙场，游客可从高约百米的沙坡头的坡顶往下滑，由于特殊的地理环境和地质结构，滑沙时座下会发出一种奇特的响声，人钟巨鼓，沉闷浑厚，称为"金沙鸣钟"。

（二）金沙岛旅游区

位于中卫市腾格里沙漠东南缘。景区由沙漠、荒漠、湿地、湖泊、鱼塘、灌丛、草甸、草原、草原沙生植被、荒漠和沼泽植被组成，金沙岛沙中有绿、绿中有水、湖中有岛、岛中有湖、水相通、路相连、树成林、鸟成群的自然生态景区，是一个集生态观光、休闲度假、水产养殖、草原赛马、温泉养生、沙漠高尔夫于一体的沙漠生态湿地类旅游景区。

（三）中华黄河楼

位于青铜峡市黄河西岸，主楼体高百余米，可乘电梯直达楼顶。建筑由主楼、角楼、牌楼、十二生肖图腾柱、镇河铁牛等附属建筑和雕塑组成。内设黄河中国历史文化展览馆、黄河宁夏历史文化展览馆、黄河印象展览馆、黄河文化演艺厅等。

（四）黄河大峡谷

位于青铜峡市青铜峡镇，为石灰岩和砂页岩构成的黄河峡谷类风景区，是国家4A级旅游景区。青铜峡自古就是黄河九大干渠的渠首，是"塞上江南"的发源地，峡谷中河水时缓时急，两岸山势对峙，黄河大峡谷长十多公里，宽50—100米，两侧的崖壁高30余米，具有典型粗犷雄浑的北方黄河特色，被誉为"黄河中上游第一峡谷"。

（五）一百零八塔

位于青铜峡大坝之西，始建于西夏时期，建在一排排被人工铲削成阶梯式的山崖上，是喇嘛式实心塔群。佛塔依山势自上而下，按1、3、3、5、5、7、9、11、13、15、17、19的奇数排列成十二行，总计108座，形成总体平面呈三角形的巨大塔群，因塔数而得名。一百零八塔是世上稀有的大型塔阵，以其独特的建筑格局、神秘的西夏历史和深远的佛教文化闻名遐迩。

三、南部游览区

（一）须弥山石窟

位于固原西北须弥山北麓的山峰上，始建于北魏，西魏、北周、隋、唐继续修建，以后各代修葺，其石窟艺术历史悠久，是宁夏境内最大的石窟群，被誉为"宁夏敦煌"。须弥山石窟现存石窟数量众多，分布在连绵2公里的山峰上。它和名震中外的敦煌莫高窟、云冈石窟、龙门石窟一样，都是我国古代文化遗产的瑰宝。

（二）六盘山国家森林公园

位于宁夏南部，横跨宁夏泾源、隆德、原州区两县一区，是西北地区重要的水源涵养林基地和自治区风景名胜区，不仅是生物资源丰富多样的一座巨大的"基因库"，有着丰富的森林生态旅游资源，而且蕴含着许多的人文景观和历史文化内涵。该区有爱国主义和革命传统教育基地——六盘山红军长征纪念亭，有一代天骄成吉思汗屯兵、避暑、病殒之地凉殿峡，有探源泾水而闻名华夏的老龙潭，有道家修炼之地东山白云寺，还有保护区综合考察的丰硕成果、科学考察的翔实资料、动植物标本陈列等。

【思政链接】

翻越六盘山

　　1935年8月至10月，毛泽东率领的红军，在六盘山前击败了前来堵截的敌骑兵团。在战斗胜利的鼓舞下，当天下午便一鼓作气翻过了六盘山。10月下旬，红军到达陕北，完成了震惊世界的二万五千里长征。著名的诗词《清平乐·六盘山》就是毛主席翻越六盘山时的咏怀之作。它生动表现了毛主席及其统率的英雄红军成功地登上六盘山后，远望云天，抒发了众人彻底打垮国民党的坚强决心，并发誓将革命进行到底的壮志豪情。

清平乐·六盘山

　　天高云淡，望断南飞雁。不到长城非好汉，屈指行程二万。六盘山上高峰，红旗漫卷西风。今日长缨在手，何时缚住苍龙？

（三）西吉火石寨

　　位于西吉县城以北，以丹霞地貌著称，占地面积约97.95平方公里，是同时拥有国家地质公园、国家森林公园的景区、国家4A级旅游景区、国家级自然保护区的旅游胜地。由于山体岩石呈现暗红色，如同一团团燃烧的火焰，故而被人称为火石寨。火石寨山峰兀立，其中著名的有扫竹岭、石寺山、照壁山等，天然石城极为奇特。

➥ 小结

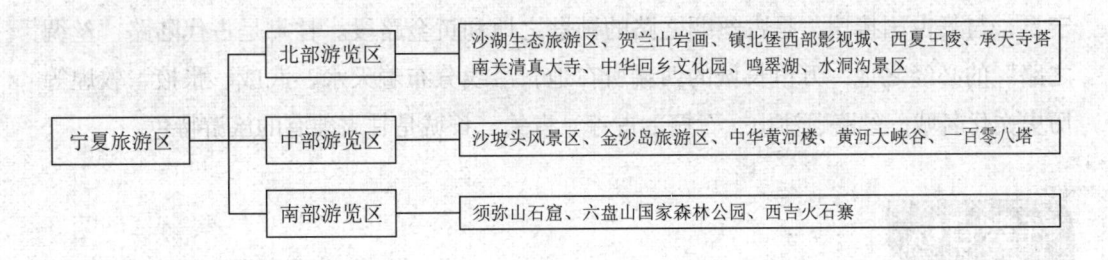

宁夏旅游区	北部游览区	沙湖生态旅游区、贺兰山岩画、镇北堡西部影视城、西夏王陵、承天寺塔南关清真大寺、中华回乡文化园、鸣翠湖、水洞沟景区
	中部游览区	沙坡头风景区、金沙岛旅游区、中华黄河楼、黄河大峡谷、一百零八塔
	南部游览区	须弥山石窟、六盘山国家森林公园、西吉火石寨

➥ 任务训练

　　以小组的形式，通过教材或其他方式了解宁夏旅游景点，获得旅游景点信息，以"醉美宁夏"为旅游主题，推荐旅游景点。每组选出1名同学代表小组阐述任务完成的过程，讲解推荐的旅游景点及推荐的理由。

任务评价

表 6-2-1　宁夏旅游区任务训练评价

评价指标	评价分值											
	自我评价				组间评价				教师评价			
	A	B	C	D	A	B	C	D	A	B	C	D
景点推荐												
推荐理由												
阐述过程												
讲解水平												
团队合作												
总体印象												

A. 优秀　　　B. 良好　　　C. 一般　　　D. 欠佳

任务三　甘肃旅游区

甘肃旅游区地处中国的几何中心，位于黄河上游，因甘州（今张掖）与肃州（今酒泉）而得名，又因省境大部分在陇山（六盘山）以西，而唐代曾在此设置过陇右道，故又简称为甘或陇。省会兰州。它东接陕西，南控巴蜀青海，西倚新疆，北扼内蒙古、宁夏，与蒙古国接壤，是古丝绸之路的锁匙之地和黄金路段。甘肃是古代陆路"丝绸之路"的必经之地，万里长城的西端所在地，沿线分布着天水、武威、张掖、敦煌等历史文化名城，丝路、沙山、石窟、古寺、古关、长城是甘肃独有的旅游特色。

任务目标

1. 学生自行寻找甘肃旅游区游览图，根据下面旅游行程线路，在图中标注旅游景区。

【探寻河西走廊】6 日游

Day 1：来自全国各地的游客集中抵达兰州，游览兰州水车博览园、黄河百里风情。

Day 2：兰州—武威—张掖：七彩丹霞、天梯山石窟。
Day 3：张掖—嘉峪关；大佛寺、丹霞国家地质公园。
Day 4：嘉峪关—敦煌；嘉峪关关城、悬臂长城。
Day 5：敦煌：莫高窟、鸣沙山、月牙泉。
Day 6：敦煌—返程：雅丹地质公园、玉门关。
2. 根据甘肃旅游区游览图，了解甘肃旅游区的特色旅游及代表性的旅游景区。

任务分析

要想了解甘肃旅游区的特色旅游及代表性的旅游景区，首先要了解甘肃旅游区的自然与人文地理环境，从而分析甘肃旅游区的旅游特色；其次要熟悉甘肃旅游景区特点及分布情况；最后总结出甘肃旅游区的特色旅游及代表性景区。

知识准备

一、河西走廊游览区

（一）武威游览区

武威古称"凉州"，是河西走廊东端的"咽喉"，曾为丝绸之路上最重要、最繁华的贸易市场之一，是古代河西走廊地区的第一重镇，素有"银武威"之称，为中国历史文化名城。武威旅游资源非常丰富，主要有中国旅游标志"马踏飞燕"出土地雷台，号称"陇右学宫之冠"的武威文庙，丝路名刹海藏寺，堪称石窟鼻祖的天梯山石窟、沙漠公园、西郊公园等。

1. 武威文庙

位于甘肃武威城东南隅，院内古建筑群保存完整，素有"陇右学宫之冠"之美誉，为全国重点文物保护单位。文庙占地约2.5万平方米，整个建筑群分布匀称，结构严谨，现存建筑有儒学部分的忠烈、节孝祠和孔庙、文昌宫等。

2. 天梯山石窟

又称凉州石窟，位于武威城南的大坡山南崖绝壁间，窟下有寺，也称大佛寺、广善寺。天梯山石窟由北凉王沮渠蒙逊召集凉州高僧昙曜和能工巧匠开凿，距今已有1600余年的历史。天梯山石窟不仅是我国开凿最早的石窟之一，也是我国早期石窟艺术的代表，它是在天然洞穴的基础上创凿而成，石窟造像别具一格，或石雕或泥塑，其规模宏伟壮观，精美绝伦，千姿百态，可与敦煌莫高窟媲美。

3. 雷台公园

位于武威市北关中路，主要标志为铜奔马。观赏游览点有：丝绸之路群雕、诗思入凉州书画院、天马来仪群雕、九天灵泉瀑布假山、观瀑榭、西凉乐园歌舞厅、把盏听涛阁、醉听堂、五神宫、八仙阁、仙泉亭等，其中雷台湖是本园主要旅游景点，湖中有雷台，黄土垒筑，上有雷祖庙，为清代建筑。

（二）张掖游览区

张掖古称"甘州"，位于河西走廊中部，俗称"金张掖"，是河西走廊地区难得的一块"绿地"，汉武帝时在此建郡，取"断匈奴之臂，张中国之掖"的意思，是著名的河西四郡之一。张掖大佛寺，为西夏国寺和元代皇家寺院，据传为忽必烈降生之地，寺内有世界最大的室内卧佛，所藏6000余卷明皇室颁赐的金书佛经为佛门至宝；肃南马蹄寺石窟独特的建筑结构世所罕见，甘肃独有的裕固族风情更令游人流连；山丹马场水草丰茂，自西汉以来即为皇室军马繁育基地，是世界上历史最悠久、亚洲最大的军马场。

1. 七彩丹霞山

位于张掖市临泽、肃南县境内，为国家5A级旅游景区，是我国北方干旱地区最典型的丹霞地貌，也是中国发育最大最好、地貌造型最丰富的地区之一，以交错层理、四壁陡峭、垂直节理、色彩斑斓而闻名，特别是窗棂式、宫殿式丹霞地貌，是丹霞地貌中的精品。

2. 马蹄寺

位于肃南裕固族自治县境内，是集石窟艺术、祁连山风光和裕固族风情于一体的旅游区。马蹄寺，也叫普光寺，建于东晋十六国时期的北凉，距今已逾1600年，因传说中的天马在此饮水落有马蹄印而得名。马蹄寺石窟是一个规模宏大的石窟群体，包括千佛洞、南北马蹄寺、上中下观音洞和金塔寺七处石窟群和寺院。每个小窟群，多的有三十余窟，少的有两窟，总共有七十余个洞窟。

3. 大佛寺景区

位于甘肃省张掖城西南隅，景区对外开放的景点有建于西夏的大佛寺、隋代的万寿木塔、明代的弥陀千佛塔、钟鼓楼以及名扬西北的清代山西会馆，其中，大佛寺（甘州区博物馆所在地）是该景区的主要组成部分。大佛寺始建于西夏永安元年（1098），原名迦叶如来寺，因寺内有巨大的卧佛像而得名，又名睡佛寺，全国重点文物保护单位，其中卧佛长34.5米，为中国现存最大的室内卧佛像。

(三)酒泉游览区

酒泉古称"肃州",中国历史文化名城。2000多年前,汉代大将霍去病大破匈奴后,以功在将士,倒御酒于泉湖之中,与将士共饮,遂有"酒泉"之名。"葡萄美酒夜光杯",酒泉自古以出产美酒和夜光杯而闻名,参观夜光杯手工作坊已成为这里必不可少的游览项目。酒泉还是我国著名的航天城,酒泉卫星发射中心曾在中国航天史书写了多项骄人的记录。

1. 西汉酒泉胜迹景区

位于酒泉市肃州区城东,是河西走廊地区保存完整的一座汉式园林,素有"塞外江南""瀚海明珠"的美誉。景区占地面积约27万平方米,其中有天然湖泊约5万平方米,是一座源于西汉史实、展现大汉雄风、融合江南灵秀的古典园林。景区内主要历史名胜有:汉古酒泉、左公柳、泉湖及大量园林古建筑群。

2. 金塔沙漠胡杨林

位于酒泉市金塔县城以西的潮湖林场,为三北防护林体系的一部分。景区由胡杨林—金波湖核心游览区、沙枣林观光区、瀚海红柳林保育区、沙漠娱乐体验区和沙漠芦苇迷宫区五个功能区组成。景区内分布着西北地区最大"化石级植物"万亩胡杨林,极具观赏价值和旅游开发价值。金秋十月的胡杨,绿色的树叶有的已经变黄,已经变黄的胡杨树,在湛蓝的天空下,在荒芜的沙漠中如阳光一般明媚灿烂,这里也被评为甘肃省秋色最美的地方之一。

(四)嘉峪关游览区

嘉峪关游览区位于甘肃省西北部的嘉峪关市,地处河西走廊中部,为国家5A级旅游景区。嘉峪关市是贯通亚欧大陆桥的甘肃省西部的第一个省辖市,是古"丝绸之路"的交通要冲,因有明代万里长城最西端的天下第一雄关——嘉峪关而闻名,成为河西走廊地区著名的旅游城市。这里不仅有建筑精巧、保存完整的城关;屹立在河谷峭壁上的万里长城第一墩以及蜿蜒起伏、直插黑山深处的"悬臂长城";还有反映魏晋时期农耕、畜牧、军事及劳动人民生活情景,被誉为"地下画廊"的画像砖古墓群。黑山岩画技法简洁,画境古拙;七一冰川白雪皑皑,千奇百怪的冰峰、冰凌、冰挂仿若神话世界里的水晶宫,显示着冰雪世界摄人心魄的魅力;塞外大漠,别具风韵。

1. 嘉峪关关城

始建于明洪武五年(1372),是明代长城沿线九镇所辖千余座关隘中最雄险的一座,至今保存完好,为全国第一批重点文物保护单位。嘉峪关是明代万里长城的西起点,因建筑雄伟而有"天下第一雄关""边陲锁钥"之称,关城由内城、外城、城壕三道防线成重叠并守之势，关城以黄土夯筑而成，西侧以砖包墙，雄伟坚固。内城开东西两门，门台上建有三层歇山顶式建筑。东西门各有一瓮城围护，西门外有一罗城，与外城南北墙相连，有"嘉峪关"门通往关外，上建嘉峪关楼。嘉峪关内城墙上还建有箭楼、敌楼、角楼、阁楼、闸门楼共十四座，关城内建有游击将军府、井亭、文昌阁，东门外建有关帝庙、牌楼、戏楼等。

2. 七一冰川

位于嘉峪关西南的肃南县祁丰藏族乡的祁连山腹地，是整个亚洲地区距离城市最近的可游览冰川。它是由中国科学院兰州分院的科技工作者和苏联冰川学专家以发现日期命名的一座高原冰川。该冰川景观奇特，远望似银河倒挂，白练悬垂；近看则冰舌斜伸，冰墙矗立，冰帘垂吊，冰斗深陷，神秘莫测。

（五）敦煌游览区

敦煌位于甘肃省西北部，地处古代中国通往西域、中亚和欧洲的交通要道——丝绸之路上，曾经拥有繁荣的商贸活动，是国家历史文化名城。它以"敦煌石窟""敦煌壁画"闻名天下，是世界遗产莫高窟和汉长城边陲玉门关、阳关的所在地。丝绸古道的各条线路在这里交会，东西方文明融汇形成了举世闻名的敦煌文化。世界文化遗产敦煌莫高窟保存了世界上历史最悠久、内容最丰富、艺术价值最高的壁画、雕塑，被誉为"世界艺术宝库"。阳关、玉门关两大关隘已成为游人追寻历史记忆的必游之地。敦煌的大漠风光世所罕见，鸣沙山、月牙泉沙泉共生，千年来沙不填泉，沙山人登之自鸣，为一自然奇观。雅丹国家地质公园则是目前国内最大的雅丹风蚀地貌群，自然造型鬼斧神工，惟妙惟肖，为敦煌又一处迷人的自然景观。

1. 莫高窟

又名"千佛洞"，位于敦煌市东南，为世界文化遗产，被誉为"东方的卢浮宫"，是集建筑、雕塑、壁画三位一体的立体艺术宝窟，以精美的壁画和塑像闻名于世。莫高窟是我国现存石窟艺术宝库中规模最大、内容最丰富的一座，系统反映了北魏、隋、唐等十多个朝代的艺术风格。石窟大小不等，塑像高矮不一，大的雄伟浑厚，小的精巧玲珑，其造诣之精深，想象之丰富，令人叹为观止。窟前栈道蜿蜒曲折，楼阁巍峨兀立，铁马风铎悬响，气势宏伟壮观。

【思政链接】

敦煌守护者：樊锦诗

樊锦诗，敦煌研究院名誉院长，1963年北大毕业后，把大半辈子的光阴都奉献给了大漠上的敦煌石窟，人们亲切地喊她"敦煌的女儿"。

> 为了敦煌，樊锦诗和丈夫两地分居长达19年，两个儿子出生后都没有得到很好的照料，但她却视敦煌石窟的安危如生命，扎根大漠，潜心石窟考古研究和创新管理，完成了敦煌莫高窟的分期断代、构建"数字敦煌"等重要文物研究和保护工程。她还推动立法和制定了莫高窟总体保护规划，更是按百年大计、千年大计来规范敦煌保护。
>
> 2019年，她被授予"文物保护杰出贡献者"国家荣誉称号和"最美奋斗者"称号。"舍半生，给茫茫大漠。从未名湖到莫高窟，守住前辈的火，开辟明天的路。半个世纪的风沙，不是谁都经得起吹打。一腔爱，一洞画，一场文化苦旅，从青春到白发。心归处，是敦煌。"（感动中国2019年度人物颁奖词）

2. 鸣沙山—月牙泉风景名胜区

鸣沙山位于敦煌城南郊，为国家5A级旅游景区，古代称神沙山、沙角山。全山系沙堆积而成，东西长约40公里，南北宽约20公里，高数十米，狂风起时，沙山会发出巨大的响声，轻风吹拂时，又似管弦丝竹，因而得名鸣沙山，"沙岭晴鸣"为敦煌一景。月牙泉在鸣沙山下，古称沙井，俗名药泉，景区内的罗布麻、枸杞等药材有很多。月牙泉被鸣沙山环抱，因水面酷似一弯新月而得名，自汉朝起即为"敦煌八景"之一，有"沙漠第一泉"之称。月牙泉有四奇，分别为：月牙之形千古如旧、恶境之地清流成泉、沙山之中不淹于沙、古潭老鱼食之不老。月牙泉三宝（敦煌三宝）分别是铁背鱼、五色沙、七星草。

3. 阳关景区

位于甘肃省敦煌市区西南，阳关景区现存有汉唐时期的古关、古城、古烽燧、古水源、古道、古塞墙、古墓葬、古陶窑等众多文物遗址，由汉唐历史遗迹、大漠自然风光、生态农业观光以及阳关博物馆等景观构成。阳关博物馆整体呈现仿汉建筑风格，是目前中国西北地区最大的景点式遗址博物馆，馆藏文物丰富，陈展风格新颖，能够系统地反映汉唐时期敦煌及阳关的繁华与变迁。

4. 玉门关遗址

位于敦煌市西北，因相传和田美玉经此输入中原而得名，现遗存包括城址2座，烽燧20座，长城遗址18段，已对游客开放的有小方盘城遗址、大方盘城遗址和当谷燧周边汉长城遗址。玉门关是丝绸之路通往北道的咽喉要隘，关城呈方形，四周城垣保存完好，为黄胶土夯筑，开西北两门。城墙宽阔，上有女墙，下有马道，人马可直达顶部。2014年，玉门关遗址作为丝绸之路一处遗址被联合国教科文组织列入《世界遗产名录》。

二、中部游览区

（一）兰州游览区

兰州是甘肃省省会，是中国西北区域中心城市，是沿丝绸古道寻古访胜的旅游热点，四周群山逶迤，林木繁荣，文物古迹众多，风景名胜各异，黄河从市区穿流而过，旅游资源非常丰富。市内有"百里黄河风情线"、天下黄河第一桥——中山桥、再现历史上"水车之都"风采的兰州水车博览园、"黄河母亲"雕塑、白塔山、五泉山、兰州碑林、兴隆山等景点。甘肃省博物馆是中国十大博物馆之一，馆藏众多件珍贵文物，展现了丝绸之路和甘肃的历史文化、自然风物和风土人情。兰州市周边有永靖黄河三峡、景泰黄河石林、夏河拉卜楞寺等许多高品位的旅游景区。

1. 白塔山公园

位于兰州市北，白塔山以"白塔"而得名。白塔寺在山巅，相传为纪念元代为去蒙古谒见成吉思汗而病故于兰州的西藏著名喇嘛而建。该寺始建于元代、重建于明朝，寺院平面呈长方形，白塔居中，塔身为八面七级，各级每面都有佛像。高约17米，上有绿顶，下有圆基，通体洁白，挺拔秀丽。塔南是三大寺楼，北面是准提菩萨殿，东西各有配殿数间。登白塔山顶，可俯视兰州市容，白塔与黄河上的铁桥构成雄浑壮丽的画面，成为兰州市的象征之一。

2. 黄河母亲雕塑

位于兰州市黄河南岸的小西湖公园北侧，雕塑由"母亲"和一"男婴"组成。母亲秀发飘拂，神态慈祥，身躯颀长匀称，曲线优美，微微含笑，抬头微曲右臂，仰卧于波涛之上。母亲右侧依偎着一裸身男婴，头微左顾，举首憨笑，显得顽皮可爱。整个雕塑构图简练，寓意深刻，象征着哺育中华民族生生不息、不屈不挠的黄河母亲，和快乐幸福、茁壮成长的华夏子孙。

3. 水车园

位于兰州市内滨河路西段，东邻中山桥（"黄河铁桥"），西邻"黄河母亲"雕塑，北望白塔山公园，南近白云观，是滨河路旅游线上的重要一景。水车是兰州市古代黄河沿岸最古老的提灌工具。兰州水车，又叫"天车""翻车""灌车""老虎车"。园内由双轮水车、围堰、水磨坊服务室和游乐区组成。水车轮辐直径达16.5米，辐条尽头装有刮板，刮板间安装有等距斜挂的长方形水斗。水车立于黄河南岸，旺水季利用自然水流助推转动；枯水季则以围堰分流聚水，通过堰间小渠，河水自流助推。当水流自然冲动车轮叶板时，推动水车转动，水斗便舀满河水，等转至顶空后再倾入木槽源源不断,流入园地,以利灌溉。水车园再现了水车这种古老的水利机械,可以使中外游人一睹为快。

(二)临夏游览区

1. 黄河三峡
位于临夏回族自治州永靖县,国家 4A 级旅游景区,包括炳灵峡、刘家峡、盐锅峡。区内黄河段自西南向北呈"S"形横穿全县,形成独特的"黄河向西流"景观。两岸峡谷壁立千仞,景象万千,包括刘家峡水库、炳灵寺石窟、炳灵石林、恐龙足印化石群、太极岛黄河湿地、枣林风光等众多景点。

2. 炳灵寺
位于临夏回族自治州永靖县西南处的小积石山中,为国家 5A 级旅游景区,该寺最早叫"唐述窟",是羌语"鬼窟"之意,后有龙兴寺、灵岩寺之称。明永乐年后,取藏语"十万佛"之译音,取"炳灵寺"或"冰灵寺"之名。炳灵寺石窟,始建于西秦建弘元年,从十六国时代起,历经北魏、北周、隋、唐、宋、元、明各代,已有 1600 余年的历史。石窟分别为上寺、洞沟、下寺三处,分布在大寺沟两岸的红砂岩上,现存窟龛众多,分石胎、泥塑和泥塑三种,洞窟层层叠叠,栈道曲折盘旋而上。

三、甘南游览区

1. 拉卜楞寺
位于甘南藏族自治州夏河县县城西郊凤岭山脚下。该寺由第一世嘉木样活佛创建于 1710 年,现已成为甘、青、川地区最大的藏族宗教和文化中心,是中国藏传佛教格鲁派(黄教)六大宗主寺之一,主要殿宇 90 多座,包括六大学院、16 处佛殿、18 处大活佛宫邸、僧舍及讲经坛、法苑、印经院、佛塔等,形成了一组具有藏族特色的宏伟建筑群。目前拉卜楞寺保留有全国最好的藏传佛教教学体系。

2. 桑科草原
位于甘南藏族自治州夏河县城西南,平均海拔 3000 米以上,草原面积广阔,是桑科乡达久滩("跑马滩"之意)草原的一部分,四周群山环抱,中间开阔平坦,以其优良的草场和历史上多在此举行盛大的藏传佛教佛事活动而享誉西北藏区。

3. 冶力关风景区
位于甘南藏族自治州临潭县境内,以临潭县冶力关为中心,分为莲花山、西峡、东峡和冶海湖 4 个景区。境内有国家级自然保护区莲花山;景色秀美的冶木峡、康多峡;风光旖旎的天池冶海;形态逼真的十里睡佛;层峦叠嶂的石林风光;鬼斧神工的省级地质公园赤壁幽谷；神奇绝伦的阴阳石；绿涛茫茫的黄涧子国家级森林公园，构成了险、峻、奇、秀、幽的自然景观，成为典型的高原生态森林旅游胜地。

4. 郎木寺

位于甘南藏族自治州碌曲县下辖的一个小镇，"郎木"在藏语中有"仙女"的意思，因传说曾有仙女化为山上的一块岩石而得名。不足2米宽的小溪"白龙江"从镇中流过，溪水北岸是四川若尔盖的格尔底寺，隔"江"相望的就是甘肃的"安多达仓郎木寺"，均属藏传佛教格鲁派寺庙。

5. 拉尕山景区

拉尕山，藏语意思是"神仙喜爱的地方"，位于甘南藏族自治州舟曲县立节乡东南部的白龙江南岸。景区内亚热带、温带和寒带植被垂直分布明显，有赤壁神窟、碧海青天、转经亭、勇士布阵、桦树坪、拉尕山天池、神羊径、黄花天池等大小景点31处，既有融藏寨、溪流、草地、森林为一体的独特自然人文景观，也是舟曲藏乡重要的藏传佛教聚集地。

四、东部游览区

（一）平凉游览区

平凉市位于甘肃省东部，六盘山东麓，泾河上游，为陕、甘、宁交会几何中心"金三角"，素有"陇上旱码头"之称，出土于泾川县大云寺的佛祖舍利金银棺、灵台县的西周青铜器和南宋货币银合子等文物被誉为"中华文物之最"。平凉游览区主要景点有中华道教第一山——崆峒山、人文开元第一祖伏羲氏诞生地——古成纪、天下王母第一宫——回中宫、神州祭灵第一台——古灵台、秦皇祭天第一坛——莲花台等。

1. 崆峒山

位于平凉市城西，是丝绸之路西出关中的要塞，是典型的丹霞地貌，为国家5A级旅游景区，自古就有"崆峒山色天下秀"的美誉。又因相传为仙人广成子修炼得道之所，人文始祖轩辕黄帝曾亲临问道广成子于此山，而被道教尊为"天下道教第一山"。景区面积约84平方公里，主峰海拔2123米，峰林耸峙，危崖突兀，幽壑纵横，涵洞遍布，怪石嶙峋，翁岭郁葱，被誉为陇东黄土高原上一颗璀璨的明珠。

2. 古灵台

位于平凉市灵台县城内，始建于公元前11世纪的商纣时期，是周文王征服了位于今灵台县百里镇一带的密须国后，为祭天昭德、与民同乐所筑。原"灵台"坐北向南，台体用土夯筑。历史上,"灵台"两次被毁,两次重建。传说在建成之时,从东面飞来两只丹顶鹤,连续三天绕台飞鸣,栖于文王庙的古柏之上,一时轰动县城,被视为吉祥之兆。

(二)天水游览区

天水市,位于甘肃省东南部,地处秦岭西段、渭水中游,古称成纪,因"天河注水""天一生水"而得名。天水是中国优秀旅游城市,旅游资源十分丰富,境内明代建筑群伏羲庙和伏羲始画八卦的遗址卦台山,是海内外中华儿女寻根祭祖的圣地。麦积山石窟与甘谷大像山、武山水帘洞拉梢寺等共同组成了古丝绸之路东段的"石窟艺术走廊"。

1. 麦积山石窟

位于天水市麦积区,为国家5A级旅游景区,因该山状如堆积的麦垛而得名。石窟始建于1500多年前,现存佛教窟龛近200个,泥塑石雕、石胎泥塑7200余尊,壁画1300余平方米,全部窟龛开凿在山崖峭壁之上,分布于东西两崖。在20至80米高的悬崖峭壁上开凿的窟龛,层层相叠,密如蜂巢。各洞窟之间有栈道相连,攀缘而上可达山顶。麦积山周围风景秀丽,山峦上密布着翠柏苍松,野花茂草,素有"小江南""秦地林泉之冠"的美誉。"麦积烟雨"为"天水八景"之首。

2. 伏羲庙

位于天水市秦城西关,是目前我国规模最宏大、保存最完整的纪念上古"三皇"之一伏羲氏的明代建筑群。全庙坊、亭、房、廊等建筑,严格安排在纵贯南北的主轴线两侧,布局对称而紧凑,疏密相宜而有致;主体建筑依次排列在主轴线上,统领全局,雄浑端庄。古建筑包括戏楼、牌坊、大门、仪门、先天殿、太极殿、钟楼、鼓楼、来鹤厅等,新建筑有朝房、碑廊、展览厅等,是中国国内唯一有伏羲塑像的伏羲庙。

(三)陇南游览区

陇南市位于甘肃省东南部,地处秦巴山区,是扼甘、陕、川三省要冲,素称"秦陇锁钥,巴蜀咽喉",被誉为"陇上江南"。陇南风光秀美,有全国三大天池之一的阴平天池;西北最大的溶洞武都万象洞;有国家级重点保护、甘肃唯一具有北亚热带生物群落和自然景观的白水江自然保护区,被赞誉为"甘肃的西双版纳";还有分布于全区各县的大河坝、三滩、红土河、梅园沟、云屏山等自然景点,被人们称作"陇上小九寨沟"。

1. 万象洞

位于陇南市武都区白龙江南岸露骨山汉王镇杨庞村的半山腰,万象洞又名仙人洞或五仙洞，属典型的岩洞地貌。该洞已有2.5亿—3亿年的历史，洞内地形复杂，曲折迂回。窄小处高阔不足1米，仅容一人爬行；宽大处高轩宽敞，纵横百米之外，洞内石乳、石笋、石柱、石幔、石花景观遍布，既具北国之雄奇，又有南国之灵秀，有"地下文化长廊""地下艺术宫殿"之称。

2. 阳坝自然风景区

位于陇南市康县东南部，景区总面积约504平方公里，有"甘肃西双版纳"的美誉。景区占有康南三分之二面积的古老原始森林，有红豆杉、香樟、白皮松等珍稀树种。同时民族风情十分独特，包括梅园沟、红豆谷、清河原始森林等景区。

3. 官鹅沟景区

位于甘肃省陇南市宕昌县城西南城郊，为国家5A级旅游景区。景区由官珠沟、鹅嫚沟和雷古山三大游览片区组成，是不可多得的康养胜地。景区内气候湿润，幽谷纵横，峡曲林密，峰奇石怪，草甸与花海相映，雪山与碧湖交辉，洞水接飞瀑，高岩藏古木，景色十分优美。

➡ 小结

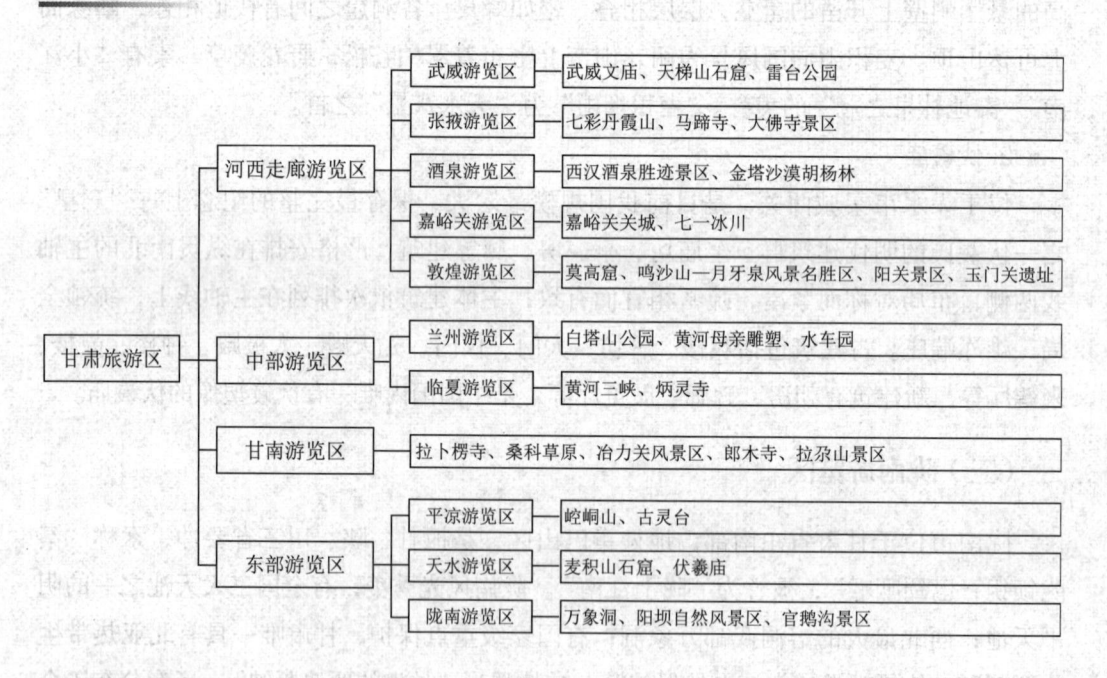

甘肃旅游区	河西走廊游览区	武威游览区：武威文庙、天梯山石窟、雷台公园
		张掖游览区：七彩丹霞山、马蹄寺、大佛寺景区
		酒泉游览区：西汉酒泉胜迹景区、金塔沙漠胡杨林
		嘉峪关游览区：嘉峪关关城、七一冰川
		敦煌游览区：莫高窟、鸣沙山—月牙泉风景名胜区、阳关景区、玉门关遗址
	中部游览区	兰州游览区：白塔山公园、黄河母亲雕塑、水车园
		临夏游览区：黄河三峡、炳灵寺
	甘南游览区	拉卜楞寺、桑科草原、冶力关风景区、郎木寺、拉尕山景区
	东部游览区	平凉游览区：崆峒山、古灵台
		天水游览区：麦积山石窟、伏羲庙
		陇南游览区：万象洞、阳坝自然风景区、官鹅沟景区

➡ 任务训练

以小组的形式，通过教材或其他方式了解甘肃旅游景点，获得旅游景点信息，以"多彩甘肃"为旅游主题，推荐旅游景点。每组选出1名同学代表小组阐述任务完成的过程，讲解推荐的旅游景点及推荐的理由。

任务评价

表 6-3-1　甘肃旅游区任务训练评价

评价指标	评价分值											
	自我评价				组间评价				教师评价			
	A	B	C	D	A	B	C	D	A	B	C	D
景点推荐												
推荐理由												
阐述过程												
讲解水平												
团队合作												
总体印象												

A. 优秀　　　B. 良好　　　C. 一般　　　D. 欠佳

任务四　新疆旅游区

新疆维吾尔自治区，地处亚欧大陆中心，与蒙古、俄罗斯、哈萨克斯坦、塔吉克斯坦、阿富汗、巴基斯坦、印度接壤，是中国面积最大、陆地边境线最长、毗邻国家最多的省区。"天山莽昆仑，两盆映中华"，新疆维吾尔自治区以独特的地形地貌出名——四周多为连绵山脉，中间又为大山横隔，造成三山夹两盆的封闭地势。天山是新疆地域的分界，天山以北称为北疆，属中温带，天山以南则为南疆，属暖温带，北疆和南疆风格各异。

新疆维吾尔自治区是举世闻名的歌舞之乡、瓜果之乡、黄金玉石之邦。在新疆维吾尔自治区境内，自然景观奇特，气候生态多样，保持了粗犷自然的风貌。既有雄伟壮丽的天山冰川、一泻千里的内陆河、茫茫的山峦林海，又有神奇莫测的戈壁幻境、莽莽的沙漠戈壁景观。著名的自然风景有天池、喀纳斯湖、博斯腾湖、赛里木湖、巴音布鲁克草原等。历史遗存众多，交河故城、高昌故城、楼兰遗址、克孜尔千佛洞等蜚声中外。作为多民族聚居的地区，不同的历史文化背景，不同的宗教信仰，使新疆维吾尔自治区各民族在语言文字、音乐舞蹈、风俗习惯等各个方面都具有鲜明的特色，民族风情独具特色。

任务目标

1. 学生自行寻找新疆旅游区游览图，根据下面旅游行程线路，在图中标注旅游景区。

【爱上北疆】8日游

Day 1：来自全国各地的游客集中抵达乌鲁木齐，游览红山。

Day 2：乌鲁木齐—吐鲁番：火焰山、交河故城。

Day 3：吐鲁番：葡萄沟、坎儿井。

Day 4：吐鲁番—乌鲁木齐—布尔津：天山天池。

Day 5：布尔津：喀纳斯湖、五彩滩、禾木。

Day 6：布尔津—博尔塔拉—伊犁：赛里木湖。

Day 7：伊犁：那拉提草原、特克斯八卦城。

Day 8：返程。

2. 根据新疆旅游区游览图，了解新疆旅游区的特色旅游及代表性景区。

任务分析

要想了解新疆旅游区的特色旅游及代表性的旅游景区，首先要了解新疆旅游区的自然与人文地理环境，从而分析新疆旅游区的旅游特色；其次要熟悉新疆旅游景区特点及分布情况；最后总结出新疆旅游区的特色旅游及代表性景区。

知识准备

天山横亘于新疆中部，把新疆分为南北两半，南部是塔里木盆地，北部是准噶尔盆地。人们通常称天山以南为南疆，天山以北为北疆。北疆的自然风光以山地草原、高山湖泊为主要特征，主要的少数民族为哈萨克族和蒙古族；南疆的地貌以沙漠和戈壁为主，主要的少数民族为维吾尔族和塔吉克族。

一、北疆游览区

（一）乌鲁木齐游览区

乌鲁木齐市位于天山中段北麓，准噶尔盆地东南缘，海拔600~900米，为新疆维吾尔自治区首府。地处欧亚大陆腹地，大陆性气候显著，有"早穿皮袄午穿纱，围着火炉吃西瓜"的生动描述。这里自然景色独特，市南天山牧场山峦起伏，松林苍翠，流水潺潺，风景优美。乌鲁木齐是个多民族的城市，居住着维吾尔、哈萨克等民族，有着浓郁的民族风情和生活气息。游览胜地主要有红山、燕尔窝、水磨沟和白杨沟等。

1. 红山公园

红山又名虎头山，位于市内乌鲁木齐河东岸，是乌鲁木齐市的象征，因山上红岩嶙峋而得名，山势陡险，气势雄伟，形态壮观，山顶建有九级镇龙塔。在繁华的市中心，红山孤峰突起，亭塔兀立，河桥依衬，显得分外壮丽。登山远眺，可观看乌鲁木齐市区全貌。主要景点有：镇龙宝塔、远眺楼、林则徐雕像、大佛寺等。

【思政链接】

林则徐雕像

在红山宝塔侧竖立着的林则徐雕像。林则徐虎门销烟后发生了鸦片战争，在英军进犯天津海口时，投降派官僚乘机诬陷林则徐，道光帝于1840年10月3日以"误国病民，办理不善"的罪名，将林则徐革职查办。1841年6月林则徐被革职充军新疆，但他坚决要求抵御外敌，维护祖国统一的决心誓死不改。为纪念他的伟绩，人们在红山宝塔侧树立了他的雕像，侧面刻着林则徐的诗句"任狂歌、醉卧红山嘴。风劲起，酒鳞起"，同时这里安放了禁毒铜鼎，红山也成为新疆第一个禁毒教育基地。

2. 燕尔窝

位于乌鲁木齐市南郊燕尔崖山坳下，是久负盛名的自然风景区。燕尔窝盛夏流水潺潺，古树参天，野花芬芳，姹紫嫣红，为市郊避暑胜地。东侧万木丛中有革命烈士陵园，由青色大理石砌筑大门，花岗岩石镶砌祭奠广场，祭坛上并排着陈潭秋、毛泽民等烈士的汉白玉墓碑。园内遍植果树，繁茂葱郁，环境清幽。

（二）天山天池风景区

位于昌吉回族自治州阜康市境内，为国家5A级旅游景区，世界自然遗产。景区是以高山湖泊为中心的自然风景区，随着海拔不同可分为冰川积雪带、高山亚高山带、山地针叶林带和低山带。风景区内可观赏雪山、森林、碧水、草坪、繁花的景色，天山博格达峰终年积雪，冰川延绵。天池是古代冰川泥石流堵塞河道形成的高山湖泊，位于新疆天山东段最高峰博格达峰的山腰，湖面呈半月形，是世界著名的高山湖泊，附近还有小天池、灯杆山、石峡等景点。

(三)吐鲁番游览区

吐鲁番位于新疆维吾尔自治区中部,天山东部山间盆地、吐鲁番盆地中部,有"火洲"之称。吐鲁番市旅游资源极为丰富,境内冰峰雪山,戈壁绿洲相依,火焰山、艾丁湖、葡萄沟、千佛洞、坎儿井相映成趣;石窟壁画、古葬墓群、寺院古塔、烽火台互相烘托,民俗民情绚丽多彩。

1. 火焰山

位于吐鲁番盆地的北缘,古丝绸之路北道,它主要由中生代的侏罗纪、白垩纪和第三纪的赤红色砂、砾岩和泥岩组成。当地人称"克孜勒塔格",意即"红山",唐人以其炎热曾名为"火山"。火焰山童山秃岭,寸草不生,飞鸟匿踪。每当盛夏,红日当空,赤褐色的山体在烈日照射下,砂岩灼灼闪光,炽热的气流翻滚上升,就像烈焰熊熊,火舌撩天,故又名火焰山。

2. 艾丁湖

位于吐鲁番市高昌区,是一个内陆咸水湖,是中国地势最低的湖泊。艾丁,维吾尔语意为月亮,又因此湖大部分是皱褶如波的干涸湖底,触目皆是银白晶莹的盐结晶体,阳光映照下,闪闪发光,当地维吾尔人称之为"月光湖"。艾丁湖湖区气候极端干旱,湖区景观极度荒凉,地表盐壳发育独特,构成了一幅未开垦的壮观的原始画面,从而对游客具有特殊的吸引力。

3. 葡萄沟

坐落于吐鲁番市东北,系火焰山西侧的一个峡谷,南北长约8公里,东西宽约2公里,沟谷狭长平缓。沟内有布依鲁克河流过,主要水源为高山融雪,溪流两侧,葡萄架遍布,葡萄藤蔓层层叠叠,因盛产葡萄而得名,是新疆吐鲁番市的旅游胜地,为国家5A级旅游景区。每年8月,吐鲁番会举行吐鲁番葡萄节。届时,葡萄品尝、达瓦孜表演、木卡姆歌舞民俗活动、大型歌舞晚会等各种丰富多彩的活动会齐聚一堂,游客可以充分领略到葡萄之乡经典的维吾尔族风情。

4. 坎儿井

是荒漠地区一特殊灌溉系统,普遍于中国新疆吐鲁番市。坎儿井与万里长城、京杭大运河并称为中国古代三大工程。坎儿井的结构,大体上是由竖井、地下渠道、地面渠道和"涝坝"四部分组成,是开发利用地下水的一种很古老的水平集水建筑物,对发展当地农业生产和满足居民生活需要等都具有很重要的意义。

5. 交河故城

位于吐鲁番市雅尔乡将格勒买斯村,是世界上最大最古老、保存最完好的生土建筑城市,也是我国保存两千多年最完整的都市遗迹,唐西域最高军政机构安西都护府最早就设在交河故城。古城南北长约1600余米，东西最宽处约300米，像一个层层设防的大堡垒，人行墙外，像处在深沟之中，无法窥知城垣内情况，而在墙内，则可居高临下，控制内外动向，城中布防，也是极为严密的。故城遗址保存相当完好，分为寺院，民居，官署等部分，城内建筑物大部分是唐代修建的，建筑布局独具特色，保留着宋代以前我国中原城市的建筑特点。

6. 苏公塔

位于吐鲁番市东郊的葡萄乡木纳尔村，又称额敏塔，是吐鲁番郡王额敏和卓和他的儿子苏来满筹划修建的，是我国境内现存伊斯兰教古建筑中保存完整、体积较大的一座古塔。苏公塔外部用清一色灰黄色砖砌成，除了顶部窗棂外，基本上没有使用木料。塔身浑圆，呈圆柱体，自下而上逐渐收缩。塔内用砖砌出的螺旋式中心柱，台阶直通塔顶，塔顶面积约10平方米，可供瞭望。塔顶为穹隆顶，上有铸铁塔饰。塔身表面砌叠十四种不同形状的几何图案，或平置或斜砌或凹进或凹陷，这些维吾尔族传统图案，是伊斯兰教建筑风格中寺院雕刻绘画艺术的代表。

（四）喀纳斯湖

位于布尔津县境北部，外形呈月牙状，是古冰川强烈运动阻塞山谷积水而成。环湖四周原始森林密布，阳坡被茂密的草丛覆盖。喀纳斯湖是中国唯一和四国接壤的自然保护区，是中国唯一的北冰洋水系——额尔齐斯河最大支流布尔津河的发源地，是我国唯一的南西伯利亚区系动植物分布区。喀纳斯湖湖面碧波万顷，群峰倒影，湖面还会随着季节和天气的变化而时时变换颜色，是有名的"变色湖"。喀纳斯景区为国家5A级旅游景区。

（五）乌尔禾魔鬼城

位于准噶尔盆地西北边缘的佳木河下游乌尔禾矿区，属风蚀地貌，为国家5A级旅游景区。景点主开发区依次排列着情人谷、蛇谷、断桥谷、绝情谷、九曲回肠谷、仙鹤谷、迷魂谷、神鹰谷、猎隼谷九大各具特色的峡谷。远眺魔鬼城，就像中世纪欧洲的一座大城堡，大大小小的城堡林立，高高低低参差错落。千百万年来，由于风雨剥蚀，地面形成深浅不一的沟壑，裸露的石层被狂风雕琢得奇形怪状，呈现出奇、险、幽、美的景观。

（六）伊犁景区

伊犁地处新疆维吾尔自治区西部天山北部的伊犁河谷内，是新疆水草最为丰美之处，它西邻欧亚国家哈萨克斯坦，中国陆路最大的通商口岸霍尔果斯口岸就位于州境西部，因雨量较充沛被称为"中亚湿岛"或"塞外江南"。伊犁风景名胜有巩乃斯草原、唐布拉草原、那拉提草原、昭苏草原、青铜时代的乌孙土墩墓葬群、西辽西域名城阿拉力马力遗址、唐代弓月城遗址以及伊犁将军府、惠远钟鼓楼、林则徐纪念馆等众多的景观。

1. 那拉提草原

位于伊犁州新源县境内，为国家5A级旅游景区，"那拉提"是蒙古语"有太阳"的意思，是世界四大草原之一的亚高山草甸植物区，自古以来就是著名的牧场，交错的河道、平展的河谷、高峻的山峰、茂密的森林交相辉映。那拉提风景区自南向北由高山草原观光区、哈萨克民俗风情区和旅游生活区组成，以独特的自然景观、悠久的历史文化和浓郁的民族风情构成了独具特色的边塞风光。

2. 霍尔果斯口岸

位于伊犁哈萨克自治州霍城县，是中国西部历史上最长、综合运量最大、自然环境最好、功能最为齐全的国家一类陆路公路口岸。霍尔果斯口岸的历史十分悠久，远在隋唐时，便是古代丝绸之路新北道上的重要驿站，现在的霍尔果斯口岸集贸易、加工、仓储、旅游、市政为一体，是新疆面向中亚和欧洲开放的对外贸易区和伊犁州改革开放的示范区和试验区。

3. 喀拉峻国际生态旅游区

位于新疆维吾尔自治区特克斯县的南部天山之中，为国家5A级旅游景区。由阔克苏大峡谷景区、东喀拉峻景区、西喀拉峻景区、中天山雪峰景区和天籁之林五大景区组成，总面积2848平方公里，是"新疆天山世界自然遗产"的重要组成部分，也是新疆天山生物多样性丰富、美学价值较高的区域。喀拉峻以其生态系统的独特性和完好的保持状态，成为天山山地针叶林、天山山地草甸草原最典型的代表。

二、南疆游览区

（一）塔克拉玛干沙漠

位于中国新疆的塔里木盆地中央，是中国最大的沙漠，也是世界第二大沙漠，同时还是世界最大的流动性沙漠。整个沙漠东西长约1000公里，南北宽约400公里，面积达33万平方公里。变幻多样的沙漠形态，丰富而抗盐碱风沙的沙生植物植被，蒸发量高于降水量的干旱气候，以及尚存于沙漠中的湖泊，穿越沙海的绿洲，潜入沙漠的河流，生存于沙漠中的野生动物和飞禽昆虫等使塔克拉玛干沙漠充满了神奇的魅力，成为探险旅游的好去处。

（二）巴音布鲁克景区

位于新疆巴音郭楞蒙古自治州和静县西北部，地处天山中部南麓腹地，景区以天山高位大型山间盆地中的高山草甸草原和高寒沼泽湿地生态系统为背景，以开都河上游河曲、沼泽湿地为主体的自然景观旅游区。景区包括"新疆·天山"世界自然遗产地之一、全国最大的国家级天鹅自然保护区——天鹅湖，中国绝品景点开都河九曲十八弯，中国首批特色景观旅游名镇、中国最美村镇——巴音布鲁克镇。著名景观包括草原之恋、天鹅家园、扎克斯台观鸟台、巴润库热、巴西里克观景台、草原圣山塔格楞山、胡参库热等，是集山丘、盆地、草原、湿地为一体的生态旅游景区，素有"天山南麓最肥美的牧场"的美誉。

（三）楼兰故城遗址

位于新疆巴音郭楞蒙古自治州若羌县北境，罗布泊以西，孔雀河道南岸，整个遗址散布在罗布泊西岸的雅丹地形之中。楼兰故城出土了楼兰美女（干尸）、汉锦、晋代手抄《战国策》、佉卢文木牍等文物，对西域早期文明史、中国史、欧亚内陆史具有重要的研究价值。遗址包括楼兰城区、东郊墓地、周围寺院居民遗址、楼兰贵族墓等。

（四）克孜尔石窟

位于拜城县克孜尔乡东南的明屋达格山，南临木扎提河和雀尔达格山，又称克孜尔千佛洞或赫色尔石窟。它是龟兹石窟艺术的发祥地之一，其石窟建筑艺术、雕塑艺术和壁画艺术，在中亚和中东佛教艺术中占有极其重要的地位。同时也是我国开凿最早、地理位置最西的大型石窟群。石窟群分谷西区、谷内区、谷东区和后山区等。

（五）艾提尕尔清真寺

坐落于新疆维吾尔自治区喀什市的艾提尕尔广场西侧，它不仅是新疆规模最大的清真寺，也是全国规模最大的清真寺之一。艾提尕尔清真寺，又译为"艾提尕""艾提卡尔"。寺院分为"正殿""外殿""教经堂""院落""拱拜孜""宣礼塔""大门"七部分。历史悠久、影响卓著、规模宏大是艾提尕大清真寺的三大特征。

（六）喀什噶尔老城景区

位于喀什市中心，为国家 5A 级旅游景区，是一座集历史、文化、建筑、民俗风情为一体的旅游景区。景区包含老城核心区、艾提尕尔清真寺以及高台民居等游览参观点，其中老城是全球现存规模较大的生土建筑群之一，建筑多以土木、砖木构成，街巷纵横交错，建筑高低错落，厚重的历史文化遗存随处可见，是国内保存完整的古老城市街区。

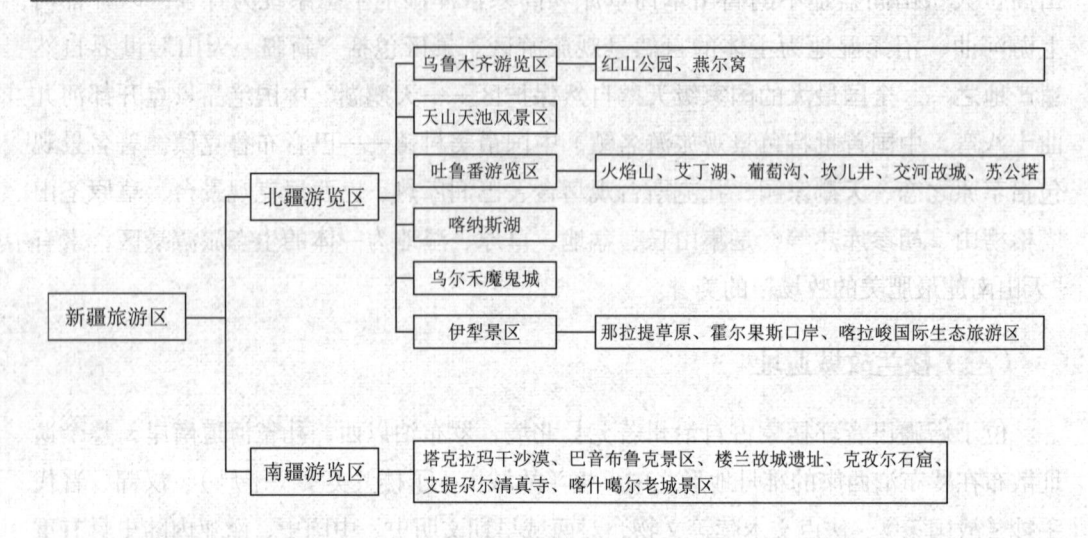

小结

```
                   ┌─ 乌鲁木齐游览区 ── 红山公园、燕尔窝
                   │
                   ├─ 天山天池风景区
                   │
         ┌ 北疆游览区 ┤─ 吐鲁番游览区 ── 火焰山、艾丁湖、葡萄沟、坎儿井、交河故城、苏公塔
         │         │
         │         ├─ 喀纳斯湖
新疆旅游区 ┤         │
         │         ├─ 乌尔禾魔鬼城
         │         │
         │         └─ 伊犁景区 ── 那拉提草原、霍尔果斯口岸、喀拉峻国际生态旅游区
         │
         └ 南疆游览区 ── 塔克拉玛干沙漠、巴音布鲁克景区、楼兰故城遗址、克孜尔石窟、
                      艾提尕尔清真寺、喀什噶尔老城景区
```

任务训练

以小组的形式，通过教材或其他方式了解新疆旅游景点，获得旅游景点信息，以"新疆专辑"为旅游主题，推荐旅游景点。每组选出1名同学代表小组阐述任务完成的过程，讲解推荐的旅游景点及推荐的理由。

任务评价

表6-4-1 新疆旅游区任务训练评价

评价指标	评价分值											
	自我评价				组间评价				教师评价			
	A	B	C	D	A	B	C	D	A	B	C	D
景点推荐												
推荐理由												
阐述过程												
讲解水平												
团队合作												
总体印象												

A. 优秀　　　B. 良好　　　C. 一般　　　D. 欠佳

单元练习

1. 搜集相关资料，了解本区主要的少数民族分布状况及其民风民俗。
2. 搜集相关资料，推荐本区特色饮食和特色旅游商品。
3. 以"丝路文化之旅"为旅游主题，推荐5处景区。

单元六知识测试

单元七

秀山丽水、名城佳园、吴越文化游
——沪苏浙皖赣旅游区

任务一　沪苏浙皖赣旅游区旅游特色

本旅游区地理位置优越，气候条件好，交通便利，经济发达，历史悠久，自然资源丰富，人文资源独具特色。本区名山众多，著名的风景名山有黄山、普陀山、雁荡山、九华山、云台山等；鄱阳湖、太湖、洪泽湖和巢湖等水域风光也十分秀丽，山水融合，相得益彰。南京、苏州、扬州等地汇集了江南古典园林的精华，特别是苏州，是我国园林艺术荟萃之地。被列入世界遗产大运河，始建于公元前486年，隋朝大运河以洛阳为中心，南起杭州，北到琢郡（今北京）。全长2700公里，后经元朝取直疏浚，全长1794公里，成为现今的京杭大运河，是中国东部平原上的伟大工程，是中国古代劳动人民创造的一项伟大的水利建筑，为世界上最长的运河，也是世界上开凿最早、规模最大的运河。在此区域中流经安徽、江苏、浙江，带来了丰富的大运河旅游资源，著名的景点有扬州古渡、中国大运河博物馆等。

任务目标

根据本区的旅游特色，设计本区旅游主题。

任务分析

要想设计本区的旅游主题，首先要了解本区的地理环境及特色旅游资源的类型、功能和成因，从而归纳本区旅游特色，设计本区旅游主题。

知识准备

一、秀山丽水，相映成趣

本区多奇山异水，河网密布，湖泊众多。主要河流有长江及其支流、淮河、钱塘江，京杭大运河等，湖泊主要分布在长江附近，我国五大淡水湖中的鄱阳湖、太湖、洪泽湖、巢湖都在这个区域内。本区域中著名的湖泊有太湖、杭州西湖、千岛湖、扬州瘦西湖、嘉兴的南湖，南京玄武湖、安徽巢湖等。

本区域的名山有黄山、庐山、钟山、云台山、紫金山、雁荡山、普陀山、天台山、九华山、天柱山、天目山、琅琊山、莫干山、齐云山、龙虎山、仙霞山等。其中，普陀山享有"海天佛国"之称；九华山享有"仙城佛国"之称；著名的四大道教名山有以道教文化和丹霞地貌著称的是安徽齐云山，被誉为"道教第一仙境"的是江西龙虎山。

二、江南园林，小巧精致

江南园林主要分布在本区，被誉为"咫尺之内再造乾坤"，是东方文明的造园艺术典范。明清时期，江浙一带经济繁荣，文化发达，在南京、无锡、苏州、常州、湖州、杭州、扬州、太仓、常熟等城市，宅园兴筑盛极一时。这些园林都是在唐宋写意山水园的基础上发展起来的，其强调主观的意兴与心绪表达，重视掇山、叠石、理水等创作技巧；突出山水之美，注重园林的文学趣味。特别是苏州园林汇集了我国江南园林的精华，以其古、秀、精、雅、多而享有"江南园林甲天下，苏州园林甲江南"的美誉。南京瞻园、苏州留园、拙政园、沧浪亭、狮子林、无锡寄畅园、上海豫园、扬州个园、何园等都是江南古典园林的典范。苏州园林中的拙政园、留园、网师园、环秀山庄、沧浪亭、狮子林、艺圃、退思园等以"苏州古典园林"项目作为文化遗产被列入《世界遗产名录》。

三、历史久远，人文荟萃

此区自古为繁华之地，经济的繁荣促进了文化艺术的发展。这里的人们重文重教，历史上名人荟萃，人才辈出，有科学家祖冲之、沈括、徐光启，文学巨匠施耐庵、吴承恩，书画家唐寅、郑板桥，地理学家徐霞客等。我国七大藏书楼中有三座也在该区，分别是扬州文汇阁、镇山文淙阁、杭州文澜阁。这里商业兴盛,城镇店铺、酒楼、茶社林立,是历史上人文荟萃的繁华之地。

本区以吴越文化为主体。吴越文化区以太湖流域为中心,其范围包括今上海、江苏南部、浙江、安徽南部、江西东北部。这种文化使得本区在文学、戏曲、书画、园林、建筑等方面具有鲜明的地域色彩,是中国文化中精致典雅的代表。

四、物产丰富,种类繁多

本区土特产品和工艺品种类繁多,独具地方风格和民族特色。著名的土特产品有:上海的南桥腐乳、枴蟹、松江鲈鱼、龙华水蜜桃;江苏的南京板鸭、阳澄湖螃蟹、太湖银鱼、高邮双黄鸭蛋;浙江金华火腿、黄岩蜜橘、杭州丝绸、西湖龙井;安徽的屯溪绿茶、祁山红茶、六安瓜片等。工艺品有:上海的金银饰品、玉雕、顾绣;江苏的苏州刺绣、宜兴紫砂陶器、无锡泥塑;浙江的宁波草席、东阳木雕、杭州织锦、湖州的湖笔;安徽的徽墨、芜湖铁画、宣纸等,深受游客的喜爱。

➲ 小结

```
                    ┌─ 秀山丽水,相映成趣
                    │
                    ├─ 江南园林,小巧精致
    吴越文化旅游区 ─┤
                    ├─ 历史久远,人文荟萃
                    │
                    └─ 物产丰富,种类繁多
```

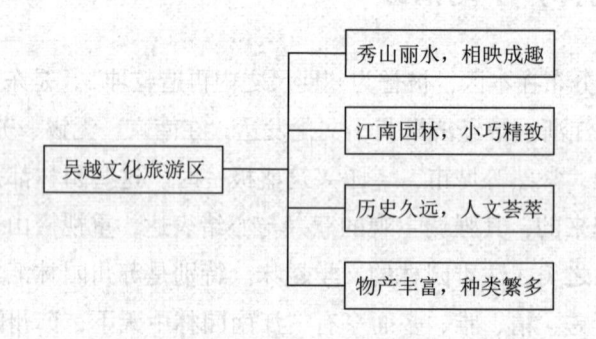

➲ 任务训练

表 7-1-1　沪苏浙皖赣旅游区旅游主题

主题名称	推荐理由	根据主题推荐的旅游景区或景点

单元七 秀山丽水、名城佳园、吴越文化游——沪苏浙皖赣旅游区

任务评价

表 7-1-2 沪苏浙皖赣旅游区旅游主题任务评价

评价指标	评价分值											
	自我评价				组间评价				教师评价			
	A	B	C	D	A	B	C	D	A	B	C	D
主题准确、鲜明												
推荐理由合理												
景点把握熟练												
团队合作												
总体印象												

A. 优秀   B. 良好   C. 一般   D. 欠佳

任务二 上海旅游区

上海，简称"沪"，别称"申"，地处我国漫长海岸线的最正中处，长江的入海口。上海全市面积为6340平方公里，城镇化水平居全国首位，是全国人口密度最大的城市，是中国第一大城市，也是世界人口最多的城市之一。上海是中国大陆的经济、金融、贸易和航运中心。上海位于我国大陆海岸线中部的长江口，是国家级历史文化名城，保留着众多古迹和富有特色的园林，有龙华古寺、静安古寺和玉佛寺，还有号称江南名园之秀的豫园。外滩老式的西洋建筑与浦东现代的摩天大厦交相辉映，名胜古迹和现代化大都市风光相互映衬，是上海旅游资源的特色。

任务目标

1. 学生自行寻找上海旅游区游览图，根据下面旅游行程线路，在图中标注旅游景区。

【上海"繁华都市"之旅】

Day 1：来自全国各地的游客集中抵达上海。

Day 2：陆家嘴（东方明珠广播电视塔、金茂大厦）。

Day 3：豫园、南京路、外滩。

Day 4：中共一大会址、玉佛寺、佘山国家森林公园。

— 169 —

Day 5：上海迪士尼乐园。

Day 6：返程，结束愉快的上海之旅。

2. 根据上海旅游区游览图，了解上海旅游区的特色旅游及代表性的旅游区。

任务分析

要想了解上海旅游区的特色旅游及代表性的旅游景区，首先要了解上海旅游区的自然与人文地理环境，从而分析上海旅游区的旅游特色；其次要熟悉上海旅游景区特点及分布情况；最后总结出上海旅游区的特色旅游及代表性景区。

知识准备

一、外滩游览区

（一）外滩

位于上海市中心区的黄浦江畔，北起苏州河口的外白渡桥，南至金陵东路，全长约1.5公里。它是上海的风景线，是到上海观光的游客必到之地。由于其独特的地理位置及近百年来在经济领域对上海乃至中国的影响，使其具有十分丰富的文化内涵。外滩的江面、长堤、绿化带及美轮美奂的建筑群所构成的街景，是最具有特征的上海景观。

自今延安东路至外白渡桥附近，延宽广的中山东一路，并列着一幢幢具有西欧古典风格的大楼，由于它们气派雄伟，庄重坚实，装饰豪华，色调和谐，线条挺拔，错落有致，形成一派巍峨壮观的建筑风景线，因此被誉为"凝固的音乐"。这些大楼凝聚着各国著名建筑设计师和中外能工巧匠的心血，是人类建筑史上一份宝贵的财富，有着"万国建筑博览会"之称。著名的中国银行大楼、和平饭店、海关大楼、汇丰银行大楼再现了昔日"远东华尔街"的风采，这些建筑虽不是出自同一位设计师，也并非建于同一时期，然而它们的建筑色调却基本统一，整体轮廓线有着惊人的协调性。

（二）南京路

东起外滩、西迄延安西路，横跨静安、黄浦两区，全长5.5公里，以西藏中路为界分为东西两段。是上海开埠后最早建立的一条商业街。1945年，国民政府从列强手上回收所有租界后将南京路改名为南京东路，静安寺路改名为南京西路。故广义上的南京路包括上海十大商业中心中的两个：南京东路与南京西路，南京东路（包括南京路步行街）主要是平价商业区和旅游区；而南京西路（包括静安寺地区）则是中国商铺租金最高的地区，也是全上海最奢华的时尚商业街区，以奢侈品和高端个性消费为主。

二、豫园老城厢游览区

（一）豫园

位于上海市老城厢的东北部，是江南古典园林，占地三十余亩。始建于明嘉靖三十八年（1559），距今已有400多年历史，规模宏伟，享有"东南名园冠""奇秀甲东南"的美誉。园内有穗堂、大假山、铁狮子、快楼、得月楼、玉华堂、点春堂、万花楼、玉玲珑、积玉水廊、听涛阁、涵碧楼、内园静观大厅、古戏台等亭台楼阁以及假山、池塘等四十余处胜景，设计精巧、布局细腻，以清幽秀丽、玲珑剔透见长，具有小中见大的特点，体现明清两代南方园林建筑艺术的风格。"玉华堂"前的"玉玲珑"假山石是与苏州留园的"瑞云峰"、杭州花圃的"绉云峰"齐名的江南园林三大奇石之一。

（二）老城隍庙

坐落于上海市最为繁华的城隍庙旅游区，是上海地区重要的道教宫观。"到上海不去城隍庙，等于没到过大上海。"可见老城隍庙在上海的地位和影响。上海城隍庙真正始建于明永乐年间（1403—1424），距今已有六百年的历史。上海知县张守约将方浜路上的金山神庙改建成了现今的城隍庙雏形。从明代永乐年间（1403—1424）到清代道光年间（1821—1850），上海城隍庙的庙基不断扩大，宫观建筑不断增加，最为繁盛时期的总面积达到49.9亩土地，约33000多平方米。随后于1926年重建，彩椽画栋、翠瓦朱檐。抗战后，为与新城隍庙（原址在金陵西路连云路口）相区分，故称老城隍庙。

三、陆家嘴游览区

陆家嘴地区有东方明珠电视塔以及金茂大厦、环球金融中心这些举世闻名的建筑和景观，在陆家嘴地区还有许多如上海海洋水族馆、上海大自然野生昆虫馆等极具观赏价值的景点。

（一）东方明珠广播电视塔

东方明珠电视台

又名东方明珠塔，位于上海黄浦江畔、浦东陆家嘴的"嘴尖"上，与外滩隔江相望。塔高468米，是上海标志性建筑和旅游热点之一。东方明珠塔凭借其穿梭于三根直径9米的擎天立柱之中的高速电梯，以及悬空于立柱之间的世界首部360°全透明三轨观光电梯，让每一位游客都能充分领略现代技术带来的无限风光。263米高的上体观光层和350米处太空舱是游客360°鸟瞰全市景色的最佳处所。享誉中外的东方明珠空中旋转餐厅位于东方明珠塔267米上的球体，以其得天独厚的景观优势、不同凡响的饮食文化、宾至如归的温馨服务，傲立于上海之巅，作为亚洲最高的旋转餐厅，其营业面积达到1500平方米，可容纳350位来宾用餐。底层的上海城市历史发展陈列馆再现了老上海的生活场景，浓缩了上海从开埠以来的历史。可以说东方明珠广播电视塔，集广播电视发射、观光、餐饮、购物、娱乐、会展、历史陈列等功能于一身。

（二）金茂大厦

又称金茂大楼，位于上海浦东新区黄浦江畔的陆家嘴金融贸易区，与著名的外滩风景区隔江相望，楼高420.5米，有多达62部电梯与555间客房，是集现代化办公楼、五星级酒店、会展中心、娱乐、商场等设施于一体，融汇中国塔形风格与西方建筑技术的多功能型摩天大楼。金茂大厦既有现代气派，又有民族风格，堪称上海的一座标志性建筑。

（三）中国共产党第一次全国代表大会会址纪念馆

位于兴业路76号（原望志路106号），是介绍中国共产党诞生史迹的革命旧址纪念馆。中华人民共和国成立后，会址按纪念馆原貌修复，室内布置维持了当年的原样，现为全国重点文物保护单位，纪念馆内还辟有"一大"会议室、中共创建史陈列室和革命史专题临时陈列室。"一大"会议室位于兴业路76号底楼，家具与物品均按当年原样陈列。中共创建陈列室有历史文献、文物和照片170余件，陈列内容为中国共产党成立的历史背景、各地共产主义小组的产生及其活动等。革命史专题临时陈列室曾分别举办过毛泽东、周恩来在上海的史料展览。

【思政链接】

中共一大会址

中共一大会址是红色文化的发祥地，红色文化是中国共产党成立后，领导中国人民在革命、建设、改革进程中，将马克思主义基本原理同中国具体实际相结合，创造出来的一种先进文化形态。中共一大的召开，宣告了中国共产党正式成立，使中国人民革命斗争有了新的领导核心，中国人民革命斗争有了科学的指导思想，使中国革命与世界无产阶级革命运动建立了联系，从而让中国革命得到了广泛的国际援助。

（四）佘山国家森林公园

位于上海西郊松江区境内，占地约 400 公顷，有东西佘山、天马山、凤凰山、小昆山等 12 座山峰，目前已开放的有东西佘山园、天马山园、小昆山园、月湖等景区。佘山景区风景秀丽，有蜚声中外的佘山圣母大殿，其级别之高，建筑之雄伟，为东南亚地区第一大教堂，也是佘山标志性建筑；佘山天文台，始建于清光绪二十四年（1898），是中国建造最早、规模最大的天文台之一。

（五）玉佛寺

坐落在上海市普陀区安远路东口，不仅是沪上名刹，也是闻名于海内外的佛教寺院。玉佛寺建于 1882 年，占地约 8000 平方米，房屋 299 间。清光绪年间，普陀山慧根和尚至印度礼佛朝拜，在返国途中取道缅甸，请得大小玉佛 5 尊，途经上海时，留下白玉佛释迦牟尼坐像和卧像各 1 尊，在江湾建寺供奉，玉佛寺由此得名。寺院殿宇仿宋代体制，布局严谨，结构协调，气势宏伟。寺内中轴线上，依次为天王殿、大雄宝殿、玉佛楼（方丈室），左右两侧有卧佛堂、观音殿、铜佛殿和斋堂等，错落有致。

（六）上海迪士尼乐园

位于上海市浦东新区川沙新镇。上海迪士尼乐园是中国内地首座迪士尼主题乐园，于 2016 年 6 月 16 日开园，包括六大主题园区：米奇大街、奇想花园、探险岛、宝藏湾、明日世界和梦幻世界。上海迪士尼乐园里有许多全球首发游乐项目、精彩的现场演出和多种奇妙体验，无论男女老少，无论年龄大小，都能在这里收获快乐。

四、青浦游览区

（一）淀山湖风景区

位于上海市青浦区，是青浦新城的核心景观带，是上海最大的天然淡水湖泊，面积 62 平方公里，是上海的母亲河——黄浦江的源头。淀山湖湖水碧澄如镜，沿岸烟树迷茫，富有江南水乡风光。淀山湖西接太湖，东连黄浦江，烟水迷蒙，碧波浩渺。淀山湖保存和修建了一大批文物古迹，辟有淀山湖游览区，区内湖光山色，环境幽雅，有根据古典小说《红楼梦》所描述的意境格局而建成的上海大观园，有青少年野营基地、民族文化村、福克游艇俱乐部、日月岛度假村等。

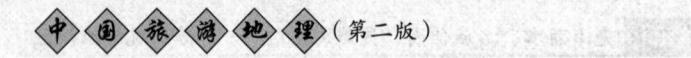

（二）朱家角古镇

俗称"角里"，隶属于上海市青浦区，是离上海最近的江南水乡古镇。朱家角历史源远流长。明末清初，"长街三里，店铺千家"，老店名店林立，南北百货，各业齐全，乡脚遍及江浙两省百里之外，遂又有"三泾（朱泾、枫泾、泗泾）不如一角（朱家角）"之说。镇内河港纵横，九条长街沿河而伸，千栋明清建筑依水而立，36座石桥古风犹存，名胜古迹比比皆是。

➤ 小结

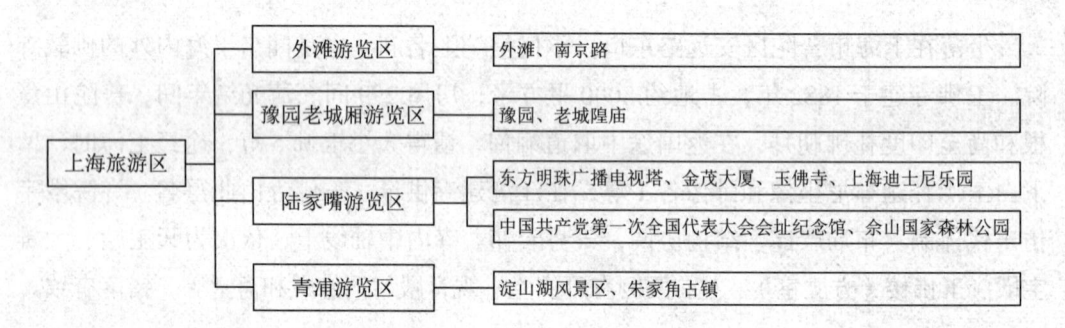

```
                        ┌── 外滩游览区 ──── 外滩、南京路
                        │
                        ├── 豫园老城厢游览区 ── 豫园、老城隍庙
                        │
上海旅游区 ─────────────┤                 ┌── 东方明珠广播电视塔、金茂大厦、玉佛寺、上海迪士尼乐园
                        ├── 陆家嘴游览区 ──┤
                        │                 └── 中国共产党第一次全国代表大会会址纪念馆、佘山国家森林公园
                        │
                        └── 青浦游览区 ──── 淀山湖风景区、朱家角古镇
```

➤ 任务训练

以小组的形式，通过教材或其他方式了解上海旅游景点，获得旅游景点信息，以"风云上海"为旅游主题，推荐旅游景点。每组选出1名同学代表小组阐述任务完成的过程，讲解推荐的旅游景点及推荐的理由。

➤ 任务评价

表7-2-1 上海旅游区任务训练评价

评价指标	评价分值											
	自我评价				组间评价				教师评价			
	A	B	C	D	A	B	C	D	A	B	C	D
景点推荐												
推荐理由												
阐述过程												
讲解水平												
团队合作												
总体印象												

A. 优秀　　　　B. 良好　　　　C. 一般　　　　D. 欠佳

任务三　江苏旅游区

江苏旅游区位于中国大陆沿海中部，长江、淮河下游，东濒黄海，北接山东，西连安徽，东南与上海、浙江接壤，是长江三角洲地区的重要组成部分。省名取自清朝江宁府和苏州府两府首字，简称"苏"。省会城市为南京，江苏土地肥沃，物产丰富，江河湖泊密布，素有"鱼米之乡"的美誉。本区河湖众多，水网密布，有中国第一大河——长江横穿东西，江面辽阔，还有世界上最古老的运河——京杭大运河纵贯南北。太湖、洪泽湖烟波浩瀚，碧波万顷。本区旅游资源丰富，有抗日战争遗址、革命遗址，有众口传颂的千年名刹，有精巧雅致的古典园林，有小桥流水人家的古镇水乡，有闻名于世的湖光山色，有规模宏大的帝王陵寝，还有雄伟壮观的都城遗址，全区的自然景观与人文景观交相辉映。

任务目标

1. 学生自行寻找江苏旅游区游览图，根据下面旅游行程线路，在图中标注旅游景区。

【邂逅江南】7日游

Day 1：来自全国各地的游客集中抵达南京，游览钟山风景区、秦淮河、夫子庙。
Day 2：南京：玄武湖、明孝陵、南京大屠杀遇难同胞纪念馆。
Day 3：南京—镇江—常州：金山寺、焦山、北固山、常州茅山。
Day 4：常州—无锡：鼋头渚、三国城、灵山大佛、梅园、鸿山遗址博物馆。
Day 5：无锡—苏州：拙政园、周庄、留园、虎丘山、同里古镇。
Day 6：苏州—扬州：瘦西湖、个园、何园。
Day 7：返程。

2. 根据江苏旅游区游览图，了解江苏旅游区的特色旅游及代表性的旅游景区。

任务分析

要想了解江苏旅游区的特色旅游及代表性的旅游景区，首先要了解江苏旅游区的自然与人文地理环境，从而分析江苏旅游区的旅游特色；其次要熟悉江苏旅游景区特点及分布情况；最后总结出江苏旅游区的特色旅游及代表性景区。

知识准备

一、南京游览区

南京是中国著名的"四大古都"之一，有"六朝古都"之称。南京城内主要河流有长江和秦淮河。主要景点有：中山陵、明孝陵、秦淮风光带、夫子庙、莫愁湖、燕子矶等。

（一）钟山风景区

位于江苏省南京市东北郊，是著名的风景游览胜地。钟山古称金陵山，汉代开始称钟山，东晋时开始称紫金山。钟山风景区以中山陵为中心，包括紫金山、玄武湖两大区域，区内有优美的自然风光和丰富的古迹文物。全区包括可供观光游览的景点有：中山陵、明孝陵、灵谷寺、紫金山天文台、中山植物园、北极阁气象台、鸡鸣寺等。

1. 中山陵

位于江苏省南京市玄武区紫金山南麓钟山风景区内，为首批国家重点风景名胜区和国家 5A 级旅游景区，整个建筑群依山势而建，由南向北沿中轴线逐渐升高，主要建筑有博爱坊、墓道、陵门、石阶、碑亭、祭堂和墓室等，它们排列在一条中轴线上，体现了中国传统建筑的风格，从空中往下看，像一座平卧在绿绒毯上的"自由钟"。景区内建筑还融合了中国古代与西方建筑之精华，庄严简朴，别具一格。

2. 明孝陵

坐落于南京市玄武区紫金山南麓独龙阜玩珠峰下，东毗中山陵，南临梅花山，位于钟山风景名胜区内，是明太祖朱元璋与其皇后的合葬陵墓。明孝陵作为中国明皇陵之首，代表了明初建筑和石刻艺术的最高成就，直接影响了明清两代五百余年 20 多座帝王陵寝的形制，依历史进程分布于北京、湖北、辽宁、河北等地的明清皇家陵寝，均按南京明孝陵的规制和模式营建，在中国帝陵发展史上有着特殊的地位，故而有"明清皇家第一陵"的美誉。陵区内的主体建筑和石刻有方城、明楼、宝城、宝顶，包括下马坊、大金门、神功圣德碑、神道、石像路石刻等，这些都是明代建筑遗存，保持了陵墓原有建筑的真实性和空间布局的完整性。明孝陵 2003 年与北京明十三陵一起列入《世界遗产名录》。

（二）夫子庙—秦淮河风光带

位于南京秦淮区，以夫子庙为中心，秦淮河为纽带，包括瞻园、夫子庙、白鹭洲公园、中华门以及从桃叶渡至镇淮桥一带的秦淮水上游船和沿河楼阁景观。这里庙市夜景合一，始终是南京最繁华的地方之一，有"十里珠帘"的美称。秦淮河大部分在南京市境内，是南京市最大的地区性河流。历史上，其航运、灌溉作用，孕育了南京古老文明，被称为南京的母亲河，历史上极负盛名，也被称为"中国第一历史文化名河"。

1. 夫子庙

位于秦淮河北岸的贡院街旁，夫子庙即孔庙，始建于宋代。夫子庙以庙前的秦淮河为泮池，南岸的石砖墙为照壁，全长110米，是全国照壁之最。这里是南京最著名的步行商业街区，也是最具老南京风味的地方。夫子庙建筑群由孔庙、学宫、江南贡院荟萃而成，是秦淮风光的精华。

2. 瞻园

瞻园是南京保存最为完好的一组明代古典园林建筑群，也是唯一开放的明代王府，曾是明朝开国功臣徐达府邸的一部分，也是清朝各任江南布政使办公的地点。瞻园面积约两万平方米，共有大小景点二十余处，布局典雅精致，有宏伟壮观的明清古建筑群，陡峭峻拔的假山，闻名遐迩的北宋太湖石，清幽素雅的楼榭亭台等。

3. 中华门

位于南京城墙京城城墙正南，明代称聚宝门，是南京城的正南门，也是南京城墙内城十三座城门中规模仅次于通济门的城堡式城门。中华门城堡是中国现存最大的城堡，也是世界上保存最完好、结构最复杂的古城堡。中华门前后有内外秦淮河径流横贯东西，是南京老城城南交通咽喉所在。

（三）玄武湖

位于南京城东北，东枕紫金山，西靠明城墙。玄武湖古称桑泊、后湖，已有一千五百多年的历史，是紫金山脚下的国家级风景区，中国最大的皇家园林湖泊，当代仅存的江南皇家园林，江南三大名湖之一，也是江南最大的城内公园，被誉为"金陵明珠"。玄武湖分为五块绿洲，荟萃了许多名胜古迹，现在是南京最大的文化休闲公园。

（四）南京大屠杀遇难同胞纪念馆

坐落在中国南京江东门街418号。该馆的所在地是江东门集体屠杀遗址和遇难者丛葬地。为悼念遇难者，南京人民政府于1985年建成这座纪念馆，并于1995年又进行了扩建。纪念馆占地面积3万平方米，建筑面积5000平方米。建筑物采用灰白色大理石垒砌而成，气势恢宏，庄严肃穆，是一处以史料、文物、建筑、雕塑、影视等综合手法，全面展示"南京大屠杀"特大惨案的专史陈列馆。该馆正大门左侧镌刻着邓小平手书的"侵华日军南京大屠杀遇难同胞纪念馆"馆名。

二、苏州游览区

（一）苏州园林

1. 拙政园

位于苏州古城区东北街，园林占地面积约4.1公顷，是中国的四大名园之一，苏州园林中的经典作品。拙政园布局主题以水为中心，池水面积约占总面积的五分之一，各种亭台轩榭多临水而筑。园区分为东、中、西三部分，东花园开阔疏朗，中花园是全园精华所在，西花园建筑精美，各具特色。园南为住宅区，展现了典型江南地区汉族民居多进的格局。园南还建有苏州园林博物馆，是国内唯一的园林专题博物馆。

2. 留园

位于江南古城苏州阊门外留园路338号，以园内建筑布置精巧、奇石众多而知名，与苏州拙政园、北京颐和园、承德避暑山庄并称中国四大名园。留园为中国大型古典私家园林，占地面积23300平方米，代表清代风格，以建筑艺术精湛著称，厅堂宽敞华丽，庭院富有变化，太湖石以冠云峰为最，有"不出城郭而获山林之趣"。其建筑空间处理精湛，造园家运用各种艺术手法，构成了有节奏有韵律的园林空间体系，使之成为世界闻名的建筑空间艺术处理的范例。留园分四部分，东部以建筑为主，中部为山水花园，西部是土石相间的大假山，北部则是田园风光。

3. 狮子林

位于苏州市城东北园林路。狮子林为苏州四大名园之一，至今已有650多年的历史。因园内"林有竹万，竹下多怪石，状如狻猊（狮子）者"，又因天如禅师为纪念佛徒衣钵、师承关系，故名"狮子林"。狮子林建筑可分祠堂、住宅与庭园三部分，现园区的入口原是贝氏宗祠，有硬山厅堂二进，是一座融禅宗之理、园林之乐于一体的寺庙园林。

4. 沧浪亭

位于苏州古城三元坊附近，是一处始建于北宋的中国汉族古典园林建筑，始为文人苏舜钦的私人花园，其占地面积1.08公顷，是苏州现存历史最为悠久的古典园林。

沧浪亭与狮子林、拙政园、留园一齐被列为苏州宋、元、明、清四大园林。有沧浪亭、明道堂、清香馆、翠玲珑、瑶华境界、印心石屋、看山楼、闻妙香室、面水轩、观鱼处、五百名贤祠等景观。

（二）江南水乡

1. 周庄

位于苏州管辖的昆山市境内西南隅，古称贞丰里，是一座具有九百多年历史的水乡古镇。全镇依河成街，桥街相连，深宅大院，重脊高檐，河埠廊坊，过街骑楼，穿竹石栏，临河水阁，一派古朴幽静，是江南典型的小桥流水人家。这里有沈厅、张厅、迷楼、叶楚伧故居、澄虚道院、全福寺、富安桥等名胜古迹，具有很高的历史、文化和观赏价值。

2. 同里

位于苏州市吴江区，距苏州市市区18公里，距上海80公里。是江南六大古镇之一，同里旧称"富土"，唐初改称为"铜里"，宋代时又将旧名拆字为"同里"。正式建镇于宋代，截至目前已有1000多年历史，是汉族水乡文化古镇。同里占地面积33公顷，四面环水，网状河流将镇区分割成七个岛，由49座桥连接。古镇镇内家家临水，户户通舟，宋元明清时期的古桥保存完好。

3. 甪直

坐落于苏州市吴中区，是一座与苏州古城同龄，具有2500多年历史的中国水乡文化古镇。镇内水系纵横，素有"五湖之汀"（澄湖、万千湖、金鸡湖、独墅湖、阳澄湖）、"六泽之冲"（吴淞江、清水江、南塘江、界浦江、东塘江、大直江）之称，古镇临水而筑，曾被费孝通誉为"神州水乡第一镇"，以水多、桥多、巷多、名人多而著称，更因塑壁罗汉和水乡妇女服饰闻名天下。"水巷小桥多，人家尽枕河"是甪直浓厚水乡气息的真实写照，一平方公里的古镇区原有宋元明清时期各式石桥"七十二顶半"，现尚存四十一座，素称"中国古桥博物馆"。

（三）虎丘山风景名胜区

位于苏州古城西北角，虎丘山高仅三十多米，却有"江左丘壑之表"之誉。景区包括"三绝九宜十八景"，其中最为著名的是千人石，试剑石，剑池，虎丘塔等。虎丘塔已有1000多年历史，是世界第二斜塔，是苏州古城的标志性建筑。剑池幽奇神秘，传说埋有吴王阖闾墓葬；千人石气势磅礴，留下了"生公讲座，下有千人列坐"的佳话。

三、镇江游览区

（一）镇江三山风景名胜区

地处江苏省西南部，长江下游南岸，具有"真山真水"的独特风貌。由金山风景区、焦山风景区、北固山风景区组成。金山以绮丽著名，山上江天大禅寺依山而造，殿堂楼台层层相接，远望只见寺庙不见山，素有"金山寺裹山"的说法，家喻户晓的"白娘子水漫金山寺"神话故事即缘于此。焦山地处长江三角洲地带，位于长江中下游河段中心，山水天成，古朴幽雅，山中碑林石刻，属于全国重点文物保护单位，内涵丰富，被誉为"书法之山"，其中的摩崖石刻《瘗鹤铭》享誉海内外。焦山定慧寺是江南著名古刹之一，焦山也因寺庙楼阁等建筑均藏于山林深处，又有"焦山山裹寺"之说。北固山以险峻著称，因三国故事而名扬千古，主峰面临大江，山势险固，甘露寺高踞峰巅，形成"寺冠山"特色，这里的亭台楼阁、山石洞道，无不与三国时期孙、刘联姻等历史传说有关，成为游客寻访三国遗迹的向往之地。

（二）茅山

位于江苏省句容市与金坛交界处，南北约长10公里，东西约宽5公里，面积50多平方公里，是道教上清派的发祥地，被后人称为"第一福地，第八洞天"，享有"秦汉神仙府，梁唐宰相家"的美誉。茅山层峦叠嶂，风景秀丽，景色宜人，素有"九峰、十八泉、二十六洞、二十八池"之胜景。人文景观有：九霄万福宫、元符万宁宫、老子神像、喜客泉、华阳洞、仙人洞、德观遗址、新四军纪念馆、苏南抗战胜利纪念碑等。

四、扬州游览区

（一）瘦西湖

位于江苏省扬州市北郊，现有游览区面积100公顷左右，全长4.3公里。瘦西湖园林群景色宜人，融南秀北雄为一体，在清代康乾时期即已形成基本格局，有"园林之盛，甲于天下"之誉。湖区利用桥、岛、堤、岸的划分，使狭长湖面形成层次分明、曲折多变的山水园林景观。瘦西湖景区现有：虹桥、钓鱼台、小金山、御码头、五亭桥、西园、冶春园、绿杨村、卷石洞天、西园曲水、四桥烟雨、长堤春柳、叶园、徐园、长春岭、琴室、木樨书屋、棋室、月观、梅岭春深、湖上草堂、绿荫馆、吹台、水云胜概、莲性寺、凫庄、五亭桥、白塔晴云、二十四桥景区等景点。

（二）个园

位于扬州古城东北隅，盐阜东路 10 号。是一处典型的私家住宅园林。从住宅进入园林，首先映入眼帘的是月洞形园门。门上石额书写"个园"二字，"个"者，竹叶之形，主人名"至筠"，"筠"也借指竹，以之名"个园"，点明主题。个园以叠石艺术著名，笋石、湖石、黄石、宣石叠成的春夏秋冬四季假山，融造园法则与山水画理于一体，被园林泰斗陈从周先生誉为"国内孤例"。

（三）何园

坐落于江苏省扬州市的徐凝门街 66 号，又名"寄啸山庄"，是一处始建于清代中期的汉族古典园林建筑，被誉为"晚清第一园"。何园的主要特色是充分发挥了廊道建筑的功能和魅力，1500 米的复道回廊，是中国园林中少有的景观。全园分为东园、西园、园居院落、片石山房四个部分，园内的两层串楼和复廊与前面的住宅连成一体，现为国家 4A 级旅游景区。

（四）中国大运河博物馆

中国大运河博物馆，简称"中运博"，位于扬州三湾风景区，总用地 200 亩，总建筑面积约 7.9 万平方米，是集运河文物收藏、展示、研究、教育于一体，兼顾旅游休闲与对外交流的专题性博物馆，是大运河国家文化公园建设的标志性博物馆。

现馆藏有自春秋至当代反映运河主题的古籍文献、书画、碑刻、陶瓷器、金属器、杂项等各类文物展品 1 万多件（套）。展览以"运河带来的美好生活"为总体定位，设有"大运河——中国的世界文化遗产""运河上的舟楫""因运而生——大运河街肆印象"3 个常设展、"世界知名运河与运河城市""运河湿地寻趣"等 6 个专题展、"河之恋"数字化沉浸式展览、1 个展演传统戏曲的小型剧场、1 个青少年互动体验项目和 2 个临时展厅，运用传统与现代展示手段，以多样化的展示形式，全流域、全时段、全方位地展现了中国大运河的历史、文化、生态和科技面貌，被誉为中国大运河的"百科全书"。

五、连云港游览区

（一）抗日山

抗日山原名马鞍山，位于江苏省连云港市赣榆区西部苏、鲁两省交界处，主峰海拔173米。抗日山是我国唯一一座以抗日命名的山，抗日山烈士陵园是中国共产党领导下的八路军、新四军兴建的时间最早、规模最大、安葬烈士最多的抗日烈士陵园。陵园内不但安葬着八路军抗日烈士，也安葬着新四军抗日烈士，不但有中国抗日军人的纪念碑，也有外国抗日英雄的纪念碑。在革命烈士纪念馆里，不但有共产党抗日烈士的专题介绍，也有国民党抗日烈士的事迹陈列。陵园依山而建，背山面水，气势宏伟，庄严肃穆，由抗日烈士纪念塔、纪念碑、纪念亭、纪念堂、纪念馆、碑廊、国防园和东西两大墓群组成。

（二）孔望山

位于江苏连云港市海州古城城东，因孔子登山望海而得名。孔望山由花岗岩、片麻岩构成，在山顶塑起了"孔子望海"雕像。孔望山文物古迹包括东汉末年的佛教摩崖石刻、佛教庙宇——龙洞庵、宋代古城、龙洞庵石刻群以及"承露盘""杯盘石刻"等多处道教遗迹。

六、无锡游览区

（一）太湖鼋头渚风景区

太湖鼋头渚风景区是横卧太湖西北岸的一个半岛，因巨石突入湖中形状酷似神龟昂首而得名。鼋头风光，山清水秀，浑然天成，是太湖风景的精华所在，故有"太湖第一名胜"之称。风景区有充山隐秀、鹿顶迎晖、鼋渚春涛、横云山庄、广福寺、太湖仙岛、江南兰苑，中日樱花友谊林等众多景观。

（二）灵山景区

位于江苏省无锡市太湖之滨，占地面积约30公顷，由小灵山、祥符禅寺、灵山大佛、天下第一掌、百子戏弥勒、佛教文化博览馆、万佛殿等景点组成。灵山景区集湖光山色、园林广场、佛教文化、历史知识于一体，是中国最为完整也是唯一集中展示释迦牟尼成就的佛教文化主题园区。

（三）梅园

坐落于无锡西郊的东山、浒山和横山之间。梅园是著名民族工业家荣宗敬、荣德生兄弟以"为天下布芳香"的宗旨而建。此园遥临太湖烟波，背倚龙山翠屏，倚山建园，以梅饰山，近山远水，虚实相映，构成一幅天然图画。梅园以梅花儿驰名，园中有梅树4000多株，盆梅2000多盆，品种近40个。早春季节，梅花盛开，这里一片"香雪海"，香气馥郁，沁人心脾。

（四）中国乡镇企业博物馆

位于无锡市锡山区东亭春雷造船厂旧址，这个造船厂是我国最早的乡镇企业之一（在皮革城附近）。项目总占地面积为4.5万平方米，建筑面积为1.01万平方米，总投资1.64亿元，主要由博物馆室内展示场馆和春雷造船厂旧址两部分组成，主展馆分为序厅、成就馆、历程馆、区域馆和无锡馆5个部分。整个博物馆按照"尊重历史、注重现在、展示辉煌、昭示未来"的思路，通过大量的实物、图片和文字记录，集中展示了中国乡镇企业的发展历史、成功经验和辉煌成就。

【思政链接】

乡镇企业

中国乡镇企业博物馆的建设和落成，是我国乡镇企业发展史上一件具有里程碑意义的大事，其内容展示，对于弘扬亿万农民百折不挠的创业精神、解决"三农"问题、促进城乡统筹发展和全面建成小康社会具有重要的现实意义。

我国的乡镇企业萌芽于20世纪50年代末、60年代初，20世纪80年代和90年代前期进入大发展时期，此后进入调整提高时期，目前则进入了转型发展的新阶段。乡镇企业的异军突起和迅速发展开创了一条具有中国特色的农村工业化之路，不但极大地改变了原有体制下的农村和农民，改变了城乡二元结构的旧貌，改写了中国和世界的经济版图，增强了我国的综合实力和发展活力，而且留下了属于本民族弥足珍贵的文化遗产和精神财富。

小结

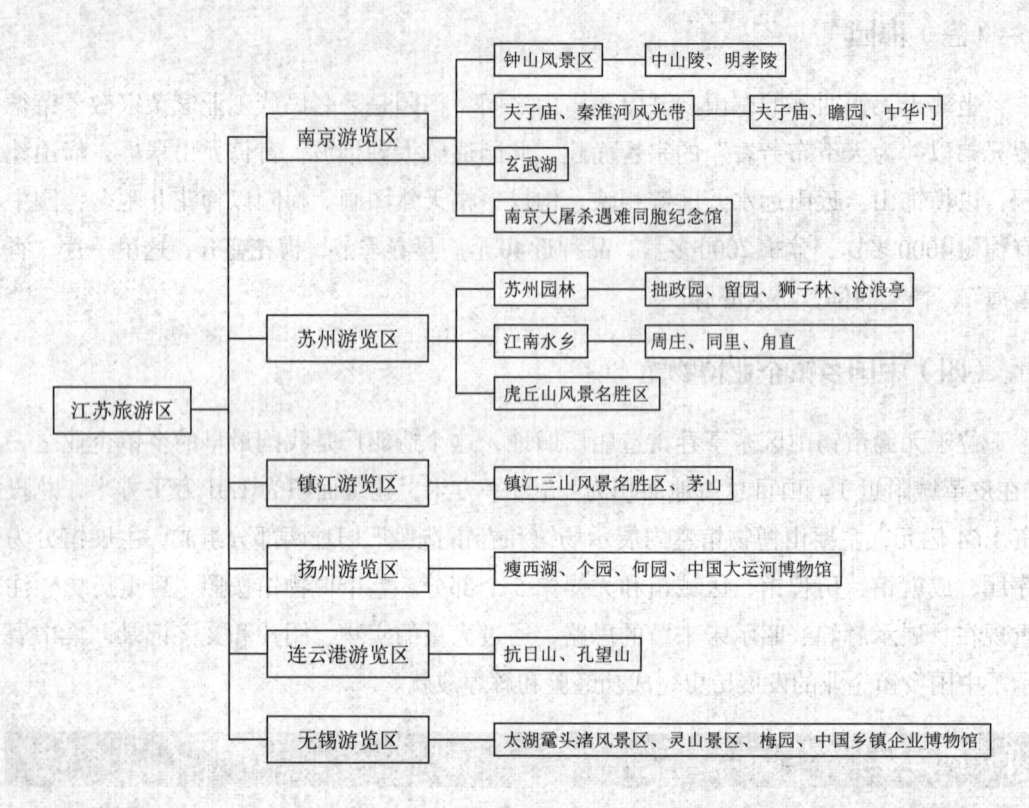

- 江苏旅游区
  - 南京游览区
    - 钟山风景区 — 中山陵、明孝陵
    - 夫子庙、秦淮河风光带 — 夫子庙、瞻园、中华门
    - 玄武湖
    - 南京大屠杀遇难同胞纪念馆
  - 苏州游览区
    - 苏州园林 — 拙政园、留园、狮子林、沧浪亭
    - 江南水乡 — 周庄、同里、甪直
    - 虎丘山风景名胜区
  - 镇江游览区
    - 镇江三山风景名胜区、茅山
  - 扬州游览区
    - 瘦西湖、个园、何园、中国大运河博物馆
  - 连云港游览区
    - 抗日山、孔望山
  - 无锡游览区
    - 太湖鼋头渚风景区、灵山景区、梅园、中国乡镇企业博物馆

任务训练

以小组的形式，通过教材或其他方式了解江苏旅游景点，获得旅游景点信息，以"江苏园林之旅"为旅游主题，推荐旅游景点。每组选出 1 名同学代表小组阐述任务完成的过程，讲解选出的最喜欢旅游景点。

任务评价

表 7-3-1　江苏旅游区任务训练评价

评价指标	评价分值											
	自我评价				组间评价				教师评价			
	A	B	C	D	A	B	C	D	A	B	C	D
景点推荐												
推荐理由												
阐述过程												
讲解水平												

续表

评价指标	评价分值											
	自我评价				组间评价				教师评价			
	A	B	C	D	A	B	C	D	A	B	C	D
团队合作												
总体印象												

A. 优秀　　　　B. 良好　　　　C. 一般　　　　D. 欠佳

任务四　浙江旅游区

浙江旅游区地处中国东南沿海、长江三角洲南翼，东临东海，南接福建宁德，西与江西上饶、安徽黄山相连，北与上海、江苏苏州、安徽接壤。该区占地面积十多万平方公里，人口5400多万，省会为杭州市。浙江旅游区历史悠久，人文荟萃，特产丰富，素有"鱼米之乡"之称，自然风光与人文景观交相辉映，特色明显，知名度高。境内有雁荡山、普陀山、括苍山、雪窦山、天目山、天台山等名山，有钱塘江、瓯江、灵江、苕溪、甬江、飞云江、鳌江、京杭运河（浙江段）八条水系，有杭州西湖、绍兴东湖、嘉兴南湖和宁波东钱湖四大名湖，还有中国最大的人工湖——杭州千岛湖。

任务目标

1. 学生自行寻找浙江旅游区游览图，根据下面旅游行程线路，在图中标注旅游景区。

【诗画江南，山水浙江】6日游

Day 1：来自全国各地的游客集中抵达杭州，游览西湖。

Day 2：杭州：千岛湖、富春江、天目山。

Day 3：杭州—嘉兴：南湖、西塘、乌镇。

Day 4：嘉兴—温州：雁荡山、楠溪江。

Day 5：温州—舟山：普陀山。

Day 6：普陀山—返程：桃花岛。

2. 根据浙江旅游区游览图，了解浙江旅游区的特色旅游及代表性的景区。

任务分析

要想了解浙江旅游区的特色旅游及代表性的旅游景区，首先要了解浙江旅游区的自然与人文地理环境，从而分析浙江旅游区的旅游特色；其次要熟悉浙江旅游景区特点及分布情况；最后总结出浙江旅游区的特色旅游及代表性景区。

知识准备

一、杭州游览区

（一）西湖

位于杭州市的西面，以其秀丽清雅的湖光山色和璀璨丰蕴的名胜古迹而闻名中外，是世界文化景观遗产，是中国著名的旅游胜地，被誉为"人间天堂"。西湖，古称钱塘湖，也称西子湖，三面云山环抱，一面濒临城区，苏堤和白堤将湖面分成里湖、外湖、岳湖、西里湖和小南湖五个部分。西湖新老十景使西湖无论晴雨风雪各有情致，春夏秋冬各有景色。此外西湖特产丰富，有西湖龙井、西湖醋鱼、西湖野鸭、西湖酥鱼、西湖莼菜、西湖藕粉、西湖牛肉羹、西湖绸伞、桂花鲜栗羹等。

（二）千岛湖

位于杭州淳安境内，是新安江水电站建成后所形成的人工湖，是世界上岛屿最多的湖。因湖中有大小岛屿1078个，故得"千岛湖"之美名。千岛湖碧波万顷，群山叠翠，峡谷幽深，溪涧清秀，洞石奇异，还有种类众多的生物资源，文物古迹和丰富的土特产品。湖中大小岛屿形态各异，群岛分布有疏有密，罗列有致。千岛湖地貌景观极为丰富，有石灰岩、丹霞地貌、薄层灰岩、花岗岩其组合变化，多姿多彩。千岛湖由于地质构造运动，还形成了许多独具特色的山峰、峭壁、岩石、峡谷景观，如石柱源、全朴溪、二十五里青山等，尤以仙人潭、金坳幽谷最具特色。

（三）富春江

富春江为钱塘江自建德梅城至萧山闻堰段的别称，属富春江——新安江风景名胜区。富春江"奇山异水,天下独绝",两岸山峦逶迤,群峰叠翠,江水澄碧,风光优美,沿途著名景点有建德的灵栖洞、大慈岩,桐庐的桐君山、严子陵钓台、瑶琳仙境、大奇山和富阳的鹳山等。富春江七里泷,以"山青、水清、史悠、境幽"为主要特色,有"严陵问古""双塔凌云""子胥野渡""七里扬帆""葫芦飞瀑"等景点,有"人行明镜中,鸟度屏风里"之妙趣,享有"小三峡"之誉。

(四)天目山

位于杭州临安城北,因东、西峰顶各有一池,宛若双眸仰望苍穹,由此得名。天目山峭壁突兀,怪石林立,峡谷众多,自然景观优美,该保护区动植物种类繁多,珍稀物种荟萃,这里是世界唯一的天目铁木生长地,也是我国著名的自然保护区。天目山的自然景观包括四面峰、倒挂莲花、狮子口、象鼻峰等地的奇特岩石地貌景观和海拔450米以下的岩溶地貌景观。此外,还有禅源寺、大树王、周恩来纪念亭等人文景观。

(五)灵隐寺

又名云林寺,位于浙江省杭州市,背靠北高峰,面朝飞来峰,始建于东晋咸和元年(326),占地面积约87000平方米。灵隐寺开山祖师为西印度僧人慧理和尚。宋宁宗嘉定年间,灵隐寺被誉为江南禅宗"五山"之一。全寺建筑中轴线上依次为天王殿、大雄宝殿、药师殿、法堂、华严殿。灵隐寺藏有古代贝叶写经、东魏镏金佛像、明董其昌写本《金刚经》以及清雍正木刻龙藏等珍贵文物。

二、嘉兴游览区

(一)南湖

地处嘉兴城南而得名,与西南湖合称鸳鸯湖,与杭州西湖、绍兴东湖齐名,是浙江三大名湖之一,素来以"轻烟拂渚,微风欲来"的迷人景色著称于世。1921年7月底,中国共产党第一次全国代表大会在南湖的一艘画舫上完成了最后的议程,庄严宣告中国共产党成立。南湖从此成为党的诞生地,全国人民向往的革命圣地,中国红色旅游之源。南湖景区内自然景观与人文景观交相辉映,主要有南湖革命纪念馆、会景园、湖心岛、四季园、英雄园、揽秀园、壕股塔、小瀛洲、放鹤洲、鸳湖生态绿洲等,其中中共一大嘉兴南湖会址是全国重点文物保护单位。

烟雨楼为嘉兴南湖湖心岛上的主要建筑,此楼自南而北,前有门殿3间,后有楼

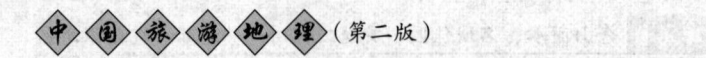

两层，面阔5间，进深2间，回廊环抱。二层中间悬有董必武于1965年题写的"烟雨楼"匾额。楼东为青杨书屋，西为对山斋，均3间。东北为八角轩一座，东南为四角方亭一座。西南垒石为山，山下洞穴迂回，可沿石蹬盘旋而上，山顶有六角敞亭，名翼亭。登烟雨楼望南湖景色，别有情趣。

（二）西塘

位于江浙沪三省交界处的嘉善县，古名斜塘，平川，国家5A级旅游景区。西塘是江南六大古镇之一，历史悠久，人文资源丰富，自然风景优美，是古代吴越文化的发祥地之一。西塘古镇中临河的街道都有廊棚，总长近千米，呈现出一幅"人家在水中，水上架小桥，桥上行人走，小舟行桥下，桥头立商铺，水中有倒影"的水乡风情画。主要景观有：西园、种福堂、石皮弄、根雕馆、纽扣博物馆、圣堂、七老爷庙、倪天增祖居等。

石皮弄坐落在西塘镇下西街，"种福堂"西首，是夹在两幢住宅之间的露天弄堂，建于明末清初。在西塘镇122条长短不一的弄中，石皮弄最窄，宽仅1米，弄口最窄处仅0.8米，全长68米，由166块石铺成，弄面平整，下为下水道。石皮弄左右两壁梯级状山墙有6—10米高，至今完整地保留着古老而又独特的风姿。这条长长的石皮弄，是西塘最长的弄堂，弄深而窄，石薄如皮，故名石皮弄。

（三）乌镇

地处桐乡市北端，西邻湖州市南浔区，北接江苏苏州吴江，是江南水乡六大古镇之一，素有"鱼米之乡，丝绸之府"之称。乌镇具有典型的江南水乡特征，它以河成街，街桥相连，依河筑屋，水镇一体，整个乌镇分为东栅景区和西栅景区。东栅景区包括汇源当铺、访庐阁、皮影戏、翰林第、修真观、古戏台、茅盾故居、余榴梁钱币馆、木雕馆、蓝印花布染坊、公生糟坊、乌镇民俗风情馆、江南百床馆、传统作坊区、香山堂、拳船表演、逢源双桥（通济桥、仁济桥）等景点；西栅景区包括昭明书院、草木本色染坊、水阁和公埠石碑、水上戏台及评书场、桥里桥、定升桥与定升糕、乌将军庙、月老庙、北湿地、京杭大运河、龙形田、元宝湖等景点。

三、舟山游览区

（一）普陀山

普陀山

位于舟山群岛东部海域，岛呈菱形，南北走向，海岸曲折，北部和东南部多沙滩，与舟山本岛隔海相望。是我国佛教四大名山之一，普济寺、法雨寺、慧济寺为其三大寺。景区分三个区域，第一区域以普济寺为中心，其中普济寺是全岛最大的寺院，也是全山供奉观音的主刹，普济寺的旁边是普陀山三宝之一的多宝塔。西天景区内则有磐陀石、心字石、梅福禅院等众多景点。第二区域有南海观音、紫竹林、不肯去观音院、南天门等景点，其中南海观音是岛上的标志性建筑，而不肯去观音院则拥有普陀山最为传奇的传说。第三区域以佛顶山为主，旁边有法雨寺、慧济寺两座寺院，普陀山三宝的另外两宝九龙藻井和杨枝观音碑，一个在法雨寺内，一个在法雨寺旁的杨枝禅院内。岛上秀丽的自然景观与悠久的佛教文化融汇一起，成为名扬中外的"海天佛国"。

（二）桃花岛

地处浙江省舟山群岛东南部，为舟山群岛第七大岛，与"海天佛国"普陀山、"海山雁荡"朱家尖隔港相望。桃花岛是金庸著作《射雕英雄传》和其姊妹篇《神雕侠侣》中描绘的美妙神奇的东海小岛。桃花岛集海、山、石、礁、岩、洞、寺、庙、庵、花、林、鸟、军事遗迹、历史纪念地、摩崖石刻、神话传说于一体，自然景观与人文景观并茂，包括桃花峪景区、弹指峰、塔湾金沙景区等。

（三）舟山朱家尖

位于浙江省舟山群岛东南部，是舟山群岛核心旅游区域"普陀金三角"的重要组成部分。岛上金沙连绵，碧浪荡漾，奇石峻拔，洞礁错置，海光迷幻，森林广布，潮音不绝，空气清新，风光迷人。朱家尖自1999年起，每年朱家尖都会在南沙景区举办中国舟山国际沙雕节，来自世界各地和我国的沙雕艺术家和爱好者们汇聚一堂，创作出栩栩如生、惹人喜爱的沙雕作品，将沙雕的迷人风采和独特魅力展现在游客面前。

四、温州游览区

（一）雁荡山

坐落于温州乐清境内，是中国十大名山之一，因山顶有湖，芦苇茂密，结草为荡，南归秋雁多宿于此，故名雁荡山。雁荡山可分为北雁荡山、中雁荡山、南雁荡山、西雁荡山（泽雅）、东雁荡山（洞头半屏山），雁荡山风景区主要是指乐清市境内东北部的北雁荡山。素有"海上名山""寰中绝胜"之誉，史称"东南第一山"。雁荡山分为灵峰、灵岩、大龙湫、雁湖、显圣等八个风景区，共有大小景点 500 多个，其中以奇峰怪石、古洞石室、飞瀑流泉称胜。灵峰、灵岩、大龙湫三个景区被称为"雁荡三绝"。

（二）楠溪江

位于温州市北部的永嘉县境内，以其水秀、岩奇、瀑多、村古、滩林美而闻名遐迩，被誉为"中国山水画摇篮"，是融自然景观、人文景观于一体的田园山水名胜区。楠溪江沿岸的古村落、古建筑，选址讲究，规划严谨，风格古朴，与自然环境和谐相融，是中国四大民居之一。较为突出的有岩头、枫林、苍坡、芙蓉、花坦等村。从永嘉县乘游船溯流而上，可一览楠溪江的美丽风光。主要景点有：百丈瀑，藤溪潭瀑，石门台，芙蓉三崖，十二峰，陶公洞，崖下库，石桅岩，苍坡村，芙蓉古村，狮子岩，太平岩等。

（三）文成龙麒源

位于浙江温州文成县西坑畲族镇梧溪境内的蟹坑地带，景区占地面积 6000 多亩，由龙麒山、金碧滩、龙麒峡、语溪谷、飞翠湖五大部分组成，全部为亚热带阔叶林木，是文成县保存最完好的生态公益林，植被丰茂，碧水长流，峡谷幽深，是集山水旅游、休闲探险、地貌原始森林科考的好去处。

五、湖州游览区

（一）安吉县余村

位于竹乡安吉天荒坪镇西侧，村内有始建于五代后梁时期的千年古刹隆庆禅院，有被誉为"江南银杏王"的千年古树，有亟待揭秘的古代工矿遗址和溶洞景观，有活化石之称的百岁娃娃鱼。余村溪自西向东绕村而过，是"两山"理念的诞生地。余村公园内矗立一块高高的石碑，碑上刻有"绿水青山就是金山银山"。

【思政链接】

"两山"理论

2005 年 8 月 15 日，时任浙江省委书记的习近平同志在安吉县余村考察时首次提出："我们过去讲，既要绿水青山，也要金山银山。其实，绿水青山就是金山银山。""绿水青山就是金山银山"的核心思想是加快高质量绿色发展，其目的是用

> "绿起来"首先带动"富起来",进而加快实现强起来。其中蕴含着丰富的内涵和深远的意境,其思想既深刻又生动形象,是习近平生态文明思想的标志性观点和代表性论断。

(二)莫干山

位于浙江省德清县境内,属天目山余脉,相传是干将莫邪铸剑之地。主峰塔山海拔 758 米,风景秀丽,素有"清凉世界"的美誉,被誉为"江南第一山",与北戴河、庐山、鸡公山并称为中国四大避暑胜地。莫干山自然景观独特,景区植被覆盖率高达 92%。莫干山中心景区包括塔山、中华山、金家山、屋脊山、莫干岭、炮台山等,清末民初兴建的数百幢别墅,掩映在竹林绿荫之中,被称为"世界建筑博物馆"。

(三)南浔古镇

位于浙江省湖州市南浔区南浔镇,始建于 1252 年,景区占地面积 34.27 平方公里,东界至宜园遗址东侧起,西界至永安街起,南界自嘉业堂藏书楼及小莲庄起,北界至百间楼,是江南六大古镇之一,国家 5A 级旅游景区。景区拥有南浔张氏旧宅建筑群等 5 处全国重点文物保护单位,庞氏旧宅、通津桥、洪济桥、颍园等 11 处市级文物保护单位,兴福桥、通利桥、新民桥 3 处市级文保点,生计米行、刘氏景德堂旧址、周庆云旧宅等 21 处历史建筑。

➲ 小结

浙江旅游区	景区	主要景点
	杭州游览区	西湖、千岛湖、富春江、天目山、灵隐寺
	嘉兴游览区	南湖、西塘、乌镇
	舟山游览区	普陀山、桃花岛、舟山朱家尖
	温州游览区	雁荡山、楠溪江、文成龙麒源
	湖州游览区	安吉县余村、莫干山、南浔古镇

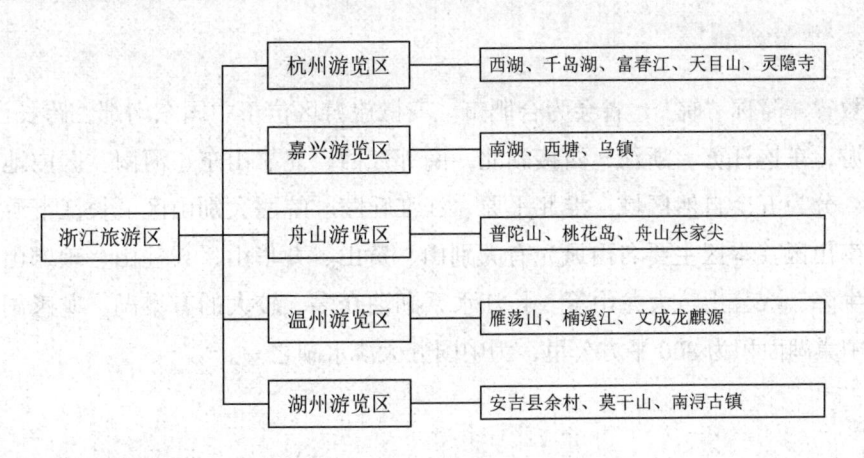

任务训练

以小组的形式，通过教材或其他方式了解浙江旅游景点，获得旅游景点信息，以"浙江水乡之旅"为旅游主题，推荐旅游景点。每组选出 1 名同学代表小组阐述任务完成的过程，讲解推荐的旅游景点及推荐的理由。

任务评价

表 7-4-1　浙江旅游区任务训练评价

评价指标	评价分值											
	自我评价				组间评价				教师评价			
	A	B	C	D	A	B	C	D	A	B	C	D
景点推荐												
推荐理由												
阐述过程												
讲解水平												
团队合作												
总体印象												

A. 优秀　　　　B. 良好　　　　C. 一般　　　　D. 欠佳

任务五　安徽旅游区

安徽省，简称"皖"，省会为合肥市。安徽旅游区位于中国东南部，跨长江下游、淮河中游、东连江苏、浙江，西接湖北，南邻江西，北靠山东、河南。区内地形呈现多样性，分为五个自然区域：淮北平原、江淮丘陵、皖西大别山区、长江下游平原区以及皖南山区。本区主要名山风光有大别山、黄山、九华山、天柱山、琅琊山、齐云山、牯牛降、八公山、大龙山等。长江水系湖泊众多，较大的有巢湖、龙感湖、南漪湖。其中巢湖面积为 800 平方公里，为中国五大淡水湖之一。

任务目标

1. 学生自行寻找安徽旅游区游览图，根据下面旅游行程线路，在图中标注旅游线路。

【安徽名山古镇】6日游

Day 1：来自全国各地的游客集中抵达合肥。

Day 2：合肥—池州：包公祠、九华山。

Day 3：池州—黄山：黄山。

Day 4：黄山—宣城：徽州古城、西递、宏村。

Day 5：宣城—六安：琅琊山、天堂寨、大别山白马尖。

Day 6：返程。

2. 根据安徽旅游区游览图，了解安徽旅游区的特色旅游及代表性的旅游景区。

任务分析

要想了解安徽旅游区的特色旅游及代表性的旅游景区，首先要了解安徽旅游区的自然与人文地理环境，从而分析安徽旅游区的旅游特色；其次要熟悉安徽旅游景区景点特点及分布情况；最后总结出安徽旅游区的特色旅游及代表性景区。

知识准备

一、合肥游览区

（一）包公祠

位于合肥市环城南路东段的一个土墩上，全名"包公孝肃祠"，是纪念宋龙图阁直学士、礼部侍郎、开封府尹包拯的公祠，是包河公园的主体古建筑群。祠为白墙青瓦构筑的封闭式三合院组成，主建筑是包公享堂，端坐包拯高大塑像，壁嵌黑石包公刻像，威严不阿，表现了"铁面无私"的黑脸包公的凛然正气。其祠四面环水，正门朝南，西廊陈列着包氏支谱、遗物、包公家训和包公墨迹，以及有关史册资料。祠四周即包河，与包公祠紧连的是包河南畔林区的包公墓。

（二）九华山

位于安徽省池州市东南境，是中国四大佛教名山之一，地藏菩萨的道场。九华山有名峰 70 余座，主体由花岗岩构成，其中以天台、天柱、十王、莲花、罗汉、独秀、芙蓉等九峰最为雄伟，最高的十王峰海拔 1342 米。主要景点有九子泉声、五溪山色、莲峰云海、平冈积雪、天台晓日、舒潭印月、闵园竹海、凤凰古松等。山间古刹林立，现存寺庙 78 座，佛像 6000 余尊。

（三）天柱山

位于安庆市潜山市西部，又名潜山、皖山、皖公山（安徽省简称"皖"由此而来）、万岁山、万山等，为大别山山脉东延的一个组成部分，国家 5A 级旅游景区。天柱山千米以上高峰有 45 座，主峰海拔 1488.4 米，主要有天柱峰、飞来峰、天池峰，景区宗教文化积淀深厚，是中华佛教禅宗的重要圣地。

二、黄山游览区

（一）黄山

位于安徽省南部黄山市境内，有"天下第一奇山"之美称，为道教圣地，遗址遗迹众多，属世界文化和自然遗产，国家 5A 级旅游景区。黄山以奇松、怪石、云海名扬天下，再加上其温泉又被称为黄山"四绝"。景区内奇峰耸立，有 36 大峰、36 小峰，其中莲花峰、天都峰、光明顶为三大主峰，海拔均在 1800 米以上。独特的花岗岩峰林，遍布的峰壑，千姿百态的黄山松，惟妙惟肖的怪石，变幻莫测的云海，构成了黄山静中有动，动中有静的巨幅画卷。

（二）齐云山

国家重点风景名胜区，位于徽州休宁县城西，古称白岳。境内有三十六奇峰，七十二怪崖，间以幽洞、曲涧、碧池、青泉，汇成胜境。历史上有"黄山白岳甲江南"之称，属丹霞地貌，奇峰峥嵘，怪石嶙峋，赤如丹砂，灿若红霞。著名的景点有香炉峰、玉屏峰、五老峰、天门岩（又称象鼻岩）、栖真岩、紫霄岩、石桥岩。还有建筑风格独特的道教墓葬 22 处和大量的摩崖石刻和碑刻，以玉虚宫、真武殿和玄天素宫、天清殿、洞天福地等最为有名。

（三）屯溪

位于安徽最南端，是黄山市政府所在地。屯溪风光秀美，古朴典雅，江水穿城而过。这里名人辈出，涌现出如明代著名数学家程大位、清代著名哲学家戴震等人，主要景观有屯溪老街、戴震藏书楼（纪念馆）、程大位故居、程氏三宅、关阳桥、小龙山等。

（四）徽州古城

坐落于安徽徽州歙县徽城镇，为国家历史文化名城，是千年徽州府治所在地。主要景点有许国石坊、许国相府、南谯楼、阳和门、徽州府衙、徽园、斗山街等府城街巷，还有江南都江堰渔梁古坝，中国历史文化名街渔梁街等，是展示和体现徽州文化的重要实物建筑，集中体现了明清时期的汉族文化特色。徽州古城与丽江古城、平遥古城、阆中古城并称为中国保存最完好的四大古城。

（五）西递

位于黄山市黟县东南部的西递镇中心。西递村历史悠久、古朴典雅、风光秀丽，是我国古民居建筑的艺术宝库，有"明清古民居博物馆"和"桃花源里人家"的美誉。村落占地面积16公顷，该村东西长700米，南北宽300米，村中富丽的宅院、精巧的花园、砖雕的楼台亭阁及精美的木雕、壁画等，都体现了中国古代艺术之精华，为国内古民居建筑群所罕见，堪为徽派古民居建筑艺术之典范。西递村于1999年12月和同属黟县的宏村一同被列入《世界遗产名录》。

（六）宏村

位于安徽省黄山西南麓，国家4A级旅游景区，古取宏广发达之意，称为弘村，因其造型独特并拥有绝妙田园风光被誉为"中国画里乡村"。古宏村人为防火灌田，独运匠心开仿生学之先河，规划并建造出堪称"中国一绝"的人工水系，统看全村，就像一只昂首奋进的大水牛，成为当今"建筑史上一大奇观"。全村现完好保存明清民居140余幢，承志堂"三雕"精湛，富丽堂皇，被誉为"民间故宫"。著名景点有：南湖风光、南湖书院、月沼春晓、牛肠水圳、双溪映碧、亭前大树、雷岗夕照、树人堂、明代祠堂乐叙堂等。

（七）唐模

位于黄山之口，历史上因经济活跃、民风淳朴被誉为"唐朝模范村"，是徽州历

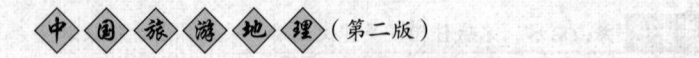

史悠久，人文积淀深厚的文明古村。景区以其千年古樟之茂，中街流水之美，"十桥九貌"之胜及"一村三翰林"之誉而闻名中外。有徽派园林——檀干园（孝子湖）、水口、水街、镜亭、同胞翰林坊、沙堤亭、高阳桥等省级文物保护单位，还有祠堂群、千年银杏、古井、明代古刻雕像和宋、元、明、清"苏、黄、米、蔡"等十八位名家的真迹碑刻等古迹。

（八）绩溪龙川景区

位于安徽绩溪县东南部，国家5A级旅游景区，是座典型的徽派村落，村庄呈南北走向的船形，东北首有龙须山，登源古溪贴着村东，自北向南流去。胡氏宗祠，为江南第一祠，素有"木雕艺术博物馆"和"民族艺术殿堂"之美称。奕世尚书坊是明代正宗石雕牌楼，为徽派石雕之最。另外，这里还有灵山庵、胡炳衡宅、胡宗宪少保府纪念馆等景点。

三、滁州游览区

（一）大别山白马尖

位于安徽省六安市霍山县和安庆市岳西县的交界处，以白马尖为核心的大别山主峰景区是国家4A级旅游景区和国家地质公园。白马尖成山于燕山运动晚期，为花岗石山体，山峰形似白马，立地摩天，海拔1774米，为大别山的最高峰。白马尖山势磅礴，巍峨壮丽，集高、雄、峻、特为一体。白马尖原始森林中蕴藏着丰富的动植物资源，有金钱松、青钱松、红豆杉、香榧、巨紫茎、都枝杜鹃、天女花、黄山松等植物以及金钱豹、麂、果子狸、豪猪、白冠长尾雉、甲板龟、娃娃鱼等动物。

（二）八公山

位于安徽省中部、淮河中游，国家4A级旅游景区，由大小四十余座山峰叠嶂而成，主峰海拔241.2米。八公山历史悠久，古称北山、泚陵、紫金山。因南临泚水，北濒淮河，峰峦错峙，向来就是兵家必争之地，历史上著名的泚水之战就发生于此，有"风声鹤唳，草木皆兵"的典故流传于世。主要景点有四顶山奶奶庙、淮南王墓、珍珠涌泉、淮南王炼丹井、宾阳楼等。

（三）小岗村

位于安徽省滁州市凤阳县，是中国农村改革发源地，全国十大名村之一，国家4A

级旅游景区。其按照"一心二园一带五区"空间格局进行总体布局,小岗村已开发形成的旅游项目有:大包干纪念馆、沈浩同志先进事迹陈列馆、当年农家、村文化广场、葡萄采摘园、蘑菇大棚和高效生态农业示范园等。

【思政链接】

小岗精神

1978年的冬天,小岗村人决定实施土地承包"大包干",使之成为中国改革的鲜明印记,可以说小岗村当年的创举是我国改革开放的一声春雷。"穷则变,变则通",小岗人解放思想、敢于"贴着身家性命干","包产到户"第二年就获得大丰收,一举结束23年吃国家救济粮的历史。小岗村犹如一座精神地标,以解放思想、敢闯敢试、勇于担当、百折不挠的精神力量,激励着我们将改革进行到底。站在新时代的历史新起点上,我们要继续发扬小岗精神,肩负起新时代的历史使命,共同书写更加精彩的改革答卷。

四、桐城游览区

(一)文庙

位于安徽省桐城市古城中心,始建于1314年,整座建筑古朴典雅,其建筑群以大成殿为中心,以南北中心线为对称轴。主要建筑有门楼、宫墙、泮池、泮桥(又名状元桥)、大成门、崇圣祠、土神祠、东西长庑等。文庙还有许多造型优美、精巧细致的砖刻、木雕和汉白玉雕,仅文庙门楼就有镂空木雕、浮雕60多处,"孔子生平故事""渔樵耕读""魁星点斗""独占鳌头"等图案,逼真传神,生动有趣。

(二)孔城老街

坐落于安徽省历史文化名镇孔城镇境内,距桐城市12公里。孔城老街已有1800多年历史,明清时期,孔城老街绵延数里,分为十甲,每甲之间有闸门隔挡。孔城老街为南北走向,呈"S"形,地势南低北高,一条主街,两条横街,另有三巷一弄,总长约3公里,街道宽度为3米左右,街、巷、弄路面均为麻石所铺,总面积为17万平方米。孔城老街的店铺房舍皆为青砖灰瓦,多具飞檐翘角,木镂花窗,鳞次栉比,颇具江南水乡特色。孔城老街不仅是江北地区保存最完整的一条老街,其规模也是首屈一指。

小结

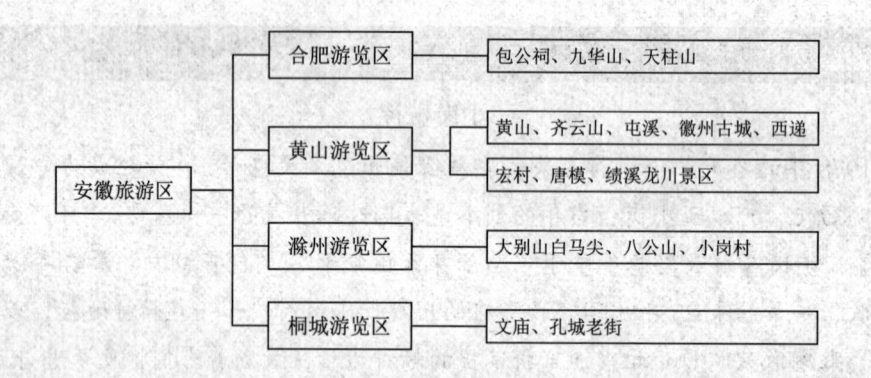

```
              ┌─ 合肥游览区 ── 包公祠、九华山、天柱山
              │
              │                ┌─ 黄山、齐云山、屯溪、徽州古城、西递
              ├─ 黄山游览区 ──┤
安徽旅游区 ──┤                └─ 宏村、唐模、绩溪龙川景区
              │
              ├─ 滁州游览区 ── 大别山白马尖、八公山、小岗村
              │
              └─ 桐城游览区 ── 文庙、孔城老街
```

任务训练

以小组的形式，通过教材或其他方式了解安徽旅游景点，获得旅游景点信息，以"徽州行"为旅游主题，推荐旅游景点。每组选出1名同学代表小组阐述任务完成的过程，讲解推荐的旅游景点及推荐的理由。

任务评价

表 7-5-1　安徽旅游区任务训练评价

评价指标	评价分值											
	自我评价				组间评价				教师评价			
	A	B	C	D	A	B	C	D	A	B	C	D
景点推荐												
推荐理由												
阐述过程												
讲解水平												
团队合作												
总体印象												

A. 优秀　　　B. 良好　　　C. 一般　　　D. 欠佳

任务六　江西旅游区

江西省，简称"赣"，省会为南昌市。江西旅游区位于长江中下游南岸，因733年唐玄宗设江南西道而得省名，又因境内主要河流赣江而得简称。江西省境内除北部较为平坦外，东、西、南部三面环山，中部丘陵起伏，成为一个整体向鄱阳湖倾斜而往北开口的巨大盆地。全境有大小河流2400余条，赣江、抚河、信江、修河和饶河为江西五大河流。江西自古以来素有"物华天宝、人杰地灵"之誉，是典型的江南鱼米之乡。本区旅游资源独具特色，有著名的"四山一湖"，"四山"为庐山、井冈山、龙虎山、三清山；"一湖"是鄱阳湖。本区红色旅游资源丰富，有中国革命的摇篮——井冈山、八一起义英雄城——南昌、红色故都——瑞金、中国工人运动的发源地——安源，这些景点在中国革命史上都具有重要地位。

任务目标

1. 学生自行寻找江西旅游区游览图，根据下面旅游行程线路，在图中标注旅游景区。

【"红色摇篮，绿色家园"】6日游

Day 1：来自全国各地的游客集中抵达九江市，游览庐山、鄱阳湖。

Day 2：九江—景德镇—上饶：浮梁古城、三清山、婺源江湾。

Day 3：上饶—南昌：龙虎山、八一南昌起义纪念塔、滕王阁。

Day 4：南昌—吉安—赣州：仙女湖、井冈山。

Day 5：赣州：瑞金、通天寨。

Day 6：返程。

2. 根据江西旅游区游览图，了解江西旅游区的特色旅游及代表性的景区。

任务分析

要想了解江西旅游区的特色旅游及代表性的旅游景区，首先要了解江西旅游区的自然与人文地理环境，从而分析江西旅游区的旅游特色；其次要熟悉江西旅游景区景点特点及分布情况；最后总结出江西旅游区的特色旅游及代表性景区。

知识准备

一、景德镇游览区

（一）庐山

位于九江市庐山市，世界文化景观遗产，国家5A级旅游景区，北靠长江，南傍鄱阳湖，南北长约25公里，东西宽约20公里。大部分山峰在海拔1000米以上，主峰汉阳峰海拔1474米。庐山风景秀丽，是我国著名的旅游风景区和避暑疗养胜地，可分为山上和山下两部分游览区。山上部分为庐山牯岭景区；山下部分分为庐山山南景区和沙河景区，景区以仙人洞、九十九盘、三叠泉、白鹿洞、天池、庐山云海等景点最为出名。

（二）鄱阳湖

地处江西省北部，长江中下游南岸，国家4A级旅游景区。鄱阳湖地跨九江、南昌等多个地市，是全国最大的淡水湖泊，是著名的国家候鸟保护区、世界重要湿地之一。鄱阳湖总体面积达3914平方公里，是长江水流的调节器，也是我国著名的"鱼米之乡"，盛产多种淡水生物，尤以鄱阳湖银鱼最为名贵。鄱阳湖主要景点有：石钟山、大孤山、南山、老爷庙、落星湖等。

（三）浮梁古城

位于瓷都景德镇市郊区8公里处，建于唐元和十二年（817），历经唐、宋、元、明、清多个朝代，是历代浮梁县治之所在。浮梁古城全城布局形似八卦，城墙全长20余里，高1.6丈，宽丈许。浮梁古县衙为江南唯一保存较完整的清代县衙，距今170年，占地面积64495平方米，规模宏伟，完整地保留了中轴线上的照壁、头门、仪门、衙院、大堂、二堂及三堂等县衙原有风貌。宋代红塔登塔结构特别，是穿壁绕座式，需从门外面向里面上石阶梯，又从对面门出，并且绕外檐平座半圈，内外相结合，相穿而上才能登到塔顶。塔底有地宫，埋藏了舍利子，是江西省保存最早的最完整的一座大型古塔，称"江西第一塔"。

二、上饶游览区

（一）三清山

位于上饶市玉山县三清乡，地处玉山和德兴两县交界处，是世界自然遗产，是国家重点风景名胜区，国家 5A 级旅游景区。该山占地面积达 220 平方公里，因玉京、玉虚、玉华三峰"如三清列坐其巅"而得名。三清山以自然山岳风光为主，以道教人文景观为特色。玉京峰海拔 1817 米，为三清山最高峰，著名景观有：司春女神、巨蟒出山、老道拜月、观音赏曲、神龙戏松等。三清山旅游资源丰富，有梯云岭、南清园、万寿园、西海岸、玉京峰、阳光海岸、三清宫、玉灵观等十大景区。

（二）婺源游览区

婺源游览区的田园风光与徽州古建筑完美融合，风景秀美，文化底蕴深厚，充满水墨江南韵味，主要景点有江湾古村、江岭、李坑古村、鸳鸯湖等。

1. 江湾古村

位于江西省婺源县境内东北部，距婺源县城 28 公里。江湾是一座具有丰厚徽州文化底蕴的古村落，村中还保存有尚好的御史府宅、中宪第等明清时期官邸；还有徽派民居滕家老屋、培心堂以及其他一些徽派商宅等。除此之外，江湾景区新建有百工坊、鼓吹堂、公社食堂等景点，可以让游客体验旧时手工艺匠人的传统技艺，观赏徽剧、婺源民歌等传统剧目，极具历史价值和观赏价值。

2. 江岭

地处江西省婺源县最东北，与云南罗平、贵州安顺、青海门源并称为"中国四大油菜花海"。江岭是婺源油菜花的代表，白墙黛瓦的徽式民居与层层梯田金黄花海相映成趣，加上远处苍翠的青山，构成了一幅优美的田园风光画卷。

3. 李坑古村

距婺源县城 12 公里，是一个以李姓居民聚居为主的古村落。李坑古村的建筑风格独特，是著名的徽派建筑。村中明清古建筑遍布、民居宅院沿溪而建，依山而立，粉墙黛瓦、参差错落；村内街巷溪水贯通、九曲十弯；青石板道纵横交错，石、木、砖各种溪桥数十座沟通两岸，著名景点：有两涧清流、柳碣飞琼、双桥叠锁、焦泉浸月、道院钟鸣、仙桥毓秀等，构筑了一幅小桥、流水、人家的美丽画卷。

4. 鸳鸯湖

位于婺源县西部赋春镇，因水库周围生态环境良好，吸引了众多的鸳鸯来此越冬，故 1986 年后逐渐被改称为"鸳鸯湖"，是目前世界上最大的野生鸳鸯栖息地。鸳鸯湖环境幽雅恬静，空气清新甘美，山林青翠欲滴，湖水澄碧如玉，是一个"静谧的绿色世界"。尤其是每年秋末冬初，会有 2000 多对野生鸳鸯固定从遥远的西伯利亚迁徙到这里过冬，它们双宿双飞双浴、形影不离，给大自然增添了无限的诗情画意。

三、南昌游览区

（一）龙虎山

位于江西省鹰潭市贵溪舒家村，原名云锦山，国家 5A 级旅游景区。景区占地面积 220 平方公里，是我国典型的丹霞地貌风景，是世界自然遗产。源远流长的道教文化、独具特色的碧水丹山和规模宏大的崖墓群构成了龙虎山景区自然景观和人文景观的"三绝"。景区有 99 峰、24 岩、108 处景物，主要景点有：上清宫、龙虎山、仙水岩等。

（二）滕王阁

坐落于江西省南昌市沿江路，国家 5A 级旅游景区，与湖南岳阳楼、湖北黄鹤楼并称江南三大名楼。滕王阁始建于唐代，后几经兴废，现在的滕王阁主阁共九层，主体建筑净高 57.5 米，建筑面积 13000 平方米，南北配有回廊连接的两个辅亭，主体建筑为宋式仿木结构，碧瓦丹柱，雕梁飞檐，气势颇为雄伟。其下部为象征古城墙的 12 米高台座，分为两级。台座之下，有南北相通的两个瓢形人工湖，北湖之上建有九曲风雨桥。

（三）八一起义纪念塔

坐落于江西省南昌市八一大道市区中心人民广场南端。此塔为 1977 年为纪念"八一"起义五十周年而建，塔呈长方体，总高 45.5 米。正北面是叶剑英元帅题写的"八一南昌起义纪念塔"九个铜胎鎏金大字，下嵌"八一南昌起义简介"花岗石碑。其他三面是"宣布起义""攻打敌营""欢呼胜利"三幅大型花岗石浮雕。塔身两侧各有一堵翼墙，嵌有青松和万年青环抱的中国工农红军旗徽浮雕。塔顶由直立的花岗石雕步枪和用红色花岗石拼贴的中国人民解放军军旗组成。纪念塔军旗上的镰刀、斧头代表着工农的子弟，工农的兵，工农热爱子弟兵。纪念塔的四周增设了4盏灯，灯光射出的颜色如同火红的杜鹃花，孕育着井冈山精神。

四、赣州游览区

（一）仙女湖

位于江西省新余市西南郊，国家级风景名胜区，国家4A级旅游景区，以"情爱圣地、群岛峡谷曲水、千年水下古城、亚热带植物基因库"四大绝景著称。景区面积198平方公里，自然风光秀美朴实，具有"幽、秀、奇、雄"之特点，景区兼具湖泊型和山岳型两大类型。

（二）井冈山

位于江西省吉安市湘赣边界的罗霄山脉中段，国家5A级旅游景区。井冈山风景名胜区有60多个景点，320多处景观景物。其峰峦、山石、瀑布、气象、溶洞、温泉、珍稀动植物及高山田园风光，具有雄、险、秀、幽、奇的特色。同时井冈山也是"中国革命的摇篮"。1927年秋，毛泽东、朱德等共产党人率领中国工农红军，在这里创建了第一个农村革命根据地，开辟了以"农村包围城市，武装夺取政权"的具有中国特色的革命道路，为后人留下了宝贵的精神财富——井冈山精神。这里有很多的革命人文景观，是土地革命初期中国工农红军革命遗址最集中的地方，仅保存完好的革命旧居旧址就有几十处。

（三）瑞金革命遗址

瑞金革命遗址是第一批全国重点文物保护单位，全国优秀爱国主义教育基地，位于江西省赣州市瑞金市。1931年11月7日，中国共产党在瑞金建立了自己的红色政权，称为中华苏维埃共和国，瑞金为共和国的首都，改名为"瑞京"。从1931年11月至1934年10月，中央革命根据地的党、政、军、群等领导机关全部设在这里，瑞金成为中央革命根据地和全国各革命根据地的领导中心。瑞金有诸多革命遗址，主要分布在叶坪村、沙洲坝、云石山等地，有大柏地的"弹洞壁"、乌石垄的中央军委旧址、洋溪祠堂的中央党校、红军大学及"长征第一桥"武阳桥等。

（四）寻乌调查纪念馆

寻乌调查纪念馆是毛泽东寻乌调查纪念馆的简称，位于江西省赣州市寻乌县马蹄岗，是国家文物保护单位。寻乌调查纪念馆成立于1968年6月，始建名为"宣传毛泽东同志在寻乌伟大革命实践委员会办公室"，1974年更名为"寻乌县革命历史纪念馆"，2003年整体改进维修。纪念馆占地面积8000平方米，主要有毛泽东同志旧居、寻乌调查陈列室、红军医院、红四军干部会议旧址等景点，它是中国革命红色政权建立基地之一。

【思政链接】

寻乌调查

1930年5月初，毛泽东率领中国工农红军第四军来到寻乌县城，进行了历时一个多月的革命活动。毛泽东利用红军分兵寻乌、安远、平远发动群众工作的时机，在寻乌县委书记古柏的协助下，做了大规模的寻乌调查。1931年2月，毛泽东在宁都县小布镇整理完成8万多字的《寻乌调查》文稿。通过寻乌调查，毛泽东对中国革命的认识得到升华、飞跃，在寻乌调查后期写下了名篇著作《调查工作》。寻乌调查，形成了《反对本本主义》这一关于调查研究理论的奠基著作，首次提出了"没有调查，没有发言权"的科学论断，第一次提出了"中国革命斗争的胜利要靠中国同志了解中国情况""共产党人要从斗争中创造新局面"的思想路线，从而奠定了马克思主义中国化的理论基础，对于我党实事求是的思想路线和群众路线、独立自主思想的形成与发展具有极为重要的意义。

（五）通天寨

位于石城县城东南5公里处的琴江镇大畲村、前江村境内，有着"千佛丹霞，通天胜境"之称，素有"石怪、洞幽、泉美、茶香、佛盛"的美誉。景区山石险峻，峰峦奇伟，主峰海拔601.7米，主要景点：有大畲荷花观光园、古民居南屋、通天寨生态乐园、通天岩、玉孟寺、净土岩、试剑石、石笋干霄、仙人犁田、钟鼓石、生命之门、菩萨坐禅等自然和人文景观等40余处，是一处以观光、健身、科普、客家民俗展示和佛教朝圣为主的丹霞地貌旅游区。

单元七 秀山丽水、名城佳园、吴越文化游——沪苏浙皖赣旅游区

↪ 小结

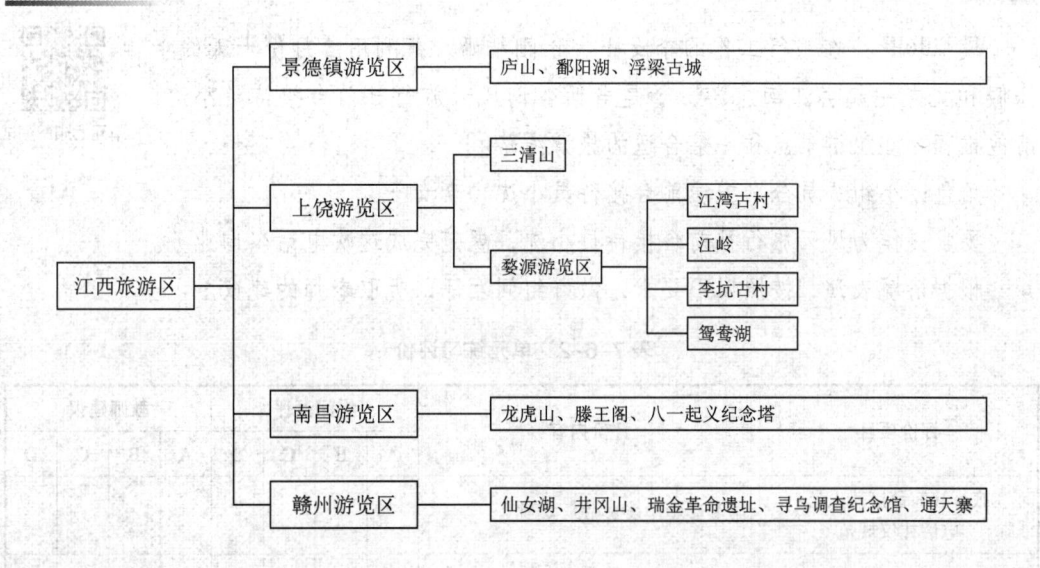

```
                    ┌─ 景德镇游览区 ── 庐山、鄱阳湖、浮梁古城
                    │
                    │                 ┌─ 三清山
                    ├─ 上饶游览区 ─────┤              ┌─ 江湾古村
                    │                 │              ├─ 江岭
                    │                 └─ 婺源游览区 ──┤
江西旅游区 ─────────┤                                ├─ 李坑古村
                    │                                └─ 鸳鸯湖
                    │
                    ├─ 南昌游览区 ── 龙虎山、滕王阁、八一起义纪念塔
                    │
                    └─ 赣州游览区 ── 仙女湖、井冈山、瑞金革命遗址、寻乌调查纪念馆、通天寨
```

↪ 任务训练

以小组的形式，通过教材或其他方式了解江西旅游景点，获得旅游景点信息，以"江西奇山异水之旅"为旅游主题，推荐旅游景点。每组选出1名同学代表小组阐述任务完成的过程，讲解推荐的旅游景点及推荐的理由。

↪ 任务评价

表 7-6-1 江西旅游区任务训练评价

评价指标	评价分值											
	自我评价				组间评价				教师评价			
	A	B	C	D	A	B	C	D	A	B	C	D
景点推荐												
推荐理由												
阐述过程												
讲解水平												
团队合作												
总体印象												

A. 优秀　　　B. 良好　　　C. 一般　　　D. 欠佳

单元练习

模拟场景：在银行工作的李女士去年刚结婚，想利用5月份十天的年休假和丈夫一起去江南旅游，于是电话咨询风云旅行社前台接待员小沈，请他推荐一些旅游景点和一条合适的旅游线路。

角色：小组成员分别扮演前台接待员小沈、李女士。

要求：作为风云旅行社前台接待员小沈，规范完成这次电话咨询业务。

根据情境表演，按照以下要求，做好组间互评，听取老师的建议。

表 7-6-2　单元练习评价

评价项目	评价内容	组间互评 A	B	C	D	教师建议 A	B	C	D
旅行社前台接待人员电话礼仪规范	服务礼貌用语规范								
旅行社前台接待人员对旅游景点推荐	推荐最佳经典景点								
	选择最佳介绍方法								
	突出核心介绍内容								
旅行社前台接待人员对旅游线路介绍	推荐最佳旅游线路								
	选择最佳介绍方法								
通用能力	与顾客之间的有效沟通								
	语言表达能力、应变能力								
努力方向：									

A. 优秀　　　B. 良好　　　C. 一般　　　D. 欠佳

单元八

峡谷巨川、革命圣地、蜀楚文化游
——川渝鄂湘旅游区

任务一　川渝鄂湘旅游区旅游特色

本旅游区包括四川省、湖北省、湖南省、重庆市，地处我国中部，位于长江中、上游地区，是全国唯一一个既不靠海又无国境的旅游区，全区面积近百万平方公里，分布着土家族、苗族、瑶族、侗族、白族、回族、维吾尔族等民族，是我国少数民族主要的聚居地之一。此旅游区北部是我国自然地理南北分异的重要分界地域，也是东西之间的过渡地带。本区横跨我国地貌上的三大阶梯，地表结构复杂，江河纵横、湖泊众多、山脉雄奇，地形复杂，形成了特有的峡谷景观。本区生物种类繁多，有众多的自然保护区，同时，独特的蜀楚文化、引人入胜的三国胜迹、遍布全区的革命圣地，都是本区独具特色的旅游景观。

任务目标

根据本区的旅游特色，设计本区旅游主题。

任务分析

要想设计本区的旅游主题，首先要了解本区的地理环境及特色旅游资源的类型、功能和成因，从而归纳本区旅游特色，设计本区旅游主题。

知识准备

一、地表结构复杂，峡谷地貌景观突出

本区位于我国大陆核心地区，横跨我国地貌三大阶梯，地形地貌复杂，以平原盆地为主，峡谷地貌突出。本区地貌可分为川西山地高原、四川盆地、渝湘鄂西山地、两湖平原以及其间的低山丘陵等地貌类型区。川西山地高原属于第一和第二级之间的相交地区，地势由北向南平均海拔逐渐降低，河流峡谷地貌特别明显，形成了高山深谷、岭谷相间的形势。四川盆地内部地势北高南低，盆地中堆积了数千米的紫色和红色岩层，又称"紫色盆地"，盆地东部是由多条低山丘陵组成的平行岭谷，盆地中部是广阔的方山丘陵，丘陵的南部边缘山地石灰岩分布广泛，属喀斯特地貌，西部是我国西南地区最大的平原——成都平原。渝、鄂西分布着巫山、武当山、大巴山等中低山，长江从西向东流经巫山山脉，形成了举世闻名的长江三峡。两湖平原包括湖北的江汉平原和湖南的洞庭湖平原，地貌结构以平原、低山和丘陵为主，素有"鱼米之乡"的美称。

二、河网稠密、湖泊众多，水体景观繁多

湿润的气候，使本区成为全国河网稠密、湖泊众多、水利资源极其丰富的地区。河流除与两岸峡谷形成本区特有优势的河流峡谷风光外，还在平原区形成了巨川田园风光，在山区地势陡降处形成了瀑布景观，在上游某些河段形成漂流河段，如湘西猛洞河漂流、鄂西神农溪漂流、清江漂流等。本区湖泊主要集中在两湖平原，其中又以有"千湖之省"之称的湖北最多，包括武汉东湖、洞庭湖等。

三、温暖湿润的亚热带季风气候，生物资源丰富

本区绝大多数地域属湿润的亚热带气候，具有冬暖夏热、四季分明、降水丰沛但季节分配不够均匀的特点，加上山地以中低山及丘陵为主，因而以常绿阔叶林为主的植物繁茂，山地以秀美为特色。

由复杂地形构成的局部地区，受人类干扰较少，自然生态环境良好，为某些野生动植物的生存创造了条件。本区拥有一批稀有的动植物资源，特别著名的有大熊猫、金丝猴、梅花鹿、牛羚、黑颈鹤、大鲵、水杉、银杉、珙桐、桫椤等。本区陆续建立了各种自然保护区，较好地保护了自然原貌，成为人们认识大自然、欣赏大自然、享

受大自然，并培养保护大自然意识的极好去处。

四、巴蜀楚文化特色鲜明

（一）巴蜀文化

3000多年前重庆是巴国首府，2400多年前，成都是蜀国都城，四川历来以"蜀"相称，因而成长发育于四川盆地的区域文化被称为巴蜀文化。由于四川盆地的汉族人大多是元朝末年和明末清初迁徙过来的湖北人和湖南人，其文化特色多与两湖平原类似；而位于湘鄂西和川东山地的土家族人却是古代巴人的后裔，因此较多地保留了巴蜀文化特色。其文化特色主要表现在：崇尚白虎、特别鲜明的民间体育——肉莲湘、无事不歌舞、独特的婚俗——哭嫁等。

（二）楚文化

楚文化是我国古代独放异彩的一支区域文化，在不断融合江南众多的部族文化的过程中成长壮大，在春秋中期崛起为统领南方的楚国，创造了能与中原文化相媲美的中国文化南支。其辉煌的成就、鲜明的特色主要表现在独步一时的青铜冶铸工艺、领袖绝伦的丝织与刺绣工艺、巧夺天工的髹漆工艺、精美绝伦的美术和乐舞、惊才绝艳的文学创作，另外，楚人"筚路蓝缕"的进取精神，"鸣将惊人"的创新意识，"抚夷属夏"的开放气度和"深固难徙"的爱国情结，以及老子、庄子、屈原等一大批名人，都深刻影响着后人。

五、三国文化遗迹蔚为大观

历史上魏、蜀、吴三国鼎立的半个世纪，是一个群雄争霸的时代，留下了很多脍炙人口的三国故事，川、鄂、湘是三国故事的主要发生地，留下了大量三国遗迹。

四川成都曾是蜀国都城，至今留下了武侯祠、刘备墓、"一夫当关，万夫莫开"的剑门关、刘备托孤的白帝城、诸葛亮布下的水八阵、旱八阵军事遗迹，此外还有云阳张飞墓、姜维扎营地、姜维庙、姜维墓等众多三国遗迹。

湖北是三国争夺最激烈、故事发生最多的地方，荆州是当时三国竞相争夺的军事重镇，刘备借荆州、关羽大意失荆州的故事尽人皆知，至今保存完整的荆州石城就始建于三国，现城内还保存有关帝庙、关公刮毒处。其东南的芦花荡是孔明三气周瑜的地方，十几里外的八岭山为关羽当时驻兵扎营地，山坡上还有"汉关公马跑泉"。襄阳隆中是诸葛亮出山前躬耕之处，家喻户晓的刘备三顾茅庐的故事就发生在这里。此外司马徽向刘备力举天下贤士的南漳水镜庄、孔明借东风的南屏山、火烧乌林映赤壁的蒲圻赤壁、东吴水军基地黄盖湖、赵子龙单骑救幼主的当阳长坂坡、关羽走麦城兵败身亡的麦城、东吴故都武昌城（今鄂州）及吴都明珠西山等等都在湖北省境内。

湖南长沙是吴蜀频争的南方重镇，也是东吴发迹之地，关云长义释黄忠的故事就发生在这里。岳阳楼曾为赤壁之战以后东吴鲁肃的阅兵台，附近还有鲁肃墓、周瑜之妻小乔墓。益阳有关云长单刀赴会的鬼蛇山，还有马良湖及关王庙、关帝庙、三圣庙等。

六、独树一帜的土司文化

2015年，在德国波恩召开的第三十九届世界遗产大会上，中国申报的"中国土司遗产"成功列入《世界遗产名录》。"中国土司遗产"包括湖南永顺土司城遗址、贵州播州海龙屯遗址、湖北唐崖土司城遗址。它们是相对集中于湘鄂黔交界山区的代表性土司遗址，既展现出当地民族鲜明的文化特色，又表现出尤为显著的土司统治权力象征、民族文化交流和国家认同的特征。吐司制度是古代中国在西南群山密布的多民族聚居地区推行管理少数民族地区的政治制度，即利用当地酋长以其势力管辖所及的区域，分别授予官职，准其子孙相继承袭。这一制度延续了千余年，形成了独特的"土司文化"。"土司文化"体现了对西南山地多民族聚居地区独特的"齐政修教、因俗而治"的管理智慧，这一管理智慧促进了民族地区的持续发展，有助于国家的长期统一。

七、古今水利工程闻名海内外

本区古今水利工程举世闻名，其中的都江堰已拥有二千多年历史，至今依然发挥作用，是我国古代四大水利工程之一，建于战国秦昭王时期，为当时的蜀郡守李冰父子主持修建，该工程设计巧妙、科学性强。葛洲坝是万里长江上的第一坝，是在20世纪80年代兴建起来的空前伟大的水利工程，它的建成充分展现了中国人民伟大的气魄和高超的科技水平，不仅为解决我国的电力不足做出了巨大的贡献，而且其雄伟的工程建筑，科学的过船闸工程也深深吸引着中外游客。三峡水利工程是举世瞩目的世界第一大水利工程，该工程为我国带来防洪、航运及发电三大效益，而且拦江大坝的雄伟英姿及高峡出平湖的壮丽景观，也是旅游的新热点。

【思政链接】

三峡精神

三峡工程是治理和保护长江的关键性骨干工程，是当今世界上规模最大的水利枢纽工程。兴建三峡工程、治理长江水患、保障长江安澜是中华民族的百年梦想。

习近平总书记视察三峡工程时指出:"三峡工程的成功建成和运转,使多少代中国人开发和利用三峡资源的梦想变为现实,成为改革开放以来我国发展的重要标志。这是我国社会主义制度能够集中力量办大事的优越性的典范,是中国人民富于智慧和创造性的典范,是中华民族日益走向繁荣强盛的典范。"

三峡精神具体体现在:治水兴邦、造福人民的担当精神;民主决策、科学管理的求实精神;自强不息、追求卓越的创新精神;舍家为国、甘于奉献的奋斗精神;上下同心、众绘宏图的圆梦精神。

八、革命圣地,红色旅游资源异彩纷呈

近现代,本区一直处于社会变革的前列。辛亥革命推翻了中国两千多年的封建制度,首次起义发生在湖北武昌;对中国革命产生重大影响的秋收起义、湘南起义、平江起义、黄麻起义等也发生在本区;本区还建立过大别山、洪湖等革命根据地;在革命斗争中从本区走出的伟人之多在全国是首屈一指,包括伟大领袖毛泽东、邓小平,还有刘少奇、李先念、朱德、彭德怀、刘伯承、陈毅、贺龙、聂荣臻、罗荣桓等。因此,本区有大量的革命遗址遗迹、伟人故乡,红色旅游资源丰富,异彩纷呈。

➥ 小结

蜀楚文化旅游区
- 地表结构复杂,峡谷地貌景观突出
- 河网稠密、湖泊众多,水体景观繁多
- 温暖湿润的亚热带季风气候,生物资源丰富
- 巴楚文化特色鲜明
- 三国文化遗迹蔚为大观
- 古今水利工程闻名海内外
- 革命圣地,红色旅游资源异彩纷呈
- 独树一帜的土司文化

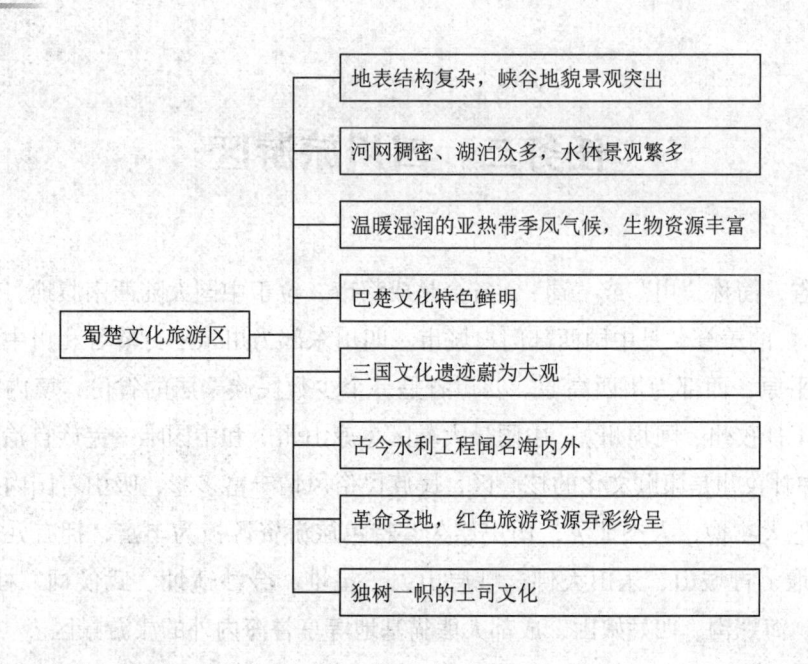

任务训练

表 8-1-1　川渝鄂湘旅游区旅游主题

主题名称	推荐理由	根据主题推荐的旅游景区或景点

任务评价

表 8-1-2　川渝鄂湘旅游区旅游主题任务评价

评价指标	评价分值											
	自我评价				组间评价				教师评价			
	A	B	C	D	A	B	C	D	A	B	C	D
主题准确、鲜明												
推荐理由合理												
景点把握熟练												
团队合作												
总体印象												

A. 优秀　　　　B. 良好　　　　C. 一般　　　　D. 欠佳

任务二　四川旅游区

四川省，简称"川"或"蜀"，省会是成都市，位于中国大陆西南腹地，自古就有"天府之国"的美誉，是中国西部门户城市。四川东部为川东平行岭谷和川中丘陵，中部为成都平原，西部为川西高原。四川省是一个少数民族聚居的省份，境内有中国第二大藏区（甘孜州、阿坝州）、中国最大彝区（凉山州）和中国唯一羌族自治县（北川县），其中甘孜州是康藏文化的核心区，民族民俗风情丰富多彩，吸引着国内外游客。

四川地大物博，人杰地灵，历史悠久，特色旅游资源极为丰富，拥有九寨沟、黄龙、都江堰、青城山、乐山大佛、峨眉山、三星堆、金沙遗址、武侯祠、杜甫草堂、阆中古城、海螺沟、四姑娘山、成都大熊猫基地等享誉海内外的旅游景区。

单元八 峡谷巨川、革命圣地、蜀楚文化游——川渝鄂湘旅游区

任务目标

1. 学生自行寻找四川旅游区游览图，根据下面旅游行程线路，在图中标注旅游景区。

【大美四川】双飞 7 日游

Day 1：来自全国各地的游客集中抵达成都。

Day 2：成都—都江堰—九寨沟。

Day 3：九寨沟景区。

Day 4：九寨沟—川主寺—黄龙景区—成都。

Day 5：成都—峨眉山。

Day 6：峨眉山—乐山大佛—成都。

Day 7：成都—返程：成都自由行，体验成都的历史文化，然后返程，结束愉快的四川之旅。

2. 根据四川旅游区游览图，了解四川旅游区的特色旅游及代表性的景区。

任务分析

要想了解四川旅游区的特色旅游及代表性的旅游景区，首先要了解四川旅游区的自然与人文地理环境，从而分析四川旅游区的旅游特色；其次要熟悉四川旅游景区特点及分布情况；最后总结出四川旅游区的特色旅游及代表性景区。

知识准备

一、川西游览区

（一）阿坝藏族羌族自治州游览区

1. 九寨沟

位于阿坝藏族羌族自治州九寨沟县境内，是国家级自然保护区、世界自然遗产、国家 5A 级旅游景区。九寨沟是中国第一个以保护自然风景为主要目的的自然保护区，因沟内有树正寨、荷叶寨、则查洼寨等九个藏族村寨坐落在这片高山湖泊群中而得名。九寨沟被誉为"童话世界""人间仙境"，有长海、剑岩、诺日朗、树正、扎如、黑海

六大景观，呈"Y"形分布。九寨沟的翠海、叠瀑、彩林、雪峰、藏情、蓝冰，被称为"六绝"。

2. 黄龙风景名胜区

位于阿坝藏族羌族自治州松潘县境内，是世界自然遗产、世界人与生物圈保护区，国家5A级旅游景区，由众多雪峰和中国最东部的冰川组成。黄龙风景名胜区以规模宏大、结构奇巧、色彩丰艳的地表钙华景观为主景，以罕见的岩溶地貌蜚声中外，堪称人间仙境。黄龙风景名胜区因佛门名刹黄龙寺而得名，以彩池、雪山、峡谷、森林"四绝"著称于世，是中国唯一的保护完好的高原湿地，主要景点有：黄龙沟、迎宾池、洗身洞、盆景池、黄龙寺、牟尼沟景区、扎嘎大瀑布（我国最大的钙华瀑布）、红星岩、雪宝顶等。

3. 四姑娘山

位于阿坝藏族羌族自治州小金县四姑娘山镇境内，国家4A级旅游景区、国家级地质公园、国家级自然保护区。四姑娘山属青藏高原邛崃山脉，由四座绵延不断的山峰组成，四座山峰长年冰雪覆盖，其中幺妹峰海拔最高，是四姑娘山的主峰。四姑娘山因其雄峻奇异的山峰，鬼斧神工的地貌，丰富独特的景观，被誉为"东方圣山"。同时，景区内自然生态保护良好，植被茂盛，生物种类繁多，盛产天麻、贝母、虫草等名贵药材，还有大熊猫、金丝猴、雪豹、苏门子、花海子等国家保护动物。

4. 若尔盖草原

位于四川省北部，隶属阿坝藏族羌族自治州，地处青藏高原东北边缘，系四川通往西北省区的北大门，素有"川西北高原的绿洲"之称，是我国三大湿地之一，是黄河上游最重要的水源涵养地和生态功能区。若尔盖草原沼泽有分布广、面积大、沼泽率高、类型多的特点。若尔盖草原动植物种类繁多，物产丰富，分布有国家湿地保护区、黑颈鹤保护区、梅花鹿保护区。主要景点有：养鹿场、太阳湖、白洼寺院、达格则寺院、降扎温泉和巴西会议旧址。

【思政链接】

红军长征"过草地"

1935年8月红军长征进入草地，红军途经的草地主要就是若尔盖草原地区。虽然在进入草地前，红军尽了最大努力筹粮，但还是不够全军使用，在极度缺乏食物的情况下，红军就靠野菜、草根、树皮甚至是皮带、皮鞋、马鞍子等充饥，再加之环境极端恶劣，红军在这里几乎濒临绝境，做出了巨大的牺牲。但是红军官兵怀着共同的革命理想，保持着严明的优良纪律和乐观的革命精神，发扬了令人感动的阶级友爱，没有垮掉，没有散掉，同甘共苦，以巨大的精神力量战胜了自然界的困难，终于在死神的威胁下夺路而出，取得了长征的伟大胜利。因此，若尔盖草原在长征中具有无可替代的历史意义。

5. 卧龙自然保护区

位于阿坝藏族羌族自治州汶川县西南部，邛崃山脉东南坡，是国家级第三大自然保护区，也是四川省面积最大、自然条件最复杂、珍稀动植物最多的自然保护区，主要保护西南高山林区自然生态系统及大熊猫等珍稀动物，被誉为"大熊猫的故乡"，这里被列为国家级重点保护的其他珍稀濒危动物有金丝猴、羚牛等共计五十余种。另外，据已采集的植物标本统计，区内植物有近 4000 种，有二十多种被列为国家级保护的珍贵濒危植物，其中一级保护植物有珙桐、连香树、水青树等。保护区内还建有大熊猫研究中心及繁殖场，是世界自然遗产。

6. 川主寺景区

位于阿坝州松潘县川主寺镇内，国家 5A 级旅游景区，是一个集历史文化、自然风光、佛教文化为一体的著名旅游胜地。景区主要建筑包括川主寺、飞来峰、五龙池、卧龙窟、观音堂、翠华洞等。其中，川主寺是景区最具代表性的古建筑之一，是四川道教、佛教文化中心，古迹保存完整，有众多文物珍品，如宋代先天九龙壁、明代议事厅等。

【思政链接】

熊猫卫士

四川被誉为"大熊猫的故乡"，但是野生大熊猫的数量极少，是濒危物种。因此，有这样一群人，他们的工作就是保护大熊猫及其生活环境，他们被称为"熊猫卫士"。他们需要深入熊猫的栖息地，进行长时间的考察和监测。由于野生熊猫数量稀少，它们的栖息地通常在深山、峡谷等险恶的地形中，熊猫卫士要经常泡在山林中，并需要面临着陡峭的山峰、突兀的岩石。而且与安逸的圈养大熊猫相比，野生大熊猫仿佛是另外一个物种，身上具有熊科动物特有的凶猛和力量，这也会成为熊猫卫士的危险来源。除此之外，森林中大到食肉猛兽和大型食草动物，小到水蛭和马蜂，还有蚂蟥、草虱子、蛇等，都可能是致命的危险。尽管这份工作艰辛且充满危险，但是很多熊猫卫士都是几十年如一日地在深山之中，为大熊猫保护事业贡献着智慧和青春。

（二）甘孜藏族自治州游览区

1. 贡嘎山风景名胜区

贡嘎山风景名胜区是以贡嘎山为中心的国家级风景名胜区，位于甘孜藏族自治州泸定、康定、九龙三县境内，包括海螺沟、燕子沟、木格措、塔公、五须海、贡嘎西南坡等景区。贡嘎山主峰海拔7500多米，被誉为"蜀山之王"的贡嘎山地区也是现代冰川较完整的地区，由于冰川运动，造就了这举世罕见的冰川奇观。区内有大型的冰川五条（海螺沟冰川、燕子沟冰川、磨子沟冰川、贡巴冰川、巴旺冰川），其中海螺沟冰川海拔不足3000米，是国内同纬度海拔最低的冰川。晶莹的冰川、巨大的冰洞、险峻的冰桥、举世无双的大冰瀑布，形成了瑰丽非凡的景观。

2. 稻城亚丁风景区

位于甘孜藏族自治州南部，地处著名的青藏高原东部，横断山脉中段，是国家5A级旅游景区、国家级自然保护区、省级风景名胜区，以其独特的原始生态环境和雄、奇、秀、美的高品位自然风光而闻名中外，是中国目前保存最完整、最原始的高山自然生态系统之一，也是中国香格里拉生态旅游区的核心，被誉为"中国香格里拉之魂""水蓝色星球上的最后一片净土"。景区境内海拔高低差大、立体气候明显，因此形成了复杂多样的地貌结构和层次众多的原生自然景观，孕育了原始独特、个性鲜明的地域文化，构成了丰富多彩、独具特色的人文景观。景区主要由"仙乃日、央迈勇、夏诺多吉"三座神山、"牛奶海、五色海、珍珠海"三个海子以及周围的河流和高山草甸组成。

3. 泸定桥景区

位于甘孜藏族自治州泸定县，国家4A级旅游景区，全国重点文物保护单位。主要游览点有泸定桥、泸定桥革命文物博物馆和红军飞夺泸定桥纪念碑公园。泸定桥是大渡河上的一座铁索桥，始建于清康熙年间，康熙帝御笔题写"泸定桥"三字，并立御碑于桥头。博物馆内的展览以红军长征为主线，飞夺泸定桥为重点，较为全面地展示了红军飞夺泸定桥的惊、险、奇、绝和该事件对中国革命所产生的重大意义。纪念碑公园是为缅怀纪念红军飞夺泸定桥的历史而修建，邓小平同志为"红军飞夺泸定桥纪念碑"题写了碑名，聂荣臻元帅撰写了碑文。

二、中部游览区

（一）成都游览区

1. 都江堰

位于成都市都江堰市城西，是国家5A级旅游景区，于2000年与青城山共同被联合国教科文组织列入《世界遗产名录》。都江堰坐落在成都平原西部的岷江上，建于秦昭王末年，是蜀郡太守李冰父子在前人鳖灵开凿的基础上组织修建的大型水利工程，是中国古代建设并使用至今的大型水利工程，被誉为"世界水利文化的鼻祖"，也是世界上迄今为止年代最久、唯一留存、仍在一直使用的以无坝引水为特征的水利工程。其水利工程由创建时的分水鱼嘴、飞沙堰、宝瓶口三大主体工程和人字堤、百丈堤等附属工程组成，其中鱼嘴是修建在江心的分水坝，把汹涌的岷江分为外江与内江，外江泄洪，内江引水灌溉。其中飞沙堰起泄洪、排沙和调节水量的作用，宝瓶口则为天然的节制闸，因口的形状如瓶颈而得名。都江堰两千多年来一直发挥着防洪灌溉的作用，使成都平原成为水旱从人、沃野千里的"天府之国"。

2. 青城山

位于成都市都江堰市西南，是世界文化遗产、国家5A级旅游景区。青城山群峰叠嶂，浓荫蔽日，三十多座山峰如苍翠四合的城郭，自古以"青城天下幽"而闻名。另外，因相传轩辕黄帝遍历五岳，封青城山为"五岳丈人"，故又名为丈人山。青城山是中国道教发祥地之一、中国四大道教名山之一。相传东汉时期，张道陵到达青城山，在此结茅传道，创立了中国的本土宗教——道教，即五斗米道，也称天师道，使青城山成为中国四大道教名山之首。因此，这里历代宫观林立，至今尚存的著名的有建福宫、天师洞、上清宫等。同时，青城山还有经雨亭、天然阁、凝翠桥等胜景。

3. 武侯祠

位于成都市南门武侯祠大街，始建于西晋末年，是中国唯一的君臣合祀祠庙，由武侯祠、汉昭烈庙及惠陵组成，人们习惯将三者统称为武侯祠。武侯祠是最负盛名的诸葛亮、刘备及蜀汉英雄纪念地。武侯祠博物馆现分为文物区、西区和锦里三部分，文物区主要由惠陵、汉昭烈庙、武侯祠、三义庙等组成，馆内文物荟萃，有唐及后代关于诸葛亮和三国文化的碑刻50余通，尤以唐"三绝碑"，清"攻心"联最为著名。惠陵陵寝建筑由照壁、山门、神道、寝殿、陵墓等组成。武侯祠锦里是武侯祠博物馆打造的一条清末民初建筑风格的古街，它依托武侯祠，扩展了三国文化的外延，并融川西民风、民俗，集食、住、行、游、购、娱于一体，成为成都文化旅游的新亮点。

4. 杜甫草堂

位于四川省成都市西门外的浣花溪畔，是唐代伟大现实主义诗人杜甫流寓成都时的故居。759年冬天，杜甫为避"安史之乱"，携家入蜀，第二年在花溪畔建成茅屋一座，自称"草堂"。杜甫先后在此居住近四年，其创作诗歌流传至今的有240余首，《茅屋为秋风所破歌》《闻官军收河南河北》等著名诗篇均创作于此。杜甫草堂完整保留了清代嘉庆重建时的格局，古朴典雅，规模宏伟，占地300多亩，著名景观有坐落在中轴线上的大廨、诗史堂、工部祠这3座主要纪念性建筑物。廨堂之间，回廊环绕，祠前东穿花径，西凭水槛，祠后点缀亭、台、池、榭，是人文景观和自然景观相结合的著名园林。

5. 金沙遗址博物馆

位于成都市城西苏坡乡金沙村一处商周时代遗址，该遗址是公元前 12 世纪至公元前 7 世纪长江上游古代文明中心——古蜀王国的都邑。金沙遗址博物馆是国家一级博物馆、国家 4A 级旅游景区，有太阳神鸟广场、遗迹馆、陈列馆等景点。金沙遗址博物馆展示了神秘的古蜀文化和独特的青铜文明，遗址出土的最负盛名的便是太阳神鸟金箔，其被确定为中国文化遗产标志和成都城市形象标志主图案，可以说金沙遗址博物馆对蜀文化起源、发展、衰亡的研究具有重大意义。

6. 三星堆博物馆

地处广汉城西鸭子河畔，南临成都，北接德阳，是中国一座现代化的专题性遗址博物馆。三星堆因其三座突兀在成都平原上的黄土堆而得名，在该遗址发掘出了大量古蜀国各种工具和器物，包括大量青铜器、玉石器、象牙、贝、陶器和金器等。三星堆博物馆现有两个独立的展馆，第一展馆为综合馆，主要陈列金、铜、玉、石、陶等类文物，第二展馆为青铜专馆，陈列着出土的各种青铜器具，现为全国重点文物保护单位。

7. 天台山风景区

位于四川省邛崃市西南端，距成都仅百余公里，其主峰玉霄峰海拔 1800 多米，是国家级风景名胜区。天台山为丹霞地貌，山体由西南向东北倾斜成"U"形，山势亦由低到高，形成三级台地，故有"天台天台，登天之台"之说。景区动植物种类丰富，有珙桐、红豆杉、银杏等国家保护的珍稀植物以及大熊猫、红腹角雉、大鲵等国家保护的珍稀动物。

天台山具有深厚的历史文化底蕴。早在远古时代，天台山即为古"邛"族生息繁衍之地；巴蜀时期，古蜀国国王鳖灵在此"登高祭天"；汉代，道家在此相山凿洞，筑坛祭神；宋代，儒、佛、道"三教合流"，道观、佛寺、官房形成了庞大的宗教山城。天台山也是红军长征经过成都唯一战斗和工作过的地方，也是成都市唯一的红色旅游区。景区的红军长征邛崃纪念馆为"四川省爱国主义教育基地""成都市爱国主义教育基地"。

（二）峨眉山——乐山游览区

1. 峨眉山

位于四川盆地西南部、四川峨眉山市境内，是国家 5A 级旅游景区、国家重点风景名胜区，并于 1996 年，与乐山大佛作为文化与自然双重遗产被联合国教科文组织列入《世界遗产名录》。峨眉山自古以"峨眉天下秀"闻名，素有天然"植物王国""动物乐园""地质博物馆"的美誉。峨眉山文化遗产极其深厚，是中国四大佛教名山之一，相传是普贤菩萨的道场,被誉为"佛国天堂"。峨眉山有世界上最大的金属建筑群,也有世界上最壮丽的自然观景台,"云海、日出、佛光、圣灯、金殿、金佛"为其六大奇观。

2. 乐山大佛

位于乐山市南岷江东岸凌云寺侧,濒大渡河、青衣江和岷江三江汇流处,是国家5A级旅游景区。乐山大佛开凿于唐代开元元年(713),完成于贞元十九年(803),历时约九十年,又名凌云大佛,为弥勒佛坐像,是唐代摩崖造像的艺术精品之一,是世界上最大的石刻弥勒佛坐像,和凌云山、乌尤山、巨型卧佛等景点组成了乐山大佛景区。

三、川北游览区

(一)剑门关风景区

峨眉山地处广元市剑阁县城境内,居于大剑山中断处,两旁断崖峭壁,直入云霄,峰峦倚天似剑,绝崖断离,两壁相对,其状似门,故称"剑门",享有"剑门天下险"之誉,是国家5A级旅游景区。剑门关集蜀道文化、三国文化、战争文化、红色文化于一体,有"天下第一雄关"之称,主要景点有:剑门关关楼、孔明立关像、刘备过关像、姜维神像、平襄侯祠、红星广场、剑门栈道等。

(二)光雾山风景区

位于川陕交界处米仓山南麓,地处四川省巴中市南江县北部边缘,景区占地面积800余平方公里,主峰海拔2507米,因常年云雾缭绕而得名,为国家4A级旅游景区,被誉为"中国红叶第一山"。奇特的喀斯特峰丛地貌、古朴的原生态植被、迷人的瀑潭秀水和峡谷风光为其景观特色,"山奇、石怪、谷幽、水秀、峰险"为其五绝。

光雾山不仅风光山水奇秀,还是一座文史宝库。区内有汉张鲁囤住汉王台,诸葛亮秣马牟阳城,张飞扎营落旗山,白发魔女征服巴蜀四杰的巴蜀关,"川北民军"的大本营巴山游击队的遗址等景点。景区腹地桃园,是在清朝为纪念三国时期的刘备、关羽、张飞在桃园三结义,建寺而得名。

(三)阆中古城

位于四川盆地东北缘、嘉陵江中游,古城已有2300多年的建城历史,为古代巴国、蜀国的军事重镇。阆中古城是三国文化旅游线的重要组成部分,同时,阆中古城也是第二次国内革命战争时期川陕苏区的重要组成部分,至今仍留有中共阆南县委旧址、阆南县苏维埃旧址、保宁镇红军石刻标语群、阆中红军纪念馆等众多红色遗迹。阆中古城在古代是巴人活动的中心地区之一，这里形成了丰富多彩的巴文化，现在仍可以从"巴文化活化石"——巴人舞以及川北灯戏、傩戏、牛灯竹马等流传于阆中民间的民俗艺术中，看到饶有特色的巴人遗风。

四、川南游览区

（一）蜀南竹海

蜀南竹海是国家级风景名胜区，位于四川省宜宾市长宁、江安两县交界之处，被誉为"竹的海洋"（与恐龙、石林、悬棺并称川南四绝），是我国最大的集山水、溶洞、湖泊、瀑布于一体，并兼有历史悠久的人文景观的原始"绿竹公园"。林中溪流纵横，飞瀑高悬，湖泊如镜，泉水清澈甘冽。主要景点有：仙寓洞、龙吟寺、天后寺、天皇寺、回龙寺、罗汉洞、天上宫、龙君庙、天宝寨、观云亭、翡翠长廊、翼五桥、忘忧谷、墨溪、七彩飞瀑、茶花岛、仙女湖、花竹湾、照彩潭等。

（二）自贡恐龙博物馆

位于四川省自贡市的东北部，是在世界著名的"大山铺恐龙化石群遗址"上就地兴建的一座大型遗址类博物馆，也是我国第一座专门展示恐龙的博物馆，世界三大恐龙遗址博物馆之一。博物馆馆藏化石标本几乎囊括了侏罗纪时期所有已知恐龙种类，是世界上收藏和展示侏罗纪恐龙化石最多的地方之一。

五、川西南游览区

凉山游览区

位于四川省西南部，是全国最大的彝族聚居区，自古就是通往西南边陲的重要通道，也是"南方丝绸之路"必经之地，州府西昌市是著名的航天城、月亮城，被誉为"一座春天栖息的城市"，木里县是全国仅有的两个藏族自治县之一，被誉为"最后的香格里拉"，全州有彝、汉、藏、回、蒙古等14个世居民族，是四川民族类别和少数民族人口最多的地区。凉山旅游资源丰富，有螺髻山、龙时山等山体景观，也有邛海、金沙江、马湖等水体景观，还有会理金沙江皎平渡遗址、会理会议遗址、彝海结盟遗址等红色旅游景区。

1. 邛海旅游度假区

邛海旅游度假区是首批国家级旅游度假区，国家4A级旅游景区，也是国家生态旅游示范区，国家湿地公园。景区与西昌城区连成一体，组成了国内不多见的山、水、城相依相融的独特自然景观。该度假区是集阳光四季康养度假、滨湖湿地运动度假、滨湖慢吧娱乐度假、山林禅修养心度假、彝风川韵文化度假五种度假生活于一体的新兴综合型旅游度假区。

2. 螺髻山旅游景区

位于凉山州首府西昌市以南，跨西昌市、普格县、德昌县一市两县，是国家4A级旅游景区。2002年，邛海—螺髻山风景名胜区被列入第四批国家级风景名胜区名单。螺髻山彝语称"安哈波"，意为五百里山峰和五指山峰，因其主峰高耸入云，直插九霄，形似青螺，宛如玉髻而得其美名——螺髻山。螺髻山地势高耸，原始森林人迹罕至，保存了丰富的动植物资源，并为珍稀动植物的生息繁衍提供了条件，成为重要的生物资源"基因库"。景区内的主要景点有：螺髻山冰川、五彩湖泊、杜鹃花海、温泉瀑布、七十二峰等，也被称为螺髻山"五绝"。

➥ 小结

```
                           ┌─ 阿坝藏族羌族自治州游览区 ── 九寨沟、黄龙风景名胜区、四姑娘山、若尔盖草原、
                ┌─川西游览区┤                           卧龙自然保护区、川主寺景区
                │          └─ 甘孜藏族自治州游览区 ──── 贡嘎山风景名胜区、稻城亚丁风景区、泸定桥景区
                │
                │          ┌─ 成都游览区 ──────────── 都江堰、青城山、武侯祠、杜甫草堂、金沙遗址博物馆、
                │中部游览区┤                          三星堆博物馆、天台山风景区
四川旅游区 ─────┤          └─ 峨眉山——乐山游览区 ──── 峨眉山、乐山大佛
                │
                ├─川北游览区 ── 剑门关风景区、光雾山风景区、阆中古城
                │
                ├─川南游览区 ── 蜀南竹海、自贡恐龙博物馆
                │
                └─川西南游览区 ── 凉山游览区 ─────── 邛海旅游度假区、螺髻山旅游景区
```

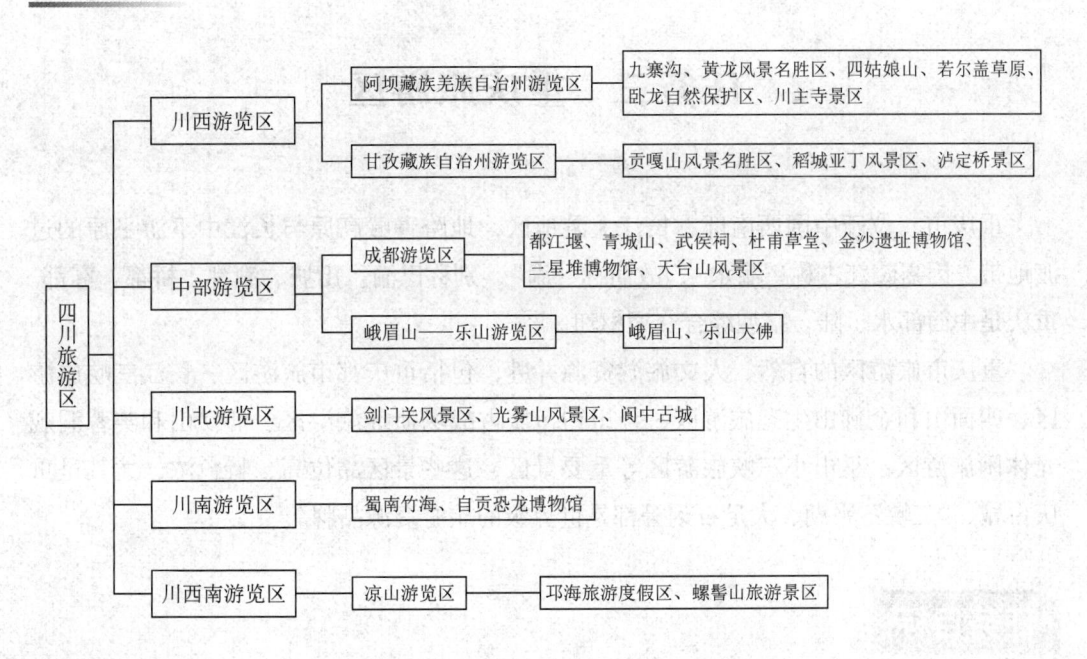

➥ 任务训练

以小组的形式，通过教材或其他方式了解四川旅游景点，获得旅游景点信息，以"四川世界遗产之旅"为旅游主题，推荐旅游景点。每组选出1名同学代表小组阐述任

务完成的过程，讲解推荐的旅游景点及推荐的理由。

任务评价

表 8-2-1　四川旅游区任务训练评价

评价指标	评价分值											
	自我评价				组间评价				教师评价			
	A	B	C	D	A	B	C	D	A	B	C	D
景点推荐												
推荐理由												
阐述过程												
讲解水平												
团队合作												
总体印象												

A. 优秀　　　　B. 良好　　　　C. 一般　　　　D. 欠佳

任务三　重庆旅游区

重庆市，位于中国西南部、长江上游地区，地跨青藏高原与长江中下游平原的过渡地带，因嘉陵江古称"渝水"，故简称"渝"，别称巴渝、山城、渝都、桥都、雾都。重庆是中西部水、陆、空型综合交通枢纽。

重庆市旅游区的自然、人文旅游资源并胜，包括重庆都市旅游区、长江三峡旅游区、四面山和金佛山生态旅游区、合川钓鱼城古战场遗址旅游区、仙女山和芙蓉洞观光休闲旅游区、巫山小三峡旅游区等重要景区，这些景区品位高、特色浓，尤其是重庆古城、"三峡"平湖、大足石刻等都是世界级的旅游资源品牌。

任务目标

1. 学生自行寻找重庆旅游区游览图，根据下面旅游行程线路，在图中标注旅游景区。

【魅力重庆】双飞 5 日游

Day 1：来自全国各地的游客集中抵达重庆市。
Day 2：重庆—宝顶山—重庆：钓鱼台古战场、大足石刻。
Day 3：重庆—武隆—重庆：武隆风景区。
Day 4：重庆—沙坪坝—重庆：渣滓洞、白公馆。
Day 5：重庆—返程：重庆市区自由活动，感受巴蜀文化魅力，然后返程。
2.根据重庆旅游区游览图，了解重庆旅游区的特色旅游及代表性的旅游景区。

任务分析

要想了解重庆旅游区的特色旅游及代表性的旅游景区，首先要了解重庆旅游区的自然与人文地理环境，从而分析重庆旅游区的旅游特色；其次要熟悉重庆旅游景区特点及分布情况；最后总结出重庆旅游区的特色旅游及代表性景区。

知识准备

一、都市游览区

（一）缙云山风景区

位于重庆市北碚区嘉陵江温塘峡畔，距重庆市中心仅30多公里，古名巴山。缙云山是具有1500多年历史的佛教圣地，与四川青城山、峨眉山并称为"蜀中三大宗教名山"。缙云山最高海拔1000多米，山中古木参天，林涛如海，森林面积2万余亩，生长着1900余种亚热带植物，其中水杉、红杉、伯乐树等更为世上罕见。缙云山上还有很多六朝和宋、明、清时代的古建筑和历史文物。山上的缙云寺深受历代帝王重视，屡赐匾额，寺中藏有《敕赐迦叶造场》等梵经。

（二）红岩革命历史博物馆

位于重庆市嘉陵江畔，是重庆红岩革命纪念馆、重庆歌乐山革命纪念馆、特园——中国民主党派陈列馆等九个革命纪念馆的总称。馆内现有馆藏文物、照片及资料的总数达到10余万件，主要以红岩精神的传播宣传为主要工作任务，是全国优秀爱国主义教育基地。

(三）渣滓洞—白公馆

位于重庆市歌乐山麓，紧邻白公馆。渣滓洞原是重庆郊外的一个小煤窑，是程尔昌于1920年开办的，因渣多煤少而得名。渣滓洞三面是山，一面是沟，位置较为隐蔽。1939年，国民党军统特务逼死矿主，霸占煤窑，在此设立了监狱。监狱分内外两院，外院为特务办公室、刑讯室等，内院一楼为男、女牢房。

白公馆位于重庆市沙坪坝区，原是四川军阀白驹的别墅。1939年，戴笠在歌乐山下选址时看中了它，便用重金将它买下，改造为迫害革命者的监狱。它和渣滓洞一并被人们称作"两口活棺材"。

【思政链接】

江竹筠

江竹筠，是小说《红岩》中江姐的人物原型，1939年加入中国共产党。1945年，江竹筠在重庆负责处理党内事务和内外联络工作，同志们都亲切地称她江姐。1948年6月14日，由于叛徒出卖，江竹筠不幸被捕，被关押在重庆渣滓洞监狱。面对敌人的严刑拷打，江竹筠始终坚贞不屈，她正气凛然地说道："你们可以打断我的筋骨，扒掉我的皮，用钉子钉满我的骨头，但共产党的信息是绝没有的。""酷刑拷打，那只是无足挂齿的考验。竹签子是竹子做的，共产党员的意志是钢铁筑成的！"当中华人民共和国成立的消息传来时，她怀揣着对未来美好的畅想，艰难地拆下自己最喜欢的那条白色围巾，那双深受折磨的双手，颤颤巍巍地拿起针线，一针一线地缝上黄纸星星，缝制出一面用鲜血染红的"五星红旗"。国民党特务见无法从江姐嘴里得到信息，在1949年11月14日，重庆解放前夕，残忍地将她杀害，江姐死时手里紧紧地握着那面血迹斑斑的不标准的"五星红旗"，为共产主义理想献出了年仅29岁的生命。她的事迹被广为传颂，影响和激励了几代人。

(四）大足石刻

位于重庆市大足区境内，造像最初开凿于晚唐景福元年（892），历经后梁、后唐、后晋、后汉、后周五代直至1162年完成，历时250多年，现存雕刻造像四千六百多尊，是中国晚期石窟艺术中的优秀代表。大足石刻以佛教题材为主，儒、道教造像并陈，有"东方艺术明珠"之称。大足石刻群规模宏大、艺术精湛、内容丰富、保存完好，比较重要的有北山（包括北塔）、宝顶山、南山、石门、石篆山石刻，其中以宝顶山和北山摩崖石刻最为著名。1999年，大足石刻被列入世界文化遗产。

（五）武陵山大裂谷

位于重庆市涪陵区城东南的武陵山乡境内，国家4A级旅游景区。景区以地球上最古老的"伤痕"——剧烈地壳运动所致绝壁裂缝称奇，有着"中国第一动感峡谷"的美誉。景区主要以峡谷、田园、地缝、绝壁等资源为依托，以"云中漫步、丛林探险、地底探奇、徜徉田园"等主题产品为特色，是集峡谷观光、主题游乐、生态养生、商务会议等功能于一体的动感主题峡谷。

（六）金佛山景区

位于重庆南部南川区境内，属典型的喀斯特地质地貌，区内天然溶洞星罗棋布，自然风貌独特，融山、水、石、林、泉、洞为一体，主要景观有：生态石林、金佛洞和古佛洞、永灵古道、卧龙潭峡谷等。金佛山景区作为中国南方喀斯特被列入世界自然遗产。

（七）钓鱼城古战场遗址

位于重庆合川区，是国家4A级旅游景区、国家级风景名胜区、全国重点文物保护单位、国家考古遗址公园。钓鱼城是宋元时期的古战场，是创造中外战争奇迹的军事要塞、改变世界中古历史的英雄之城。钓鱼城古战场遗址至今保存完整，主要景观有：城门、城墙、皇宫、武道衙门、步军营、水军码头等遗址；有钓鱼台、护国寺、悬佛寺、千佛石窟、皇洞、天泉洞、飞檐洞等名胜古迹；还有元、明、清三代遗留的大量诗赋辞章、浮雕碑刻。

二、渝东北游览区

（一）长江三峡

位于中国的腹地，西起重庆奉节县白帝城，东至湖北宜昌市南津关，自西向东主要有三个大的峡谷地段：重庆瞿塘峡、重庆巫峡和湖北西陵峡，沿途两岸奇峰陡立、峭壁对峙，三峡也因此而得名。

瞿塘峡，位于重庆奉节县境内，长不足10公里，是三峡中最短的一个峡，以雄伟险峻著称，端入口处，两岸断崖壁立，相距不足一百米，形如门户，名夔门，山岩上有"夔门天下雄"五个大字。瞿塘峡虽短，却能"镇渝川之水，扼巴鄂咽喉"，有"西控巴渝收万壑，东连荆楚压摹山"的雄伟气势。

巫峡，位于重庆巫山县和湖北巴东县两县境内，西起巫山县城东面的大宁河口，东至巴东县官渡口，绵延45公里，峡谷幽深曲折，是长江横切巫山主脉背斜而形成的，以幽深秀丽著称。整个峡区奇峰突兀，怪石嶙峋，峭壁屏列，绵延不断，是三峡中最可观的一段，宛如一条迂回曲折的画廊，充满诗情画意。

西陵峡，位于湖北宜昌市秭归县境内，西起香溪口，东至南津关，是长江三峡中最长、以滩多水急闻名的山峡。整个峡区由高山峡谷和险滩礁石组成，峡中有峡，大峡套小峡；滩中有滩，大滩含小滩。

（二）巫山小三峡—巫山小小三峡风景区

位于重庆市东北部，巫山小三峡是地处长江三峡第一大支流大宁河下游巫山县境内的龙门峡、巴雾峡、滴翠峡的总称。小三峡山奇雄、水奇清、峰奇秀、滩奇险、景奇幽、石奇美，峡中碧水奔流，奇峰耸立，树木葱茏，因其美丽奇特的峡谷风光被誉为"中华奇观"、天下绝景。

巫山小小三峡位于大宁河滴翠峡处的支流马渡河上，是长滩峡、秦王峡、三撑峡的总称，是大宁河小三峡的姊妹峡，因比大宁河小三峡更小，故名"小小三峡"。长滩峡沙石洁白，两岸山水掩映；秦王峡山清水秀，幽深静谧，水流平缓，清澈见底，是漂流游览的最佳地段；三撑峡是小小三峡第一峡，两岸悬崖峭壁，犹如斧劈，河道狭窄，天开一线，景幽水秀。

（三）丰都鬼城

位于重庆市下游丰都县的长江北岸，旧名酆都鬼城，古为"巴子别都"，又称为"幽都""鬼国京都""中国神曲之乡"。鬼城距今已有近2000年的历史，以各种阴曹地府的建筑和造型而闻名于世，鬼城内有哼哈祠、天子殿、奈何桥、黄泉路、望乡台、药王殿等多座表现阴间的建筑，它不仅是传说中的鬼城，还是集儒、道、佛为一体的民俗文化艺术宝库。

三、渝东南游览区

（一）武隆喀斯特旅游区

位于重庆市东南边缘，作为中国南方喀斯特被列入世界自然遗产，为国家5A级旅游景区。景区拥有罕见的喀斯特自然景观，包括溶洞、天坑、地缝、峡谷、峰丛、高山草原等，主要景点有：天生三桥、仙女山、芙蓉洞等。

天生三桥是全国罕见的地质奇观生态型旅游区，景区以天龙桥、青龙桥、黑龙桥三座气势磅礴的石拱桥称奇于世，属亚洲最大的天生桥群，具有雄、奇、险、秀、幽、绝等特点。

仙女山以其江南独具魅力的高山草原、南国罕见的林海雪原、清幽秀美的丛林碧野景观而被誉为"东方瑞士"，仙女山平均气温比重庆主城区低十几摄氏度，由此又享有"山城夏宫"的美誉。

芙蓉洞是一个大型石灰岩洞穴，被誉为"世界三大洞穴"之一。洞中主要景点有：金銮宝殿、雷峰宝塔、玉柱擎天、玉林琼花、犬牙晶花、千年之吻、动物王国、海底龙宫、巨幕飞瀑、石田珍珠、生殖神柱、珊瑚瑶池等。

（二）酉阳桃花源景区

位于有"重庆凉都"之称的避暑胜地酉阳县城近郊的大山之中，是陶渊明笔下《桃花源记》的原型地，由世外桃源、伏羲洞、酉州古城、桃花源国家森林公园、二酉山等组成。伏羲洞全长约 3000 米，洞府庞大，气势磅礴，有五彩缤纷的钟乳石、石瀑飞流等景观，是大自然鬼斧神工的艺术宫殿，堪称"地下的世外桃源"。酉州古城是一条民族风情街，集土家族、苗族建筑、民俗风情于一体，是游人领略渝东南土苗文化的窗口。

小结

重庆旅游区	都市游览区	缙云山风景区、红岩革命历史博物馆、渣滓洞—白公馆、大足石刻、武陵山大裂谷、金佛山景区、钓鱼城古战场遗址
	渝东北游览区	长江三峡、巫山小三峡—巫山小小三峡风景区、丰都鬼城
	渝东南游览区	武隆喀斯特旅游区、酉阳桃花源景区

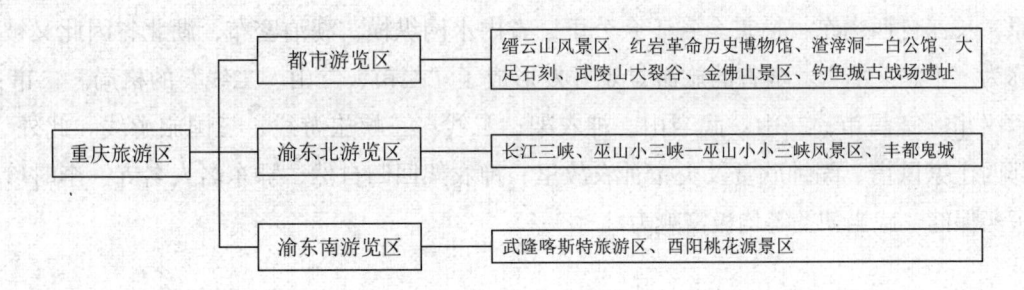

任务训练

以小组的形式，通过教材或其他方式了解重庆旅游景点，获得旅游景点信息，以"三峡文化"为旅游主题，推荐旅游景点。每组选出 1 名同学代表小组阐述任务完成的过程，讲解推荐的旅游景点及推荐的理由。

任务评价

表 8-3-1 重庆旅游区任务训练评价

评价指标	评价分值											
	自我评价				组间评价				教师评价			
	A	B	C	D	A	B	C	D	A	B	C	D
景点推荐												
推荐理由												
阐述过程												
讲解水平												
团队合作												
总体印象												

A. 优秀　　　　B. 良好　　　　C. 一般　　　　D. 欠佳

任务四　湖北旅游区

湖北省东连安徽，南邻江西、湖南，西连重庆，西北与陕西为邻，北接河南，简称"鄂"，省会为武汉市。湖北东、西、北三面环山，中部为"鱼米之乡"的江汉平原，长江自西向东，横贯全省千余公里，省内水网纵横，湖泊密布，湖北省因此又被称为"千湖之省"。全省的旅游景观开发形成了"二市、二山、二线"的格局。二市：武汉市、宜昌市；二山：武当山、神农架；二线：三峡旅游线、三国旅游线。此外，鄂西土家风情、编钟欣赏及炎帝神农故里、神农架回归自然、鄂东名人名寺、李时珍医药保健、武当朝圣等均极富魅力。

任务目标

1. 学生自行寻找湖北旅游区游览图，根据下面旅游行程线路，在图中标注旅游景区。

【灵山秀水养心记】6日游

Day 1：来自全国各地的游客集中抵达武汉。

Day 2：武汉—十堰市：武汉长江大桥、武当山景区。

Day 3：神农架—宜昌：神农架景区。
Day 4：宜昌：三峡人家、葛洲坝、三峡大坝。
Day 5：宜昌—武汉，黄鹤楼、东湖风景区。
Day 6：返程，结束愉快的湖北之旅。
2. 根据湖北旅游区游览图，了解湖北旅游区的特色旅游及代表性景区。

任务分析

要想了解湖北旅游区的特色旅游及代表性的旅游景区，首先要了解湖北旅游区的自然与人文地理环境，从而分析湖北旅游区的旅游特色；其次要熟悉湖北旅游景区特点及分布情况；最后总结出湖北旅游区的特色旅游及代表性景区。

知识准备

一、鄂西北游览区

（一）神农架风景区

位于湖北省西部边陲，是世界自然遗产，国家5A级旅游景区，神农架原始风光奇异诱人，群山巍峨、怪石林立，千奇百怪的洞穴密布，包括神农顶国家自然保护区、燕天景区、香溪源旅游区和玉泉河旅游区四大景区，其主峰神农顶是湖北地区最高峰，被誉为"华中屋脊"。同时，神农架拥有在世界中纬度地区唯一保持完好的亚热带森林生态系统，这里生活着众多古老且珍稀的动植物，如冷杉、岩柏、梭罗、珙桐、金丝猴、白熊、苏门羚、大鲵以及白鹤、金雕等。神农架由于地处偏僻深山，民间习俗多保持着固有的淳朴和浓厚的乡土气息，其民歌、堂戏、刺绣等独具特色。

（二）武当山

位于湖北省十堰市均县西南，丹江口境内，古名太和山，相传上古玄武在此得道飞升，故又名玄武地，有七十二峰、三十六岩、二十四涧、十一洞、三潭、九泉、十池等胜景，构成了"七十二峰朝大顶"和"四十二涧水长流"的秀丽山川和奇特景观。

武当山是武当武术的发源地，也是道教四大名山之一，有集宫、观、庵堂、岩庙、桥、亭等于一体的建筑群，是当今世界最大的宗教建筑群，堪称我国古代建筑史上的奇观，被誉为"中国古代建筑成就的博物馆""挂在悬崖峭壁上的故宫"，是世界文化遗产。武当山上主要的建筑景点有：太和宫、古铜殿、紫金城、净乐宫、玄岳门、玉虚宫等。

（三）襄阳游览区

位于湖北省西北部，汉江中游平原腹地，因地处襄水之阳而得名。襄阳已有2800多年历史，自古为南北交通的要塞，历代为经济军事要地，有"南船北马，四省通衢"之称。襄阳市是著名的中国历史文化名城、是楚文化、汉文化、三国文化的发源地，素有"华夏第一城池、铁打的襄阳、兵家必争之地"之称。

三国的许多故事就发生在襄阳，如"诸葛亮躬耕陇亩""刘备三顾茅庐""隆中对""关羽水淹七军"等，因此，襄阳的名胜古迹旅游以三国文化为主要特色。襄阳城城墙始建于汉朝，自唐至清多次修缮，襄阳城的两座城门和部分城墙至今保存完好。其历史古迹主要有：襄城、鹿门寺、古隆中和诗人杜甫墓、曾乙侯墓、米公祠、绿影壁等。

二、鄂东北游览区

随州炎帝故里

位于随州市随县厉山镇，是国家4A级旅游景区，主要包括"寻根谒祖朝圣区""圣迹观光体验区""农耕文化展览区""自然生态景观区"。景区内的主要景点有：神龙洞——相传是炎帝诞生的地方；神龙庙——在神龙洞旁边，内塑炎帝像；神龙泉——在神龙庙不远处的一口古井；神龙碑——在神龙泉的前边有一碑亭，亭内立有一碑，为明代万历年间所立，碑上用楷书刻有"炎帝神农氏遗址"；炎帝神龙大殿——景区内最宏伟的建筑，面阔九间，三重檐庑殿顶；圣火台——位于炎帝神龙大殿前方的大广场。

三、鄂东南游览区

（一）赤壁游览区

赤壁游览区分为文赤壁和武赤壁。文赤壁，即东坡赤壁，又名黄州赤壁，位于古城黄州的西北边，湖北省黄冈市公园路。因为有岩石突出像城壁一般，颜色呈赭红色，所以称之为赤壁。这里也因苏轼的《念奴娇赤壁怀古》《前赤壁赋》《后赤壁赋》而闻名。景区有"月波摇影""栖霞挹爽""东坡问天""龙崐山松声""竹楼夜雨""镜湖观荷""索桥飞瀑""赤壁夕照"等30多个主要景点。

武赤壁位于湖北省赤壁市西北长江之滨的南岸,是我国古代"以少胜多,以弱胜强"的七大战役中唯一尚存原貌的古战场,也是三国赤壁之战发生地。赤壁矶头临江悬崖上,有石刻"赤壁"二字,相传为周瑜所书,故也有人称此地为"周郎赤壁",是赤壁现存最早的文化遗迹。景区主要景观有:赤壁摩崖石刻、周瑜塑像、拜风台、凤雏庵、翼江亭、赤壁大战陈列馆、赤壁碑廊、千年银杏、三国雕塑园等。

(二)武汉游览区

1. 东湖风景区

位于武汉市中心城区,因位于武汉市武昌东部而得名,是中国第二大的城中湖,是国家5A级旅游景区。东湖生态旅游风景区由听涛、磨山、落雁、吹笛和湖北省博物馆五个片区组成,湖岸曲折,港汊交错,碧波万顷,青山环绕,岛渚星罗,有行吟阁、九女墩、陶铸楼、屈原纪念馆、朱碑亭等历史文化遗址散布其间,楚风楚韵特色鲜明。

2. 黄鹤楼

位于武汉市长江南岸的武昌蛇山峰岭之上,与湖南岳阳楼、江西滕王阁并称为"江南三大名楼",是武汉市标志性建筑,与晴川阁、古琴台并称武汉三大名胜。黄鹤楼始建于三国时期吴黄武二年(223),在唐代时已初具规模,又因著名诗人崔颢的《黄鹤楼》一诗,使其闻名遐迩。但是因为战火频繁,黄鹤楼屡建屡废,现在的黄鹤楼是1985年重修落成的,高5层,总高度超50米,内部由圆柱支撑,外部为攒尖顶,屋面用黄色琉璃瓦覆盖构建。黄鹤楼各层大小屋顶交错重叠,翘角飞举,仿佛是展翅欲飞的鹤翼。楼内外彩绘以仙鹤为主,云纹、花草、龙凤为陪衬的图案,登临眺望,视野开阔,远山近水,一览无余。

3. 武汉长江大桥

位于武汉市武昌蛇山和汉阳龟山之间的江面上,是长江上的第一座大桥,也是中华人民共和国成立后在长江上修建的第一座复线铁路、公路两用桥,被称为"万里长江第一桥",是武汉市的标志性建筑。武汉长江大桥上层为公路桥,下层为双线铁路桥,桥身共有8墩9孔,除第7墩外,其他都采用我国首创的新型施工方法——"大型管柱钻孔法",其凝聚着我国桥梁工作者的机智和精湛的工艺。武汉长江大桥将武汉三镇连为一体,连接起中国南北的大动脉。作为新中国建设成就的一个重要标志,武汉长江大桥图案入选我国第三套人民币,是中国著名的旅游景点之一。

4. 辛亥革命武昌起义纪念馆

位于武汉市武昌阅马厂,西邻黄鹤楼,北倚蛇山,南临首义广场,是国家4A旅游景区，因其旧址红墙红瓦，武汉人称之为红楼。1911年（农历辛亥年）10月10日，在孙中山民主革命思想的旗帜下集结起来的湖北革命党人，勇敢地打响了辛亥革命的"第一枪"，并一举光复武昌。武昌也因此被誉为"首义之区"，红楼则被尊崇为"民国之门"。

纪念馆内现有两个主题性的基本陈列：一是《鄂军都督府旧址复原陈列》，另一个是《辛亥革命武昌起义史迹陈列》。前者以旧址主楼为载体，复原和再现了都督府成立初期的场景与风貌；后者布置于旧址西配楼，以近400件展品，包括文物真迹、历史图片、美术作品以及图表、模型和场景等，全景式地展现了辛亥革命武昌起义的这段历史。

【思政链接】

武昌起义

1911年10月10日夜武昌起义爆发，旨在推翻清朝统治，是辛亥革命的开端。辛亥革命是近代中国比较完全意义上的民族民主革命。它在政治上、思想上给中国人民带来了不可低估的解放作用。辛亥革命开创了完全意义上的近代民族民主革命，推翻了统治中国几千年的君主专制制度，建立起共和政体，结束了君主专制制度，传播了民主共和理念，极大地推动了中华民族思想解放，以巨大的震撼力和影响力推动了中国社会变革。

四、鄂西南游览区

（一）神龙溪纤夫文化旅游区

位于长江三峡巫峡与西陵峡之间的恩施州巴东县长江北岸，是国家5A级旅游景区。旅游区的主要景点有：绵竹峡、龙昌洞峡、豌豆角等。

神农溪素有"一里三湾，湾湾见滩"之说，独具特色的"豌豆角"扁舟漂流，更被誉为"神州第一漂"。船工号子、纤夫拉纤又是三峡地区保存最好的"纤夫文化"的活化石，更是万里长江上的一绝。旅游区所在的巴东县是巴（东）、（秭）归、兴（山）革命根据地的中心，在第二次国内革命战争时期，贺龙同志曾多次转战巴东，全县有20多处建立了红色政权，有上万人参加红军、赤卫队和革命活动，现在是重要的红色旅游胜地。

【知识链接】

纤夫文化

纤夫文化是长江三峡地区，特别是神农溪流域的纤夫长期群体锻造积淀形成的地域性文化，其核心精髓是齐心协力的团队精神、不畏艰险的拼搏精神和力争上游的进取精神。纤夫文化推崇热爱生活，尊重自然，善待环境，在积极追求生命价值的同时，也要理性地对待生命的轮回。

（二）三峡人家风景区

位于宜昌市的西陵峡境内，是国家 5A 级旅游景区。其旅游景观可以用"一二三四"来概括，即一个馆（石牌抗战纪念馆），两个特别项目（三峡人家风情项目和杨家溪漂流项目），三个第一（三峡第一湾——明月湾、中华第一神牌——石令牌、长江第一石——灯影石），天下第四泉——蛤蟆泉。其中，杨家溪因宋朝杨家将的后裔曾移居于此而得名，神秘的杨家溪漂流以军事漂流为主题，充满了浓厚的军训色彩。石牌抗战纪念馆是首批国防教育基地、三峡地区第一个综合性抗战纪念馆，修建在当年抗战的军事遗址之上，由凭吊缅怀大厅、多媒体展览厅、图文展览厅、实物展览厅四部分组成。

（三）葛洲坝—三峡大坝

位于宜昌市境内的长江三峡末端河段上，于 1971 年 5 月开工兴建，到 1988 年 12 月竣工。它是我国自行设计、建造和安装的长江上第一个综合性水利工程，也是世界上最大的低水头大流量、径流式水电站。它由拦江大坝、发电站、船闸、泄洪闸、冲沙闸组合而成。三峡大坝位于湖北省宜昌市夷陵区三斗坪，距下游葛洲坝水利枢纽工程不到 40 公里，是当今世界最大的水力发电工程——三峡水电站的主体工程、三峡大坝旅游区的核心景观。三峡大坝也曾荣获世界纪录协会的世界最大的水利枢纽工程这一世界纪录。

（四）屈原故里文化旅游区

位于秭归县，是国家 5A 级旅游景区。秭归是屈原的故乡，也是楚文化发源地之一。景区内主要有屈原祠、屈原衣冠冢等景点。屈原祠是屈原故里文化旅游区的重要组成部分，始建于唐代，新建的屈原祠由山门、两厢配房、碑廊、前殿、乐舞楼、正殿、享堂、屈原墓等建筑组成。

（五）唐崖土司城遗址

位于恩施土家族苗族自治州咸丰县，与湖南永顺土司遗址、贵州遵义海龙屯土司遗址联合代表的"中国土司遗产"被列入《世界遗产名录》。始建于元朝，废止于清雍正年间，曾是方圆一千多公里地区的政治、军事、经济、文化中心。土司城遗址占地70余万平方米，现存城防设施、交通设施、建筑基址、墓葬、苑囿、手工业遗址等多种类型遗存，堪称"土司制度的实物见证"。城内有"三街十八巷"，由主干道、三横三纵的次干道、数十条巷道构成，主干道南北向贯通全城，是目前我国保存最为完整的明代石板道路。城内外人文景观遍布，最主要的有石人、石马、石牌坊等大型石雕，土王墓葬及古墓葬群、夫妻杉、妃子泉等数十处景点。其中，荆南雄镇牌坊是唐崖土司城址现存唯一完整的地面建筑，是唐崖土司城的标志性建筑，也是现存土司遗址中等级最高、体量最大的礼制性建筑。"

五、江汉平原游览区

荆州古城

荆州古称江陵，位于湖北省中部偏南，地处长江中游，江汉平原西部，因西扼天府，东拦江浙，北略中原，南下湘赣，古称"七省通衢"，自古以来为巴蜀门户和南水水陆交通要冲，被帝王兵家所垂青。三国时期的"刘备借荆州""关羽大意失荆州"的故事就发生在此处。荆州古城原城为蜀将关羽所建，如今的古城是清顺治三年（1646年）依照旧基重建，东西长，南北短，呈不规则多边形。城四周的护城河、城墙、城门、敌台、堞垛保存完好。古时的6座城门上都有城门楼，分别是宾阳楼、望江楼、九阳楼、曲江楼、朝宗楼、景龙楼等，其中以曲江楼和景龙楼最为出名，现仅存"朝宗楼"。

➲ 小结

湖北旅游区	鄂西北游览区		神农架风景区、武当山、襄阳游览区
	鄂东北游览区		随州炎帝故里
	鄂东南游览区	赤壁游览区	
		武汉游览区	东湖风景区、黄鹤楼、武汉长江大桥、辛亥革命武昌起义纪念馆
	鄂西南游览区		神龙溪纤夫文化旅游区、三峡人家风景区、葛洲坝—三峡大坝、屈原故里文化旅游区、唐崖土司城遗址
	江汉平原游览区		荆州古城

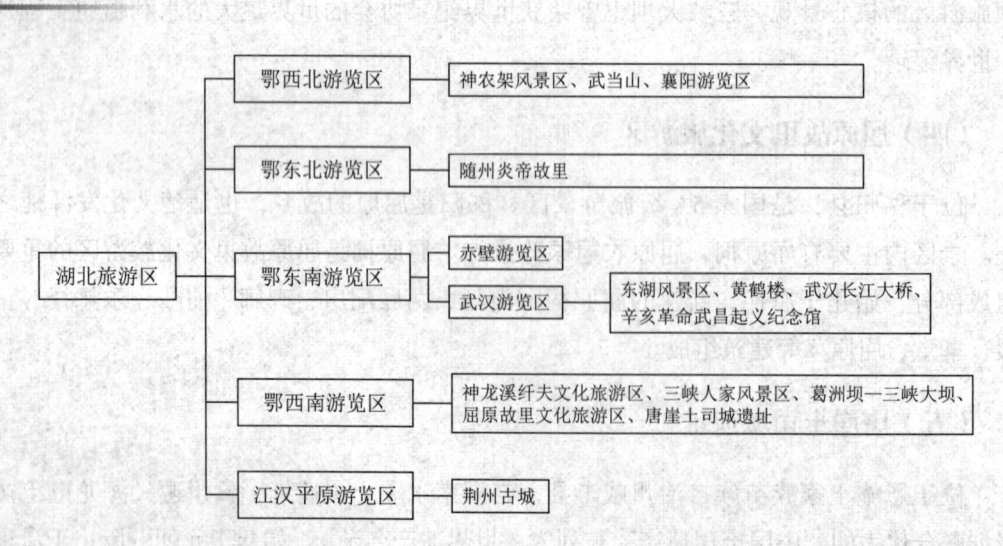

任务训练

以小组的形式，通过教材或其他方式了解湖北旅游景点，获得旅游景点信息以"荆楚文化之旅"为旅游主题，推荐旅游景点。每组选出1名同学代表小组阐述任务完成的过程，讲解推荐的旅游景点及推荐的理由。

任务评价

表 8-4-1　湖北旅游区任务训练评价

评价指标	自我评价				组间评价				教师评价			
	A	B	C	D	A	B	C	D	A	B	C	D
景点推荐												
推荐理由												
阐述过程												
讲解水平												
团队合作												
总体印象												

A. 优秀　　　B. 良好　　　C. 一般　　　D. 欠佳

任务五　湖南旅游区

湖南省地处中国中部、长江中游，因大部分区域处于洞庭湖以南而得名"湖南"，因省内最大河流湘江流贯全境而简称"湘"，古称"潇湘""湖湘""三湘"，省会为长沙市。湖南东邻江西，西接重庆、贵州，南毗广东、广西，北与湖北相连。地貌以山地、丘陵为主，全省三面环山，北为洞庭湖平原，中为丘陵与河谷盆地相间，全省形成了从东西南三面向北倾斜的马蹄形状。湖南省内河湖密布，水网纵横，有全国第二大淡水湖——洞庭湖。湖南全省的旅游资源分布为："东一线"指京广线和湘江谷地，以4000年的楚文化为主，文物古迹众多，以岳阳、长沙、南岳衡山为重点，包括郴州、宁远—九嶷山、永州—索溪岳阳（岳阳楼、洞庭湖）、衡阳—南岳、长沙—韶山等六个旅游风景区；"西一片"指以武陵源为中心的湘西片，以自然风景资源为主，有武陵源、

— 235 —

猛洞河、吉首—凤凰、桃花源等旅游风景区。湖南少数民族众多，有土家族、苗族、瑶族、侗族、白族、回族、维吾尔族等50余个少数民族，因此少数民族风情成为该区旅游的一大特色。

任务目标

1. 学生自行寻找湖南旅游区游览图，根据下面旅游行程线路，在图中标注旅游景区。

【秀美湖南】韶山、张家界、凤凰、衡山双卧7日游

Day 1：来自全国各地的游客集中抵达长沙。

Day 2：长沙—韶山—张家界：橘子洲、毛泽东故居。

Day 3：张家界：张家界国家森林公园。

Day 4：武陵源—凤凰：武陵源景区。

Day 5：凤凰—长沙：凤凰古城。

Day 6：长沙—衡山—长沙：衡山风景名胜区。

Day 7：返程，结束愉快的行程。

2. 根据湖南旅游区游览图，了解湖南旅游区的特色旅游及代表性景区。

任务分析

要想了解湖南旅游区的特色旅游及代表性的旅游景区，首先要了解湖南旅游区的自然与人文地理环境，从而分析湖南旅游区的旅游特色；其次要熟悉湖南旅游景区景点特点及分布情况；最后总结出湖南旅游区的特色旅游及代表性景区。

知识准备

一、湘西游览区

（一）武陵源风景名胜区

位于湖南省西北部，由张家界市的张家界国家森林公园、慈利县的索溪峪自然保护区和桑植县的天子山自然保护区组合而成。武陵源景区的主要景观是石英砂岩峰林

地貌,境内奇峰众多,奇峰、怪石、幽谷、秀水、溶洞被誉为"五绝"。

张家界风景区位于武陵源风景名胜区南部,是我国第一个国家森林公园,素以林海莽莽、树木繁多而驰名,被誉为"世界最大的盆地""中国山水画的原本",是世界自然遗产。这里的异峰巧石、山泉飞瀑、深林奇树及珍禽异兽共同组成了一幅幅相映成趣、妩媚动人的自然绝景。主要景点有:黄狮寨、金鞭溪、天子山、鹞子寨等。

索溪峪又名索溪,因溪水如绳索而得名,有独特的地质地貌和丰富的野生动植物资源。其"山奇、水秀、桥险、洞幽"的特点使索溪峪成为武陵源风景名胜区中的一颗明珠。主要景点有:地下明珠黄龙洞、天上瑶池宝峰湖、峰峦叠翠的百丈峡、风景如画的十里画廊等。

天子山因明初土家族领袖向大坤自号"向王天子"而得名。天子山素有"峰林之王"的美称,以峰高、峰大、峰多著称天下,主要景点有:南天门、御笔峰、仙女献花、点将台、空中田园、仙人桥、神兵聚会等,此外还有天子阁、贺龙公园两处人文景观。

(二)凤凰古城

位于湘西土家族苗族自治州的西南部,人口由苗族、汉族、土家族等多个民族组成,为典型的少数民族聚居区,是国家4A级旅游景区。古城建于清康熙四十三年(1704),因背依的青山酷似一只展翅欲飞的凤凰而得名。凤凰古城依山傍水,清浅的沱江穿城而过,红色砂岩砌成的城墙伫立在岸边。古城以古街为中轴,连接无数小巷,沟通全城。城内的青石板街道,江边的木结构吊脚楼以及朝阳宫、古城博物馆、杨家祠堂、沈从文故居、熊希龄故居、天王庙、大成殿、万寿宫等建筑和浓厚的苗族风情,构成了凤凰古城独具一格的特色。

(三)黔阳古城

位于怀化市,是全国保存最为完好的明清古城之一,古城三面环水,是湘楚苗地边陲重镇,素有"滇黔门户""湘西第一古镇"之称,是唐代"诗家天子"王昌龄的贬谪地。他的经典诗句"一片冰心在玉壶"就是写于该市芙蓉楼前。芙蓉楼为古典园林建筑,筑叠巧思,错落有致,被誉为"楚南上游第一胜迹",是历代文人墨客吟诗作画之处。

古城内青石街巷纵横交错,明清建筑随处可见。古城原有五个城门,今尚存四门遗址,其中西门又称中正门,其城门及门楼保存完好。依附南北两条主要街道而形成的鱼骨状道路系统也保存完整,古称九街十八巷,其中现存较完好的历史街区有南正街、上河街、下河街等。

（四）万佛山——侗寨风景名胜区

位于湖南省西南部，由丹霞地貌区、具有浓郁侗民族文化习俗的百里侗文化长廊和红军长征通道转兵会址——恭城书院三部分组成。

丹霞地貌区分布着万佛山、神仙洞、七星山、将军山、紫云山五大景区。景区内群峰挺立，象形景观众多，融幽、险、秀、奇为一体，植被丰茂，有"绿色万里长城"的美誉。百里侗文化长廊位于通道侗族自治县蜿蜒的坪坦河边，马田的鼓楼、阳烂的银饰、坪坦的芦笙、黄都的侗歌，特别是坪坦河上的普修桥、普济桥、回龙桥、回福桥，座座都是文物，整整一百里都充满丰富鲜活的侗文化；恭城书院位于通道县罗蒙山下，原称"罗蒙书院"，是中国现存最完整的侗族古书院。

（五）崀山风景名胜区

位于邵阳市新宁县境内，崀山属典型的丹霞地貌，地质结构奇特，山、水、林、洞浑然一体。景区包括天一巷、辣椒峰、夫夷江、八角寨、紫霞峒、天生桥六大景区，境内有"崀山六绝"，即形神兼备的将军石、惟妙惟肖的骆驼峰、鬼斧神工的"天下第一巷"、地造天设的鲸鱼闹海、气势磅礴堪称亚洲第一的天生桥和高耸入云而又十分逼真的辣椒峰。作为中国丹霞一部分，被列入世界自然遗产。

（六）猛洞河风景名胜区

位于湘西土家族苗族自治州境内，地跨永顺、古丈两县，整个风景区都处在武陵山脉的环抱之中。猛洞河水量丰富，河流坡降大，水急滩多浪奇，高大的峭壁直插水面，两岸并相靠拢，形成了幽深的峡谷景观。沿河两岸古木参天，苍翠欲滴，奇石错落，流泉飞瀑随处可见，下游一路水碧山青，风光秀丽，野猴成群，溶洞奇特。猛洞河的主要旅游项目包括其上游的天下第一漂和下游的平湖生态游两个项目。

（七）芙蓉镇

位于湖南省湘西土家族苗族自治州永顺县的酉水之滨，是一座具有两千年历史的古镇，享有酉阳雄镇、湘西"四大名镇""小南京"的美誉。镇区内是曲折幽深的大街小巷，临水依依的土家吊脚木楼以及青石板铺成的五里长街，处处流露着淳厚古朴的土家族民风民俗。

（八）永顺老司城遗址

位于湘西土家族苗族自治州永顺县城以东的灵溪河畔，与湖北恩施唐崖土司城遗址、贵州遵义海龙屯土司遗址联合代表的"中国土司遗产"被列入《世界遗产名录》，是国家4A级旅游景区。老司城是湘西土司王八百年"小朝廷"的都城，始建于南宋，距今有800多年的历史，是土司统治时期中国西南山区的家族政治、经济、文化中心，是土司制度的物化载体，是中国古代民族区域自治制度发展的活标本，完整地反映了土司及土司制度的产生、发展和消亡全过程。老司城分内罗城、外罗城，有纵横交错的八街十巷，是迄今发现的最为完整、规模最大、历史最悠久的古代土司都城遗址，现在城址主要包括宫殿区、衙署区、街巷区、墓葬区、宗教区、苑墅区等几个部分。

二、东线游览区

（一）岳麓山——橘子洲旅游景区

位于长沙市，是国家5A级旅游景区，已开放的景区有麓山景区、橘子洲景区。其中麓山景区系核心景区，景区内有岳麓书院、爱晚亭、麓山寺、云麓宫、新民学会旧址等景点。

岳麓书院早在宋代就是全国有名的四大学府之一，是古代著名的"四大书院"之一，也是中国目前保存最完好的一座古代书院。书院现存建筑大部分为明清遗物，主体建筑有大门、二门、讲堂、半学斋、教学斋、百泉轩、御书楼、湘水校经堂、文庙等，各部分互相连接，完整地展现了中国古代建筑气势恢宏的壮阔景象。除建筑文物外，岳麓书院还以保存大量的碑匾文物闻名于世。

爱晚亭与安徽滁县的醉翁亭、杭州西湖的湖心亭、北京陶然亭公园的陶然亭并称中国四大名亭。爱晚亭原名红叶亭，又名爱枫亭。后来根据杜牧"停车坐爱枫林晚，霜叶红于二月花"的诗句，更名为爱晚亭。1952年重修爱晚亭时，毛主席亲自题书亭名。

麓山寺亦称"岳麓寺""慧光寺""鹿苑""万寿寺"，系晋初古寺，是佛教入湘最早的一所大寺。明神宗时更名为万寿寺，民国初年复名。其大雄宝殿等主要建筑，于1944年被炸毁，仅存山门和观音阁，现已修整一新。

云麓宫在岳麓峰顶，系道家第二十三"洞真虚福地"。现存吕祖殿、祖师殿、三清殿三进。吕祖殿中置汉白玉浮雕吕祖仙师真像，并刻吕著《百字铭》，前厅竖关帝神像，三清殿按道家规制竖像三尊。

新民学会旧址暨蔡和森故居，邓小平、陈云同志曾分别为旧址题写"蔡和森故居"和"新民学会成立会旧址"。故居内有古井、"沩痴寄庐"槽门、周公墓等。新建陈列室以全新的"新民学会·建党先声"陈列展览，用场景再现、浮雕等形式展现了新民学会三年的历程，突显了湖湘无产阶级先锋的群体形象，成为广大青少年及群众接受革命传统教育的重要场所。

【思政链接】

新民学会

1918年4月，毛泽东、蔡和森等人在长沙成立了新民学会，取义于"大学之道，在明明德，在新民，在止于至善"，其宗旨是"改造中国与世界"，学会经常讨论国家大事和世界局势，研究俄国革命经验，寻求改造中国的道路和方法。1920年下半年，新民学会的许多成员加入了中国社会主义青年团和共产主义小组，1921年后，学会逐渐停止了活动。新民学会的成员们是一批勇于反抗旧世界，热心追求新思想和新生活的进步青年，他们要使自己成为当世的栋梁之材，要使中国的政治、文化的面貌得到根本改变。新民学会在中国历史上具有重要意义，推动了中国民主革命的发展，造就了一批无产阶级革命的坚强战士，对中国命运产生了广泛影响，是湖南民主革命的先锋、共产主义运动的摇篮。

（二）马王堆汉墓

位于湖南省长沙市，是西汉初期长沙国丞相利苍及其家属的墓葬。1972—1974年，考古工作者在这里先后发掘了3座西汉时期墓葬，墓葬的结构宏伟复杂，椁室构筑在墓坑底部，由三椁、三棺及垫木所组成。墓葬内的随葬品十分丰富，共出土了丝织品、帛书、帛画、漆器、陶器、竹简、印章、封泥、竹木器、农畜产品、中草药等遗物3000余件。特别是2号墓葬中还出土了一具保存完好的女尸以及中国迄今所能见到的最早的方剂书籍帛书《五十二病方》，为国内外所罕见。

（三）韶山旅游区

位于长沙、株洲、湘潭三市交界处，是中国人民的伟大领袖毛泽东同志的故乡。韶峰为韶山境内第一高峰，奇丽险峻，遍地奇花异草、古树苍松。景区内主要景点有：毛泽东故居、毛泽东铜像、毛泽东纪念馆、毛泽东遗物馆、毛泽东诗词碑林、毛泽东纪念园等人文景观，以及充满神秘色彩的"西方山洞"滴水洞、黑石寨等自然景观。

（四）岳阳楼——洞庭湖风景区

位于湖南省岳阳市区西北部，包括岳阳楼古城区、君山、南湖、芭蕉湖、汨罗江、铁山水库、福寿山、黄盖湖等景区。现有二妃墓、湘妃庙、柳毅井、飞来钟、屈子祠、杜甫墓、慈氏塔、晋代文庙、鲁肃墓、黄盖湖、

岳阳楼——洞庭湖风景区

三国古战场等名胜古迹。

岳阳楼位于湖南省岳阳市的西门之上，紧靠洞庭湖畔，是江南三大名楼中唯一的一座保持原貌的古建筑。它的建筑构制独特，风格奇异，为三层、四柱、飞檐、盔顶式纯木结构楼阁建筑。楼中四柱高耸，金碧辉煌，远远而望，恰似一只凌空欲飞的鲲鹏，尤显雄伟壮丽。

洞庭湖是中国第四大湖，也是中国第二大淡水湖，古称云梦泽、九江和重湖，被誉为"八百里洞庭"。湖中最著名的君山，原名洞庭山，洞庭湖也因此而得名。君山自然风光秀丽，名胜古迹众多，文化底蕴深厚，有秦始皇的封山印、汉武帝的射蛟台、宋代农民起义的飞来钟等珍贵文物遗址。

（五）桃花源风景区

位于湖南省桃源县城西南部，是国家4A级旅游景区。桃花源风景名胜区分桃花山、桃源山、桃仙岭、秦人村4个景区，其中桃花山、秦人村为桃花源的中心，有桃花山牌坊、桃花溪、桃树林、穷林桥、菊圃、方竹亭、遇仙桥、水源亭、秦人古洞、延至馆、集贤祠等70余处景点。

（六）衡山

衡山又名南岳、寿岳、南山，为中国"五岳"之一，位于湖南省衡阳市南岳区，山峰挺拔秀丽，古木参天，奇花异草，自然景色十分秀丽，故而衡山有"五岳独秀"的美誉。衡山宗教文化十分厚重，又是人们心目中的"寿山"，在中国常常用"福如东海，寿比南山"表达美好的祝愿，其中南山指的就是衡山。"祝融峰之高、藏经殿之秀、方广寺之深、水帘洞之奇"合称为南岳四绝，诸峰中以祝融、天珠、紫盖、芙蓉、石廪五峰最为有名。衡山历史上也是读书人聚集讲学之地，建有南岳书院、邺侯书院等。

（七）九嶷山

九嶷山又名苍梧山，位于湖南省南部永州市宁远县境内。九嶷山九峰耸立，其主峰为畚箕窝，海拔近2000米。九嶷山山峰耸翠，巍峨壮丽，溶洞密布，绿水长流，自然风光十分秀丽，著名的景点有：舜源峰、舜帝庙、三分石、宁远文庙、紫霞岩、玉琯岩等。九嶷山同时又是一个瑶族聚居区，这里的瑶歌、长鼓舞，以及瑶家姑娘出嫁"坐歌堂"的婚俗都显得别具一格。

小结

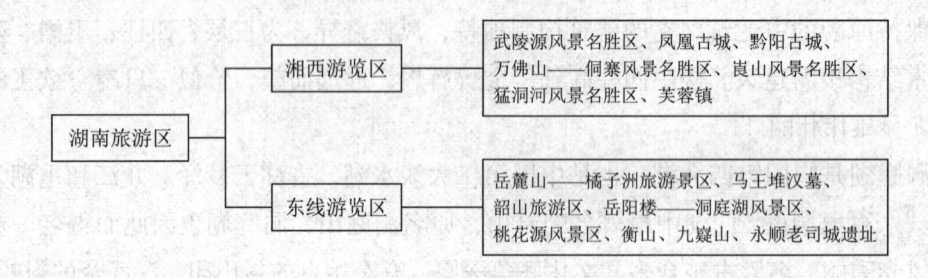

```
                    ┌── 湘西游览区 ── 武陵源风景名胜区、凤凰古城、黔阳古城、
                    │                万佛山——侗寨风景名胜区、崀山风景名胜区、
                    │                猛洞河风景名胜区、芙蓉镇
    湖南旅游区 ──┤
                    │                岳麓山——橘子洲旅游景区、马王堆汉墓、
                    └── 东线游览区 ── 韶山旅游区、岳阳楼——洞庭湖风景区、
                                     桃花源风景区、衡山、九嶷山、永顺老司城遗址
```

任务训练

以小组的形式，通过教材或其他方式了解湖南旅游景点，获得旅游景点信息，以"潇湘福地，纵情山水"为旅游主题，推荐旅游景点。每组选出1名同学代表小组阐述任务完成的过程，讲解推荐的旅游景点及推荐的理由。

任务评价

表8-5-1 湖南旅游区任务训练评价

评价指标	评价分值											
	自我评价				组间评价				教师评价			
	A	B	C	D	A	B	C	D	A	B	C	D
景点推荐												
推荐理由												
阐述过程												
讲解水平												
团队合作												
总体印象												

A. 优秀　　　B. 良好　　　C. 一般　　　D. 欠佳

单元练习

1. 搜集相关资料，了解本区主要的少数民族分布状况及其民风民俗。
2. 搜集相关资料，推荐本区特色饮食和特色旅游商品。
3. 以"蜀楚世界遗产之旅"为旅游主题，推荐5处景区。

单元八知识测试

单元九

岩溶洞乡、多彩民俗、西南文化游
——黔滇桂旅游区

任务一　黔滇桂旅游区旅游特色

本区包括贵州省、云南省、广西壮族自治区，地处我国西南边陲，西部接青藏高原和缅甸地区，南临越南、老挝等国，所以该区自古就是我国与东南亚和南亚各国经济文化交往的陆路通道，我国的丝绸和工艺品经过该地区运往印度、缅甸等国，被誉为"西南丝路"。本区自然旅游资源独具特色，岩溶景观发育典型，分布广泛，大部分地区为亚热带季风性湿润气候，四季分异不明显，种群类型丰富多彩，多奇花异草，珍禽异兽，区内不仅有茫茫雪山，雄奇的峡谷高山，还有秀美的湖光山色。本区总体上是一个以岩溶景观，热带、亚热带高山深谷风光，以及多民族的文化习俗为特色的旅游区。

任务目标

根据本区的旅游特色，设计本区旅游主题。

任务分析

要想设计本区的旅游主题，首先要了解本区的地理环境及特色旅游资源的类型、功能和成因，从而归纳本区旅游特色，设计本区旅游主题。

知识准备

一、气候宜人，四季如春

由于海拔和地理位置的不同，本区气候有"一山有四季，十里不同天"的特点，但是本区大部分地区为热带、亚热带季风性湿润气候，距离海洋较近，气候湿润宜人，冬无严寒、夏无酷暑，四季分异不明显，皆宜旅游。2014年中国十佳避暑旅游城市评选中，本区就有昆明、贵阳、六盘水、丽江、临沧五大城市名列其中。

【知识链接】

"春城"昆明

昆明市地处低纬度高原，天气常如二、三月，花开不断四时春，人称"春城"，是云南省的首府，位于我国西南边陲，云贵高原中部，云南省东部，滇池盆地北部，三面环山，南临滇池，河流纵横，形成了富腴肥沃的坝子。由于海拔高，纬度低，昆明阳光明媚，雨量充沛，气候如春，景色宜人。昆明市四季温暖如春，全年温差较小。虽然昆明有"春城"的美称，但一日之间也有四季。尤其是春、冬两季，早晚气温一般比较低，所以旅行者最好能准备几套保暖的衣服，以备不时之需。另外，由于昆明地处高原，白天的日照会相对较强，所以戴上一副太阳镜，不失为明智之举。

二、分布广泛的岩溶景观

本区的岩溶地貌景观众多，如孤峰、石林、峰林、峰丛、天生桥、溶洞、岩洞瀑布等无所不有，堪称世界上岩溶地貌发育最典型、最完美的自然博物馆，也是闻名于世的岩溶风景游览胜地。著名的世界自然遗产"中国南方喀斯特"中云南石林、贵州荔波和施秉、广西桂林和环江均在本区（另一个为重庆武隆和金佛山）。

在距今几亿年前的古生代，这里除云南西部以外的大部分地区曾长期处于浅海状态，沉积了厚达几千米以石灰岩为主的碳酸盐岩地层，隆升成陆地以后，在湿热条件下，逐步演化成了热带岩溶地貌。云南以尚处于岩溶地貌发育初期的高大石芽为特色，云南石林就是其典型代表。贵州高原岩溶地貌的发育处于青壮年阶段，以同基连座的峰丛与岩溶洞穴广泛分布为特色，溶蚀谷地与断头缺尾的河流也比较多见，著名的织金洞、黄果树瀑布溶洞群及其周围的笔架状群峰是其典型代表。广西盆地的岩溶侵蚀已进行到潜水面，密集如林的岩溶山峰彼此分离，清澈见底的河水环绕岩溶山峰静静流淌，呈现出"江作青罗带，山如碧玉簪"的绝妙图景，桂林—阳朔山水是其典型代表。

三、雄奇壮观的高山峡谷

在距今 2000 多万年以前的新构造运动中，由于印度次大陆板块与欧亚大陆板块大碰撞，引发了青藏高原的强烈隆升，并在横断山区一带与刚性较大的地块产生强烈的挤压运动，构成了高山与大江交替出现的景象。云贵高原部分随之隆升为高原，广西地区则相对沉降成为盆地。

山高谷深是横断山区的最大特色，特别是发源于青藏高原的大江——金沙江、澜沧江和怒江在云南省境内自北向南穿越横断山区的担当力卡山、高黎贡山、怒山和云岭等崇山峻岭时，不仅江面与两侧山峰相对高差达数千米，自然景观垂直变化十分显著，而且还形成了三江并行奔流 170 多公里而不交汇的自然奇观，其间，澜沧江与金沙江最短直线距离为 60 多公里，澜沧江与怒江的最短直线距离不到 20 公里，为世所罕见。2003 年，联合国教科文组织世界遗产大会一致决定，将中国云南省西北部的"三江并流"自然景观列入联合国教科文组织的《世界遗产名录》。

四、丰富的动植物资源

由于纬度较低、地势差大，气候类型多样，水热条件优良，地形地貌复杂多样，且横断山脉、云贵高原、四川盆地、青藏高原等高大地形能阻挡北方的干冷气流，本区非常适宜多种生物的生存，有着非常丰富的动植物资源。

（一）植物王国

云南省自然地理条件复杂、气候复杂多样，在此多样化环境条件下繁衍出了丰富的植物区系，是世界公认的生物多样性保护热点地区，拥有"植物王国"的美誉。西双版纳是我国最大的热带植物宝库，素有"物种基因库"的美称。这里保留着不少第三纪前的古老生物群落，如树蕨、鸡毛松、苏铁、竹柏等。

贵州省素有"宜林山园"的美称，发育了类型复杂的森林植被，是中国四大中药材产区之一，有银杉、珙桐、秃杉、桫椤等几十种珍稀植物。

广西壮族自治区的植物据统计有 6 000 多种，乔木树种达千种以上，居全国第四位，中国特有的植物活化石——银杉最早就发现于广西龙胜地区。此外还有龙州舰木玉、资源冷杉、那坡擎天树、猫儿山华南铁杉、十万大山华南坡垒、广西桫椤、金茶花等都属珍稀树种之列。广西壮族自治区还是闻名全国的"水果之乡"，其许多热带、亚热带水果在全国占有重要地位。

（二）动物乐园

云南省独特的气候和地理环境，使它能供种类繁多的野生动物栖息，显现出动物资源方面的极大优势，素有"动物王国"的美誉。云南拥有的脊椎动物占全国种类的近60%。省内有包括灰叶猴、滇金丝猴、熊狸、亚洲象、亚洲野牛、鬣羚、黑颈长尾雉、双角犀鸟、绿孔雀等在内的特有种类。

贵州省有上千种野生动物，其中黔金丝猴、黑叶猴、华南虎、黑颈鹤等多种野生动物被列为国家一级保护动物。

广西壮族自治区有几十种国家重点保护的珍稀动物，其中桂西南的白头叶猴、大瑶山的鳄蜥为广西独有的世界级珍稀动物。

五、绚丽多姿的民族风情

本区是我国少数民族聚居且人口最多的地区，中国拥有56个民族，而这里有傣族、白族、彝族、纳西族、哈尼族、布朗族、苗族、藏族、侗族等30多个少数民族生活在本区。淳朴的民风，独特的地域文化，诸如农耕、游牧、节庆、服饰、饮食起居、婚丧、建筑、语言文字、图腾崇拜、宗教信仰等，构成了一幅浓郁而又色彩斑斓的中国民俗风情图画。

众多的少数民族，各有各的历史，各有各的信仰与传统，因此，它们也各有各的节日。据不完全统计，西南地区少数民族的节日多达数千个，覆盖了全年的每个月，而且各地周期性的节会也是五彩缤纷、十分热闹的。所以，一年365天，几乎天天都可以赶上少数民族的节会。本区各地的少数民族都是能歌善舞之辈，其民族文化独特，节日活动丰富多彩，有对歌、跳舞、吹芦笙、打大鼓、击铜鼓、斗牛、赛马、斗鸡、斗雀、摔跤、泼水、傩戏、赛龙舟、玩龙灯、碰彩蛋、抛绣球等，应有尽有。由于每一个节日都有自己的来历，有关的历史渊源、文化传说等文化内涵耐人寻味，因此，繁多的少数民族节庆既是当地人文地理环境的一大特征，也是其旅游最大吸引力之所在。

六、特色鲜明的旅游商品

本区旅游商品非常丰富，地域特色鲜明。云南省有建水陶瓷、华宁陶器、永胜瓷器等陶瓷器，傣锦、筒帕、蜡染、扎染等丝织刺绣品、玉雕、木雕、乌铜走银、户撒刀等工艺品，三七、虫草、云归等名贵药材，普洱、滇红、滇绿等名茶，杨梅、石榴、宝珠梨等水果；贵州省有银饰、刺绣、漆器、蜡染、剪纸、竹编等民族特色工艺品，紫袍玉带石、红河石、晴隆贵翠、重晶石等奇石制品及思州砚、龙溪砚等石雕，猕猴桃、刺梨、金钱橘、夏橙等水果；广西壮族自治区有龙眼、荔枝、罗汉果、桐油、沙田柚、火龙果以及壮锦、南珠、坭兴陶、铜鼓、画扇、绣球等。

【思政链接】

"天眼之父"南仁东

在贵州省平塘县城西南部坐落着一处特别的景区——平塘天眼景区，因为世界上最大单口径射电望远镜 FAST——"中国天眼"就在景区内，它是我国天文学事业领跑世界的最有力见证。而这项伟大工程背后的最大功臣就是被称为"天眼之父"的南仁东，在 1994 年，他首次提出"天眼工程"计划，并亲自参与了后期的选址和设计工作。为此，他曾长途跋涉于中国的西南大山里，用十几年的时间，几千个昼夜，在对比了上千个洼地后，才终于选中了如今"天眼"所在的地址。"天眼"寄托了南仁东的诸多希望与理想，是其用了毕生的心血去灌溉的。2016 年 9 月，耗费了南仁东二十多年之久的"天眼工程"即将落成启用，就在大家都欢欣鼓舞的时刻他却已经躺倒在了病床上，9 月 25 日，"天眼"的落成启用仪式上，南仁东拖着沉重的病体，跨越了大半个中国的路程，来到了贵州，目睹了这场盛况。距离"天眼"工程落成启用不到一年后，南仁东永远地离开了我们。"踏平坎坷艰难寻'它'，埋进深山志在高远。"这是《人民日报》官方微博对于南仁东的评价，他的一生，真正做到了用一颗赤子之心回馈祖国，回馈人类，是我们心中当之无愧的时代楷模。

小结

西南旅游文化区
- 气候宜人，四季如春
- 分布广泛的岩溶景观
- 雄奇壮观的高山峡谷
- 丰富的动植物资源
- 绚丽多姿的民族风情
- 特色鲜明的旅游商品

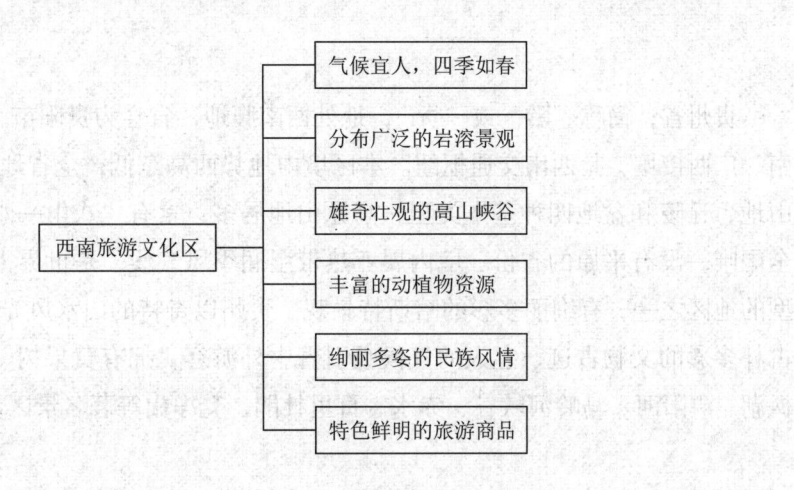

任务训练

表 9-1-1 黔滇桂旅游区旅游主题

主题名称	推荐理由	根据主题推荐的旅游景区或景点

任务评价

表 9-1-2 黔滇桂旅游区旅游主题任务评价

评价指标	评价分值											
	自我评价				组间评价				教师评价			
	A	B	C	D	A	B	C	D	A	B	C	D
主题准确、鲜明												
推荐理由合理												
景点把握熟练												
团队合作												
总体印象												

A. 优秀　　　B. 良好　　　C. 一般　　　D. 欠佳

任务二　贵州旅游区

贵州省，简称"黔"或"贵"，地处西南腹地，省会为贵阳市，与重庆、四川、云南、广西接壤，是西南交通枢纽。本区境内地势西高东低，全省地貌可概括分为高原、山地、丘陵和盆地四种基本类型，高原山地居多，素有"八山一水一分田"之说，是全国唯一没有平原的省份。境内属亚热带湿润季风气候，是世界上岩溶地貌发育最典型的地区之一，有绚丽多彩的喀斯特景观。贵州以奇特的山水风光、浓郁的民族风情、古朴多彩的文物古迹、宜人的气候吸引着中外游客，拥有黄果树、龙宫、织金洞、红枫湖、潕阳河、马岭河峡谷、赤水、百里杜鹃、梵净山等著名景区。

单元九 岩溶洞乡、多彩民俗、西南文化游——黔滇桂旅游区

任务目标

1. 学生自行寻找贵州旅游区游览图，根据下面旅游行程线路，在图中标注旅游景区。

【黔景无忧】双飞 9 日游

Day 1：来自全国各地的游客集中抵达贵阳。
Day 2：贵阳—安顺：织金洞。
Day 3：安顺—兴义：黄果树瀑布。
Day 4：兴义—贞丰：马岭河峡谷、万峰林景区。
Day 5：贞丰—贵阳：双乳峰景区。
Day 6：贵阳—荔波：荔波漳江景区。
Day 7：荔波—凯里：西江千户苗寨。
Day 8：凯里—镇远：潕阳河风景区。
Day 9：镇远—贵阳—返程：甲秀楼，之后返程，结束愉快的贵州之旅。

2. 根据贵州旅游区游览图，了解贵州旅游区的特色旅游及代表性的旅游景区。

任务分析

要想了解贵州旅游区的特色旅游及代表性的旅游景区，首先要了解贵州旅游区的自然与人文地理环境，从而分析贵州旅游区的旅游特色；其次要熟悉贵州旅游景区特点及分布情况；最后总结出贵州旅游区的特色旅游及代表性景区。

知识准备

一、北部游览区

（一）遵义会议纪念馆

位于贵州省遵义市子尹路 96 号，是为庆祝中国共产党历史上具有伟大历史意义的遵义会议而建立的，是贵州省唯一的国家一级博物馆，由遵义会议会址等十一个纪念场馆组成。遵义会议纪念馆以复原陈列为主，先后复原展出了遵义会议会址、遵义红军原总政治部旧址、毛主席旧居、苏维埃国家银行旧址、遵义红军警备司令部旧址、

遵义会议期间秦邦宪、李德住处、遵义会议期间邓小平住处等七处革命旧址的复原陈列。另外这里还会举办陈云与遵义会议、李卓然与遵义会议、彭雪枫将军展览、张爱萍将军生平事迹展等临时展览，使纪念体系不断延伸，景区功能也在不断完善，为全国爱国主义教育和革命传统教育发挥巨大的作用。

【思政链接】

遵义会议

1934年10月，中央红军开始长征，当红军抵达湘黔边境时，遇到国民党大军的前堵后追，中央军委遂决定要抢渡湘江，湘江战役是中央红军长征以来最壮烈的一战，经过湘江战役，红军人数已经从出发时的8.6万锐减到3万多人。1935年1月中央政治局在遵义召开扩大会议，会上的一系列重大决策，在极其危急的历史关头，挽救了党，挽救了红军，挽救了中国革命，可以说遵义会议是党的历史上一个生死攸关的转折点。遵义会议后，中央红军在毛泽东等的指挥下，先后4次渡过赤水河。四渡赤水之战，是中央红军长征中最精彩的军事行动，是以少胜多、变被动为主动的光辉典范。紧接着，红军南渡乌江、巧渡金沙江。至此，中央红军摆脱了敌军的追堵拦截，取得了战略转移中具有决定意义的胜利。

（二）赤水丹霞旅游区

位于贵州省西北部的赤水市，北接川南，东邻重庆，是黔北通往巴蜀的重要门户，是世界自然遗产赤水丹霞的核心景区、是国家重点风景名胜区，国家地质公园、国家森林公园、国家级自然保护区。该旅游区景观以瀑布、竹海、桫椤、丹霞地貌、原始森林等自然景观为主要特色，有全国面积最大、发育最美丽壮观、最具典型性和代表性、最年轻的丹霞地貌，赤水也因此被誉为"竹子之乡""桫椤王国""丹霞之冠"。赤水丹霞旅游区的主要景点有：赤水大瀑布景区、四洞沟景区、燕子岩国家森林公园、竹海国家森林公园、佛光岩景区、中国侏罗纪公园、红石野谷景区等，还有丙安、大同、复兴等古镇。

赤水是革命老区，中国工农红军二万五千里长征的途经之地，也是"四渡赤水"战役的主战场之一。现有赤水红军烈士陵园、丙安红一军团纪念馆、四渡赤水纪念地、黄陂洞战斗遗址等红色旅游经典景点。

（三）百里杜鹃景区

位于贵州西北部，景区绵延50余公里，包括百花坪、锦鸡箐、画眉岭、览胜峰、数花峰、花海神龟等，是地球上最大的原始杜鹃林带，分布着杜鹃花60多个品种，占世界杜鹃花种属亚属中的全部。最难得的是"一树不同花"，即可在一棵树上开出不同颜色的花朵。树龄千年的杜鹃花王，花开季节繁花万朵，独树成春，是迄今为止地球上发现的最大杜鹃花树。

（四）海龙屯土司遗址

位于遵义市汇川区，是贵州首个世界文化遗产，是保存较为完好的明代军事城堡遗址。整个城堡建筑群分为内城和外城两部分。内城位于东部，建筑主要有衙署、仓库、兵营、监狱等。外城位于西部，主要是军事设施和居民区。此外，海龙屯遗址还有许多城门、城墙、关隘、烽火台等军事设施。

二、东部游览区

梵净山风景区

位于贵州省铜仁市的江口、印江、松桃交界处，原名"三山谷"，得名于"梵天净土"，系武陵山脉主峰，有"武陵第一峰"之称。传说，梵净山是弥勒菩萨的道场，与文殊菩萨的道场山西五台山、观音菩萨的道场浙江普陀山、普贤菩萨的道场四川峨眉山、地藏菩萨的道场安徽九华山齐名，是中国五大佛教名山。因山上多梵寺，故得此名，著名景点有护国寺、承恩寺等。该风景区还拥有"云瀑、禅雾、幻影、佛光"四大天象奇观，标志性景点有红云金顶、月镜山、万米睡佛、蘑菇石、万卷经书等。1986年，梵净山被列为国家级自然保护区，同年被联合国教科文组织列入国际"人与生物圈"保护区网，被誉为"地球和人类之宝"。此外，梵净山还拥有丰富的野生动植物资源，有黔金丝猴、珙桐等珍稀物种。

三、中部游览区

（一）红枫湖景区

位于贵阳市西郊，融高原湖光山色、岩溶地貌、少数民族风情为一体。红枫湖的湖域由中、南、北、后四湖组成。其中北湖以岛著称，较有名气的有鸟岛、蛇岛、龟岛等，这些岛屿都是以形象命名；南湖以洞闻名，洞中各种怪异钟乳石令人咋舌；中湖处于南北二湖之间，以奇石异峰著称，山上松柏苍翠，峭壁陡岩，颇具气势；后湖汉众多，纵横交错，看似山穷水尽，忽又柳暗花明，船头一转，山水如画，尽收眼底。

红枫湖沿岸不但可以欣赏到田园风情，还有若干古战场遗址。如芦荻哨、小关堡、营盘、石城等，其中以芦荻哨古城遗址最具代表性。

（二）甲秀楼

位于贵阳市城南，始建于明朝，后因楼毁又得以重建，改名"来凤阁"，清代历经多次重修，之后恢复原名。楼上下三层，白石为栏，层层收进，由桥面至楼顶高约20米。楼侧由石拱"浮玉桥"连接两岸，桥上原有小亭一座叫"涵碧亭"。甲秀楼自明清时期以来便是文人骚客聚集之处，高人雅士题咏甚多。现楼内古代真迹石刻、木匾、名家书画作品收藏中，清代贵阳翰林刘玉山所撰206字长联为一绝，比号称天下第一长联的昆明大观楼长联还多26个字。

【知识链接】

甲秀楼长联

五百年稳占鳌矶，独撑天宇。让我一层更上，茫茫眼界拓开。看东枕衡湘，西襟滇诏，南屏粤峤，北带巴夔，迢递关河。喜雄跨两游，支持那中原半壁，却好把猪拱箐扫，乌撒碉隳，鸡讲营编，龙番险扼。劳劳缔造，装构成笙歌闾里，锦绣山川，漫云筑国偏荒，难与神州争胜概。

数千仞高凌牛渡，永镇边隅。问谁双柱重镌，滚滚惊涛挽住。忆秦通僰道，汉置牂牁，唐靖且兰，宋封罗甸，凄迷风雨。叹名流几辈，消磨了旧迹千秋，倒不如月唤狮岗，霞餐象岭，九披风峪，雾袭螺峰。款款登临，领略这金碧亭台，画图烟景，恍觉蓬洲咫尺，频呼仙侣话游踪。

四、西部游览区

（一）黄果树瀑布风景名胜区

位于安顺市镇宁布依族苗族自治县，是国家5A级旅游景区。景区的核心景点黄果树瀑布，古称白水河瀑布，亦称"黄葛墅"瀑布或"黄桷树"瀑布，因本地广泛分布着"黄葛榕"而得名。黄果树瀑布是中国第一大瀑布，也是世界著名大瀑布之一，以水势浩大著称。景区内除了黄果树瀑布以外，还有天星桥、神龙洞、郎宫、滴水滩、陡坡塘等主要景点。此外，这一带也是布依族、苗族的聚居区，民族风情非常浓郁。

（二）龙宫景区

位于安顺市南郊，与举世闻名的黄果树大瀑布毗邻。龙宫风景区以水溶洞群为主体，更集旱溶洞、瀑布、峡谷、峰丛、绝壁、湖泊、溪河、民族风情、宗教文化于一身。步入龙宫，有被称为"喀斯特的清明上河图"，有被誉称为"中国第一水溶洞"的地下暗河溶洞、全国最大的洞中寺院——龙宫观音洞、全国最大的洞中瀑布——龙宫龙门飞瀑、山不转水转的旋水奇观——龙宫漩塘等。

（三）织金洞风景名胜区

位于贵州省的织金县，是国家5A级旅游景区、国家级风景名胜区、国家自然遗产、国家地质公园，其分为织金古城、织金洞、裸结河、洪家渡四大景区。织金古城始建于康熙五年（1666），三面环山，一水贯城；规模宏大、形态万千、色彩纷呈是织金洞景观的显著特色，洞内具有全国已探明的规模最大、发育最完善的喀斯特地貌，囊括了全世界溶洞堆积物类别的40多种堆积形态，根据不同的景观和特点，织金洞分为迎宾厅、讲经堂、雪香宫、寿星宫、广寒宫、灵霄殿、十万大山、塔林洞、金鼠宫、望山湖、水乡泽国等景区；裸结河因河水清澈见底而得名，是一个自然景观独特的景区，河岸两侧的山峰挺拔，崖壁陡峭，绿树成荫；洪家渡宛如一面明镜，镶嵌在高原之上，湖水碧波荡漾，倒映着周围的群山，恬静秀丽。

五、南部游览区

（一）榕江苗山侗水风景名胜区

位于黔东南苗族侗族自治州榕江县境内，景区资源类型丰富，苗族、侗族文化与自然山水环境充分融合，主要分为六大景区：三宝千户侗寨景区、宰荡侗族大歌景区、七十二寨侗乡景区、都榕景区、龙塘奇观景区、十里百瀑景区。景区内有世界唯一的苗民祭祖庙"苗王庙"，而侗族琵琶歌、萨玛节、侗族大歌、摆贝苗族服饰、《珠郎娘美》等都已被列入国家非物质文化遗产名录。

（二）黎平侗乡风景名胜区

位于贵州省黎平县境内，地处湘、黔、桂三省（区）交界。贵州是全国聚居侗族最多的省份，而黎平县聚居的侗族人口为全省最多，是中国最典型的侗乡，誉为"天下侗乡第一县"。黎平侗乡景区含"四区两点一群"，即肇兴—地坪、坝寨—九潮、岩洞—口江、八舟河—天生桥四个景区，尚重、洪州两个独立景点以及德凤翘街古建筑景群。景区内侗族建筑群古朴完整，侗族文化悠久迷人，民俗民风淳朴浓郁，岩溶天桥举世无双，风光绚丽多姿，气候舒适宜人，自然风光和少数民族文化得以有机融合，是观光游览和文化教育活动的胜地。

（三）西江千户苗寨

位于贵州省雷山市，是一个完整保存苗族"原始生态"文化的地方，由十余个依山而建的自然村寨相连成片，是目前中国乃至全世界最大的苗族聚居村寨，有吊脚楼、风雨桥、千户灯夜景等景观。西江千户苗寨是一座露天博物馆，是观赏和研究苗族传统文化的大看台。西江苗寨节庆包括苗年节、吃新节、十三年一次的牯藏节等。

（四）荔波樟江风景名胜区

荔波樟江风景名胜区是国家级风景名胜区、贵州首个世界自然遗产，位于贵州省黔南布依族苗族自治州荔波县境内。景区由大、小七孔景区、水春河景区和樟江风光带组成。景区内以丰富多样的喀斯特地貌、秀丽奇特的樟江水景和繁盛茂密的原始森林、各类珍稀品种动植物为特色，集奇特的山水自然风光与当地布依族、水族、瑶族等民族特色于一身。

（五）都匀斗篷山——剑江风景名胜区

位于黔南布依族苗族自治州都匀市的西北面，是中国距离城市最近的原始森林和国家级风景名胜区之一，国家级风景名胜区。景区包括斗篷山景区、剑江景区、螺丝壳景区、都柳江景区四大景区。斗篷山景区展现了大自然之和谐、生态环境之优美，剑江景区则是以众多的人文景观吸引着八方游客。都匀境内聚居着布依族、苗族、水族、畲族等少数民族，他们艳丽的服饰、奔放的歌舞、古朴典雅的婚嫁习俗、举寨同庆的节日庆典、神秘的宗教文化，都能让人感受到少数民族特有风情的神韵。

（六）马岭河峡谷

位于黔西南州兴义市境内，距贵阳300多公里，由马岭河峡谷、万峰林、万峰湖三个部分组成。马岭河峡谷是一条在造山运动中剖削深切的大裂水地缝，谷内群瀑飞流，翠竹倒挂，溶洞相连，两岸古树名木点缀其间，千姿百态，集雄、奇、险、秀于一体，被誉为"地球上一道美丽的疤痕"。此外还有万峰湖景区、猫猫洞古人类遗址、万屯汉墓群、石灰岩悬崖壁画以及马别布依寨、苗寨的民族风情博物馆等。

单元九 岩溶洞乡、多彩民俗、西南文化游——黔滇桂旅游区

➡ 小结

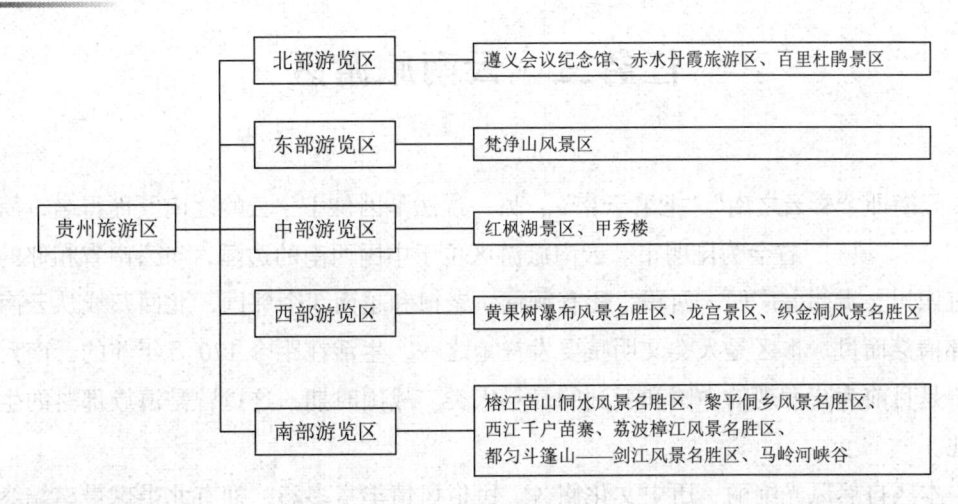

```
                ┌── 北部游览区 ── 遵义会议纪念馆、赤水丹霞旅游区、百里杜鹃景区
                │
                ├── 东部游览区 ── 梵净山风景区
                │
   贵州旅游区 ──┼── 中部游览区 ── 红枫湖景区、甲秀楼
                │
                ├── 西部游览区 ── 黄果树瀑布风景名胜区、龙宫景区、织金洞风景名胜区
                │
                └── 南部游览区 ── 榕江苗山侗水风景名胜区、黎平侗乡风景名胜区、
                                  西江千户苗寨、荔波樟江风景名胜区、
                                  都匀斗篷山——剑江风景名胜区、马岭河峡谷
```

➡ 任务训练

以小组的形式，通过教材或其他方式了解贵州旅游景点，获得旅游景点信息，以"向黔行"为旅游主题，推荐旅游景点。每组选出1名同学代表小组阐述任务完成的过程，讲解选出的最喜欢旅游景点。

➡ 任务评价

表 9-2-1 贵州旅游区任务训练评价

评价指标	评价分值											
	自我评价				组间评价				教师评价			
	A	B	C	D	A	B	C	D	A	B	C	D
景点把握												
阐述过程												
讲解水平												
团队合作												
总体印象												

A. 优秀　　　B. 良好　　　C. 一般　　　D. 欠佳

任务三　云南旅游区

云南即"彩云之南""七彩云南",另一说法是因位于"云岭之南"而得名,简称"云"或"滇",省会为昆明市。云南旅游区位于中国西南的边陲,与云南省相邻的省区有四川、贵州、广西、西藏,还有缅甸、老挝和越南3个邻国,北回归线从云南省南部横穿而过。本区是人类文明重要发祥地之一,生活在距今170万年前的云南元谋人,是目前为止发现的中国和亚洲的最早人类。战国时期,这里曾是滇族部落的生息之地。

本区自然风光绚丽,历史文化悠久,民俗风情丰富多彩,拥有北半球最南端终年积雪的高山,茂密苍茫的原始森林,险峻深邃的峡谷,奔腾澎湃的大江河流,宁静清新的高原湖泊,浑厚壮丽的火山热地,发育典型的喀斯特岩溶地貌,以及储量丰富的资源,素有"动物王国""植物王国""有色金属王国"的美誉。本区拥有丽江古城、三江并流、石林、大理古城、玉龙雪山、洱海、滇池、赞林寺、西双版纳热带雨林等著名旅游景点。

任务目标

1. 学生自行寻找云南旅游区游览图,根据下面旅游行程线路,在图中标注旅游景区。

【云南奢华休闲之旅】8日游

Day 1:来自全国各地的游客集中抵达昆明。
Day 2:昆明—西双版纳:野象谷。
Day 3:西双版纳—丽江:西双版纳傣族园、西双版纳热带植物园。
Day 4:丽江:丽江古城、玉龙雪山、《印象丽江》演出。
Day 5:丽江—大理:虎跳峡、大理古城。
Day 6:大理—安宁:崇圣寺三塔、安宁温泉。
Day 7:安宁—昆明:世博园、石林。
Day 8:昆明—北京:昆明乘坐飞机至北京,结束愉快的行程。

2. 根据云南旅游区游览图,了解云南旅游区的特色旅游及代表性的旅游景区。

任务分析

要想了解云南旅游区的特色旅游及代表性的旅游景区，首先要了解云南旅游区的自然与人文地理环境，从而分析云南旅游区的旅游特色；其次要熟悉云南旅游景区特点及分布情况；最后总结出云南旅游区的特色旅游及代表性景区。

知识准备

一、滇中游览区

（一）石林风景区

石林风景名胜区

位于昆明市石林彝族自治县境内，是以石林地貌景观为主的岩溶地质公园，因为这里连片出现的奇石密集如林，故称为"石林"。石林的形态主要为剑状、塔状、蘑菇状及不规则柱状等，造型优美，似人似物，具有很高的旅游价值。附近还有芝云洞、奇风洞、长湖、月湖、飞龙瀑等景点，这些景观与石林地貌相配合形成了一幅和谐美景。作为中国南方喀斯特的一部分，被列入世界自然遗产。

（二）九乡风景区

位于宜良县九乡彝族回族自治乡境内，与石林景区共同形成了"地上看石林，地下游九乡"的喀斯特立体景观，是国家4A级旅游景区。九乡是以溶洞景观为主、溶洞外的自然风光、人文景观、民族风情为一体的综合性风景名胜区，分为叠虹桥、三脚洞、大沙坝、阿路龙、明月湖、万家花园、阳宗海七个景区。景区内拥有上百座大小溶洞，为国内规模最大、数量最多、溶洞景观最奇特的洞穴群落体系，被誉为"溶洞博物馆"。景区内的张口洞古人类居住遗址，代表了我国南方一种独特的旧石器文化，被称为"九乡一绝"。

（三）昆明滇池风景名胜区

位于昆明市区，包括昆明城内城外、滇池、滇池沿岸及滇池四周群山等风景名胜。

滇池亦称昆明湖、昆明池，是云南省最大的淡水湖，有高原明珠之称。滇池风光秀丽，滇池的沿岸，游览胜景甚多，如云南民族村、云南民族博物馆、西山华亭寺、太华寺、三清阁、龙门、筇竹寺、大观楼及晋宁盘龙寺、郑和公园、海埂公园、世博园、西山等。

世界园艺博览园又称世博园，位于昆明市东北郊鸣凤山下金殿公园景区内，是1999年昆明世界园艺博览会的主会址。全园是一个汇集了全世界园艺风景，具有中国特色和云南地方特色的世界一流园林园艺大观园，而且展区内山、水、林得以有机融合，构成了一个有机整体，具有极其良好的生态环境，充分体现了"人与自然"的主题。

西山坐落在滇池的西岸，又称碧鸡山，元代为"滇南八景"之首，明代居"云南四大名山"之冠，西山是昆明"金碧湖山"的象征，以雄、险、奇、秀、美著称。有华亭寺、太华寺、三清阁、聂耳墓、玉兰园等景点。

【思政链接】

聂耳与《义勇军进行曲》

20世纪30年代，日本侵略者先后占领东北、华北大片国土，而社会上却充斥着一些萎靡丧志的淫歌艳曲。身为共产党员的田汉、聂耳认为如此"唱靡靡之音，长此下去，人们会成为亡国奴"。二人就此议定，要创作一首歌，来激起人们的斗志。

1935年初，田汉创作了一部电影剧本《风云儿女》，其中的一首主题歌就是《义勇军进行曲》，但歌词刚刚完稿时就被捕了。这首歌曲的词是他在被捕前，仓促地写在一张香烟的锡纸衬底上的，后来由夏衍交给了聂耳。聂耳看到纸片上的歌词后，爱国激情在胸中奔涌，彻夜不眠，完成了《义勇军进行曲》谱曲，并于1935年夏寄回祖国，这是聂耳一生中完成的最后一首歌，也是他"最后的吼声"。1949年9月27日，在中国人民政治协商会议第一次全体会议上正式通过《义勇军进行曲》成为《中华人民共和国代国歌》。

《义勇军进行曲》以铿锵有力的词句伴着雄壮激昂的旋律，唱出了中国人民反帝爱国的强烈心声，激励着中华儿女挺起脊梁、众志成城，以血肉之躯筑起拯救民族危亡的钢铁长城。

二、滇西北游览区

（一）丽江游览区

1. 玉龙雪山风景名胜区

位于玉龙、宁蒗、香格里拉三市县境内，以玉龙雪山为中心，包括玉龙雪山、丽江古城、虎跳峡和宁蒗泸沽湖四个片区，是国家 5A 级旅游景区。

玉龙雪山是纳西族及丽江各民族心目中一座神圣的山，纳西族的保护神"三朵"就是玉龙雪山的化身，至今丽江还会举行每年一度盛大的"三朵节"。玉龙雪山主峰最高海拔 5500 多米，以险、奇、美、秀著称于世，景观分为雪域冰川景观、高山草甸景观、原始森林景观、雪山水景等，主要景点有：玉柱擎天、云杉坪、雪山索道、黑水河、白水河、蓝月谷及宝山石头城等。

2. 丽江古城

丽江古城因其主要位于大研镇，又名"大研古城"，其主要由大研古镇和束河古镇两部分组成，是中国历史文化名城之一，是一座集自然遗产、文化遗产和记忆遗产于一身，同时也是中国罕见的保存相当完好的少数民族聚集城市。古城以"条条街道见流水、户户门前有清溪"的江南水乡般的美景，街道布局中"经络"设置和"曲、幽、窄、达"的风格，以及依山就水、错落有致的纳西风格的民居设计艺术为特色，获得了"东方威尼斯""高原姑苏"等称号。丽江古城有着绚丽多彩的地方民族习俗和娱乐活动，纳西古乐、东巴仪式、占卜文化、古镇酒吧以及纳西族火把节等，别具一格。主要景点有：古街、古桥、木府、五凤楼、四方街等。

3. 虎跳峡

位于香格里拉市虎跳峡镇境内，因猛虎跃江心石过江的传说而得名。虎跳峡以奇险雄壮著称于世，分为上虎跳、中虎跳下虎跳 3 段，有多处险滩，虎跳峡一向以"险"而闻名天下，是万里长江第一大峡谷。

4. 泸沽湖

泸沽湖古称鲁窟海子，又名左所海，俗称亮海，位于丽江市宁蒗彝族自治县与四川省凉山彝族自治州盐源县之间。泸沽湖被当地人奉为"母亲湖"，四周森林茂密，空气清新，是我国自然生态保护得最好的地方之一。湖畔居住着至今还保留着母系社会遗风的纳西族支系——摩梭人，这里也是民间传说中的"女儿国"。摩梭人是中国唯一仍存在的母系氏族社会，实行"男不娶，女不嫁"的"走婚"制度。泸沽湖主要景点有：草海、走婚桥、黑喇嘛寺、里务比岛等。

（二）大理游览区

大理地处云南省中部偏西，东巡洱海，西及点苍山脉，是中国西南边疆开发较早的地区之一。全州辖一市十一县，是一个居住着汉、白、彝、回、傈僳、藏、纳西等二十多个民族的地区，是一个以白族为自治民族的自治州，是闻名于世的电影《五朵金花》的故乡。州府所在地为大理市，是滇缅、滇藏公路交会地，滇西的交通枢纽，历史上是我国与东南亚各国开展文化交流、通商贸易的重要门户，也是唐代南诏国和宋代大理国 500 年都邑所在地。大理地处低纬高原，四季温差不大，常年气候温和，土地肥沃，地域辽阔，资源丰富，山川秀丽，四季如春，以"风、花、雪、月"著称。其主要景点有：大理古城、崇圣寺三塔、剑川石宝山石窟、宾川佛教圣地鸡足山，以及挺拔雄伟的苍山、明媚清澈的洱海、神奇美丽的蝴蝶泉等。

1. 大理古城

大理古城简称叶榆，又称紫城，是中国首批 24 个历史文化名城之一。古城东临洱海，西倚苍山，形成了"一水绕苍山，苍山抱古城"的城市格局，东西南北各有城门一座，其上有城楼，壮丽雄伟。现存的大理古城是在明朝初年恢复的，城呈方形，开四门，上建城楼，下有卫城，有南北三条溪水作为天然屏障，城墙高二丈五尺，厚二丈，外层是砖砌的，城内由南到北横贯着五条大街，自西向东纵穿了八条街巷，整个城市呈棋盘式布局，素有"九街十八巷"之称。城内由南到北，一条大街横贯其中，深街幽巷，由西到东纵横交错，全城清一色的青瓦屋面，鹅卵石堆砌的墙壁，显示着古城的古朴、别致、优雅。主要景点有：文献楼、南城门楼、五华楼、北城门楼等，街道两旁，白族民居古香古色。

2. 崇圣寺三塔

位于大理古城西北部，是大理历史上规模最为宏大的古刹，南诏丰祐年间曾有殿宇千间，大理国时期是皇家的寺院。崇圣寺三塔由一大二小三阁组成，大塔又名千寻塔，当地群众称它为"文笔塔"，是大理地区典型的密檐式空心四方形砖塔。南北小塔均为十级，为八角形密檐式空心砖塔。三座塔鼎足而立，千寻塔居中，二小塔南北拱卫，雄伟壮观，显示了古代劳动人民在建筑方面的卓越成就。

3. 剑川石宝山石窟

位于剑川县城西南，因山上的红砂石呈龟背状裂纹，如狮似象像钟，得石宝之名。剑川石窟位于云南剑川石宝山中，始凿于南诏时期。石窟分布在石钟寺、沙登箐、狮子关三个地点。内容分为两类：一是佛教题材，如佛、菩萨、观音、天王、明王、力士、胁侍、罗汉等；二是世俗题材，如南诏王、清平官、醉酒汉、阿央白等。剑川石窟以其典雅细腻的风格堪称中国石窟艺术的一绝，享有"西南敦煌"的美誉。

4. 鸡足山

位于云贵高原滇西北宾川县境内西北隅，是享誉南亚、东南亚的佛教圣地，是中国十大著名佛教名山之一，是中国汉传藏传佛教交会地和世界佛教禅宗发源地，是迦叶菩萨的道场，是以展示佛教文化和生态景观为主的集佛事朝拜、佛学研究、观光旅游、科普科考为一体的多功能旅游景区，素有"鸡足奇秀甲天下"的美誉。景区内有金顶寺、楞严塔、铜佛殿、太子阁、迦叶殿、祝圣寺等寺庙。鸡足山素以"四观八景"闻名于世。

5. 苍山

苍山又名点苍山，是云岭山脉南端的主峰，由十九座山峰由北向南组成，北起洱源邓川，南至下关天生桥。苍山十九峰，巍峨雄壮，与秀丽的洱海风光形成强烈对照。苍山十九峰，每两峰之间都有一条溪水奔泻而下，流入洱海。雄伟壮丽的苍山横亘大理境内，峰顶异常严寒，终年白雪皑皑，在阳光下晶莹洁白，蔚为壮观。经夏不消的苍山雪，是素负盛名的"风花雪月"之最。

6. 洱海

位于云南大理郊区，为云南省第二大淡水湖。洱海古称叶榆泽、昆弥川、西洱河、西二河等，由西洱河塌陷形成，因外形如同耳朵，故名洱海，是大理"风花雪月"四景之一"洱海月"之所在，是一个风光秀媚的高原淡水湖泊。洱海风光绮丽，景色宜人，岛屿、岩穴、湖沼、沙洲遍布，其景观可以概括为"三岛、四洲、五湖、九曲"，素有"银苍玉洱""高原明珠"之称。

（三）香格里拉游览区

位于云南省西北部，是滇、川及西藏三省区交会处，也是"三江并流"风景区腹地。"香格里拉"一词是迪庆中甸地区的藏语，其意为"心中的日月"，它是藏民心目中的理想生活环境和至高无上的境界，香格里拉除主体民族藏族外还有汉族、纳西族、彝族、白族等十几个民族，是云南省面积最大、人口密度最低的城市之一。香格里拉市历史文化悠久，自然风光绚丽，拥有普达措国家公园、独克宗古城、噶丹松赞林寺、哈巴雪山等景点。

【知识链接】

香格里拉的来源及含义

"香格里拉"是英国小说家詹姆斯·希尔顿（James Hilton）在 1933 年发表的小说《消失的地平线》（Lost Horizon）中所描绘的一块充满永恒的和平与宁静的土地。它是一个有着雪峰峡谷、金碧辉煌且充满神秘色彩的庙宇、被森林环绕着的宁静的湖泊、美丽的大草原及成群牛羊的世外桃源，而位处三江并流景区腹地的迪庆藏族自治州，却拥有《消失的地平线》中描写的一切，更加巧合的是，"香格里拉"一词是迪庆中甸地区的藏语，其意为"心中的日月"，它是藏民心目中的理想生活环境和至高无上的境界，所以人们认定迪庆高原就是人们寻找了半个世纪的"香格里拉"，现迪庆州的中甸县已更名为香格里拉。

1. 三江并流

三江并流自然景观由怒江、澜沧江、金沙江及其流域内的山脉组成，是世界上罕见的高山地貌及其演化的代表地区，是世界上蕴藏最丰富的地质地貌博物馆，也是世界上生物物种最丰富的地区之一。景区跨越丽江地区、迪庆藏族自治州、怒江傈僳族自治州三个地州，被列入世界自然遗产。

景区有怒江、澜沧江、金沙江等 3 个风景片区，景观主要有：奇特的"三江"并流、雄伟的高山雪峰、险要的峡谷险滩、秀丽的林海雪原、幽静的冰蚀湖泊、壮丽的白水台、广阔的雪山花甸以及独特的民族风情。

2. 普达措国家公园

位于云南省迪庆藏族自治州香格里拉市境内，是国家 5A 级旅游景区。最高海拔 4000 多米，拥有地质地貌、湖泊湿地、森林草甸、河谷溪流、珍稀动植物等，至今保持着完整的原始森林生态系统，碧塔海、属都湖为其主要组成部分。

3. 哈巴雪山

位于香格里拉东南部，是喜马拉雅山造山运动及其以后第四纪族构造运动的强烈影响下急剧抬高而形成的高山，最高峰海拔 5000 多米，而最低江面海拔仅为 1500 多米。山势上部较为平缓，下部则陡峭壁立。整个雪山海拔 4000 米以上都是悬崖陡峭的雪峰、乱石嶙峋的流石滩和冰川。海拔 4000 米以下地势较缓，地貌呈阶梯状分布，依次分布着亚热带、温带寒温带、寒带等气候带，山脚与山顶的温差高达二十多摄氏度。哈巴雪山还分布着众多的高山冰湖群，其中，以黑海、圆海、黄海、双海风景最佳。

4. 独克宗古城

位于云南省迪庆州香格里拉市，是中国保存得最好、最大的藏民居群，已有 1300 多年的历史，曾是雪域藏乡和滇域民族文化交流的窗口，川藏滇地区经济贸易的纽带，茶马古道的枢纽，也是马帮进藏后的第一站。"独克宗"，在藏语中包含了两层意思，一是"建在石头上的城堡"，另一个是"月光城"。后来的古城就是环绕山顶上的寨堡建成的，与此呼应的是在奶子河边的一座山顶上建立的"尼旺宗"，为"日光城"。2014 年，整个古城大面积被大火殃及，让数百座传承久远的建筑化为灰烬。

5. 噶丹·松赞林寺

噶丹·松赞林寺又称归化寺，是一座古镇规模的古堡群建筑。五世达赖喇嘛亲赐名"噶丹·松赞林"，是云南省规模最大的藏传佛教寺院，还是川滇一带的黄教中心，被誉为"小布达拉宫"。该寺依山而建，外形犹如一座古堡，集藏族造型艺术之大成，又有"藏族艺术博物馆"之称。寺院外围筑有椭圆形城垣，主殿威严而华美，殿内壁画色彩鲜艳，笔法细腻，以描述史迹典故，弘扬佛教教义为主。扎仓、吉康两大主寺建于最高点，居全寺中央。大寺坐北朝南，为五层藏式雕楼建筑，荟萃了藏族宗教文化的精华，金碧辉煌，造型丰富多彩。

三、滇西南游览区

（一）西双版纳游览区

位于云南南部西双版纳傣族自治州境内，景区包括景洪县风景区、勐海县风景区、勐腊县风景区三大片区，每一区内又有若干景区。景观以丰富迷人的热带、亚热带雨林、季雨林、沟谷雨林风光，珍稀动物以及绚丽多彩的民族文化，民族风情为主体。

1. 西双版纳傣族园

西双版纳傣族园是国家 4A 级旅游景区，是西双版纳唯一集中展示傣族历史、文化、宗教、体育、建筑、生活习俗、服饰、饮食、生产生活等为一体的民俗生态旅游精品景区。景区由五个保存最完好的傣族自然生态村寨群落组成，是傣家人的"勐巴拉娜西——人间天堂"。景区主要活动内容有：曼春满佛寺参观、傣家民居参观、赶摆、赕佛、天天泼水节、民族歌舞表演、孔雀观赏等。

2. 西双版纳热带植物园

西双版纳热带植物园全称为中国科学院西双版纳热带植物园，当地人称勐仑植物园，是国家 5A 级旅游景区，地处我国西南边陲的热带林海之中，园内有热带雨林区、名人名树园、百竹园、国树国花园、滇南热带野生花卉园、珍稀濒危植物迁地保护区等景点。

3. 野象谷

位于景洪市北部的勐养镇勐养自然保护区南缘，这里是野象活动最为集中、频繁的地方，同时也可观赏林间植物绞杀、植物板根及老茎生花等独特的热带森林景观，现已成为西双版纳的旅游热点。野象谷通过高空观象栈道、雨林观光索道、亚洲象博物馆、亚洲象种源繁育基地、亚洲象表演学校等多个游览项目，让游客得以在不干扰亚洲象生活的条件下安全地观察亚洲野象及其生存环境，成为中国唯一可以与亚洲野象近距离交流的地方，被誉为"人类与亚洲野象沟通的桥梁"。

（二）澜沧江

澜沧江源出青海省唐古拉山，主干流总长度近 5000 公里，其中国内长 2000 多公里，流经青海、西藏和云南三省，在云南省西双版纳傣族自治州勐腊县出境成为老挝和缅甸的界河，出境后始称湄公河。游览澜沧江可分上下两段：上段游览线从景洪出发，逆水而上至虎跳石，在虎跳石处，江水汹涌澎湃，两岸巨石参差不齐；下段游览线从景洪乘船而下，经橄榄坝至中国、老挝、缅甸三国交界处，两岸礁石林立，山势险峻。

四、滇西游览区

（一）腾冲游览区

腾冲游览区古称腾越，位于云南省西部，西北与缅甸为邻，历史悠久，古为"滇越国"，是古代西南丝绸之路的要隘，现在是云南缅玉的加工与集散地，又有"翡翠城"的美称。

腾冲素有"天然地质博物馆"之誉，是我国最为著名的火山密集区之一，境内分布着大大小小高高矮矮的火山，构成了一个庞大火山群景观。火山类型多样，火山堰塞湖、火山口湖、熔岩堰塞瀑布、熔岩巨泉等景观十分丰富，是名副其实的中国规模最大的天然火山博物馆。主要景点有：大滚锅、黄瓜箐、鼓鸣泉、珍珠泉、眼镜泉、美女池等。

腾冲同时也素有"天然植物园物种基因库"之称，国内和世界上的稀有树种在腾冲都得到了很好的保存。尤以大树杜鹃和云南山茶花闻名中外，其他的珍稀树种还有秃杉、红花油茶、银杏、红豆杉、香柏等。

除此之外，腾冲还有为纪念在反法西斯战争中牺牲在腾冲的远征军官兵和盟军阵亡将士而建的腾冲国殇墓园，墓园肃穆壮观，值得后人凭吊游览。

（二）瑞丽江—大盈江风景名胜区

位于云南省德宏傣族景颇族自治州，与缅甸接壤。景区以山绿、树奇、水美而闻名，有峡谷、溶洞、温泉等自然景观。这里还是傣族、景颇族、阿昌族、德昂族主要居住地，民俗风情浓郁多姿，还有众多的新石器时代的古人类活动遗址、"西南丝道"遗址以及古城、关隘等人文景观。

五、滇东南游览区

（一）普者黑风景名胜区

位于云南省丘北县城以北，被誉为"世间罕见、中国独一无二的喀斯特山水田园风光"。景区由普者黑、温浏和冲头三个片区及革雷、歹马两条瀑布组成，景区景观独特，类型多样，内容丰富，具有秀、奇、古、纯、幽的特点，包含了以喀斯特湖群、洞群、峰群以及峡谷景观为主的自然景观和古崖画、革命纪念地、少数民族风情等人文景观。

（二）建水风景名胜区

位于云南省建水县境内，景区包括中国历史文化名城建水古城和著名的风景区燕子洞两大部分。

建水古称临安，自元代以来就是滇南政治、文化、交通中心，文化发达，人才辈出，有保存完好、规模宏大的文庙，以及朝阳楼、双龙桥、指林寺、朱家花园等一大批古建筑。整座古城有古寺庙近百所，还有许多保存完好的古式民居，以哈尼族草顶房和彝族土掌房为代表，堪称"古建筑博物馆"。此外，这里还有以朱德故居为代表的遍布革命先辈足迹的革命遗址纪念地。

燕子洞是"亚洲最大、最壮观的溶洞之一"，这里在春夏季节有百万只雨燕飞舞巢居，还有丰富多彩的钟乳奇观、峭壁悬崖以及当地人采撷燕窝的绝技，每年都会吸引无数中外游客前来一饱眼福。

（三）红河哈尼梯田

位于云南省东南部，遍布于红河州元阳、红河、金平、绿春四县，是国家4A级旅游景区，于2013年入选《世界遗产名录》。哈尼梯田已有1300多年的历史，是以哈尼族为主的各族人民共垦共创的一种世界罕见的农业文化景观，是"森林—村寨—梯田—水系"四元素同构的传统农耕体系，凝结着世代农耕智慧，蕴藏着人与自然和谐共生的理念，又因其美丽如画而被称为"大地雕塑"。

著名的景区有多依树、坝达、老虎嘴等。多依树景区包括多依树、爱村、大瓦遮等连片近万亩梯田，是申报世界文化遗产核心保护区之一。坝达梯田气势磅礴、面积大、壮观、线条美、立体感强，地势陡峻，欲倒不倒，重重叠叠。最小的梯田面积小如簸箕，而最大的也就不足三亩，一直伸延到海拔2000多米，远远望去，宛如登天的梯子。老虎嘴景区包括赏勐品、硐浦、保山寨和阿勐控等，梯田分布于深谷，全状如一巨大的花蕊，千姿百态的梯田似万条长龙静卧于花蕊，又如万块玻璃嵌于大山，仿佛讲述着哈尼先民开垦梯田的沧桑史。

小结

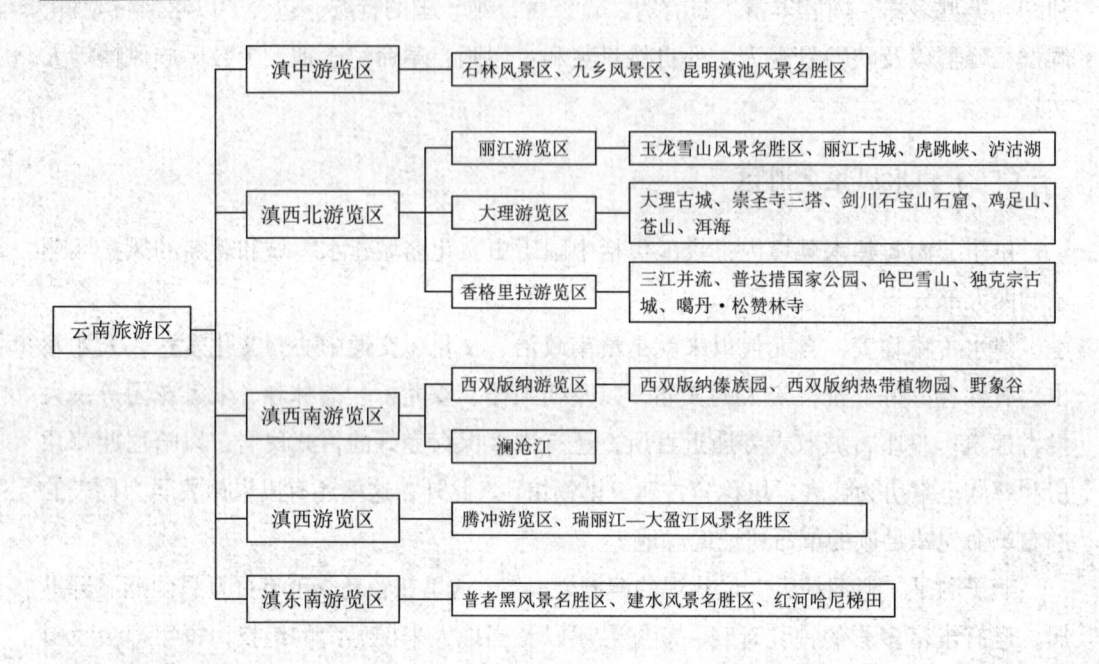

```
                            ┌─ 滇中游览区 ── 石林风景区、九乡风景区、昆明滇池风景名胜区
                            │
                            │                  ┌─ 丽江游览区 ── 玉龙雪山风景名胜区、丽江古城、虎跳峡、泸沽湖
                            │                  │
                            ├─ 滇西北游览区 ──┼─ 大理游览区 ── 大理古城、崇圣寺三塔、剑川石宝山石窟、鸡足山、
                            │                  │                 苍山、洱海
                            │                  │
                            │                  └─ 香格里拉游览区 ── 三江并流、普达措国家公园、哈巴雪山、独克宗古
                            │                                       城、噶丹·松赞林寺
   云南旅游区 ──┤
                            │                  ┌─ 西双版纳游览区 ── 西双版纳傣族园、西双版纳热带植物园、野象谷
                            ├─ 滇西南游览区 ──┤
                            │                  └─ 澜沧江
                            │
                            ├─ 滇西游览区 ── 腾冲游览区、瑞丽江—大盈江风景名胜区
                            │
                            └─ 滇东南游览区 ── 普者黑风景名胜区、建水风景名胜区、红河哈尼梯田
```

任务训练

以小组的形式，通过教材或其他方式了解云南旅游景点，获得旅游景点信息，以"七彩云南之旅"为旅游主题，推荐相应的旅游景点。每组选出1名同学代表小组阐述任务完成的过程，讲解推荐的旅游景点及推荐的理由。

任务评价

表9-3-1 云南旅游区任务训练评价

评价指标	评价分值											
	自我评价				组间评价				教师评价			
	A	B	C	D	A	B	C	D	A	B	C	D
景点推荐												
推荐理由												
阐述过程												
讲解水平												
团队合作												
总体印象												

A.优秀　　B.良好　　C.一般　　D.欠佳

任务四　广西旅游区

广西壮族自治区，位于中国华南地区西部，从东至西分别与广东、湖南、贵州、云南接壤，南濒北部湾，面向东南亚，西南与越南毗邻，是西南地区最便捷的出海通道，在中国与东南亚的经济交往中占有重要地位。因大部分地区属于秦统一岭南设置桂林郡而简称"桂"，是中国五个少数民族自治区之一，是中国唯一一个沿海自治区，省会为南宁市。广西旅游区属亚热带季风气候区，旅游资源得天独厚，丰富多彩，山海兼备，有自然景观、人文景观、民俗风情等。

任务目标

1. 学生自行寻找广西旅游区游览图，根据下面旅游行程线路，在图中标注旅游景区。

【瀑布海岛风情游】桂林、阳朔、北海6日游

Day 1：来自全国各地的游客集中抵达桂林。

Day 2：桂林：龙脊梯田、义江缘景区。

Day 3：桂林—漓江—阳朔：漓江、银子岩、《印象刘三姐》山水实景演出。

Day 4：阳朔—北海：南溪山公园、榕杉湖景区。

Day 5：北海：银滩、北海老街。

Day 6：北海—南宁：游览青秀山后，前往机场乘坐飞机返程。

2. 根据广西旅游区游览图，了解广西旅游区的特色旅游及代表性的旅游景区。

任务分析

要想了解广西旅游区的特色旅游及代表性的旅游景区，首先要了解广西旅游区的自然与人文地理环境，从而分析广西旅游区的旅游特色；其次要熟悉广西旅游景区特点及分布情况；最后总结出广西旅游区的特色旅游及代表性景区。

知识准备

一、桂林游览区

桂林是桂北游览区最著名的旅游城市，位于广西壮族自治区东北部，是国家历史文化名城，其境内的山水风光举世闻名，千百年来享有"桂林山水甲天下"的美誉。桂林北接湖南、贵州，西面、南面与柳州市相连，东面与贺州市毗邻，属山地丘陵地区，为典型的"喀斯特"岩溶地貌，其中最具有代表性的景点有漓江、象鼻山、伏波山、南溪山、尧山、独秀峰、七星岩、芦笛岩、甑皮岩、冠岩、明代王城、靖江皇陵、榕湖、杉湖、木龙湖等。

桂林作为历史文化名城有七大主要特色文化：以甑皮岩遗址为代表的史前人类文化；以灵渠为代表的古代军事水利文化；以桂海碑林为代表的摩崖石刻和山水诗文文化；以靖江王府、王陵为代表的明代藩王文化；以西南剧展为代表的抗战文化；以八路军桂林办事处旧址和红军长征突破湘江烈士纪念碑园为代表的中国革命文化；以李宗仁官邸及故居、徐悲鸿故居为代表的名人故居文化。桂林现拥有《印象·刘三姐》、愚自乐园、五通农民画等全国文化产业示范基地。

（一）漓江（桂林至阳朔）

漓江风景区是国家5A级旅游景区、国家重点风景名胜区、全国文明风景区旅游区示范点。漓江历史上曾名桂水，或称桂江、癸水、东江，漓江属珠江水系的桂江上游河段，发源于桂林东北兴安县猫儿山，流经桂林、阳朔、至平乐县恭城河口。

从桂林至阳朔的漓江河段，也称漓江精华游，这里呈现了"江作青罗带，山如碧玉簪"的胜景，以漓江风光和溶洞为代表的山水景观有山青、水秀、洞奇、石美"四绝"，又有深潭、险滩、流泉、飞瀑"四胜"，令人有"船在水中游，人在画中游"之感。沿途奇峰夹岸、碧水潆洄、青山浮水等奇妙风光不断涌现，主要景点有：净瓶卧江、鲤鱼挂壁、童子拜观音、九马画山等。

（二）独秀峰——王城景区

位于桂林市漓江之畔，是国家5A级旅游景区，包含山形秀美的独秀峰和整个明代靖江王府。景区内自然山水风光与历史人文景观交相辉映，自古以来就有"城中城"的美誉。

独秀峰位于桂林靖江王城内，史称桂林第一峰，有"南天一柱"的美誉。山峰突兀而起，形如刀削斧砍，周围众山环绕，孤峰傲立。峰壁摩崖石刻星罗棋布，纵横出世，特别是千古名句"桂林山水甲天下"的真迹就题刻于此。峰下的太平岩洞内有世界文化奇观"太岁"摩崖石刻。此外，山上建有玄武阁、观音堂、三客庙、三神祠等，山下有月牙池等景观。

靖江王城景区坐落于桂林市中心，是明太祖朱元璋的侄孙朱守谦被封为靖江王时修造的王城。是我国目前保存最为完好的明藩王府第，至今已有630多年的历史，比北京故宫建成的时间还早。它包括承运门、承运殿、寝宫，左建宗庙，右筑社坛，亭台阁轩，堂室楼榭。

（三）两江四湖·象山景区

位于桂林市中心城区，是由"两江四湖"、象山、伏波山、叠彩山所构成的桂林城市中心环城风景带，是国家5A级旅游景区、世界自然遗产中国南方喀斯特的重要组成部分。景区拥有世界闻名的山水景观、保存完好的山水城市格局、历史文化遗址以及桂林传统民俗艺术表演等历史文化景观。

两江四湖·象山景区

两江四湖，指由漓江的市区段和桃花江的市区段、杉湖、榕湖、桂湖、木龙湖贯通而形成环城游览水系，是桂林城市中心最优美的环城风景带。主要景点有：榕、杉湖景区，桂湖景区，木龙湖景区等。榕、杉湖以阳桥为界，东为杉湖，西名榕湖，因湖岸生长的榕树、杉树而得名。杉湖中坐落着一座日月双塔，日塔为铜塔，位于湖中心，月塔为琉璃塔。两塔之间以水下水族馆相连。整座铜塔涵盖了三项世界之最——世界上最高的铜塔、世界上最高的铜质建筑物以及世界上最高的水中塔。榕湖上的北斗桥东连湖心岛，西连古南门，因桥形布局走向按北斗星分布而得名。桥面栏杆全部用房山高级汉白玉打制，是广西目前最长的汉白玉桥。桂湖景区内有宋代城西护城河，是历史上桂林护城河的重要组成部分。景区内沿湖栽有大量名贵乔木花草，主要有榕树园、银杏园、雪松园、水杉园、木兰园、棕榈园等园林景观以及西清桥、宝贤桥、观漪桥、丽泽桥、迎宾桥等新景桥。木龙湖景区突出了自然山水与历史文化相融合的特点。木龙湖北侧主要是历史人文景观，包括宋街、半边街、古宋城、木龙塔、木龙夜泊、浅桥鱼影、听荷轩等具有宋代建筑气息的古建筑群落的景点；南侧主要是以观赏林地、草地、溪流、瀑布为主的生态景观带。

象山景区位于桃花江与漓江的交汇处，主要景点有：象山、水月洞、象眼岩、普贤塔、三花酒窖、爱情岛等。象山是桂林的城徽标志，不仅是桂林山水的代表，也是中国山水中人与自然和谐的标志性符号。

(四)芦笛岩景区

位于桂林市西北的桃花江畔,是国家4A级旅游景区、国家重点风景名胜区。芦笛岩洞内有大量绮丽多姿、玲珑剔透的石笋、石乳、石柱、石幔、石花,组成了狮岭朝霞、红罗宝帐、盘龙宝塔、原始森林、水晶宫、花果山等景观,被誉为"大自然的艺术之宫"。

(五)古东瀑布

位于灵川县,是国家4A级旅游景区。古东瀑布是目前国内唯一的一处由地下泉涌形成的多级串联瀑布,由于其水中的碳酸钙含量极高,钙化沉积作用而使瀑布面逐渐长高,因此其源头的海拔比漓江水位还要高。古东瀑布不同于其他瀑布只能远观,它是可以让游客在瀑布中逆流而上,爬上山顶。瀑布所在的山脚下为一片亚热带雨林,林中藤蔓垂壁,丛林险境,形成了一个自然生态旅游观光风景区。

(六)义江缘景区

位于素有风情长廊的桂林西北旅游线上,这里聚集了苗、瑶、侗、壮等数十个少数民族,雄浑的大山中原始森林、高山瀑布、峡谷激流和火热的民俗风情交织在一起,形成了桂林独特亮丽的旅游景观,有"桂林风情第一村"的美誉。义江缘是一个以临桂文化为背景,桂西北少数民族风情为主题的大型景区,在这里,可以近距离地领略桂西北特有的农家风貌、农耕文化和田园风光,也可领略到临桂八景之首的"义江风光"。游客可以和壮族歌仙对歌,聆听"侗族大歌"的天籁之音,感受瑶族长发的奇特风俗,还可以欣赏义江两岸少数民族的各种风情、建筑景观。

(七)南溪山公园

位于桂林市区南,因南溪萦绕而得名。它有东西两峰,彼此并列,耸拔千尺,北面有峭壁,其山石洁白。雨后天晴,云雾初散,阳光照映在山石上,会反射出耀眼的光彩,在古代"南溪新霁"就是桂林八景之一。公园内有南溪山,山上有白龙洞、刘仙岩等多个岩洞。南溪河上还建有白龙桥,南溪山北溪边有白龙泉,为桂林名泉之一。南溪山两峰对峙,高突险峻,犹如两扇白色屏风,南溪河从山北穿公园潺流过。南溪山的最早开发者是唐宝历间的桂管都防御观察使李渤,他酷爱此山的碧水幽林,今山洞中尚存其《留别南溪》诗的石刻。

（八）阳朔

位于广西壮族自治区东北部，属桂林市管辖，独特秀美的山水风光得到了"阳朔山水甲桂林"的美誉。阳朔建县始于隋开皇十年（590），距今已有1400余年。我国明代著名的旅行家徐霞客将其称为"碧莲玉笋世界"。此外，阳朔还有传说中壮族歌仙刘三姐抛绣球定情的千年古榕，有国内外游客叹为观止的月洞奇观，以及有"小漓江"之称的遇龙河，镇内碧莲峰下古道摩崖石刻及古朴的街道与建筑等构成了阳朔独特的人文风光。特别是声名远播的阳朔西街，是众所周知的"洋人街"。

（九）龙脊梯田

位于广西龙胜各族自治县龙脊镇平安村龙脊山，龙脊梯田始建于元朝，完工于清初，距今已有650多年历史。梯田分为金坑（大寨）瑶族梯田观景区和平安壮族梯田观景区。平安梯田内有"九龙五虎"和"七星伴月"两个独特的景观。金坑（大寨）红瑶梯田，因出产金子得名，有三个观景点，分别为西山韶乐、大界千层天梯、金佛顶。这三个景观点构成了一个远离世俗的洞天福地。大界千层天梯可以看到层层的梯田似楼梯一样直砌云端，就好比是登天的梯。西山韶乐景点可以看到兴安的猫儿山和龙胜县龙脊景区内的最高峰——福平包，也可俯视梯田景观。金佛顶景点可以看到"雄鹰展翅"和"金线吊葫芦"及日落的景观。

二、桂中南游览区

（一）柳州游览区

柳州又叫龙城，位于广西壮族自治区中北部，地形为"三江四合，抱城如壶"，所以又称"壶城"。柳州是山水景观独特的历史文化名城，至今已有2100多年的历史。

柳州市主要有鱼峰山、柳侯祠、大龙潭、马鞍山奇石市场等景点，以山青、水秀、洞奇、石美、林茂为特点。其中鱼峰山在柳州城区，相传为壮族歌仙刘三姐传歌处，现在仍然是壮族对歌的主要场所，因"山小而高，其形如立鱼"而得名。山上有清凉洞、玉洞、盘古洞、纯阳洞、阴风洞、矗斯岩、三姐岩七个溶洞，彼此贯通，洞内钟乳千奇百怪，更有自元明时期以来的摩崖石刻50余处。柳侯祠风景区内有柳侯祠、柳侯衣冠冢、罗池、柑香亭等景点，多为纪念柳宗元所建，祠内的《韩文苏书柳事碑》，有"三绝碑"之誉。大龙潭风景区为柳州南郊一处天然山水园林，恬静优美。壮族和侗族是柳州最古老的土著世居民族，他们分别属于先秦百越不同的越系分支后裔。柳州的民族风情独具神韵，壮族的歌、瑶族的舞、苗族的节和侗族的楼，堪称柳州"民族风情四绝"。

【思政链接】

柳宗元

柳宗元，是唐宋八大家之一，唐代文学家、哲学家、思想家。他从小就非常聪明，能写一手好文章。十三岁时曾写过一篇文章呈给皇帝，皇帝看后非常欣赏。二十一岁时就考上进士，在京城做官，后来因为"二王八司马事件"，被发配到永州当刺史。这期间他常常到民间去考察百姓的生活，写下了为后人熟知的《捕蛇者说》。在永州十年后，又回到京城，但是由于看不惯拍马奉承的坏风气，不久就又被排挤，贬到更远的柳州（今广西）。柳州是柳宗元生命中的重要节点，他贬谪柳州时期创作了四十多首诗歌，有13首是直接描绘了柳州的自然环境和风俗文化，并在诗歌中流露出自己强烈的情感体验。贬谪对柳宗元的人生来说是不幸的，却造就了文学史上的幸运，贬谪经历在他的人生际遇中打上深深烙印的同时，也给他的人格和自由造成伤害，由此让诗人经历了一种高阶的生命体验。他提出的"文以明道"的文学主张，对当时的"古文运动"起到了重要的构建和推进作用。

程阳风雨桥

程阳风雨桥又叫永济桥、盘龙桥，位于广西壮族自治区柳州市三江县城古宜镇的北面，是广西壮族地区众多具有侗族韵味的风雨桥中最出名的一个，是全国重点文物保护单位。程阳风雨桥是建筑的集大成者，集桥、廊、亭三者于一身，是侗寨风雨桥的代表作，是目前保存最好、规模最大的风雨桥，是侗乡人民智慧的结晶，也是中国木建筑中的艺术珍品。整座桥梁不用一钉一铆，大小条木，凿木相吻，以榫衔接，全部结构，斜穿直套，纵横交错，却又一丝不差。桥上两旁还设有长凳供人休息。

（二）南宁游览区

南宁市，简称"邕"，古称邕州，是广西壮族自治区的省会，也是广西政治、经济、文化、交通中心。南宁是一座历史悠久的文化古城，自古就是我国南方的边陲重镇和著名商埠，现在则是一个以壮族为主的多民族聚居的现代化城市。

1. 大明山风景区

地处广西中部偏南的南宁市武鸣、上林、马山和宾阳四县交界处，是广西中部弧形山脉西翼的一组大山，主峰龙头山为桂中南最高峰。这里保留着大面积的自然生态系统,是天然的动植物园。山中四季分明,景色迷人,以春岚、夏瀑、秋云、冬雪为胜,素有"广西庐山"之称,由于北回归线从此通过,又被称为"北回归线上的绿色明珠"。

2. 伊岭岩风景区

伊岭岩是一座典型的喀斯特岩溶洞,素有"地下宫殿"的美称,被誉为"大自然艺术宝库"。洞内石笋、石柱、石幔、石花自成形象,惟妙惟肖,在洞中游览,宛如置身仙境,美不胜收。伊岭岩风景区的壮乡风情也非常精彩,形成了独特的历史文化和人文景观。

3. 花山风景名胜区

位于南宁市西南的宁明、龙州两县境内,以大量的古代壮族的山崖壁画为主要特色,最集中的是花山和明江两处,被列入世界文化景观遗产。花山崖壁画的创作年代,为春秋战国时期,距今已有2000多年了。这些崖壁画,或三五为组,或千百为群,多画在下临深渊、上难攀缘的河道拐弯绝壁之上,并有各种鸟兽和圆形图案。全部画像均是用赭红色单线勾勒,线条粗犷,形象传神。

4. 扬美古镇

位于广西壮族自治区首府南宁市的西南部。扬美古镇始建于宋代,繁荣于明末清初,至今已有上千年的历史。扬美古镇是南宁市明清古建筑保留得最为完整的地方,保留下来的文化遗产遍布全镇,以古镇、老街、碧水、金滩、奇石、怪树著称。现保留较为完整的景点有:清代一条街、明代民居、魁星楼、黄氏庄园、古埠码头等。

(三)北海游览区

北海,是中国古代"海上丝绸之路"的始发港,是中国西部地区唯一的沿海开放城市,是中国西部唯一具备空港、海港、高速公路和铁路的城市,是享誉海内外的旅游休闲度假胜地。北海三面环海,风光旖旎,气候宜人,集海水、海滩、海岛、海鲜、海洋文化、海洋运动于一身,构成了一个完整的海洋旅游体系。市区内主要景点有:北海银滩、涠洲岛、星岛湖、冠头岭国家森林公园、山口国家级红树林生态自然保护区、美人鱼国家自然保护区、国家级红树林自然保护区等。

1. 北海银滩

位于广西北海市银海区,是国家级旅游度假区,区内的海域海水纯净,陆岸植被丰富,环境优雅宁静,滩长平、沙细白、水温净、浪柔软、空气好、无鲨鱼是其主要特点。度假区主要由银滩公园、海滩公园、情人岛公园以及陆岸住宅别墅、酒店群组成,是理想的滨海浴场和海上运动场所。

2. 涠洲岛

位于北海市北部湾海域中部,是火山喷发堆积而成的岛屿,有海蚀、海积及熔岩等景观，是中国地质年龄最年轻的火山岛，也是广西最大的海岛。岛的南半部以海蚀地貌为主，有海蚀崖、洞、台、柱等；北半部则以海积地貌为主，有沙堤、潟湖、沙滩及礁坪等。岛内景区包括鳄鱼山景区、滴水丹屏景区、石螺口景区、天主教堂景区和五彩滩景区等。

（四）德天瀑布景区

位于广西壮族自治区崇左市大新县，是国家5A级旅游景区。德天瀑布是亚洲第一，世界第四大跨国瀑布，中越边界在瀑布的中线，与越南的板约瀑布相连，瀑布气势磅礴，水势变化多端，周围的山水风光十分秀丽。景区内主要景点除瀑布外还有53号界碑、德天寺等。53号界碑是中、越两国边界上的一个重要标志，见证了中、越两国边界划定的历史过程，也是中、越两国友好交流的象征。德天寺是一座建于清朝时期的佛教寺院，由山门、钟楼、鼓楼、大雄宝殿、观音殿、藏经楼等建筑组成，寺内供奉着释迦牟尼佛、观音菩萨、地藏王菩萨等佛像。

三、桂东南游览区

桂平西山风景名胜区

位于广西壮族自治区东南部的桂平市区内。桂平西山以"石奇、树秀、茶香、泉甘"著称，这里峰峦嵯峨，数十乃至百余立方米的巨石叠嶂，中有怪石嶙峋，石径曲幽，石树参天，绿荫匝地，自然景观壮丽。西山景区历史悠久，是广西保存最完整的佛教圣地。景区内有著名的风云之旅——金田起义旧址、佛教圣地——龙华寺、山水之旅——大藤峡风景区、避暑天堂——龙潭国家森林公园、道教奇观——白石山风景区、奇异之旅——大平山风景区、岩月奇景——罗丛山风景区、璀璨明珠——北回归线标志园等景观，被称为"旧八景"，还有灵湖叠翠、险峰朝阳、虹桥鼎泉、龙亭观日、栈道悬碧、松海听涛、濂溪飞瀑、长峡会仙，被称为"新八景"。

四、桂西北游览区

百色乐业大石围天坑

位于广西百色市乐业县同乐镇，在方圆不到20平方公里的崇山峻岭里，是世界上最大的天坑群，目前已开发的有大石围天坑、白洞天坑、穿洞天坑等。其中大石围天坑为乐业天坑群中的代表,形成于大约6500万年以前,是一块鲜为人知的秘境,集险、奇、峻、雄、秀、美于一体,是世界上罕见的旅游奇观。洞中有两条地下暗河,是广西目前河流量最大、流程最远的地下暗河之一,水流湍急,最神奇的是其河水一热一冷。此外,大石围天坑地下原始森林位居世界第一,深度位居世界第二,容积位居世界第三。

小结

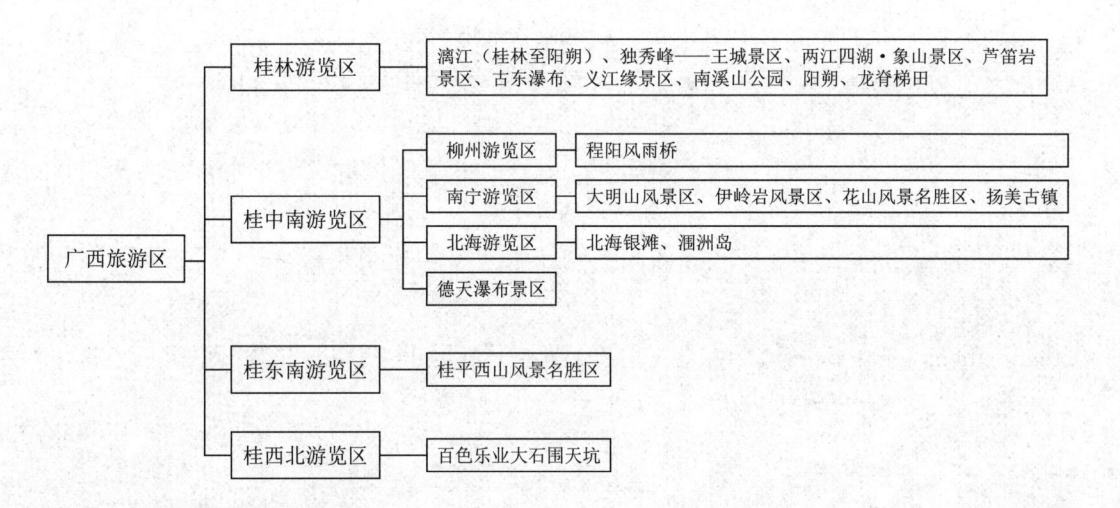

```
                    ┌─ 桂林游览区 ── 漓江（桂林至阳朔）、独秀峰——王城景区、两江四湖·象山景区、芦笛岩
                    │                景区、古东瀑布、义江缘景区、南溪山公园、阳朔、龙脊梯田
                    │
                    │              ┌─ 柳州游览区 ── 程阳风雨桥
                    │              │
                    ├─ 桂中南游览区 ├─ 南宁游览区 ── 大明山风景区、伊岭岩风景区、花山风景名胜区、扬美古镇
  广西旅游区 ──────┤              │
                    │              ├─ 北海游览区 ── 北海银滩、涠洲岛
                    │              │
                    │              └─ 德天瀑布景区
                    │
                    ├─ 桂东南游览区 ── 桂平西山风景名胜区
                    │
                    └─ 桂西北游览区 ── 百色乐业大石围天坑
```

任务训练

以小组的形式,通过教材或其他方式了解广西旅游景点,获得旅游景点信息,以"壮乡行"为旅游主题,推荐旅游景点。每组选出1名同学代表小组阐述任务完成的过程,讲解选出的最喜欢旅游景点。

任务评价

表 9-4-1 广西旅游区任务训练评价

评价指标	评价分值											
	自我评价				组间评价				教师评价			
	A	B	C	D	A	B	C	D	A	B	C	D
景点把握												
阐述过程												
讲解水平												
团队合作												
总体印象												

A. 优秀　　　　B. 良好　　　　C. 一般　　　　D. 欠佳

课后思考

1. 搜集相关资料，介绍本区主要的少数民族分布状况及民风民俗。
2. 以"西南岩溶山水行"为旅游主题，推荐相应的旅游景点。

单元九知识测试

单元十

雪域高原、圣山圣湖、藏乡文化游
——青藏旅游区

任务一 青藏旅游区旅游特色

本旅游区包括青海省和西藏自治区，地处我国西南边陲，西部和南部与印控克什米尔地区、印度、尼泊尔、不丹、缅甸相接壤，东部、北部与四川、甘肃、云南、新疆维吾尔自治区相邻，面积约 195 万平方公里。该区地处我国地势的第一阶梯，号称"世界屋脊""第三极"，特殊的地形地貌与独特的高原气候形成了本区独特的高原自然风光。区域内高山横亘，冰川广布，河湖众多，地热资源充足，气候高寒，天气变幻莫测，植被以高山草甸、草原和高寒荒漠为主，地理环境复杂严酷，人烟稀少，原生性较强。

本区受藏传佛教影响深远，宗教建筑令人叹为观止，藏族民风民俗纯真质朴，藏乡文化艺术精深久远，人文景观和自然景观相映成趣，旅游开发潜力巨大。

任务目标

根据本区的旅游特色，设计本区旅游主题。

任务分析

要想设计本区的旅游主题，首先要了解本区的地理环境及特色旅游资源的类型、功能和成因，从而归纳本区旅游特色，设计本区旅游主题。

知识准备

一、高原自然景观特色鲜明

（一）高山横亘、冰川广布

本区占据青藏高原的绝大部分，高原景观特色鲜明。境内地形复杂多样，既有巍峨高耸的大山，也有大小不一的盆地，既有起伏不平的高原丘陵，也有坦荡肥沃的草原，高原为主要地貌形态。在宽阔的高原内部横亘着许多巨大山脉，构成了高原的基本骨架，区域平均海拔高于4000米，高山与极高山较为普遍，因高峻挺拔而被称为"世界屋脊"。代表性的山脉有阿尔金山、祁连山、昆仑山、唐古拉山、喀喇昆仑山、冈底斯山、念青唐古拉山、喜马拉雅山、横断山脉等。在高原内部山脉间还分布着辽阔的高原、盆地和谷地，如藏北高原、青海高原、藏南谷地、柴达木盆地、西宁盆地等。盆地与谷地面积不大，却是人口、城镇集中、经济发达的地区。青藏高原还是世界中、低纬度的低温中心，现代冰川与冻土广泛分布，大面积冰川及广泛的积雪，形成了一座高山固体水库，夏季消融，补给河流，成为干旱地区的主要水源。山岳冰川种类齐全，形态丰富，冰蚀地貌和冰碛地貌分布广泛，地下还分布有面积广阔的多年冻土区，形成了冻土地貌。

（二）河湖众多，地热资源充足

本区被称为"亚洲水塔"，是我国河流、湖泊最多的地区之一，高峻的地势使其成为亚洲和我国大江大河的源头，著名河流黄河、长江、澜沧江、金沙江、怒江、雅鲁藏布江主要源于此。本区湖泊数以千计，湖泊面积占全国湖泊面积的1/3以上，其中以内陆湖与咸水湖居多。代表性的湖泊有青海湖、扎陵湖、鄂陵湖、纳木错、羊卓雍错等。该区位于印度洋板块与亚欧板块的碰撞地带，形成了丰富的地热资源，拥有地球上已发现的20多种地热类型，如著名的羊八井就位于该区。

（三）独特的高原气候

高峻的地势形成了该区独特的高原气候，空气稀薄，气压较低，尘埃、水汽与氧气含量少，是地球上最洁净的地区之一，空气质量与北极地区相当；大气透明度高，日照时间长，辐射强烈，是全国太阳辐射总量、日照时数最多的地区，如拉萨享有"日光城"之称；气候寒冷，气温年较差小，日较差大，有"一年无四季，一天有四季"之称；干湿季分明，天气变化无穷，多大风、雷暴和冰雹天气。此外，由于海拔的影响，该区具有多种多样的区域气候及明显的垂直气候带。

（四）复杂多样的生物景观

本区是全球生物多样性最丰富的地区之一，由于地势和气候的影响，本区植被具有耐寒、耐干旱、耐盐、抗风的特征。地表景观主要有高山草甸、草原和高寒荒漠等。区内的原始森林主要分布在雅鲁藏布江流域、横断山区和青海省东南部，森林里分布有多种珍稀动植物，如冬虫夏草、雪莲、黑颈鹤、雪豹、白唇鹿、藏羚羊、岩羊等多种特色的野生动物，众多种类的野生动植物使空旷的高原充满了勃勃生机。

（五）奇特的自然景观

由于本区特殊的地域单元，加之受高度的影响，孕育了丰富的自然景观，区内高原广阔，山脉绵延，山峰高耸，银装素裹，湖泊众多，雪山倒映，蓝天白云，冰川林立，别有一番风姿。险峻的高峰是登山探险旅游的胜地，江河源头、众多湖泊是开展漂流等水景旅游活动的黄金地段，夏季草原秀美，气候凉爽，是避暑佳处，独特的地貌形态、江河湖泊水文、冰川冻土及丰富的动植物资源既是科学考察的理想之所，也是观光、摄影、写生的绝佳胜地。

【知识链接】

《青藏高原生态保护法》自2023年9月1日起施行。该部法律共7章63条，包括总则、生态安全布局、生态保护修复、生态风险防控、保障与监督、法律责任、附则等，贯彻体现了习近平生态文明思想，坚持生态保护第一，聚焦青藏高原生态保护的主要矛盾、特殊问题、突出特点，统筹推进山水林田湖草沙冰综合治理、系统治理、源头治理，为青藏高原生态保护和可持续发展提供法治保障。《青藏高原生态保护法》的制定实施，对加强青藏高原生态保护，建设国家生态文明高地，促进经济社会可持续发展，实现人与自然和谐共生，具有重要意义。

二、藏传佛教文化影响深远

藏传佛教是佛教传入西藏后在特殊的地理环境和历史背景下发展起来的佛教形式之一。7世纪初，松赞干布统一全藏，建立了吐蕃王朝，佛教开始在西藏一带传播，与当地原始宗教——苯教相结合，形成了具有强烈地方色彩的藏传佛教，俗称"喇嘛教"，并演化出了一系列教派，其中黄教（格鲁派）在藏族地区影响最大。千百年来藏传佛教文化作为藏族文化的核心，深刻影响了藏族社会及生活的方方面面。这种文化影响的最大积淀就是该区拥有大量的宗教建筑、宗教艺术品、宗教文学与特殊的民风民俗，它们已成为藏族文化的重要组成部分，成为藏族文化的特色与魅力所在。如随着藏传佛教的传播，该区拥有诸多闻名于世的宗教建筑，以西藏自治区为例，全区拥有大小寺庙 2000 余座，有著名的宫堡式建筑群布达拉宫、唐代古刹大昭寺、高原夏宫罗布林卡、黄教名寺扎什伦布寺等世界上知名度很高的庙宇梵宫。这些宫、寺作为文化景观资源，具有浓厚的民族特色、宗教气氛和神秘的情趣。此外，藏族节日也多与宗教有关，如燃灯节、藏历新年、雪顿节、沐浴节、旺果节、萨噶达瓦节、燃灯节、驱鬼节等。

三、浓郁的藏族风情与深厚的藏乡文化艺术

青藏旅游区是我国少数民族聚居的主要地区之一。青海省的少数民族主要有藏族、回族、蒙古族、土族、撒拉族、哈萨克族。西藏自治区的少数民族主要有藏族、门巴族、珞巴族、回族，其中藏族占全国藏族人口的 45%。因此，藏族是该区少数民族中的主体民族。藏族人民在与严酷的自然环境斗争中，形成了具有强烈地域特色的民俗风情与文化艺术，特别是在文学、音乐、舞蹈、绘画、雕塑、建筑艺术等方面都有丰富的文化遗产。

四、特色鲜明的民间工艺品及风味美食

青藏旅游区地域辽阔，环境复杂，野生动植物资源丰富，藏族文化深厚，民族工艺品生产历史悠久，技术精湛，旅游商品具有浓厚的地方特色。代表性的特色商品有：昆仑山的彩石与软玉，塔里木盆地的盐雕，吉祥的五色哈达，金光闪闪的藏式金花帽，柔软保暖的藏毯，五彩斑斓的酥油花，制作精美的唐卡，造型各异的藏银饰以及各种金银器，节大、疙瘩多的树节刻成的木碗，打制精细、锋利的藏刀等；有藏牦牛肉、青海湖湟鱼、西藏雪鸡等名贵食物；有猞猁皮、黑紫羔皮等名贵毛皮；有雪莲花、鹰香、贝母、高原丹参、熊胆、当归、人参果、雪灵芝、鹿茸、天麻、冬虫夏草、藏红花等享誉国际的珍贵藏药。风味美食有糌粑、青稞酒、酥油茶、风干肉、牦牛肉、油炸青海湟鱼、酿皮、凉面、甜醅、酸奶、狗浇尿、羊杂碎、麻森、尕面片等。

小结

```
                        ┌── 高原自然景观特色鲜明
                        │
                        ├── 藏传佛教文化影响深远
青藏旅游区旅游特色 ──────┤
                        ├── 浓郁的藏族风情与深厚的藏乡文化艺术
                        │
                        └── 特色鲜明的民间工艺品及风味美食
```

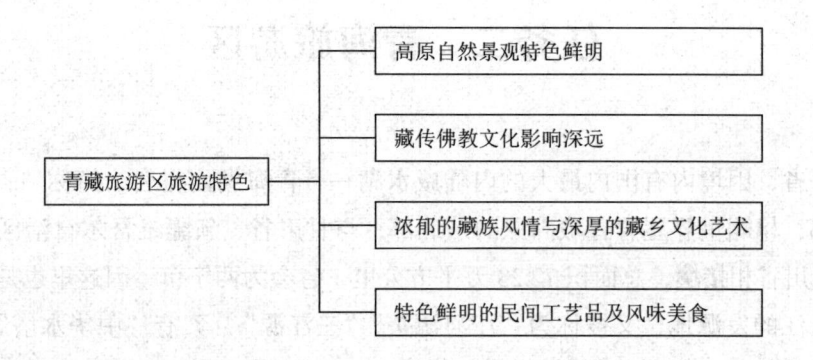

任务训练

表 10-1-1　青藏旅游区旅游主题

名称	推荐理由	根据主题推荐的旅游景区或景点

任务评价

表 10-1-2　青藏旅游区旅游主题任务评价

评价指标	评价分值											
	自我评价				组间评价				教师评价			
	A	B	C	D	A	B	C	D	A	B	C	D
主题准确、鲜明												
推荐理由合理												
景点把握熟练												
团队合作												
总体印象												

A. 优秀　　　B. 良好　　　C. 一般　　　D. 欠佳

任务二 青海旅游区

青海省，因境内有国内最大的内陆咸水湖——青海湖而得名，简称"青"。位于中国西部，雄踞世界屋脊青藏高原的东北部，与甘肃省、新疆维吾尔自治区、西藏自治区、四川省相接壤，总面积72.23万平方公里，省会为西宁市。因这里也是长江、黄河、澜沧江的发源地，又被称为"江河源头""三江源"，素有"中华水塔"的美誉。青海省历史悠久，是中华民族文明的发祥地之一，其中昆仑文化是中华传统文化的根母文化，昆仑山也被誉为中华民族的"龙祖之脉"，中华民族的"文化坐标"，承载着中华民族的原始崇拜，演绎成中华民族共有的精神家园。青海旅游区处于西北地区的核心部位，素有"天河锁钥""海藏咽喉""西域之冲"等称谓，自古以来就是东西文明交流的重要地区，是唐蕃古道、丝绸之路南线的必经之地。分布于乐都、互助、大通、湟中、西宁等地的明代长城，是世界文化遗产。

本区地域辽阔，山川壮丽，集大江、大河、大山、大川、大草原、大湖泊于一体，风俗淳朴，人民可爱，历史悠久，文化多元，古迹众多。这里有华夏最美的山峰、中国最美的湖泊、三江之水的真正源头、闻名世界的可可西里、穿越时空的唐蕃古道、异彩纷呈的民族歌舞……这些丰富的自然与人文景观构成了以西宁为中心的东部旅游区，以青海湖为中心的中部旅游区以及以格尔木为中心的西部旅游区。

任务目标

1.学生自行寻找青海旅游区游览图，根据下面旅游行程线路，在图中标注旅游景区。

【大美青海】5日游

Day 1：北京乘飞机，前往大美青海的首府城市——西宁市，并前往塔尔寺参观。

Day 2：西宁—青海湖：日月山、倒淌河、青海湖。

Day 3：青海湖—祁连：祁连山风光旅游景区。

Day 4：祁连—门源—西宁：门源百里油菜花海景区。

Day 5：西宁—北京：参观青藏高原自然博物馆，下午飞往北京，结束愉快之旅。

2.根据青海旅游区游览图，了解青海旅游区的特色旅游及代表性景区。

单元十 雪域高原、圣山圣湖、藏乡文化游——青藏旅游区

任务分析

要想了解青海旅游区的特色旅游及代表性的旅游景区,首先要了解青海旅游区的自然与人文地理环境,从而分析青海旅游区的旅游特色;其次要熟悉青海旅游景区特点及分布情况;最后总结出青海旅游区的特色旅游及代表性景区。

知识准备

一、以西宁为中心的东部旅游区

该区包括西宁市、海东市与黄南藏族自治州三地,城镇密集,湟水和黄河谷地农牧业相对发达,是开展黄河上游古文化、宗教朝圣、民族风情、森林游览的综合性旅游区。西宁曾为古丝绸南路和唐蕃古道的咽喉要地,中原文化和西域文化交流、融合的重要之地,也是联结中原与西部的重要城镇,河湟文化的发祥地之一。今天的西宁市为兰青铁路终点、青藏铁路和青藏公路起点,依然是通往青藏高原腹地的交通要冲。西宁周围群山环抱,冬无严寒,夏无酷暑,夏季平均气温17~19℃,气候宜人,是消夏避暑胜地,有"中国夏都"之称。以西宁市为中心的200公里范围内,荟萃了青海省旅游资源的精华。

【思政链接】

2005年10月6日英国《卫报》刊登了一篇长篇报道:《横跨世界屋脊的铁路》。文中提到西藏根本没法修铁路。那中国是如何破解这些世界性工程技术难题的呢?中国冻土科研工作者经过40年的不懈努力,采取了以桥代路、片石通风路基、通风管路基、保温板、综合防排水体系等措施,解决多年冻土所带来的难题。为了解决高寒缺氧,全线共设置了144间医院、500多张床位,无数医护人员走上高原。同时,为了保护高原生态,中国政府投入了20多亿元的环保经费,首次为野生动物开辟了迁徙通道。2006年7月1日,全长1956公里的青藏铁路全线通车,结束了西藏不通铁路的历史。像青藏铁路这样投资巨大,建设周期长达数年甚至数十年的大型工程,只有在坚定的国家意志、长远的战略规划和超强的资源调配能力下才能完成。

（一）塔尔寺

位于西宁市西南 25 公里处的湟中县鲁沙尔镇，坐落在莲花山中，国家 5A 级旅游景区，中国西北地区藏传佛教的活动中心。相传为我国藏传佛教格鲁派创始人宗喀巴大师的诞生地，该寺始建于明朝，距今已有 600 多年的历史。寺院依山而建，殿宇高低错落，交相辉映，气势壮观，有大小建筑 1000 多座，共 4500 多间殿宇僧舍，其中以大金瓦寺、大经堂、小金瓦寺等建筑最有名，殿内佛像造型生动优美，超然神圣。栩栩如生的酥油花、绚丽多彩的壁画和色彩斑斓的堆绣被誉为"塔尔寺艺术三绝"，寺内还珍藏了许多佛教典籍和历史、文学、哲学、医药、立法等方面的学术专著。每年举行的"四大法会"等佛事活动，更是热闹非凡，游客如潮。

（二）东关清真大寺

位于西宁东关大街路南侧，国家 3A 级旅游景区，省级文物保护单位，是西宁市一座规模最大，保存最为完整的古代建筑，是青海省最大的伊斯兰教寺院，也是西北地区四大清真寺之一，与西安化觉寺、兰州桥门寺、新疆喀什艾提尕尔清真寺并称为西北四大清真寺。清真大寺历史上曾经多次遭到破坏，又不断修建，现存的建筑是 1913 年时重建的，于 1946 年改建并扩建，并于 1979 年再次重修。该寺建造雄奇，坐西面东，正门为典型的融塔、墙、殿为一体的伊斯兰建筑，礼拜大殿却是中原风格的建筑物，兼有中国古典建筑艺术和伊斯兰教建筑特色，雕梁彩檐，金碧辉煌，大殿内宽敞、高大、明亮，可以同时容纳 3000 多名穆斯林进行礼拜。

（三）丹噶尔古城

位于西宁市湟源县，始建于明洪武年间，有 600 多年的历史，国家 3A 级旅游景区，省级文物保护单位。当年为唐王朝与吐蕃设立在青藏高原上第一个"茶马互市"，明清时期成为当时西北地区最大的贸易集散地，国内外商人纷至沓来进行商业贸易和金融业务，丹噶尔也因此享有"茶马商都""海藏咽喉""小北京"的美称，名扬四海。丹噶尔古城还是宗教圣地，古城内著名的寺院有东科尔寺、城隍庙、金佛寺、火祖阁、玉皇庙、关帝庙、财神庙、北极山群庙、清真寺等，这些寺院庙宇建筑宏伟，布局严谨，镂刻精致，壁画精美，同时把儒家、道家为核心的汉文化，以藏传佛教为核心的藏文化和伊斯兰教为核心的回族文化展现得淋漓尽致。

（四）互助土族故土园

位于海东市互助土族自治县威远镇境内，国家 5A 级旅游景区。土族是青海省独有的少数民族之一，互助是我国唯一的土族自治县，土族信仰藏传佛教，能歌善舞，服装等富有民族特色。互助土族故土园景区以"土族文化"为主题，是一个集游览观光、休闲度假、民俗体验、宗教朝觐为一体的综合性旅游景区，包括天佑德中国青稞酒之源、彩虹部落土族园、纳顿庄园和西部土族民俗文化村、小庄土族民俗文化村5个核心景点，分别展现了土族绚丽多彩的民俗文化、源远流长的青稞酒文化、弥久沉香的酩馏酒文化、古老纯真的建筑文化、别具一格的民居文化、古朴神秘的宗教文化。

（五）坎布拉国家森林公园

位于黄南藏族自治州尖扎县坎布拉乡境内，国家4A级旅游景区，国家级森林公园，国家地质公园，国家黄河水利风景名胜区，藏传佛教后弘文化发祥地。该景区以奇特的丹霞地貌景观、丰富的动植物资源、古朴的民俗风情、碧波荡漾的李家峡水库以及浓郁的宗教文化而闻名。坎布拉丹霞地貌以奇峰、方山、洞穴、峭壁为其主要地貌特征。在这些地貌造型中，以"仙女聚会""强起岗""南宗沟"的风光最具有代表性。坎布拉是藏传佛教的重要复兴基地，是藏传佛教前弘期和后弘期两个阶段的重要标志。清代，尖扎一带宁玛派宗教领袖藏欠·班玛仁增在这群峰之间主持修建了南宗寺与南宗尼姑寺等寺院，使这里成为青海省内显、密、僧、尼并存的唯一法地。坎布拉雨量充沛，气候温湿，植物生长茂盛，四季常青，稀有动物众多。邻近的李家峡水库湖水碧波荡漾和周围群山绿树相得益彰，构成了一幅完美的山水画。

（六）贵德县国家地质公园

位于青海省贵德县境内，国家4A级旅游景区，是一个以自然地貌景观和地质遗迹为主要特征，辅以多样生态景观和丰富人文景观的一个综合性地质公园。多种多样的地质遗迹反映了地质历史时期青藏高原的演化过程，也记录了黄河的发育史和贵德县自然环境的变迁。

二、以青海湖为中心的中部旅游区

该区包括海北、海南、果洛三大藏族自治州在内的青海省中部广大地区。这里既有美丽富饶的青海湖区、祁连山的雪峰冰川、日月山，又有扎陵湖、鄂陵湖湿地和唐蕃古道。

（一）青海湖

青海湖位于青海省东北部的青海湖盆地内，国家5A级旅游景区，面积达4000多平方公里，是中国最大的内陆咸水湖，也是世界上海拔最高的湖泊之一。湖的四周被巍巍高山所环抱，从山下到湖畔，是广袤平坦、苍茫无际的千里草原，构成了一幅山、湖、草原相映成趣的壮美风光和绮丽景色。青海湖景区主要景点有：二郎剑景区、鸟岛、沙岛景区、仙女湾景区等。其中二郎剑景区位于青海湖南岸，曾被称为"151基地"，是中国第一个鱼雷发射试验基地，也是环青海湖最大的旅游接待基地和民族风情体验基地。鸟岛景区位于青海湖西岸，因岛上栖息数以十万计的候鸟而得名，是青海湖畔最有灵气和生机的地方。每年4—6月，有近10万只候鸟陆续迁徙到这里繁衍生息，是青海湖一大奇观。沙岛景区位于青海湖东北岸，景区内金沙湾、银沙湾相依相伴，太阳湖、月牙湖、芦苇湖点缀其间，水上游艇、滑沙、沙滩摩托、沙滩越野、骑马、骑骆驼是沙岛景区的特色旅游体验项目。仙女湾景区位于青海湖北部，是青海湖重要的湿地，天鹅的家园，具有丰富的生物多样性，也是藏民族传统的祭海圣地。

（二）日月山旅游区

位于青海省湟源县西南，青海湖东侧，为祁连山支脉，国家4A级旅游景区，因其山体呈现红色，古代称为"赤岭"。日月山是我国自然地理上的一条非常重要的分界线，也是游客进入青藏高原的必经之地，故有"西海屏风""草原门户"之称，自古就是历史上"羌中道""丝绸南路""唐蕃古道"的重要通道，也是会盟、和亲、战争以及"茶盐""茶马"互市等众多历史事件的见证。主要景观有：唐蕃古道、公主泉、回望石、雕像浮雕、日亭月亭、文成公主庙等。

在日月山西边脚下还有一条向西流的倒淌河。关于倒淌河的来历，民间有许多传说。据地质学家考察，2亿多年前由于地壳运动，高原隆起，青海湖成为完全闭塞的湖，使本来外泄的河水只好转过方向向西流去。主要景观有：纪念碑、帐篷城、风力金轮等。

（三）金银滩—原子城景区

原子城景区位于青海省海北藏族自治州海晏县境内，地处青海湖—刚察—祁连风光带核心区，国家4A级旅游景区。20世纪50年代这里曾是我国创建的第一个核武器研制基地和生产基地，研制组装成功了中国首枚原子弹和氢弹。主要景点有：金滩、银滩大草原，原子城纪念馆、纪念碑、地下指挥中心、二分厂、上星站、爆轰试验场以及王洛宾音乐艺术馆。

【思政链接】

"两弹元勋"邓稼先

1950年，26岁的邓稼先在美国拿到博士学位后的第九天，他便毅然放弃美国的优越环境回到百废待兴的中国,并于同年10月到中国科学院近代物理研究所工作。1958年,邓稼先"白手起家"开始原子弹理论的研究,从那一天起,隐姓埋名28年,他把自己的一切,都奉献给了国家。从1958年至1986年我国共进行了32次核试验,其中15次是邓稼先亲自指挥的,而且100%获得了成功。1986年7月29日,邓稼先因直肠癌逝世,享年62岁。他用一生诠释了什么是"干惊天动地事,做隐姓埋名人"。

(四)门源百里油菜花海景区

位于海北藏族自治州的门源县,国家4A级旅游景区,是全国最大的油菜花海,中国北方小油菜的发源地。用青稞和油菜布局种植的"大地艺术"景观,成为展现花海奇观的窗口,广泛受到游客青睐。这里每年举办的油菜花文化旅游节,已成为青海省内外颇有影响力的节日。

(五)祁连风光旅游景区

位于牛心山的西北部,距祁连县城约10公里,国家4A级旅游景区,国家级自然生态保护区,集原始森林、高山草原、雪山冰川和珍奇动植物于一体,拥有原始森林1万公顷,高山草原3万公顷,现代冰川10平方公里。原始森林是青海省较大的林区之一,分布有云杉、圆柏、杨树等林木,鞭麻、黑刺、山柳等灌木,马鹿、雪鸡、岩羊、林麝等珍稀动物。祁连山草原被评选为"中国最美的六大草原"之一,祁连山冰川宽阔,长年不融化,其雪线之上,常常会出现逆反的生物奇观。在浅雪的山层之中,有名为雪山草甸植物的蘑菇状蚕缀、珍贵药材高山雪莲,以及一种生长在风蚀岩石下的雪山草。此外,景区还有骊靬古城、炒铁台、蛤蟆泉等人文景观。

(六)阿咪东索景区

位于青海省海北藏族自治州祁连县,国家5A级旅游景区,景区主要由高原牧场、草原花海体验基地、林海露营体验基地、盆景湾、万佛崖、经幡祈愿台等景点组成,景区内景色宜人,气候凉爽,野生动植物众多,原始生态保存完整,是一处难得的原生态高原河谷体验胜地。

三、以格尔木为中心的西部旅游区

该区包括海西蒙古族藏族自治州、玉树藏族自治州等在内的广大青海西部地区,自然风光以荒、野为特色。

(一) 可可西里自然保护区

位于青藏高原西北部，夹在唐古拉山和昆仑山之间，是国家级自然保护区，长江的主要源区之一。可可西里自然保护区是目前世界上原始生态环境保存最完美的地区之一，是最后一块保留着原始状态的自然之地，也是目前中国建成的面积最大、海拔最高、野生动物资源最为丰富的自然保护区之一。该地区地势高峻，平均海拔在5000米以上，自然条件恶劣，气候干燥寒冷，严重缺氧和淡水，人类无法长期居住，因此被称为"生命的禁区"。然而这里却给高原野生动物创造了得天独厚的生存条件，成为"野生动物的乐园"，野牦牛、藏羚羊、野驴、白唇鹿、棕熊等青藏高原上特有的野生动物在这里生活得怡然自得。其中藏羚羊被称为可可西里的骄傲，是中国特有的物种，国家一级保护动物。

(二) 三江源自然保护区

位于青藏高原的腹地，青海省南部，国家级自然保护区。因属长江、黄河、澜沧江（湄公河）三大水系发源地而得名，总面积为30.25万平方公里，是中国面积最大的自然保护区，素有"中华水塔"的美誉。该地区内巴颜喀拉山、可可西里山、阿尼玛卿山及唐古拉山脉横贯其间，这些山海拔均在5000~6000米，高大山脉的雪线以上分布有终年不化的积雪，雪山冰川广布，是中国冰川集中分布地之一。该地区内河流密布，湖泊、沼泽众多，是世界上海拔最高、面积最大、湿地类型最丰富的地区。该地区内还分布有大量珍稀的野生动物，高寒物种资源丰沛，是世界高海拔地区生物多样性最集中的地区，也是我国目前最大的集环保、科研、旅游为一体的国家级自然保护区。此外，该地区同时还汇集了藏传佛教、唐蕃古道、玉树歌舞、赛马节等博大精深的宗教文化和多姿多彩的民俗风情、节庆活动。

(三) 嘉那嘛呢石经城旅游区

位于离玉树州府所在地结古镇3公里处的新寨村，国家4A级旅游景区。嘉那嘛呢石经城相传由藏传佛教高僧嘉那活佛创建，嘛呢石堆东西长283米，南北宽74米，高2.5米，有20多亿块嘛呢石，上面均镌刻着佛像或经文，最常见的是藏文六字箴言。嘉那嘛呢石刻经文数量之多、雕刻持续时间之长、规模之大，世所罕见，堪称世界之最。

（四）格尔木昆仑旅游区

位于格尔木市区南160公里，国家4A级旅游景区。昆仑山，为亚洲中部大山系，中国西部山系的主干，是中华民族的象征，也是中华民族神话传说的摇篮，古人尊为"万山之宗""龙脉之祖"，有"国山之母"的美称。嫦娥奔月、女娲补天、精卫填海、蟠桃盛会、大禹治水、后羿射日等众多神话传说都与昆仑山有关。明代末期昆仑山是道教昆仑派的道场所在地。昆仑山口则是高原风光的一大代表，也是进藏公路必经的地方。这里群山连绵起伏，还有终年不化的冻土冰丘，造就了冰雪世界特有的自然景观。

（五）将军楼文化主题公园

格尔木昆仑旅游区位于格尔木市西北，国家4A级旅游景区，国家级重点文物保护单位，"省级红色旅游经典景区"，格尔木市爱国教育基地。公园以青藏公路建设指挥部旧址将军楼（曾接待过陈毅、彭德怀、习仲勋、十世班禅额尔德尼·确吉坚赞大师等多位国家领导人）、慕生忠将军（"青藏公路"之父、格尔木城市奠基人）纪念馆、将军墙为文化核心，以纪念青藏公路建设、军垦拓荒戍边及格尔木发展历史为主题，是一处集瞻仰纪念、国防教育、爱国主义教育、未成年思想道德建设、双拥共建和旅游观光为一体的综合教育基地。

（六）茶卡盐湖

位于海西蒙古族藏族自治州乌兰县茶卡镇附近，茶卡盆地的西部，国家4A级旅游景区。盐湖四周雪山环绕，纯净、蓝白、倒影交织，形成了"水映天、天接地、人在湖间走，宛如画中游"的景观。因其旅游资源禀赋可与玻利维亚乌尤尼盐沼相媲美，享有中国"天空之镜"的美称。

▶ 小结

青海旅游区	以西宁为中心的东部旅游区	塔尔寺、东关清真大寺、丹噶尔古城、互助土族故土园、坎布拉国家森林公园、贵德县国家地质公园
	以青海湖为中心的中部旅游区	青海湖、日月山旅游区、金银滩—原子城景区、门源百里油菜花海景区、祁连风光旅游景区、阿咪东索景区
	以格尔木为中心的西部旅游区	可可西里自然保护区、三江源自然保护区、嘉那嘛呢石经城旅游区、格尔木昆仑旅游区、将军楼文化主题公园、茶卡盐湖

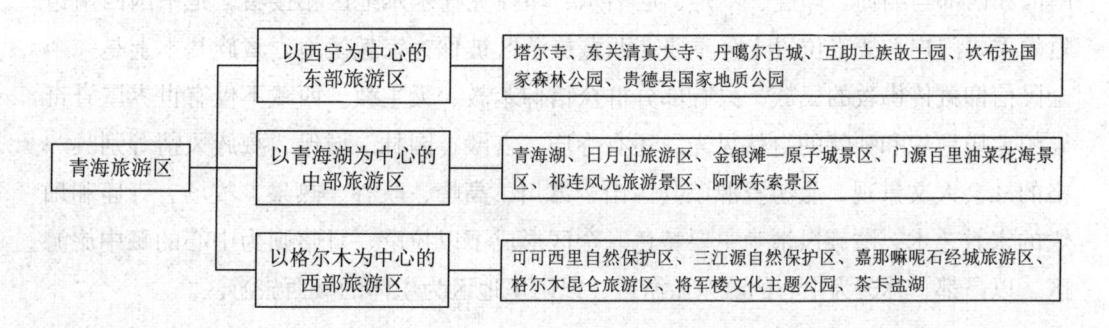

🔽 任务训练

以小组的形式，通过教材或其他方式了解青海旅游景点，获得旅游景点信息，以"大美青海环湖游"为旅游主题，推荐旅游景点。每组选出1名同学代表小组阐述任务完成的过程，讲解推荐的旅游景点及推荐的理由。

🔽 任务评价

表 10-2-1 青海旅游区任务训练评价

评价指标	评价分值											
	自我评价				组间评价				教师评价			
	A	B	C	D	A	B	C	D	A	B	C	D
景点推荐												
推荐理由												
阐述过程												
讲解水平												
团队合作												
总体印象												

A. 优秀　　　B. 良好　　　C. 一般　　　D. 欠佳

任务三　西藏旅游区

西藏自治区简称"藏"，首府为拉萨市，位于中国的西南边陲，青藏高原的西南部。面积122.84万平方公里，约占中国领土总面积的1/8，仅次于新疆维吾尔自治区。南部和西部与缅甸、印度、不丹、尼泊尔、印控克什米尔地区相接壤，是中国西南边陲的重要门户，战略位置十分重要。西藏旅游区被称为宗教圣地，藏族基本上是一个全民信仰藏传佛教的民族，只有部分群众信仰苯教、天主教。西藏不仅有世界屋脊奇异的地质地貌和独特的自然风光，还有寺庙、宫殿、园林、城堡、藏族风情等别具一格的社会人文景观。旅游资源以其雪山、冰川、高峰、峡谷、热泉、牧场、寺庙和灿烂的宗教艺术、藏族风情为主要特色。全区形成了以拉萨、日喀则为中心的藏中旅游区，以昌都、林芝为中心的藏东旅游区，以阿里地区为主体的藏西旅游区。

任务目标

1. 学生自行寻找西藏旅游区游览图，根据下面旅游行程线路，在图中标注旅游景区。

【西藏朝圣之旅】7日游

Day 1：拉萨市内：布达拉宫、大昭寺、八廊街。

Day 2：拉萨—林芝八一镇：米拉山口、措姆吉日景区。

Day 3：八一镇周边：雅鲁藏布大峡谷，南迦巴瓦主峰等。

Day 4：八一镇—拉萨：尼洋河风光带，米拉山口。

Day 5：拉萨周边：藏北草原，纳木错。

Day 6：拉萨—日喀则：羊卓雍错，卡惹拉冰川，江孜古堡。

Day 7：日喀则—拉萨：扎什伦布寺，雅鲁藏布江河谷。

2. 根据西藏旅游区游览图，了解西藏旅游区的特色旅游及代表性的旅游景区。

任务分析

要想了解西藏旅游区的特色旅游及代表性的旅游景区，首先要西藏重庆旅游区的自然与人文地理环境，从而分析西藏旅游区的旅游特色；其次要熟悉西藏旅游景区特点及分布情况；最后总结出西藏旅游区的特色旅游及代表性景区。

知识准备

一、以拉萨、日喀则为中心的藏中旅游区

本区包括拉萨、日喀则和山南三地市及其所辖地域。本区旅游资源丰富多彩，旅游业发达。

（一）拉萨市

拉萨在藏语中为"圣地"或"佛地"之意，位于西藏自治区东南部，雅鲁藏布江支流拉萨河北岸，是西藏自治区的省会、政治、经济、文化与宗教中心。早在7世纪，松赞干布统一西藏部落建立吐蕃王朝后就定都于此，距今已有1300多年的历史，为国家历史文化名城。拉萨名胜古迹众多，文物荟萃，其中以布达拉宫、罗布林卡、大昭

寺、小昭寺、哲蚌寺、色拉寺、甘丹寺最受中外游客关注。

1. 布达拉宫

布达拉宫坐落在海拔 3700 米的拉萨市中心的红山上，是我国著名的宫堡式建筑群、国家 5A 级旅游景区、国家重点文物保护单位、世界文化遗产。据史书记载，这座辉煌的宫殿缘起于公元 7 世纪由吐蕃王松赞干布修建，于 17 世纪重建后，成为历代达赖喇嘛的冬宫居所和西藏政教合一的统治中心。布达拉宫的主体建筑由白宫和红宫两部分组成。白宫是达赖喇嘛生活起居和处理政务的地方，红宫是佛殿及历代达赖喇嘛灵塔殿。因其建造的悠久历史，建筑所表现出来的民族审美特征，以及对研究藏民族社会历史、文化、宗教所具有的特殊价值，布达拉宫已成为举世闻名的名胜古迹。

2. 罗布林卡

位于拉萨市西郊，布达拉宫西侧约 2 公里的拉萨河畔，俗称拉萨的颐和园，国家 4A 级旅游景区，全国重点文物保护单位，世界文化遗产。罗布林卡始建于 18 世纪 40 年代（达赖七世），经过二百多年的扩建，全园占地 36 万平方米，建筑以格桑颇章、金色颇章和达登明久颇章为主体，有 374 间房子，是历代达赖喇嘛消夏理政的地方，是西藏人造园林中规模最大、风景最佳的、古迹最多的园林。2001 年 12 月，罗布林卡作为布达拉宫建筑群的扩展项目被联合国教科文组织批准列入《世界遗产名录》。

3. 大昭寺

位于拉萨老城区的中心位置，国家 5A 级旅游景区、全国重点文物保护单位、世界文化遗产。始建于 647 年，是藏王松赞干布为纪念尺尊公主入藏而建的，后经历代修缮增建，形成庞大的建筑群。大昭寺是西藏现存最辉煌的吐蕃时期建筑，也是西藏现存最古老的土木结构建筑，融合了藏、唐、尼泊尔、印度建筑风格，成为藏式宗教建筑的千古典范，在藏传佛教中拥有至高无上的地位。2000 年 11 月，大昭寺作为布达拉宫世界遗产的扩展项目被联合国教科文组织批准列入《世界遗产名录》。

4. 哲蚌寺

位于拉萨市西北 5 公里的山坡上，国家 4A 级旅游景区，全国重点文物保护单位，藏传佛教格鲁派六大寺之一，与甘丹寺、色拉寺合称拉萨三大寺。整个寺院依山而建，规模宏大，层层叠叠铺满山坡，远望好似巨大的米堆，故名哲蚌。寺内有教学、教仪、教管、杂务部等，并设有扎仓（经学院），西藏众多的名僧大都曾在此学经。现存主要建筑有措钦大殿、洛色林扎仓、葛丹颇章、甲央拉康等。

5. 甘丹寺

位于拉萨达孜境内拉萨河南岸海拔 3800 米的旺波日山上，是全国重点文物保护单位,由藏传佛教格鲁派创始人宗喀巴于1409年亲自筹建,并位居格鲁派六大寺院之首,被誉为"格鲁教派的祖庭"。寺庙傍山而立,群楼重叠,巍峨壮观。整座建筑群由佛殿、喇章宫殿、僧院扎仓和米村等组成。

6. 色拉寺

位于拉萨北郊3公里处的色拉乌孜山麓,全称"色拉大乘寺",是藏传佛教格鲁派六大主寺之一。明永乐十七年(1419)由宗喀巴弟子兴建。全寺依山而建,规模宏伟,略次于哲蚌寺,寺内藏有大量的珍贵文物和工艺品。

7. 八廓街

位于古城拉萨的中心,是拉萨保留最完整的街道。其外形呈圆形,仿佛是一座巨大的时钟,辉煌壮丽的大昭寺就是钟轴,八廓街是藏传佛教信徒转经最主要的线路。八廓街还是拉萨经济、文化、民族手工艺乃至西藏风土人情的集结地,沿街布满了手工艺品商店和摊点,旅游商品琳琅满目,是旅行者到拉萨的必去之地。

8. 羊八井

位于拉萨市西北91.8公里处的当雄县盆地,以地热资源闻名,有规模宏大的温泉、热泉、沸泉、喷泉、热地、间歇喷泉、水热爆炸穴、热水上升的间歇喷气井、热水塘、热水沼泽以及罕见的爆炸泉和间歇温泉,总面积超过7000平方米,温泉数量居全国之冠。羊八井温泉矿物质含量高,浸泡洗浴可治疗多种疾病。

9. 羊卓雍错

位于雅鲁藏布江南岸,山南浪卡子和贡嘎县境内,国家3A级旅游景区,总面积638平方公里,是喜马拉雅山北麓最大的内陆湖,西藏三大圣湖之一。羊卓雍错集高原湖泊、雪山、岛屿、牧场、温泉、野生动植物、寺庙等多种景观为一体,湖泊、雪峰与蓝天融为一体,景色如画。作为圣湖,每年虔诚的佛教徒都要绕湖一圈,祈求佛祖保佑。

10. 纳木错

位于拉萨市以北当雄县和那曲班戈县之间,是中国第二大咸水湖、世界上海拔最高的咸水湖,也是西藏三大圣湖之一。纳木错的湖水多为冰雪融化后的纯净之水,湖水湛蓝明净。湖周的雪山,倒映湖中,庄严肃穆,风景秀丽。相传为密宗本尊胜乐金刚的道场,信徒们尊其为四大威猛湖之一。每到羊年,这里都会出现僧俗信徒们前往转湖的盛况。

(二)日喀则旅游区

日喀则市地处西藏西南部、雅鲁藏布江及其主要支流年楚河的汇流处,为西藏第二大城市。其藏语意为"水土肥美的庄园",距今已有600多年的历史,为历代班禅驻留之所，1986年被国务院命名为国家级历史文化名城。日喀则市旅游资源丰富，高山雪峰最为集中，包括珠穆朗玛峰在内的海拔超过7000米的山峰有12座，主要景点有：扎什伦布寺、夏普寺、萨迦寺、白居寺和江孜宗山炮台等，形成了以宗教、探险、科考为主的旅游区。

1. 扎什伦布寺

位于日喀则市城西的尼色日山坡上，国家5A级旅游景区，全国重点文物保护单位，为班禅四世及以后历代班禅喇嘛驻锡之地，是日喀则最大的寺庙，与拉萨的"三大寺"甘丹寺、色拉寺、哲蚌寺以及青海的塔尔寺和甘肃的拉卜楞寺并列为格鲁派的"六大寺"。扎什伦布寺占地面积15万平方米，全寺分为宫殿（班禅拉丈）、勘布会议（后藏地方政府最高机关）、班祥灵塔殿、经学院四部分。主要建筑有措钦大殿（大经堂）、强巴佛殿、甲那拉康（汉佛殿）、晒佛台等。扎什伦布寺除了藏有价值连城的佛像、佛塔、唐卡等外，还珍藏有手写的贝叶经和用金粉抄写的《甘珠尔》《丹珠尔》，以及明清时代的各种瓷器、珐琅器、玻璃器等珍稀文物，是研究西藏各个历史时期政教和社会发展的无价之宝。

2. 江孜古堡

位于江孜县城里，因古堡所在的石山叫宗山，也称宗山古堡。宗山古堡遗址矗立在江孜古城中央的悬崖峭壁上，海拔为4020米，在年楚河平原中央显得非常雄伟峻峭，几乎成为江孜县城的标志物。江孜雄踞要冲，它南通尼泊尔、锡金、印度，东控拉萨，北扼日喀则，是喜马拉雅山和冈底斯山之间的一条孔道，是南亚通往西藏的必经之地，自古以来就是兵家必争之地。

【思政链接】

江孜保卫战

1903年冬天，英国侵略军从亚东进犯江孜，遭到西藏军民的顽强抵抗，英军死伤惨重，被迫逃跑。1904年4月，英军再次攻打江孜，他们凭借先进的武器，滥杀无辜，西藏军民在宗山上用土制枪炮顽强抵抗两个多月，终因清政府的腐败无能、武器落后及火药库意外爆炸，弹尽粮绝，抗英勇士全部壮烈牺牲，谱写了一曲英勇悲壮的爱国主义赞歌，江孜因此以"英雄城"闻名中外。江孜宗山古堡至今仍保留着1904年江孜军民保卫祖国领土的抗英炮台和宗土崖殉国纪念碑，电影《红河谷》真实地再现了这段历史。

3. 珠穆朗玛国家公园

位于西藏自治区西南与尼泊尔交界处，国家4A级旅游景区，是世界上海拔最高的国家公园，覆盖日喀则定日、吉隆等6县，总面积7.8万平方公里，包括嘎玛沟、吉隆沟两条生态谷地，珠穆朗玛峰、希夏邦马峰、卓奥友峰等5座海拔8000米以上的高峰和10余座海拔7000米以上的山峰，以及绒布冰川等众多冰川和拉孜（县）民俗文化旅游园区、拉孜锡钦温泉景区、樟木雪步岗森林生态旅游景区等。

二、以昌都、林芝为中心的藏东旅游区

昌都是西藏东大门，茶马古道要地，康巴文化的发祥地，素有"藏东明珠"的美称。唐朝时期昌都为吐蕃王国的一部分，明清时期以后统称此地为康藏地区，现为西藏自治区所属的一个地级区。

林芝是西藏自治区的一个地级区，位于雅鲁藏布江中下游，行署驻地八一镇，为新兴工商业、园林城市，被称为"西藏的江南、高原明珠"，风景名胜十分独特。

（一）雅鲁藏布大峡谷旅游区

大峡谷北起米林县的大渡卡村（海拔2880米），南到墨脱县巴昔卡村（海拔115米），长504.9公里，平均深度2268米，最深处达6009米，是世界第一大峡谷，国家4A级旅游景区。大峡谷核心无人区河段的峡谷河床上有罕见的四处大瀑布群，其中一些主体瀑布落差都在30~50米。峡谷具有从高山冰雪带到低河谷热带季雨林等9个垂直自然带，聚集了多种生物资源。整个峡谷地区冰川、绝壁、陡坡、泥石流和巨浪滔天的大河交错在一起，惊险异常。

（二）鲁朗景区

位于林芝市巴宜区鲁朗镇，距八一镇以东70公里，国家4A级旅游景区，国际旅游小镇。鲁朗意为"龙王谷""神仙居住的地方"，素有"天然氧吧""生物基因库"的美誉。主要景点有：鲁朗林海、色季拉国家级森林公园、扎西岗民俗村等。

（三）巴松错

巴松错又名错高湖，藏语中是"绿色的水"的意思，位于距林芝工布江达县50多公里的巴河上游的高峡深谷里，国家5A级旅游景区，国家风景名胜区，国家森林公园。湖面海拔3700多米，面积达6000多亩，是红教的一处著名神湖和圣地。巴松错景区集雪山、湖泊、森林、瀑布、牧场、文物古迹、名胜古刹为一体，景色四时不同，各类野生珍稀植物汇集，有"小瑞士"的美誉。主要景点有：原生态博物园、扎西岛、结巴村、唐代建筑错宗工巴寺等。

（四）神山圣湖

神山圣湖是以神山冈仁波齐和圣湖玛旁雍错为核心的阿里神山圣湖旅游区，位于阿里地区普兰县境内，国家4A级旅游景区。神山圣湖地处冈底斯文化圈腹心地带，既是西藏本土宗教苯教的发源地，同时也是青藏高原古国"象雄"及"古格"的核心地域。数千年以来，神山圣湖区域被苯教、藏传佛教、印度教以及耆那教共同认定为"世界的中心"，每年有来自四面八方万千虔诚的信众们不辞艰辛地前往这里朝圣。

三、以阿里地区为主体的藏西旅游区

本区以阿里地区为主体，是西藏"象雄文化"的发源地，有神秘古远的古格遗风、独特的风土民情。

（一）班公湖

位于阿里地区日土县城西北约12公里处，国家3A级旅游景区，属中国日土县与克什米尔交界处的"国际湖泊"。湖水由东向西依次为淡水区、半咸水区、咸水区。其东段位于我国境内，为淡水区，水草丰茂，丰美的水生生物引来了数以万计的水鸟前来繁衍生息。湖里岛屿诸多，有老鼠岛、月亮岛、鸟岛等，其中尤以鸟岛最为著名。每年5月至8月，有成千上万只各种鸟类在岛上繁衍后代，景色极为壮观。

（二）古格王国都城遗址

位于阿里地区札达县境内，全国重点文物保护单位，是古格王国所遗留下的规模最大的一处建筑群遗址。10世纪开始不断扩建并达到全盛，于17世纪吐蕃王朝瓦解后结束。遗址内有寺庙、王宫建筑、暗道、洞窟、佛塔、碉堡、民房等各类建筑。这些建筑规模宏大，布局严谨，气势雄伟，为研究西藏历史、研究藏族古代建筑提供了重要的实物资料。

（三）托林寺

位于西藏自治区阿里地区札达县所在地托林镇，国家3A级旅游景区，国家重点文物保护单位。其始建于北宋时期，是古格王国（10~17世纪）在阿里地区建造的第一座佛寺。托林寺有寺藏"三宝"：麋鹿角、象牙质的五佛冠与一块黑色的大碴石。

➦ 小结

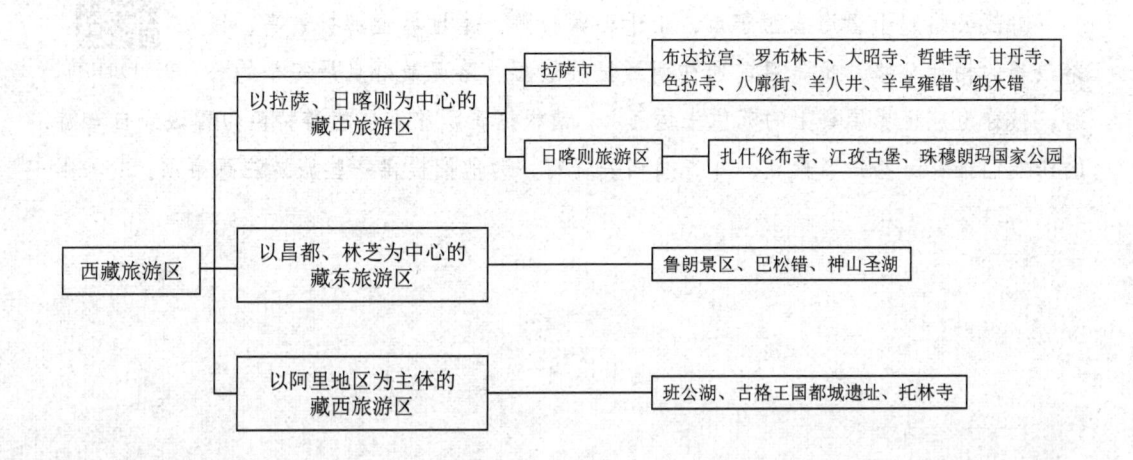

```
西藏旅游区 ─┬─ 以拉萨、日喀则为中心的藏中旅游区 ─┬─ 拉萨市 ── 布达拉宫、罗布林卡、大昭寺、哲蚌寺、甘丹寺、
          │                              │         色拉寺、八廓街、羊八井、羊卓雍错、纳木错
          │                              └─ 日喀则旅游区 ── 扎什伦布寺、江孜古堡、珠穆朗玛国家公园
          ├─ 以昌都、林芝为中心的藏东旅游区 ── 鲁朗景区、巴松错、神山圣湖
          └─ 以阿里地区为主体的藏西旅游区 ── 班公湖、古格王国都城遗址、托林寺
```

➦ 任务训练

以小组的形式，通过教材或其他方式了解西藏旅游景点，获得旅游景点信息，以"奇美西藏"为旅游主题，推荐旅游景点。每组选出1名同学代表小组阐述任务完成的过程，讲解推荐的景点及理由。

➦ 任务评价

表 10-3-1　西藏旅游区任务训练评价

评价指标	评价分值											
	自我评价				组间评价				教师评价			
	A	B	C	D	A	B	C	D	A	B	C	D
景点把握												
阐述过程												
讲解水平												
团队合作												
总体印象												

A. 优秀　　B. 良好　　C. 一般　　D. 欠佳

单元练习

青藏公路起于青海省西宁市，止于西藏拉萨，是世界上海拔最高、线路最长的柏油公路，也是目前通往西藏里程最短、路况最好且最安全的公路，被称为"世界屋脊上的苏伊士运河"。请根据青藏旅游区旅游特色为青藏线自驾游的驴友们推荐一些知名景点，并查阅相关资料，为他们提供一些旅游注意事项。

单元十一

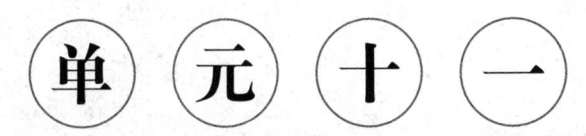

奇山阔海、热带侨乡、岭南文化游
——闽粤琼旅游区

任务一　闽粤琼旅游区旅游特色

本旅游区包括福建、广东和海南三省，地处我国东南沿海，海岸线绵长曲折，岛屿众多；北回归线穿过本区，热带南亚热带湿润季风气候显著；地貌以低山丘陵为主，福建省素以"八山一水一分田"概括其地表形态，广东省则山川纵横陆海相荡，海南省地势则中间高四周低。多样的地貌、广阔的海域、湿热的气候以及丰茂的植被构成了本区特有的奇山阔海，南国风光。

本区岭南文化（广府文化、潮汕文化和客家文化）独具一格，同时具有开放包容、兼容并蓄的特点。

本区为我国著名侨乡，也是我国改革开放的前沿，独特的区位优势、高速发展的经济、优美的城市风光，使得本区成为我国的旅游热区之一。

任务目标

根据本区的旅游特色，设计本区旅游主题。

任务分析

要想设计本区的旅游主题，首先要了解本区的地理环境及特色旅游资源的类型、功能和成因，从而归纳本区旅游特色，设计本区旅游主题。

知识准备

一、区位独特，旅游胜地

本区位于我国东南部，临南海、东海海域，地处热带南亚热带，具备丰富的水热条件，形成碧海蓝天，青山秀水的南国海韵，对内陆居民有强大吸引力；本区接近东南亚国家与地区，毗邻香港、澳门、台湾，文化上同根同源，吸引了大批华侨华人和港澳台同胞，回国观光、寻根祭祖、投资经商，是本区一大特色。

二、自然奇景、毓秀东南

（一）地貌类型多样，构成本区奇特山水

1. 海岸地貌

本区有众多优良港湾，现代旅游"3S"在这里得到集中体现，海口、三亚、厦门、汕头、珠海、深圳都是著名的滨海旅游地；海岸类型多样，有水天一色的沙砾质海岸，更有南方独有的红树林海岸和珊瑚礁海岸，这些动植物繁茂生长的深度在人体经受水压范围之内，因此也成为潜水观光旅游的胜地。

2. 丹霞地貌

丹霞地貌主要分布在中国、美国西部、中欧和澳大利亚等地，以中国分布最广。广东省韶关市东北的丹霞山以赤色丹霞为特色，由红色沙砾陆相沉积岩构成，是世界"丹霞地貌"命名地，其在地层构造、地貌发育和环境演化等方面的研究在世界丹霞地貌区中最为详尽和深入。本区著名的丹霞地貌还有福建泰宁大金湖、武夷山，广东仁化丹霞山、坪石镇金鸡岭、南雄市苍石寨、平远县南台石和五指石等地。

丹霞地貌

【知识链接】

丹霞地貌

属于红层地貌，所谓"红层"是指在中生代侏罗纪至新生代第三纪沉积形成的红色岩系，一般称为"红色砂砾岩"。丹霞地貌是20世纪30年代以丹霞山为代表而命名的一类地貌类型。形成丹霞地貌的岩层是一种在内陆盆地沉积的红色屑岩，后来地壳抬升，岩石被流水切割侵蚀，山坡以崩塌过程为主而后退，保留下

来的岩层就构成了红色山块。

3. 花岗岩地貌

花岗岩山丘大多具有山体挺拔、沟谷深邃、岩石裸露、弧形岩壁、球状风化的特征。区内海南"天涯海角"、大洲岛、五指山，福建平潭半洋石帆、太姥山、清源山、鼓浪屿、广东罗浮山都属于花岗岩地貌。

此外本区还有漳州滨海火山国家地质公园为代表的熔岩地貌、肇庆七星岩为代表的岩溶地貌等。

（二）热带亚热带气候特征显著，植被茂盛，生物多样

本区年平均气温在20℃以上，年降水量为1400~2000毫米。全年常夏无冬，春秋相连，一年四季皆适于旅游。同时，本区自然植被类型丰富，有大面积热带雨林、季雨林和亚热带常绿阔叶林，保存了大批古老种属如苏铁、银杏、紫杉、罗汉松、木兰等植物；还有许多名贵动物如角怪（髭蟾）、坡鹿、海南猕猴等。本区现拥有国家森林公园59个，国家级自然保护区35个，国家级风景名胜区27个，在全国首屈一指，具有发展生态旅游的良好条件。

三、人文胜迹，文化记忆

（一）历久弥新的"海上丝路文化"

"海上丝绸之路"是我国古代对外海上贸易的通道，不仅运输丝绸，还运输瓷器、五金、糖等出口货物，以及宝石、药材、香料等进口货物，是我国古代海道交通的大动脉。广州、泉州、福州、漳州都是主要港口，遗存有大量海上丝路旅游资源，如泉州祈风阁、伊斯兰圣墓等。

（二）光辉灿烂的南越文化

广东地处亚热带的南岭之南，依山傍海，河汊纵横。生活在这里的古南越人是一个海洋民族，具有喜流动、不保守的个性，因此形成了区别于内陆文明或河谷文明的南越文化。南越王墓出土了大量海生动物遗骨和捕鱼加工工具，说明古南越人对渔业生产、海洋规律的掌握。现代广东人以"会吃"名扬天下，并形成了"八大菜系"之一的粤菜，古越人就有遗留在东莞虎门的贝丘遗址，吃剩下的贝壳竟然积贝成丘。

— 301 —

（三）魅力无穷的客家文化

从西晋至唐宋时期，由于战乱饥荒等，居住在黄河流域的汉人数次从北方南迁，抵达闽、粤、赣三地交界处，在数千年与当地居民的交流融合中，逐渐形成了一支既不同于中原汉人，又区别于当地土著居民的特殊群体——客家人，形成了独具特色的客家文化。为了防止盗贼打劫和猛兽袭击，他们建造了独具特色的可以御外宁内的客家民居，以土楼、围龙屋最为典型，充分体现了客家人聚族而居的民俗风情；在饮食习惯方面，在长期的历史演变中形成了独具特色的客家菜系和风味小吃，如梅菜扣肉、盐焗鸡、糯米饭、烧卖等都是久负盛名的客家美食；此外，客家话也是客家人保存古汉语文化的最明显标志，也是研究古代汉语的活化石。

（四）开放进取的侨乡文化

海外华侨华人，足迹遍布世界各地。在目前5000多万华侨华人中，祖籍广东、福建的有3000多万人，占总数的2/3，广东福建是中国侨乡文化的典型代表。由于接触西方资本主义较早，侨乡具有开放性、包容性、创新性、与时俱进等鲜明特点，这些地区的人们具有强烈的商品意识和竞争意识，因而形成了敢于冒险的侨乡创业文化。

（五）特色鲜明的妈祖文化

妈祖文化的发源地在福建莆田，肇于宋，成于元，兴于明，盛于清，繁荣于近现代，属于海洋文化的一个分支。历史上宋代出使高丽、元代海运漕运、明代郑和下西洋、清代复台定台等一系列重大事件都与妈祖文化有着不可分割联系。古人就是借助妈祖为精神支柱而战胜海上的千灾万劫，完成了对外交流、海上交通贸易、沿海港口开发以及祖国统一。

【知识链接】

妈祖庙

妈祖，又称天妃、天后、天上圣母、娘妈，是历代海洋贸易者、船工、海员、旅客、商人和渔民共同信奉的神，尤其是在福建省、广东省、海南省、中国台湾、东南亚地区中有广泛的妈祖信仰，许多沿海地区均建有妈祖庙。妈祖的真名为林默，小名默娘，故又称林默娘。林默生平乐善好施，经常上山采药为民治病，尤其热心救助海难。28岁那年，她为了救助海难，羽化成仙，常显灵海上，帮助商人及渔民消灾解难。人们为了纪念林默，在湄洲岛上立庙祭祀。湄洲妈祖庙始建于宋雍熙四年（987），明洪武七年（1374）增建寝殿、香亭、鼓楼、山门，清康熙二十二年（1683）重修扩建钟鼓楼、梳妆楼等。湄洲妈祖庙是全世界2000多座妈祖庙（宫）的祖庙，是建设年代最久远的妈祖庙。

四、民族风情，多姿多彩

广东省56个民族齐全，世居少数民族有壮族、瑶族、畲族、回族、满族；福建以汉族为主，少数民族散杂居，世居的少数民族有畲族、回族、满族、蒙古族等，其中畲族人口全国最多。福建省与中国台湾隔海峡相望，妈祖、陈靖姑、保生大帝、清水祖师、蛇王等民间信仰在海峡两岸影响很大。黎族是海南岛上最早的居民，"玩隆闺""打柴舞"是黎族传统习俗。海南岛上的苗族来自大陆，"三月三"是海南岛各族人民的狂欢节。

五、物华天宝，特色鲜明

本区盛产热带亚热带水果，荔枝、香蕉、菠萝、龙眼号称"南国四大果品"。福建特产有乌龙茶、武夷岩茶、闽西八大干、橄榄、福橘、桂圆干、荔枝、芙蓉李、茉莉花茶等；工艺品有福州脱胎漆器、寿山石雕、厦门漆缎雕塑、木画、木雕、纸伞、贝雕、瓷器等；广东特色美食有广式月饼、马蹄糕、萝岗糯米糍、糖不甩、汕头牛肉丸、深井烧鹅、厚街腊肠、广东凉茶等；著名工艺品有广彩、广绣、广雕、枫溪陶瓷、麦秆贴画、潮州抽纱、金漆木雕、潮绣、端砚、织金彩瓷、石湾美术陶瓷等；海南特产非常丰富，有椰子系列食品、杧果、菠萝蜜、番荔枝、红毛丹、胡椒、腰果、咖啡豆等；工艺品有牛角雕、藤器、海南红豆、根雕、椰雕、珊瑚盆景、黎锦等。

▶ 小结

```
                  ┌─ 区位独特，旅游胜地
                  │
                  ├─ 自然奇景，毓秀东南
                  │
  岭南文化旅游区 ──┼─ 人文胜迹，文化记忆
                  │
                  ├─ 民族风情，多姿多彩
                  │
                  └─ 物华天宝，特色鲜明
```

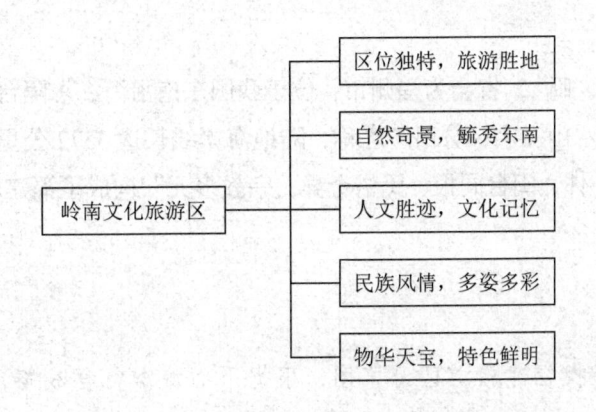

任务训练

表 11-1-1　闽粤琼旅游区旅游主题

主题名称	推荐理由	根据主题推荐的旅游景区或景点

任务评价

表 11-1-2　闽粤琼旅游区旅游主题任务评价

评价指标	评价分值											
	自我评价				组间评价				教师评价			
	A	B	C	D	A	B	C	D	A	B	C	D
主题准确、鲜明												
推荐理由合理												
景点把握熟练												
团队合作												
总体印象												

A. 优秀　　B. 良好　　C. 一般　　D. 欠佳

任务二　福建旅游区

福建省，简称"闽"，省会为福州市，位于我国东南沿海，东隔台湾海峡与中国台湾相望。福建素有"八山一水一分田"之称，陆地海岸线长达 3572 公里，港湾众多，岛屿星罗棋布。"山海一体，闽台同根，民俗奇异，宗教多元"构成了福建旅游鲜明的特色。

任务目标

1. 学生自行寻找福建旅游区游览图，根据下面旅游行程线路，在图中标注旅游景区。

【清新福建】9日游

Day 1：福州：三坊七巷、鼓山。

Day 2：福州—屏南：白水洋、鸳鸯溪。

Day 3：屏南—武夷山：天游峰、九曲溪、大红袍景区。

Day 4：武夷山—泰宁：大金湖。

Day 5：泰宁—连城：冠豸山。

Day 6：连城—龙岩：永定土楼。

Day 7：永定—厦门：鼓浪屿。

Day 8：厦门—泉州：清源山。

Day 9：泉州—湄洲岛—福州。

2. 根据福建旅游区游览图，了解福建旅游区主要旅游景区景点的位置及特色。

任务分析

要想了解福建旅游区的特色旅游，首先要了解福建旅游区的自然与人文地理环境，从而分析福建旅游区的旅游特色；其次熟悉福建旅游景区特点及分布情况；最后总结福建旅游区的特色旅游及代表性景区。

知识准备

一、闽东北游览区

以福州为中心，包括宁德、莆田地区的景区景点。

（一）福州游览区

福州市是福建省省会，别称"榕城"，位于闽江下游沿岸，背山、依江、面海，地理环境优越，气候宜人。福州市有着2200多年的历史，是国家级历史文化名城。代表性景点有"三坊七巷"，被列入文化遗产预备名录，地标性景点"三山两塔"，国家级风景名胜区鼓山。要体会老福州韵味可以去"双杭"，即上下杭。福州也是全国三大温泉区之一，有"温泉之城"的雅称。

1. 三坊七巷

三坊七巷历史文化街区，占地约40公顷，是鼓楼区南后街两旁从北至南依次排列的坊巷总称,"三坊"即衣锦坊、文儒坊、光禄坊,"七巷"即杨桥巷、郎宫巷、塔巷、黄巷、安民巷、富巷、吉庇巷,坊巷内保存有200余座古建筑,被誉为"中国明清古建筑博物馆",是中国都市仅存的一块"里坊制度活化石"。

三坊七巷一直是"闽都名人的聚居地",林则徐、沈葆桢、严复等大量对当时社会乃至中国近现代进程有着重要影响的人物皆出自此。主要景点有:林觉民故居、冰心故居、严复故居、林则徐纪念馆、二梅书屋、寿山石雕刻艺术馆、小黄楼(中国涉台楹联博物馆)、林聪彝民居(福州漆艺博物馆)等。

2. 鼓山风景区

位于福州市东约9公里处,是福州市郊的最高峰,海拔925米,山上景观众多,林壑幽美。鼓山是福州佛教圣地,全山以位于鼓山半山腰的千年古刹涌泉寺为中心,游客至此常有"进山不见寺,进寺不见山"的感慨。鼓山向西有洞壑数十景,这些景点多数为花岗岩山体经过多年的风化、剥蚀、崩塌、堆积形成的。

3. 西禅寺

位于福州市西郊怡山,原名长庆寺,唐朝古寺。西禅寺内有天王殿、大雄宝殿、法堂、藏经阁、玉佛楼及客堂、禅堂、方丈室等建筑,还有唐七星井、《唐福州延寿禅院故延圣大师塔内真身记》碑、五代慧棱禅师舍利塔、清康熙御笔《药师经》清代壁画等。玉佛楼为1979年增建,内供两尊自缅甸请来的玉佛:一尊为卧佛,长3.7米;另一尊为坐佛,高2.95米。西禅寺在新加坡、马来西亚、越南等地还设有分院,这是其他寺庙少见的。

(二)福鼎太姥山景区

位于闽浙边界的福鼎市境内,国家5A级旅游景区,有"海上仙都"的美称。太姥山是一处以花岗岩峰林岩洞为特色,融山、海、川、岛和人文景观于一体的风景旅游胜地,观赏面积92.02平方公里,保护面积200平方公里,拥有太姥山岳、九鲤溪瀑、福瑶列岛、晴川海滨四大景区和瑞云古刹、翠郊古民居两处独立景点。

(三)白水洋鸳鸯溪景区

位于屏南县境内,国家5A级旅游景区,国家地质公园,总面积66平方公里,分为白水洋、宜洋、刘公岩、太堡楼、鸳鸯湖五大景区,融溪、峰、岩、瀑、洞、湖等山水景观为一体。鸳鸯溪(宜洋)景区在白水洋的下游,景区森林茂密,峡谷纵深,融秀溪、峡峰、怪岩、奇洞、雄瀑、诡云、朦雾、古道、险栈、珍禽异兽于一体,构成了一幅立体式的百里画廊。

(四)莆田湄洲岛

位于莆田市中心东南 42 公里处，是莆田市第二大岛，全岛南北纵向狭长，因形如蛾眉而得名，被誉为"南国蓬莱"，是妈祖文化的发祥地。湄洲岛包括大小岛、屿、礁 30 多个，有扣人心弦的湄屿潮音、"东方夏威夷"九宝澜黄金沙滩、"小石林"鹅尾怪石等风景名胜。湄洲岛是妈祖的故乡，这里的妈祖庙尊称为"天后宫湄洲祖庙"。此庙创建于宋雍熙四年（987），是全世界华籍海员顶礼膜拜和海内外同胞神往的圣地。每逢农历三月二十三妈祖生日和九月初九妈祖忌日，庙宇内外，人山人海，香火鼎盛。

二、闽西游览区

（一）武夷山国家公园

位于武夷山市城南 15 公里处，主要景区方圆 70 平方公里，平均海拔 350 米，属典型的丹霞地貌，素有"碧水丹山""奇秀甲东南"的美誉，是首批国家级重点风景名胜区之一，全国首批国家公园，于 1999 年 12 月被联合国教科文组织列入《世界遗产名录》，荣膺"世界自然与文化双重遗产"。景区内主要风景有"六六奇峰翠插天"的三十六峰、"三三秀水清如玉"的九曲溪、七十二洞穴和九十九座山崖。武夷山的三十六峰中最著名的是大王峰、玉女峰和天游峰。其中天游峰位于九曲溪北，被认为是武夷第一胜地，登上天游峰就能观赏九曲山水全景。

武夷山还是文化名山，悬崖绝壁上遗留的"架壑船"和"虹桥板"，是古越人特有的葬俗。有高悬崖壁数千年不朽的架壑船棺 18 处；有朱熹、游酢、熊禾、蔡元定等鸿儒大雅的书院遗址 35 处；有堪称中国古书法艺术宝库的历代摩崖石刻 450 多方。

（二）泰宁大金湖

位于福建西北三明市泰宁县，因丹霞地貌是世界自然遗产，国家 5A 级旅游景区，世界地质公园，是一个以青年期丹霞地貌为主体，兼有花岗岩、火山岩、构造地质地貌等多种地质遗迹，自然生态良好，人文景观丰富的综合性地质公园，涵盖金湖、上清溪、状元岩、猫儿山、泰宁古城五大景区。其中金湖风景名胜区距县城 8 公里，因地处金溪上游，富含沙金而得名。景区总面积 136 平方公里，其中水域面积 26 平方公里，全长 62 公里，有"百里金湖"之称。金湖景观资源十分丰富，具有幽、秀、奇、绝的特色风格和山清、水秀、石美、洞奇、峰怪"五绝"特点，甘露寺、水上一线天、幽谷迷津、天工佛像、天然摩崖石刻等绝世奇观，令人叹为观止。

（三）古田会议纪念馆

位于福建省龙岩市上杭县古田镇，是国家一级博物馆，国家5A级旅游景区，是以古田会议会址为依托而建立的全面介绍古田会议历史，宣传古田会议精神，集文物收藏、资料研究和宣传教育为一体的专题类纪念馆。全馆占地面积8.8万平方米，建筑面积1.1万平方米，为全国重点文物保护单位，其主要包括古田会议会址、中共红四军前委机关暨红四军政治部旧址松荫堂、红四军司令部旧址中兴堂、毛泽东《星星之火可以燎原》写作旧址、中共闽西第一次代表大会会址文昌阁等13处革命旧址。

【思政链接】

古田会议

1929年12月28日至29日，红四军党的第九次代表大会在福建上杭古田召开。会议认真总结了红军创立以来积累的各种经验和教训，统一了思想认识，一致通过了《中国共产党红军第四军第九次代表大会决议案》（简称《古田会议决议》）。《古田会议决议》是中国共产党和红军建设的纲领性文献。决议的中心思想是用无产阶级思想进行军队和党的建设，核心精神是强调红军必须绝对服从党的领导，确立了"党指挥枪，而不是枪指挥党"的无产阶级建军原则。

古田会议

三、闽南游览区

（一）海上花园城市——厦门游览区

厦门市地处中国东南沿海，福建省东南部，九龙江入海处，背靠漳州、泉州平原，东南濒临东海，面对金门诸岛，与台湾宝岛和澎湖列岛隔海相望。厦门市西、北分别与漳州、泉州两市接壤。远古时，因为这里是白鹭栖息之地，故而被称为"鹭岛"，著名景点有鼓浪屿、园博园、胡里山炮台、曾厝南普陀、诚毅科技探索中心等。

1. 鼓浪屿

鼓浪屿原名圆沙洲、圆洲仔，因海西南有海蚀洞受浪潮冲击，声如擂鼓，明朝雅化为今名。它位于厦门市西南，与厦门隔海相望，仅1000米之遥，面积1.78平方公里，享有"海上花园""钢琴之岛""万国建筑博览""中国最美城区"等诸多美誉，是世界文化遗产。郑成功、弘一法师、鲁迅、马约翰、林语堂、林巧稚等众多名人曾在此留下身影。日光岩、菽庄花园、皓月园以及风琴博物馆、国际刻字艺术馆、鼓浪屿管风琴艺术中心是岛上核心景点。

2. 诚毅科技探索中心

位于厦门市集美区,国家4A级旅游景区,中国航天科普体验基地,全国海洋科普教育基地,厦门市科普教育基地。中心围绕"航空航天、航海、防震减灾、科技夜游"四大主题,设有七大展区。各大展区摆脱了传统科技馆单向简单的科普知识传播,游客可以通过了解各种自然现象和科技原理,发挥创意和想象力,接受不同的科技挑战,完成预先设定的任务,感受科学技术带来的震撼体验。

(二)龙岩漳州土楼游览区

主要分布在龙岩永定、漳州市南靖县、华安县等地。福建土楼产生于宋元时期,成熟于明末、清代和民国时期。永定拥有圆土楼360座,方土楼4000多座。其中,洪坑土楼群距县城45公里,有著名的土楼王子"振成楼"。初溪土楼群有已届600"高龄"的最古老的集庆楼和最年轻的善庆楼等。南靖县土楼有800多座,著名的有田螺坑土楼群、河坑土楼群等,是世界文化遗产。

(三)光明之城——泉州游览区

泉州又称鲤城、刺桐城、温陵,是我国著名的侨乡和台胞祖籍地,地处福建东南部,与中国台湾隔海相望,是古代"海上丝绸之路"的起点,宋、元时期泉州港被誉为"东方第一大港",与埃及的亚历山大港齐名,是宋、元时期中国的世界海洋商贸中心,是世界文化遗产。泉州市是国务院首批公布的24个历史文化名城之一,文化积淀深厚,素有"世界宗教博物馆""光明之城"的美誉。

1. 洛阳桥

洛阳桥原名"万安桥",位于泉州东郊的洛阳江上。它与北京的卢沟桥、河北的赵州桥和广东的广济桥并称为中国古代四大名桥。洛阳桥是中国现存最早的跨海梁式大石桥,也是世界桥梁筏形基础的开端。它是宋代泉州太守蔡襄主持修建的,初建时石桥跨江接海,现桥长73.29米、宽4.5米、高7.3米,有44座船形桥墩、645个扶栏、104只石狮、1座石亭和7座石塔。桥亭附近立有历代碑刻,有"万古安澜"等宋代摩崖石刻;桥北有昭惠庙、真身庵遗址;桥南有蔡襄祠,著名的蔡襄《万安桥记》宋碑,即立于祠内,被誉为书法、记文、雕刻"三绝"。

2. 清源山风景名胜区

位于泉州市北郊,海拔572米,山脉绵延20公里,象形岩石,千姿百态,有"闽海蓬莱第一山"的美誉,是泉州四大名山之一。其总面积62平方公里,由清源山、九日山、灵山圣墓三大区域构成。清源山自然景色秀丽,人文景观荟萃。经过了历代开发，山上留下了大量文物古迹，现存完好的有宋、元时期石雕造像7处9尊，历代摩崖石刻近700方，元、明两代花岗岩仿木结构的石室多处。著名景点有：老君造像、九日山祈风石刻、伊斯兰圣墓、"行香碑"等。其中最负盛名的老君造像，系全国最大、雕刻年代最早、艺术价值最高的道教石雕。

3. 清净寺

清净寺也称圣友寺，位于泉州市。该寺创建于北宋大中祥符二年（1009），是仿照叙利亚大马士革伊斯兰教礼堂的建筑形式建造的，占地面积约2500平方米，是阿拉伯穆斯林在中国创建的现存最古老的伊斯兰教寺，也是我国现存最早、最古老的具有阿拉伯建筑风格的伊斯兰教寺，是全国重点文物保护单位。清净寺是我国与阿拉伯各国人民友好往来和文化交流的历史见证。

4. 崇武古城景区

位于泉州市惠安县崇武镇，濒临台湾海峡，全国重点文物保护单位，是一处集滨海风光、历史文物、民俗风情雕刻艺术于一体，具有代表性和影响力的旅游胜地，是泉州市十佳旅游景区景点和福建省12个旅游精品工程之一，历来被世人称为"天然影棚""南方北戴河"。崇武古城由江夏侯周德兴在明洪武二十年（1387）经略海防时为抵御倭寇所建，是我国仅存的一座比较完整的石头城，也是我国海防史上一个比较完整的史迹。

➥ 小结

```
                                  ┌─ 福州游览区 ── 三坊七巷、鼓山风景区、西禅寺
                                  ├─ 福鼎太姥山景区
                    ┌─ 闽东北游览区┤
                    │             ├─ 白水洋鸳鸯溪景区
                    │             └─ 莆田湄洲岛
                    │
                    │             ┌─ 武夷山国家公园
        福建旅游区 ──┼─ 闽西游览区 ┼─ 泰宁大金湖
                    │             └─ 古田会议纪念馆
                    │
                    │             ┌─ 海上花园城市——厦门游览区 ── 鼓浪屿、诚毅科技探索中心
                    └─ 闽南游览区 ┼─ 龙岩漳州土楼游览区
                                  └─ 光明之城——泉州游览区 ── 洛阳桥、清源山风景名胜区、清净寺、崇武古城景区
```

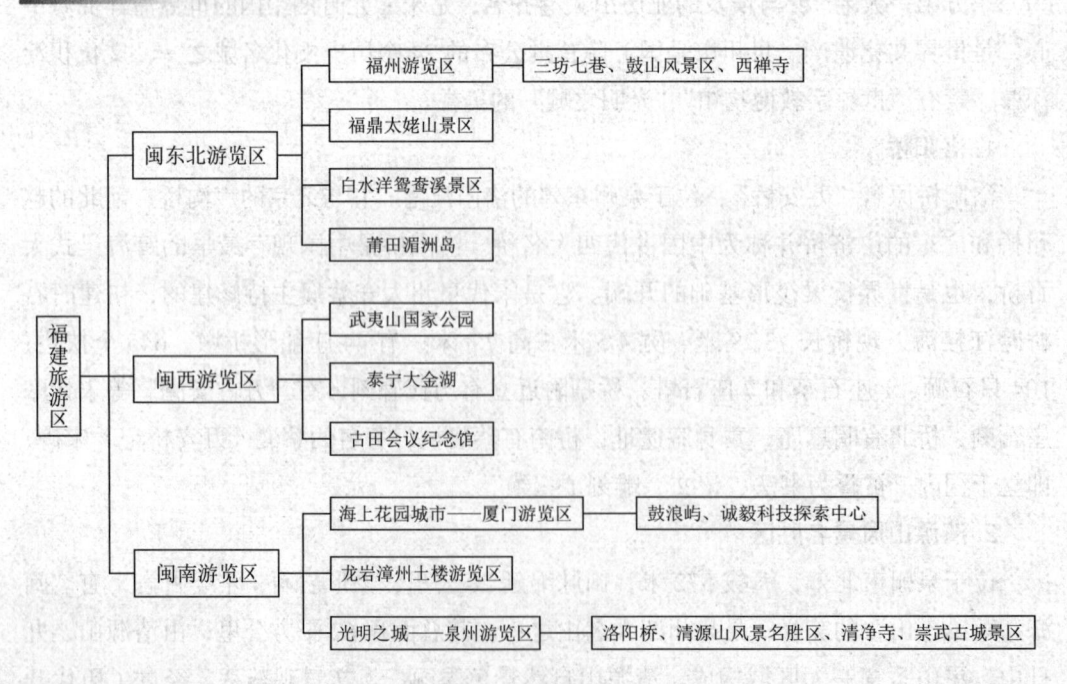

任务训练

以小组的形式，通过教材或其他方式了解福建旅游景点，获得旅游景点信息，以"福来福往"为旅游主题，推荐旅游景点。每组选出 1 名同学代表小组阐述任务完成的过程，讲解推荐的旅游景点及推荐的理由。

任务评价

表 11-2-1　福建旅游区任务训练评价

评价指标	评价分值											
	自我评价				组间评价				教师评价			
	A	B	C	D	A	B	C	D	A	B	C	D
景点推荐												
推荐理由												
阐述过程												
讲解水平												
团队合作												
总体印象												

A. 优秀　　　　B. 良好　　　　C. 一般　　　　D. 欠佳

任务三　广东旅游区

广东省，简称"粤"，省会为广州市。广东旅游区地处中国大陆最南部，东临福建省，南邻南海，西接广西壮族自治区，北接江西省、湖南省，珠江口东西两侧分别与香港、澳门特别行政区接壤，西南部雷州半岛隔琼州海峡与海南省相望。本区地貌类型复杂多样，地势总体北高南低，北部多为山地和高丘陵，南部则为平原和台地。平原以珠江三角洲平原面积最大，潮汕平原次之。构成各类地貌的基岩岩石以花岗岩最为普遍，砂岩和变质岩也较多，丹霞山和金鸡岭则为景色奇特的红色岩系地貌；沿海数量众多的优质沙滩以及雷州半岛西南岸的珊瑚礁，也是重要的地貌旅游资源。本区国家级历史文化名城有 8 座，同时自古就是中国海上贸易和移民出洋最早、最多的省份，近代以后逐渐发展成为重点侨乡。广东省的语言复杂多样，境内主要分布着粤、客、闽三大汉语方言。

任务目标

1. 学生自行寻找广东旅游区游览图，根据下面旅游行程线路，在图中标注旅游景区。

【广东自驾】10日游

Day 1：广州：广州塔、越秀公园。

Day 2：广州—佛山：西樵山。

Day 3：佛山—肇庆：星湖风景区。

Day 4：肇庆—江门：开平碉楼。

Day 5：江门—珠海：珠海大剧院、港珠澳大桥。

Day 6：珠海—深圳：世界之窗。

Day 7：深圳—惠州：罗浮山。

Day 8：惠州—梅州：梅州市梅县区雁南飞茶田度假村。

Day 9：梅州—仁化：丹霞山。

Day 10：韶关—广州：结束行程。

2. 根据广东旅游区游览图，了解广东旅游区的特色旅游及代表性景区。

任务分析

要想了解广东旅游区的特色旅游及代表性的旅游景区，首先要了解广东旅游区的自然与人文地理环境，从而分析广东旅游区的旅游特色；其次要熟悉广东旅游景区特点及分布情况；最后总结出广东旅游区的特色旅游及代表性景区。

知识准备

一、珠江三角洲游览区

（一）广州游览区

广州市简称"穗"，别称羊城、穗城、花城，古称番禺或南海。地处中国南方，广东省南部，珠江三角洲的北缘，濒临南中国海，珠江入海口，毗邻港澳，是海上丝绸之路的起点，被称为中国的"南大门"，广东省省会，是全国著名的华侨之乡，也是全国华侨最多的大城市。广州有着2200多年的文明历史,并在近代史上声名显赫,素以名胜古迹众多而闻名,主要有镇海楼、南越王墓、陈家祠、六榕寺、光孝寺、黄埔军校旧址等景点。同时,广州的白云山、越秀公园、流花湖公园、麓湖等自然景观各具特色,与历史景观共同构成了广州市区丰富多彩的景观群。同时,广州还是美食的天堂,色、香、味、形俱全的粤菜及中外各色风味饮食,为广州带来"食在广州"的美称。

1. 广州塔

位于广州市海珠区赤岗塔附近,昵称"小蛮腰",其塔身主体高454米,天线桅杆高146米,总高度600米。广州塔是中国第一高电视塔,世界第二高电视塔,天线桅杆488米处设有户外摄影观景平台,是世界最高的户外观景平台。塔身顶部450—454米处设有摩天轮,是世界最高摩天轮。广州塔有5个功能区和多种游乐设施。花城广场灯光音乐会在每年春节期间举办,以广州塔为中心,珠江两岸和新中轴线夜景为背景,联动花城广场现场音乐,上演大型城市灯光表演,打造节日视觉盛宴。

2. 白云山

位于广州市东北部,因主峰摩星岭常被白云所掩盖而得名,是国家5A级旅游景区和国家级风景名胜区,总面积21.8平方公里。白云山为南粤名山,自古有"羊城第一秀"之称,由30多座山峰组成。白云山风景区从南至北共有7个游览区,区内有3个全国之最的景点,分别是:全国最大的园林式花园——云台花园、全国最大的天然式鸟笼——鸣春谷、全国最大的主题式雕塑专类公园——雕塑公园。

3. 越秀山

位于广州市北,为白云山余脉,因有越王台故址而得名。主要景点有五羊山、镇海楼。镇海楼坐落在越秀山小蟠龙冈上,是广州标志性建筑之一。该楼又名"望海楼",因当时珠海河道甚宽,故将"望江"变为"望海",又因楼高5层,故又俗称"五层楼",楼前碑廊有历代碑刻,右侧陈列有12门古炮。五羊山在公园西部的山冈上,冈顶矗立着一座高达11米的五羊石像。传说古时周代有5个仙人各骑口衔六枝谷穗的羊降临楚庭(广州古名),把谷穗赠给邑人,并祝人们永无饥荒,仙人言毕隐去,羊化为石。五羊石像就是艺术家们根据这个神话而创作的,这也就是为什么广州用"羊城"和"穗"为代称和简称的由来。五羊像用花岗石雕制而成,造型含蓄而富有诗意,被人们视为广州的标志。

4. 陈家祠堂

陈家祠堂是中国清代宗祠建筑,原称陈氏书院,位于广州市中山七路。该祠规模宏大,装饰华丽,是广东地区保存较完整的富有代表性的清末民间建筑。该祠始建于清光绪十六年(1890),建成于光绪二十年(1894),占地面积1.5万平方米。其主体建筑呈四方形，是一组五座三进、九堂六院，共19座建筑组成的院落式艺术建筑群，建筑面积6400平方米。整座建筑规模宏大，厅堂轩昂，庭院幽雅，既体现了我国古代建筑的传统风格，又具有我国南方建筑的鲜明特色，被誉为"岭南建筑艺术的一颗明珠"。

5. 广州长隆旅游度假区

广州长隆旅游度假区是长隆集团旗下首个大型综合性主题旅游度假区，位于广州番禺区，度假区拥有长隆野生动物世界、长隆欢乐世界、长隆水上乐园、长隆飞鸟乐园、长隆国际大马戏和长隆酒店、长隆熊猫酒店、长隆香江酒店等多家顶尖主题公园、演艺剧院及酒店，是中国拥有主题公园数量最多、规格最高的综合性主题旅游度假区，同时也是中国首批国家5A级旅游景区、国家文化产业示范基地、国家级夜间文旅消费集聚区。

（二）深圳游览区

深圳市别称鹏城，地处广东省南部，珠江三角洲东岸。深圳是中国改革开放建立的第一个经济特区，中国改革开放的窗口，其已发展为有一定影响力的国际化城市，同时享有"设计之都""钢琴之城""创客之城"等美誉。城市标志性景观有深圳市民中心、地王大厦；特色景观有"一街两制"中英街、知名文化品牌"大芬油画"村、观澜湖高尔夫球会等；最负盛名的是锦绣中华与世界之窗。

1. 深圳华侨城旅游度假区

坐落在深圳湾畔，是首批国家5A级旅游景区，以锦绣中华、中国民俗文化村、世界之窗、欢乐谷四大主题公园为核心，深圳华侨城旅游度假区形成了中国最具规模和实力的主题公园群。

锦绣中华是中国最早的文化主题公园，是目前世界上面积最大，内容最丰富的实景微缩景区。园中的82个景点均按中国版图位置分布，大都按1∶15复制。其中有5万多个栩栩如生的陶艺小人和动物点缀在各景点，生动再现了我国的历史文化及民俗风情。

世界之窗位于南山区深圳湾社区深南大道，以弘扬世界文化为宗旨，把世界奇观、历史遗迹、古今名胜、民间歌舞表演汇集一园，营造了一个精彩美妙的世界。世界之窗景区按五大洲划分，是由世界广场、世界雕塑园、国际街、侏罗纪天地共同构成的人造主题公园。

深圳欢乐谷，占地面积35万平方米，是一座融参与性、观赏性、娱乐性、趣味性于一体的中国现代主题乐园。全园共分九大主题区：西班牙广场、魔幻城堡、冒险山、欢乐时光、金矿镇、香格里拉·雪域、飓风湾、阳光海岸，以及独具特色的玛雅水公园，有100多个老少皆宜、丰富多彩的游乐项目。

中国民俗文化村，占地20多万平方米，是中国第一个荟萃各民族民间艺术、民俗风情和民居建筑于一园的大型文化旅游景区，内含22个民族的25个村寨，均按1：1的比例建成。通过民族风情表演、民间手工艺展示、定期举办大型民间节庆活动，多角度、多侧面地展示出我国各民族原汁原味、丰富多彩的民风民情和民俗文化，让游客充分感受中华民族的灵魂和魅力。

2. 东部华侨城

坐落于深圳市大梅沙，占地近9平方公里，是国内首个集休闲度假、观光旅游、户外运动、科普教育、生态探险等主题于一体的大型综合性国家生态旅游示范区，主要包括大峡谷生态公园、茶溪谷休闲公园、云海谷体育公园、大华兴寺、主题酒店群落、天麓大宅六大板块。每年的春夏秋冬，还会分别推出"山地采茶节""山海放歌节""国际茶艺节""山地祈福节"等主题活动，为广大游客带来无限精彩。

（三）珠海游览区

珠海市位置优越，面临南海，东与香港特别行政区水路相距36海里，南与澳门特别行政区陆地相连，港珠澳大桥竣工后，珠海成为内地唯一与香港特别行政区、澳门特别行政区同时陆路相连的城市。珠海市是我国重要的口岸城市，设有拱北、横琴、九洲港、湾仔港轮渡客运等10个国家一类口岸，是仅次于深圳的中国第二大口岸城市。主要景点有：情侣路、珠海大剧院、渔女雕像、横琴长隆国际海洋度假区等。

1. 珠海大剧院

位于香洲区香炉湾野狸岛，是中国第一座海岛大剧院，大剧院整体造型设计为巨大的日月贝，采用世界先进声、光学设计和舞台工艺设计，可满足大型歌舞剧、音乐剧、交响乐以及地方剧种等演出需求。

2. 珠海渔女雕像

珠海渔女雕像是珠海城市的象征，坐落于东部城区香炉湾。渔女手擎明珠，向人类奉献珍宝，向世界昭示光明。雕像建成于1982年，用花岗岩石材10吨，分70件组合而成，通高8.7米。

3. 珠海横琴长隆国际海洋度假区

地处粤港澳大湾区，落户在横琴粤澳深度合作区，是集主题公园、度假酒店、文化演艺、商务会展、餐饮休闲于一体的海洋主题度假。度假区由海洋王国、宇宙飞船、横琴国际马戏城、长隆剧院、横琴湾酒店、企鹅酒店、马戏酒店、飞船酒店、迎海酒店公寓组成，其中长隆海洋王国曾经连创7项吉尼斯世界纪录，并于2014年荣获全球主题娱乐协会TEA颁发的"主题公园杰出成就奖"。长隆宇宙飞船于2023年9月16启动试营业，也一举创下了7项吉尼斯世界纪录。

【思政链接】

港珠澳大桥的六个"世界之最"

世界总体跨度最长跨海大桥——全长55公里的港珠澳大桥是世界总体跨度最长的跨海大桥；世界上最长海底公路沉管隧道——海底隧道长5.6公里，是世界上最长的海底公路沉管隧道；世界上埋进海床最深的沉管隧道——海底隧道最深海平面下46米，是世界上埋进海床最深的沉管隧道；世界最重沉管——海底隧道由33节沉管和1个最终接头对接而成，每个沉管重约8万吨，相当于一艘中型航母，是世界最重沉管；世界首创深插式钢圆筒快速成岛技术——世界首创深插式钢圆筒快速成岛技术，两个10万平方米的人工岛在215天内成岛，比传统抛石围堰工法施工效率提高近五倍，且最大限度地减小了对海洋环境的污染。此外，世界首创主动止水的沉管隧道最终接头、世界首创桥—岛—隧集群方案、世界最大尺寸高阻尼橡胶隔震支座、世界最大难度深水无人对接的沉管隧道等，都是港珠澳大桥的亮丽成绩单。

（四）孙中山故里旅游区

孙中山故里旅游区是中山市首个国家5A级旅游景区，坐落在广东省中山市南朗镇翠亨村，东临珠江口，西靠五桂山，毗邻港澳，距中山市城区约20公里，距广州城区约90公里，隔珠江口与深圳、中国香港相望，总面积达3.15平方公里。旅游区涵括孙中山故居纪念馆、翠亨村、中山城、辛亥革命纪念公园和犁头尖山五个核心景区，全方位呈现了孙中山从出生成长到进行革命活动的相关历史。

（五）西樵山风景名胜区

位于广东省佛山市南海区的西南部，是广东四大名山之一，国家5A级旅游景区。西樵山是一座熄灭了千万年的古火山，主峰大科峰海拔344米。西樵山风景资源丰富，名胜古迹众多。西樵山林深苔厚，郁郁葱葱，洞壁岩缝，储水丰富，古人赞之为"谁信匡庐千嶂瀑，移来一半在西樵"。西樵山素有"珠江文明的灯塔"的美誉，明清时期，以湛若水、何白云、康有为为代表的一大批文人学子隐居西樵，探求理学，使西樵山获得了"南粤理学名山"的雅号。

（六）星湖风景名胜区

位于广东省肇庆市，国家重点风景名胜区，分为七星岩和鼎湖山两个片区，总面积

19.527平方公里，是广东省对外的窗口和旅游名片。其中七星岩片区属于喀斯特地貌，以峰林、溶洞、湖泊、碑刻、道观为主要景观，景色优美，被誉为"人间仙境""岭南第一奇观"。鼎湖山片区面积11.3平方公里，为原始次生林，植被丰富，以森林、瀑布为主要景观特色，是我国第一个自然保护区和联合国教科文组织的"人与生物圈"定位研究站，被誉为"北回归线上的绿洲""活的自然博物馆""天然大氧吧"。

（七）罗浮山风景名胜区

位于广东博罗县，国家5A级旅游景区。罗浮山被道教尊为天下第七大洞天、三十四福地，被佛教称为罗浮第一禅林，素有"岭南第一山"之称。罗浮山自然景观众多，融自然与人文景观于一体，拥有山、水、泉、瀑、池、洞、观、寺、塔、林等景观，文化积淀深厚，集道、佛、儒三教于一山，众多的诗词楹联和摩崖石刻等也形成罗浮山独具魅力的历史人文景观。

（八）开平碉楼文化旅游区

位于广东省珠江三角洲西南部，是集华侨文化、园林艺术、中西建筑、文物古迹、原生态自然环境、风土民俗、科普教育等多元素于一体的著名景区，主要由国家5A级旅游景区立园、全国历史文化名村自力村碉楼群、被誉为"世界美丽的村落"的马降龙古村落三大景区组成。旅游区内高雅独特的园林、传统古朴的民居、中西合璧的碉楼与周边的山水、池塘、田野、稻田完美结合，和谐共融，构建了一道别具特色的人文景观，是世界文化遗产。

【知识链接】

岭南四大园林

指佛山市顺德区的清晖园、佛山市禅城区的梁园、番禺的余荫山房和东莞的可园四座古典园林。清晖园是一处始建于明代的古代园林建筑，整个园林以尽显岭南庭院雅致古朴的风格而著称，园中有园，景外有景，步移景换，并且兼备岭南建筑与江南园林的特色；梁园是佛山梁氏宅园的总称，主要由"十二石斋""群星草堂""汾江草庐""寒香馆"等不同地点的多个群体的精华部分组成，规模宏大，主体位于松风路先锋古道；余荫山房，又名余荫园，位于广东番禺南村镇东南角，建于清同治年间，距今133年，以"小巧玲珑"的独特风格著称于世，赢得园林艺术的极高荣誉；东莞可园，占地面积约有2200平方米，外缘呈三角形，园内有一楼、六阁、五亭、六台、五池、三桥、十九厅、十五间房，其名多以"可"字命名，其建筑是清一色的水磨青砖结构，可园运用了江南造园艺术，小中见大，暗中通明、高低回转，趣味无穷。

二、粤北游览区

（一）丹霞山

位于韶关市仁化县，古人取其"色渥如丹，灿若明霞"之意称其为丹霞山，世界自然遗产，国家5A级旅游景区。丹霞山景区占地180平方公里，整体呈现一种红层峰林式结构，赤壁丹崖是其最基本的形态特征，不同体量和不同形态的赤壁丹崖组成了大小石峰、石堡、石墙、石柱600多座，主峰巴寨海拔618米，有"中国红石公园"之称。全区分5个游览区：长老峰游览区，由三级绝壁和三级崖坎构成三个最典型的赤壁丹霞景观层次，以历史悠久、宗教文化、丹霞地貌为亮点；翔龙湖游览区，自然景观有三洞、六峡、九洞、十八峰；阳元石游览区，因天下第一奇石阳元石而得名；锦江游览区，8公里水路风景长廊，美不胜收；巴寨游览区，当地人俗称大石山，造型状物变化万千，是丹霞地貌最典型、最完美的代表。

（二）连州地下河

位于清远连州市区以北26公里处的东陂镇，它藏在山势雄峻的大口岩溶洞中，是一个大型的地下暗河溶洞，上下共分三层，全长1860米，可供游览面积达4.3万平方米。洞内四季气温常年保持在18℃左右，空气新鲜，冬暖夏凉。地下暗河位于下层，水流由北向南，蜿蜒曲折十八弯，经过三个峡谷"龙门峡""莲花峡""香蕉峡"，穿过四座山头的底部，沿河两岸布满石钟乳、石英、石柱、石花、石幔等，形态万千。陆地第二层和第三层则有佛光普照、东陂马蹄、关公神像、伊甸园等景点。

三、粤东游览区

以汕头市、梅州市、潮州市为中心，是潮汕文化与客家文化鲜明的旅游区域，民风古雅，遗存丰富。

（一）客都——梅州游览区

梅州市位于广东省东北部，地处闽、粤、赣三省交界处，是全国重点侨乡，也是客家人比较集中的聚居地之一，被誉为"世界客都"。市内的"中国客家博物馆"，是国内唯一展示客家文化的专题博物馆，雁南飞茶田景区是全国农业旅游示范点。

（二）汕头游览区

汕头市位于广东省东部，韩江三角洲南端，是全国主要港口城市、中国最早开放的经济特区、海西经济区重要组成部分，素有"岭东门户、华南要冲"之称。汕头市华侨众多，与海外交往密切，潮汕文化如潮州话、潮剧、潮乐、潮州菜和工夫茶等享誉海内外。汕头全市共有旅游景点20多处，有澄海塔山风景区、莲花峰风景区、南澳生态旅游区、中信高尔夫海滨度假村、陈慈黉故居、青云岩风景区、北回归线标志塔、汕头方特欢乐世界等。

（三）潮州游览区

潮州市是国家历史文化名城，潮州文化的重要发源地，潮州文化内涵丰富，主要包含潮州方言、潮剧、潮州音乐、潮州工艺、潮州木雕、潮绣、潮州大锣鼓等。潮州饮食最为出名的是潮州菜和潮州工夫茶。潮州市列入国务院全国重点文物保护单位的有广济桥、许驸马府、开元寺、韩文公祠、己略黄公祠、笔架山宋窑遗址、道韵楼等。

小结

```
                            ┌─ 广州游览区 ── 广州塔、白云山、越秀山、陈家祠堂、
                            │                广州长隆旅游度假区
                            ├─ 深圳游览区 ── 深圳华侨城旅游度假区、东部华侨城
                            ├─ 珠海游览区 ── 珠海大剧院、珠海渔女雕像、珠海横琴
                            │                长隆国际海洋度假区
            ┌─ 珠江三角洲游览区 ─┼─ 孙中山故里旅游区
            │               ├─ 西樵山风景名胜区
            │               ├─ 星湖风景名胜区
            │               ├─ 罗浮山风景名胜区
广东旅游区 ─┤               └─ 开平碉楼文化旅游区
            │
            ├─ 粤北游览区 ──┬─ 丹霞山
            │              └─ 连州地下河
            │
            └─ 粤东游览区 ──┬─ 客都—梅州游览区
                           ├─ 汕头游览区
                           └─ 潮州游览区
```

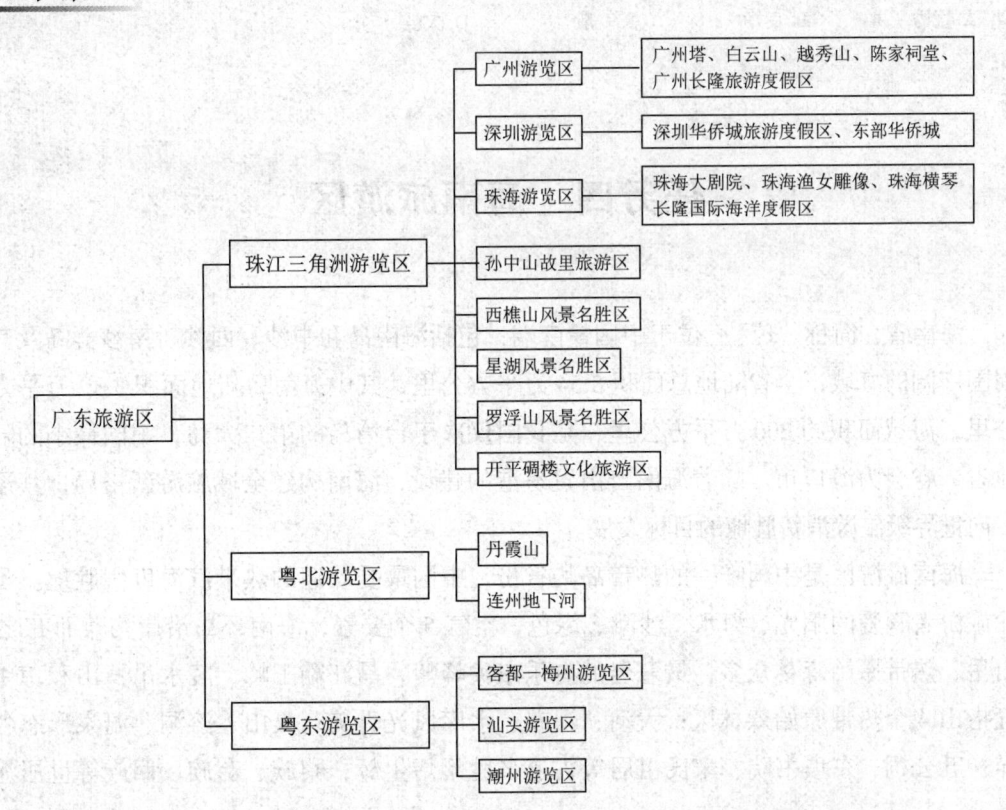

↳ 任务训练

以小组的形式,通过教材或其他方式了解广东旅游景点,获得旅游景点信息,以"粤来粤美"为旅游主题,推荐旅游景点。每组选出 1 名同学代表小组阐述任务完成的过程,讲解推荐的旅游景点及推荐的理由。

↳ 任务评价

表 11-3-1　广东旅游区任务训练评价

评价指标	评价分值											
	自我评价				组间评价				教师评价			
	A	B	C	D	A	B	C	D	A	B	C	D
景点推荐												
推荐理由												
阐述过程												
讲解水平												
团队合作												
总体印象												

A. 优秀　　　B. 良好　　　C. 一般　　　D. 欠佳

任务四　海南旅游区

海南省,简称"琼",位于中国最南端,包括海南岛和中沙、西沙、南沙群岛及其周围广阔的海域,全省陆地总面积 3.54 万平方公里,其中海南岛陆地面积 3.39 万平方公里,海域面积约 200 万平方公里,是我国仅次于台湾岛的第二大岛,中国最小的陆地省,省会为海口市。随着海南自由贸易港的建设,海南构建全域旅游新格局,其逐步向世界级旅游消费胜地的目标发展。

海南旅游区是中国唯一的热带岛屿省份,中国最受欢迎的热带滨海度假胜地。国际旅游者喜爱的阳光、海水、沙滩、绿色、空气 5 个要素,海南环岛沿岸均兼而有之;山岳、热带原始森林众多,最著名的有乐东尖峰岭、昌江霸王岭、陵水吊罗山和琼中五指山 4 个热带原始森林区;大河、瀑布、水库风光秀美;火山、溶洞、温泉形态各异;五公祠、东坡书院、宋氏祖居等古迹名胜熠熠生辉;黎族、苗族、回族等世居海南岛的少数民族敦厚的民风民俗和独特的生活习惯,使海南的社会风貌独特而多彩;热带作物及田园风光极大地丰富了自然景观。

任务目标

1. 学生自行寻找海南旅游区游览图,根据下面旅游行程线路,在图中标注旅游景区。

【椰风琼韵海岛游】

Day 1：三亚：亚龙湾国家旅游度假区。

Day 2：三亚：大小洞天、南山文化旅游区、天涯海角。

Day 3：三亚：鹿回头。

Day 4：保亭：槟榔谷黎苗文化旅游区、呀诺达雨林文化旅游区。

Day 5：五指山：五指山风景区。

Day 6：陵水：分界洲岛、南湾猴岛。

Day 7：万宁：兴隆温泉、兴隆热带植物园。

Day 8：琼海：万泉河风景名胜区、博鳌亚洲论坛。

Day 9：海口：东寨港、五公祠。

Day 10：海口：雷琼海口火山群世界地质公园。

Day 11：儋州：洋浦盐田遗址、东坡书院。

2. 根据海南旅游区游览图,了解海南旅游区的特色旅游及代表性景区。

任务分析

要想了解海南旅游区的特色旅游及代表性的旅游景区,首先要了解海南旅游区的自然与人文地理环境,从而分析海南旅游区的旅游特色;其次要熟悉海南旅游景区特点及分布情况;最后总结出海南旅游区的特色旅游及代表性景区。

知识准备

一、琼南游览区

琼南游览区位于海南岛最南端,以三亚市为中心,以椰风海韵为特色,是海南省最具旅游吸引力的区域。

（一）三亚游览区

1. 亚龙湾国家旅游度假区

位于三亚市东南 28 公里处，是海南最南端的一个半月形海湾，海南名景之一，国家级旅游度假区，有着"天下第一湾"的美誉。亚龙湾三面青山围绕，拥有蓝蓝的天空、明媚温暖的阳光、清新湿润的空气、连绵起伏的青山、千姿百态的岩石、原始幽静的红树林、波平浪静的海湾、清澈透明的海水、洁白细腻的沙滩以及五彩缤纷的海底景观等。

2. 天涯海角游览区

位于三亚市区西郊 23 公里处，是海南一个富有神奇色彩的游览胜地。这里海水澄碧，烟波浩渺，帆影点点，椰林婆娑，奇石林立，水天一色。海湾沙滩上有大小百块石耸立，"天涯""海角""南天一柱"巨石突兀其间，昂首天外，峥嵘壮观。

3. 南山文化旅游区

位于三亚南山，距市区 40 公里，国家 5A 级旅游景区。南山文化旅游区共分为三大主题公园：南山佛教文化园是一座展示中国佛教传统文化，能够启迪心智、教化人生的园区，其主要建筑有南山寺、南海观音佛像等；中国福寿文化园是一座集中华民族文化精髓，突出表现和平、安宁、幸福、祥和之气氛的园区；南海风情文化园，突出展现了中国南海之滨的自然风光和黎村苗寨的文化风情，同时兼容一些西方现代化文明的园区，主要建筑有滑草场、滑沙场、黎苗风情苑、黄道婆纪念馆、海底世界、花鸟天堂等。

4. 大小洞天风景区

位于三亚市区以西 40 公里的南山西南隅，总面积为 22.5 平方公里，是一个以古崖州文化为脉络，汇聚中国传统的道家文化与龙文化，融滨海风光、科普教育、民俗风情、休闲度假于一体的国际化旅游风景区。大小洞天风景区以其秀丽的海景、山景和石景号称琼崖第一山水名胜。风景区内至今仍有"小洞天""钓台""海山奇观""仙人足""试剑峰"等历代诗文摩崖石刻。

5. 鹿回头公园

位于三亚市南 3 公里处，是海南岛最南端的山头。这座山三面临海，状似坡鹿，高 275 米，登上鹿回头山顶，三亚市全景尽收眼底。主景点"鹿回头"雕塑是根据海南黎族一个美丽的爱情传说而建造，高 15 米，是海南全岛最高雕塑，也是三亚市的城雕，三亚因此被称为"鹿城"。

（二）保亭游览区

1. 呀诺达雨林文化旅游区

位于保亭黎族苗族自治县，国家 5A 级旅游景区，距三亚市 35 公里，是中国唯一地处北纬 18°的真正热带雨林，被称为"中国钻石级雨林景区"。景区集热带雨林、峡谷奇观、流泉叠瀑、黎峒风情、热带瓜果、南药、温泉多种旅游资源于一身，其主要由经石峡、梦幻谷、黎锦苑、山盟海誓、快乐体验、热带瓜果乡、雨林水族馆、欢乐雨林"呀诺达"大型演艺和综合服务区九个主题景观区组成。

2. 槟榔谷黎苗文化旅游区

位于保亭县与三亚市交界的甘什岭自然保护区境内，国家 5A 级旅游景区。槟榔谷因其两边森林层峦叠嶂，中间是一条延绵数公里的槟榔谷地而得名。景区由非遗村、甘什黎村、谷银苗家、田野黎家、《槟榔·古韵》大型实景演出、兰花小木屋、黎苗风味美食街七大文化体验区构成，景区内还展示了十项国家级非物质文化遗产，其中包含世界非物质文化遗产"黎族传统纺染织绣技艺"。槟榔谷还是海南黎、苗族传统"三月三""七夕嬉水节"的主要活动举办地之一，是海南民族文化的"活化石"。

二、琼东游览区

琼东游览区以海口市为集散中心，包括海口、文昌、琼海、万宁、陵水等地景区，其中万泉河、博鳌、兴隆热带植物园、分界洲岛最具吸引力。

（一）海口游览区

海口市别称"椰城"，海南省省会，位于海南岛北端。旅游景点有：五公祠、秀英古炮台、金牛岭公园、桂林洋海滨旅游区、琼台书院、假日海滩、海南热带野生动植物园、东寨港红树林旅游区、骑楼历史文化街区等。

1. 五公祠

位于海口市，始建于明万历年间，占地面积 99 亩，主要由五公祠、苏公祠、伏波祠、观稼堂、学辅堂、洗心轩和五公祠陈列馆组成，人们习惯以"五公祠"统称。五公祠为该建筑群的主体建筑，是一座二层木质结构、单式斗拱的红楼，占地面积 560 平方米，楼高 10 米，人称"海南第一楼"。该楼始建于清光绪十五年（1889），是为纪念唐宋两代被贬谪来琼的五位历史名臣而建的，由于人们景仰先贤"五公"而得名。

2. 雷琼海口火山群世界地质公园

位于海口市西南石山镇，国家 4A 级旅游景区。雷琼海口火山群世界地质公园主体为40座火山构成的第四纪火山群,火山类型齐全、多样,几乎涵盖了玄武质火山喷发的各类火山,火山地质景观极为丰富。园区总面积108平方公里,保存有千百年来人们利用玄武岩所建的古村落、石屋、石塔和各种生产、生活器具,记载了人与石相伴的火山文化脉络,被称为"中华火山文化之经典"。

3. 东寨港国家级自然保护区

位于海南省东北部,处于海口市和文昌市的交界处,属湿地类型自然保护区,主要保护对象有沿海红树林生态系统,以水禽为代表的珍稀濒危物种及区内生物的多样性。东寨港及其附近的海滩上尚保存有面积较大、生长良好的红树林,且红树林树种之多为中国之最。

(二)琼海游览区

1. 万泉河风景名胜区

万泉河全长163公里,是海南岛第三大河,发源于五指山。上游两岸,峰连壁立,乔木参天,有"琼安橡胶园"和琼崖龙江革命旧址、石虎山摩崖石刻等自然历史人文景观;中下游从石壁至椰子寨一带,河水温顺平缓,在流经琼海市区时,在河心形成一个沙洲岛,构成"河中岛,岛中湖"的奇妙佳景;万泉河出海口集三河(万泉河、龙滚河、九曲江)、三岛(东屿岛、沙坡岛、鸳鸯岛)、两港(博鳌港、潭门港)、一石(砥柱中流的圣公石)等风景精华于一地,是目前世界河流出海口自然风光保护最好的地区之一。

2. 博鳌亚洲论坛国际会议中心

坐落在东屿岛上,是博鳌亚洲论坛年会的永久性会址,是诠释博鳌文化的所在地。景区里有宏伟气派的现代建筑、智能化的会议设施、动静相宜的高尔夫球场、河海交融的旖旎风光,还有古老动人的美丽传说。

(三)万宁游览区

万宁市位于海南岛东南部沿海,既有丰富的自然景观,又有文物古迹、革命遗址等人文景观。有"海南第一山"美称的东山岭,有"热带花果园"美誉的兴隆温泉旅游区。

1. 东山岭风景区

位于万宁市万城镇以东2公里处,因三峰并峙,形似笔架,历史上又叫笔架山,是海南开发较早的旅游景点之一,素有"海南第一山"之称。景区自然风光秀丽,人文景观奇特。岭上最著名的景点有:"正笏凌霄""七峡巢云""蓬莱香窟""仙舟系缆"等。

2. 兴隆温泉景区

位于万宁市东郊兴隆华侨农场，其号称"世界少有，海南无双"，富含矿物成分，温度高达80℃，有极强疗养功效，对皮肤病、关节炎和神经衰弱等有治疗作用。景区附近有兴隆热带花园、热带植物园和东南亚风情村等休闲观光景点。

3. 兴隆热带植物园

位于海南兴隆华侨旅游经济区内，是海南最早对外开放参观的热带植物园。植物园占地600多亩，划分为五大功能区：植物观赏区、试验示范区、科技研发区、立体种养区和生态休闲区。园中收集有12类植物，收集保存有2300多种独具特色的热带、亚热带作物种子，是一座集科研、科普、生产、加工、观光和种质资源保护为一体的综合性热带植物园。

（四）陵水游览区

1. 分界洲岛

位于海南陵水县东北部海面上，是中国首家海岛型国家5A级旅游景区。分界洲岛是海南南北气候的分界线，是海南岛黎族、苗族、回族等少数民族区域与汉族区域重要的人文分界线，是琼南与琼北的自然地理边界线，是旧时北边的琼州府境与南边的崖州府境管辖地的分界地，也是现今陵水县与万宁市两地的行政分界点。分界洲岛为游客不仅提供潜水，海钓等常规的海洋项目，还提供了与众多海洋动物亲密互动的机会，有中国唯一一艘海底观光潜水艇，海洋文化馆等。

2. 南湾猴岛

位于海南省陵水县南约14公里处的南湾半岛。它依山傍水，三面环海，形状狭长，总面积为10.2平方公里，大小12个山头连绵起伏。山上大小岩洞无数，奇岩怪石嶙峋。南湾猴岛上的动植物物种种类繁多，森林覆盖率达95%，生态资源极为丰富。全岛生长着茂密的阔叶林和灌木丛林，四季花果飘香，风景秀丽，气候宜人。岛上生活着近1500只活泼可爱的猕猴，属国家二类保护动物。南湾猴岛是我国也是世界上唯一的热带岛屿型猕猴自然保护区，岛上还拥有独特的新村渔港和水上疍家等特色民俗风情旅游资源。

三、琼中游览区

琼中游览区以五指山市为核心，包括琼中、保亭、乐东等部分区域，以热带山林自然风光和黎族风情为主要特色。

五指山游览区

五指山风景区

五指山风景区为海南第一高山，是海南岛的象征，五指山横亘于海南岛中部，最高峰海拔1867米。由于长期受自然因素的强烈侵蚀切割，山峰此起彼伏，呈锯齿状，故取名"五指山"。五指山的五指中二指最高，海拔1867米，屹立如柱，比"五岳"之首泰山还高343米。一指与二指之间，有深谷相隔，遥相对峙，三、四、五指逶迤相连又各自独立，蔚为壮观。五指山又是海南岛主要江河的发源地，水色山光交相辉映，构成奇特的五指山风光，吸引着海内外的游客。

【思政链接】

五指山革命根据地

在琼崖革命23年武装斗争中，五指山革命根据地是最后的一个根据地。地跨白沙（包括现在的琼中、五指山）、保亭、乐东三县的五指山区，位于全岛中心，占地一万多平方公里。这里群山耸立，丘陵起伏，地势险要，易守难攻，是建立革命根据地的理想地方。

五指山北部的毛阳镇毛贵村，曾是五指山革命根据地的大本营——琼崖区党委等机关的驻扎地，也被称为海南的"西柏坡"。当年，就在这片坡地上，冯白驹率领琼崖党政军首脑机关，运筹帷幄，发动和指挥了1948年秋季、1949年春季、夏季三大攻势战役，迎接配合大军渡海作战，最终迎来了全海南省的解放。

四、琼西游览区

琼西游览区包括澄迈、临高、儋州、昌江、东方等以环岛西线高速为主要通道的旅游区。

儋州游览区

1. 东坡书院

位于海南省儋州市，原名载酒堂，是北宋大文豪苏东坡的讲学场所。东坡书院始建于北宋绍圣四年（1097），占地46.8亩，建筑面积3800平方米，土木结构，坐东北向西南，有前门、大殿、载酒亭、载酒堂、东坡祠、东西厢房（现为书画廊）、尊贤堂、钦帅堂、望京阁、迎宾堂、陈列馆等主要建筑物及东坡讲学彩雕群像、春牛石雕、东坡铜像、钦帅井和碑刻等。东坡书院集文献、楹联、碑刻、雕塑、器具书画为一体，享有"天南名胜"的美誉。

2. 洋浦盐田遗址

位于海南洋浦半岛盐田村，洋浦古盐田占地约50万平方米，包括盐槽、盐泥池、蓄海水池、卤水池、引水渠、古盐铺残墙等。现存的晒盐槽有6171个，用当地特有的火山岩凿成砚式平台，面积1~2平方米不等，边缘留出1~2厘米的槽沿。盐田有蓄海水池、卤水池、盐泥池等各七八十个，均用火山岩筑成。洋浦盐田是中国现存最早、保留最完好的原始日晒制盐方式的古盐场，再现了中国古代的工业与文明。

【知识链接】

洋浦：海南自贸港对外开放前沿

邓小平同志亲自批示、国务院1992年批准设立的洋浦经济开发区，地处海南西北部洋浦半岛，位于泛北部湾中心地带，与周边国家和地区10多个港口直线距离不超过500海里，可以直接辐射环北部湾和东南亚两大市场，是"一带一路"的重要支点，也是我国第一个外商投资成片开发、享受保税区政策的国家级开发区。近年来，洋浦围绕"自贸港建设先行区示范区"的定位，积极构建"3+N+N"的现代化产业体系，着力打造绿色石化新材料、港航物流、商贸服务（国际贸易）三个千亿级业态和健康食品加工、清洁能源等若干个超百亿元级产业集群，正逐步成为海南实体经济的重镇和对外开放的前沿，为海南自贸港打牢实体经济作出了积极贡献。

小结

海南旅游区	琼南游览区	三亚游览区	亚龙湾国家旅游度假区、天涯海角游览区、南山文化旅游区、大小洞天风景区、鹿回头公园
		保亭游览区	呀诺达雨林文化旅游区、槟榔谷黎苗文化旅游区
	琼东游览区	海口游览区	五公祠、雷琼海口火山群世界地质公园、东寨港国家级自然保护区
		琼海游览区	万泉河风景名胜区、博鳌亚洲论坛国际会议中心
		万宁游览区	东山岭风景区、兴隆温泉景区、兴隆热带植物园
		陵水游览区	分界洲岛、南湾猴岛
	琼中游览区	五指山游览区	五指山风景区
	琼西游览区	儋州游览区	东坡书院、洋浦盐田遗址

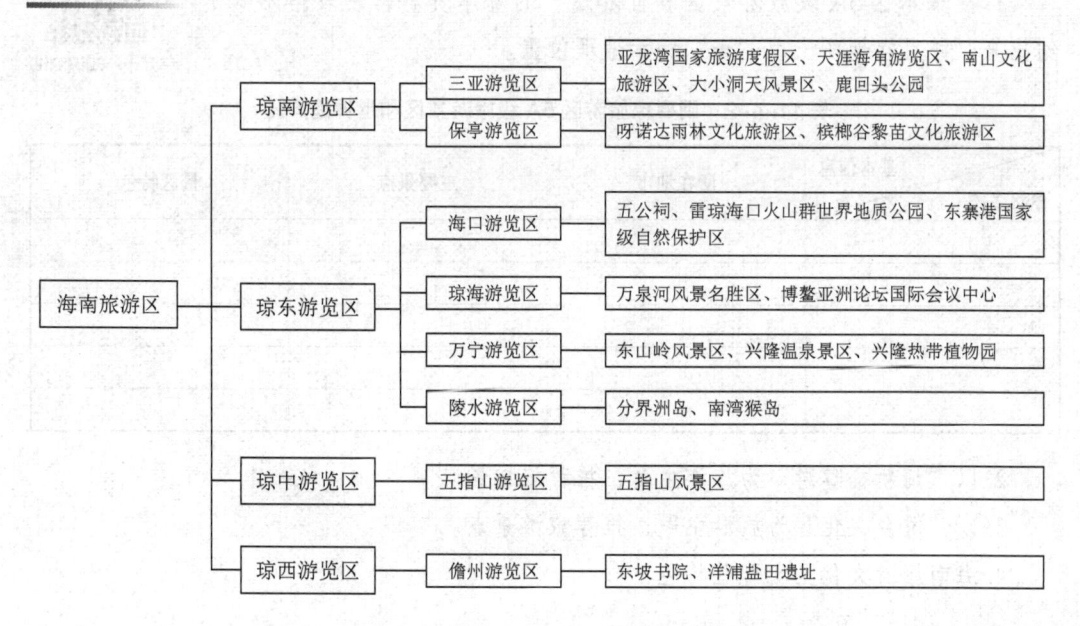

任务训练

以小组的形式,通过多种方式掌握海南旅游景点,获取旅游景点信息,以"海岛风光"为旅游主题,推荐旅游景点。每组选出 1 名同学代表小组阐述任务完成的过程,并讲解旅游主题中的主要旅游景点。

任务评价

表 11-4-1　海南旅游区任务训练评价

评价指标	评价分值											
	自我评价				组间评价				教师评价			
	A	B	C	D	A	B	C	D	A	B	C	D
景点推荐												
推荐理由												
阐述过程												
讲解水平												
团队合作												
总体印象												

A.优秀　　B.良好　　C.一般　　D.欠佳

单元练习

1.搜集本区 5A 级旅游景区和世界遗产的基本资料,用表格形式总结出来,并且在地图上用"★"标示地理位置。

单元十一知识测试

表 11-4-2　闽粤琼旅游区 5A 级旅游景区和世界遗产地

景区名称 \ 基本信息	所在地市	主要景点	景区特色

2.以"清新福建游"为旅游主题,推荐旅游景点。

3.以"侨乡文化"为旅游主题,推荐旅游景点。

4.海南旅游文化呈现哪些特色?

单元十二

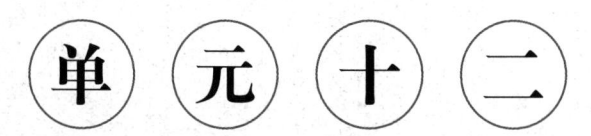

港澳台旅游区

单元十二导学

任务一　港澳台旅游区旅游特色

本区包括香港特别行政区、澳门特别行政区和台湾省。本区位于我国大陆东南部，是我国面向世界、沟通海外的重要窗口。本区山地资源丰富，海岸线曲折，地理位置优越。由于行政体制及发展历程上的特殊性，本区呈现出东方传统与西方文化荟萃的特点，从而造就了独一无二的旅游特色。

任务目标

根据本区的旅游特色，设计本区旅游主题。

任务分析

要想设计本区的旅游主题，首先要了解本区的地理环境及特色旅游资源的类型、功能和成因，从而归纳本区旅游特色，设计本区旅游主题。

知识准备

一、优美丰富的海洋旅游资源

本区背靠祖国大陆，面临浩瀚的太平洋，是远东若干国际航线的汇合地，拥有许多优美的海港，如香港特别行政区的维多利亚港、澳门特别行政区的内外港口、台湾高雄港和基隆港等，这些著名的港口，不仅是繁忙的海上贸易基地，也是当地旅游观光的组成部分。本区海滨旅游资源丰富，如香港特别行政区南部的浅水湾，是优美的风景区和著名的海水浴场；澳门特别行政区的黑沙海滩，沙黑、细、匀，是著名的天然海滨浴场；台湾海岸线漫长，北部和南部海岸地形形态丰富优美，西部海岸沙滩绵长，东部海岸断崖壁立千仞，是本区海滨旅游资源最丰富的旅游地。

二、多彩迷人的亚热带风光

港澳台旅游区地跨亚热带。港澳地区属亚热带海洋性季风气候，天气晴朗温和，偶有寒流和台风，夏长冬短，四季游人不断，以秋季最旺。台湾属于亚热带—热带海洋性季风气候，平原地区长夏无冬，气候宜人，是一个适合全年旅游的好地方；山区垂直分布带完整而明显，水热条件丰富，山地森林茂密，生物多样，加上千姿百态的飞泉流瀑，使很多山脉成为著名的旅游胜地，如玉山、阿里山等。

三、中西交融的文化

港澳台旅游区自古就是我国领土不可分割的一部分，但三地在历史发展过程中，都曾被外国殖民者统治。在被殖民地统治的过程中，本地文化与外来文化冲突、融合，最终形成以中国传统文化为内核，以中西文化交融为特色的文化形态。

本区既有古老宅院，也有现代高楼大厦；既有中式建筑，也有西式楼房；既有明、清的古庙，也有欧陆式的古亚教堂。东方与西方、传统与现代的建筑风格并存，使这些城市别具情调，其中最典型的是已经列入世界文化遗产的澳门历史街区。

本区既重视中华民族的传统节日，如春节、清明节、端午节、中秋节、重阳节等，"洋"节也有许多，如圣诞节、复活节等。

本区长期中外商民共处，各种宗教并存，教堂寺庙并立。

四、娱乐购物的天堂

本区拥有世界一流、设施完备的休闲娱乐场所。香港特别行政区购物点林立，商品种类包罗万象，堪称购物天堂。澳门特别行政区除了闻名于世的博彩业外，购物商品种类繁多，从国际知名品牌到风味小吃，琳琅满目，应有尽有。台湾省各地购物商圈发展完善，可满足不同游客的消费习惯。

▶ 小结

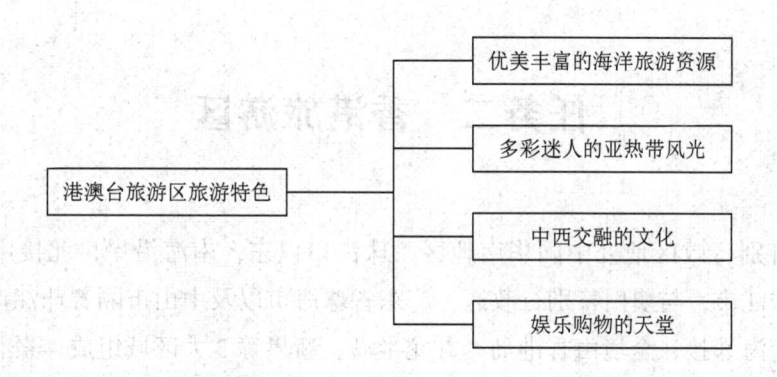

```
                         ┌── 优美丰富的海洋旅游资源
                         │
                         ├── 多彩迷人的亚热带风光
港澳台旅游区旅游特色 ────┤
                         ├── 中西交融的文化
                         │
                         └── 娱乐购物的天堂
```

▶ 任务训练

表 12-1-1　港澳台旅游区旅游主题

主题名称	推荐理由	根据主题推荐的旅游景区或景点

▶ 任务评价

表 12-1-2　港澳台旅游区旅游主题任务评价

评价指标	评价分值											
	自我评价				组间评价				教师评价			
	A	B	C	D	A	B	C	D	A	B	C	D
主题准确、鲜明												
推荐理由合理												

— 331 —

续表

评价指标	评价分值											
	自我评价				组间评价				教师评价			
	A	B	C	D	A	B	C	D	A	B	C	D
景点把握熟练												
团队合作												
总体印象												

A. 优秀　　　　B. 良好　　　　C. 一般　　　　D. 欠佳

任务二　香港旅游区

香港特别行政区地处中国华南地区，珠江口以东，南海沿岸，北接广东省深圳市，西接珠江市，与澳门特别行政区、广东省珠海市以及中山市隔着珠江口相望，其余两面与南海邻接，全境由香港岛、九龙半岛、新界等3大区域组成，素有"东方之珠""美食天堂""购物天堂"等美誉，也是全球最富裕、经济最发达和生活水准最高的地区之一。香港特别行政区作为我国特别行政区和国际自由贸易港，是举世闻名的动感之都。在这里游客可以欣赏东西合璧、新旧互映的城市风格及园林风景，品尝世界各地的美味佳肴，购买时尚便宜的商品，欣赏东西方文化艺术，参加各种有趣的娱乐活动等。

任务目标

1. 学生自行寻找香港旅游区游览图，根据下面旅游行程线路，在图中标注旅游景区。

【"炫香港"快乐行】4日游

Day 1：来自全国各地的游客集中抵达香港，游览浅水湾、海洋公园、赤柱市场、维多利亚港。

Day 2：香港：宋城、黄大仙祠、天坛大佛、迪士尼乐园、星光大道、旺角弥敦道。

Day 3：香港：太平山、杜莎夫人蜡像馆、铜锣湾。

Day 4：香港—返程：金紫荆广场、香港赛马博物馆。

2. 根据香港旅游区游览图，了解香港旅游区的特色旅游及代表性的景区。

任务分析

要想了解香港旅游区的特色旅游及代表性的旅游景区，首先要了解香港旅游区的自然与人文地理环境，从而分析香港旅游区的旅游特色；其次要熟悉香港旅游景区特点及分布情况；最后总结出香港旅游区的特色旅游及代表性景区。

知识准备

一、香港岛游览区

（一）浅水湾

位于香港岛太平山南面，依山傍海，海湾呈新月形，号称"天下第一湾"，也有"东方夏威夷"的美誉，是香港最具代表性的海湾。浅水湾坡缓滩长，波平浪静，水清沙细，沙滩宽阔洁净而水浅，且冬暖夏凉，水温在16~27℃，历来是香港人消夏弄潮的胜地，也是游人必至的著名风景区。浅水湾的秀丽景色，使它成为港岛著名的高级住宅区之一，区内遍布豪华住宅，这些依山傍水的建筑，构成了浅水湾独特的景观，令人流连忘返。

（二）海洋公园

位于香港岛南区的黄竹坑，是一座集海陆动物、机动游戏和大型表演于一身的世界级主题公园，是东南亚最大的海洋主题休闲中心。它依山傍海，共分八个区域，包括亚洲动物天地、梦幻水都、威威天地、热带雨林天地、海洋天地、山上机动城、急流天地以及动感天地，是香港居民最佳的休闲去处，更是游客必到之地。海洋公园内游客可利用登山缆车和室内扶手电梯往来公园各个景点。

（三）金紫荆广场

位于香港会展中心的新翼海旁的博览海滨花园内，为纪念香港回归祖国而设立，是香港回归中国的重要地标。在金紫荆广场飘扬着中华人民共和国国旗及香港特区区旗，每天上午8时举行升旗仪式，晚6点举行降旗仪式。此处也是欣赏"幻彩咏香江"的最佳观赏点。金紫荆铜像高6米，1997年7月1日香港特别行政区成立，中央政府把一座金紫荆铜像赠送香港，正式名称为"永远盛开的紫荆花"，寓意香港永远繁荣昌盛。在金紫荆广场一角还矗立着高20米的香港回归纪念碑，与金紫荆铜像遥相呼应。纪念碑由206块石板层叠而成，每块石板代表1842—2047年的每个年份。广场附近还有一条长400米的海滨长廊，游客可无拘无束地漫步其间，观看维多利亚港两岸景色。在长廊上，设有数以千计的手掌印模，供游客签名留念。海滨长廊还设有70座4米高的三角形灯箱以作照明。灯箱点缀在一条长达1公里的路线上，时而穿过步行道，时而穿过草地，一直延伸到长廊入口处，形成一条独特的灯饰走廊，非常美观。

【思政链接】

香港回归

在第一次鸦片战争时，当时清政府战败后于1842年8月29日与英国签订了《南京条约》，将香港岛及鸭脷洲割让给英国。1860年10月，第二次鸦片战争时清政府再次战败，被迫签订《北京条约》，将九龙半岛（时称九龙司地方一区）界限街以南及昂船洲交给英国管治。1898年，清政府与英国签订《展拓香港界址专条》，将深圳河以南，界限街以北的230块大小岛屿总计975.1平方公里的土地租借给英国，并将租借地称为"新界"，租期为99年。之后，英国政府于1997年7月1日将香港交还给中华人民共和国，当日，香港特别行政区成立，结束了长达155年的英国的统治，香港自此由香港特别行政区政府管理。

（四）赛马博物馆

位于香港跑马地马场快活看台2楼。赛马是香港人最喜爱的运动项目，至今已有100多年的历史，香港赛马博物馆就是为了香港赛马会、赛马活动和马会的慈善事业而建设的。博物馆设有8个展览厅和1个可容纳84人的电影院和礼品廊。各展馆的主题包括香港的赛马历史、快活谷、沙田马场的发展史、几匹一代名驹的资料和三届马王禄怡的骨架，电影院定期放映有关赛马的短片，以便让参观者对香港赛马历史有更深入的认识。

（五）太平山

位于香港岛西部，是香港岛中央山脉的主峰，是香港岛最高的山峰。香港开埠以后，定名维多利亚峰，民间俗称为扯旗山，山顶依地势可再被细分为扯旗山、炉峰峡、歌赋山和奇力山。山顶是香港的主要旅游景点之一，香港的壮丽美景可尽收眼底，而晚上来到此地，从山上俯瞰世界著名的香港夜景，可感受香港动感之都的魅力。太平山山顶是香港旅游区的主要旅游景点之一，设有多座户外观景台，包括部分免费和收费的香港市区最高的观景台在内。

（六）维多利亚港

位于香港岛和九龙半岛之间，是亚洲第一、世界第三大海港。由于港阔水深，为天然良港，香港也因而有"东方之珠""世界三大天然良港""世界三大夜景"的美誉。维多利亚港一直影响香港的历史和文化，主导香港的经济和旅游业发展，是香港成为国际化大都市的关键之一。维多利亚港两岸的夜景是世界知名的观光点之一，由于香港岛和九龙半岛高楼大厦满布，入夜后万家灯火，相互辉映，香港的夜景因而与日本函馆和意大利那不勒斯并列"世界三大夜景"。

二、九龙游览区

（一）星光大道

位于梳士巴利花园南端至新世界中心，是香港尖沙咀海岸的一段海滨长廊，以香港电影业发展史及旨在表扬幕后巨星和幕后电影工作者成就为主题，从香港艺术馆旁延伸至新世界中心对开。香港星光大道整体仿照好莱坞星光大道，为了表扬香港电影界的杰出人士而修建。获嘉许及表扬的电影工作者，由香港电影金像奖协会及其属会（包括电影双周刊）以投票方式选出。此后，香港电影金像奖协会将定期选出新增获嘉许名单。星光大道全长440米，地面装嵌了多名电影名人的牌匾，当中部分有名人打手印。大道入口处也设有金像奖铜像及一个供表演活动的小舞台。大道沿途有小食亭、纪念品小卖亭、一些与电影相关的雕塑和休憩座椅。此外，一些穿上滚轴溜冰鞋的星光大使在大道上穿梭来往，为游客提供迅速的协助及服务。在星光大道漫步，游客可以从容地欣赏香港著名的维多利亚港景色、香港岛沿岸特色建筑物以及香港崭新的多媒体灯光音乐会演"幻彩咏香江"。

（二）黄大仙祠

位于九龙黄大仙竹园村，原名啬色园，是香港九龙有名的胜迹之一，最著名的庙宇之一。黄大仙祠的建筑雄伟，金碧辉煌，极尽中国古典庙宇的特色。庙宇占地18000多平方米，除主殿大雄宝殿外，还有三圣堂、从心苑等。黄大仙祠内的九龙壁仿照北京九龙壁而建，其中的牌坊建筑最具特色，充分展现了中国传统文化。相传祠内所供奉的黄大仙是"有求必应"的，十分灵验，该祠也是香港唯一一所可以举行道教婚礼的道教庙宇。

三、新界游览区

（一）迪士尼乐园

位于新界大屿山，占地126公顷，于2005年9月12日正式开幕，由香港特区政府及华特迪士尼公司联合经营的香港国际主题乐园有限公司建设及营运，是全球第5座、亚洲第2座，中国第1座迪士尼乐园。乐园分为7个主题园区，分别为美国小镇大街、探险世界、幻想世界、明日世界、玩具总动员大本营、灰熊山谷以及迷离庄园，其中灰熊山谷和迷离庄园为全球独有。园区内设有主题游乐设施、娱乐表演、互动体验、餐饮服务、商品店铺及小食亭。此外，乐园每天晚上会呈献巡游表演节目及烟花会演。

（二）天坛大佛

位于海拔482米的大屿山木鱼峰上，是全球最高的户外青铜坐佛。这尊由宝莲禅寺筹建，历时12年落成的庄严宏伟大佛，寓意着香港稳定繁荣，国泰民安，世界和平。天坛大佛由中国航天科技部设计和制作，佛像身高23米，连莲花座及基座总高约34米，重250吨，由202块青铜焊接而成，被誉为"尖端科技与东方艺术的结晶"。从木鱼山脚登上天坛底座，有260级石级。底座仿北京天坛圜丘坛而建，故名天坛大佛。内部结构分功德堂、展览厅和纪念堂3层。天坛大佛是香港旅游区重要的地标，吸引着众多中外信徒和游客前来朝拜参观。

小结

香港旅游区	香港岛游览区	浅水湾、海洋公园、金紫荆广场、赛马博物馆、太平山、维多利亚港
	九龙游览区	星光大道、黄大仙祠
	新界游览区	迪士尼乐园、天坛大佛

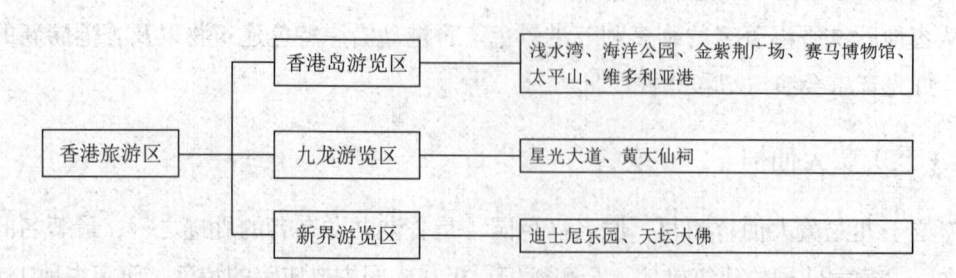

➡ 任务训练

以小组的形式，通过教材或其他方式了解香港旅游区旅游景点，获得旅游景点信息，选出小组最喜欢的旅游景点。每组选出1名同学代表小组阐述任务完成的过程，讲解选出的旅游景点。

➡ 任务评价

表12-2-1　香港旅游区任务训练评价

评价指标	评价分值											
	自我评价				组间评价				教师评价			
	A	B	C	D	A	B	C	D	A	B	C	D
景点把握												
阐述过程												
讲解水平												
团队合作												
总体印象												

A.优秀　　　B.良好　　　C.一般　　　D.欠佳

任务三　澳门旅游区

澳门特别行政区位于广东省珠江口西侧，北邻广东省珠海市，西与珠海市的湾仔和横琴对望，东与香港特别行政区隔海相望，南临中国南海。1553年，葡萄牙人取得澳门居住权，1887年12月1日，葡萄牙正式通过外交文书的手续占领澳门并将此辟为殖民地。1999年12月20日，中国政府恢复对澳门行使主权。经过400多年欧洲文明的洗礼，东西方文化的融合共存使澳门特别行政区成为一个风貌独特的城市，留下了大量的历史文化遗迹。澳门特别行政区是一个国际自由港，是世界人口密度最高的地区之一，也是世界四大赌城之一。其著名的轻工业、旅游业、酒店业和娱乐场使澳门长盛不衰，成为全球最发达、富裕的地区之一。澳门历史城区于2005年7月15日正式列入联合国世界文化遗产。

任务目标

1. 学生自行寻找澳门旅游区游览图，根据下面旅游行程线路，在图中标注旅游景区。

【澳门历史文化行】2 日游

Day 1：普济寻幽、灯塔松涛、卢园探胜、三巴圣迹。

Day 2：妈阁紫烟、镜海长虹、龙环葡韵、黑沙踏浪。

2. 根据澳门旅游区游览图，了解澳门旅游区的特色旅游及代表性的景区。

任务分析

要想了解澳门旅游区的特色旅游及代表性的旅游景区，首先要了解澳门旅游区的自然与人文地理环境，从而分析澳门旅游区的旅游特色；其次要熟悉澳门旅游景区特点及分布情况；最后总结出澳门旅游区的特色旅游及代表性景区。

知识准备

一、普济禅院

位于澳门美副将大马路，又名观音堂，澳门最大的禅院，是近现代历史和文化事件的见证地。禅院具有中国名山古刹的特色，禅院的第一重是大雄宝殿，第二重是长寿佛殿，第三重是观音殿。大殿的西侧依次为天后殿、地藏殿、玉清殿、龙华堂、静乐堂和祖师堂。大殿的东侧依次为关帝殿、客堂、檀越堂。再向东伸展还有报恩堂、斋堂、方丈室、藏经阁等。院后还有广阔幽深的后花园，是一座颇具规模，港澳罕有的佛寺建筑群。除极具历史和艺术价值的建筑和雕塑之外，禅院还藏有不少珍贵经卷，以及名家留下的字画，均为澳门重要的文物。

二、东望洋山

东望洋山俗称松山，是澳门半岛最高山冈，海拔 93 米，南连若宪山，清代时山上广种青松，数年后满山皆是松林，东望洋山从此被称为万松岭，简称松山。东望洋山主要的景点有松山灯塔、圣母雪地殿教堂、炮台、防空洞等。松山灯塔是我国沿海以及远东地区的第一座灯塔,塔高 13 米,于此远眺,澳门全景及珠江口的壮丽景色尽收眼底。

三、卢廉若公园

卢廉若公园古称娱园,又称卢家花园,位于澳门半岛的中部,东望洋山的北麓,罗利老马路与荷兰园马路的交界处,是澳门特别行政区唯一的一座江南园林式公园。卢园原是澳门富商卢廉若的私人花园,原名"娱园",园内亭台楼阁、池塘桥榭、人工飞瀑和曲径回廊分布有致,颇具苏州狮子林的格局。全园以"春草堂"水榭厅为建筑主体,通过堂前水面周围的石径将各景点连成一体。园内景点分布得当,景色错落有致。

四、大三巴牌坊

位于澳门半岛大巴街附近的小山丘上。大三巴牌坊是圣保禄教堂的前壁遗迹,是澳门特别行政区著名的名胜。建筑糅合了欧洲文艺复兴时期与东方建筑的风格而成,体现出东、西方艺术的交融,该壁形似内地的牌坊,因其历经风雨侵蚀而不倒,被人们视为"奇迹"。

雕刻精细,巍峨壮观,由三至五层构成三角金字塔形,无论是牌坊顶端高耸的十字架,还是铜鸽下面的圣婴雕像和被天使、鲜花环绕的圣母塑像,都充满着浓郁的宗教气氛,给人以美的享受。牌坊上各种雕像栩栩如生,堪称"立体的圣经"。游览大三巴牌坊,除欣赏巍峨壮观的前壁之外,壁上精致的浮雕及其意义也是值得仔细观赏体会的。

五、妈阁庙

澳门妈祖阁

坐落在澳门半岛的西南方,是澳门特别行政区最古老的庙宇,初建于明弘治元年(1488),距今已有 500 多年的历史。妈阁庙原称妈祖阁,俗称天后庙,主要建筑有大殿、弘仁殿、观音阁等殿堂。庙内主要供奉道教女仙妈祖,又称"天后娘娘""天妃娘娘",妈阁庙背山面海,景色清幽,历来香火鼎盛,紫烟弥漫,是一座富有中国文化特色的古建筑。

六、镜海长虹

"镜海"本是澳门特别行政区的古地名之一,又泛指澳门岛与氹仔岛之间的海面。"镜海"上架起两座大桥——澳氹大桥和友谊大桥,大桥跨度很大,两桥似"长虹"横跨"镜海",是澳门特别行政区极为壮观的一处美景。入夜后,桥灯吐亮,如连串明珠,把海面装点得十分璀璨。

七、龙环葡韵住宅式博物馆

位于氹仔岛,是以海边马路的五幢葡萄牙式住宅为主的博物馆。龙环是氹仔岛的旧称,在岩边碎石马路旁有五幢1921年建造的葡式建筑物,原为澳葡官员的私宅,后改为"住宅博物馆"。五幢葡萄牙式住宅分别为土生葡人之家、海岛之家、葡萄牙地区之家、展览馆、迎宾馆。馆中陈列许多中葡古旧家具及富有艺术价值的美术作品,从中可以窥见葡萄牙人的家庭风貌。

八、黑沙海滩

位于路环岛南部,海湾呈半月形,坡度平缓,黑沙海滩宽约1公里,沙细而匀,呈黑色,故有黑沙海滩之名。这里滩面宽阔,可容万人踏浪和游泳,是澳门特别行政区最大的天然海滨浴场。其附近有一片松林,苍翠茂密,旁边还建有宽广的停车场、公共汽车站及各式小食店。

➥ 小结

澳门旅游区
- 普济禅院
- 东望洋山
- 卢廉若公园
- 大三巴牌坊
- 妈阁庙
- 镜海长虹
- 龙环葡韵住宅式博物馆
- 黑沙海滩

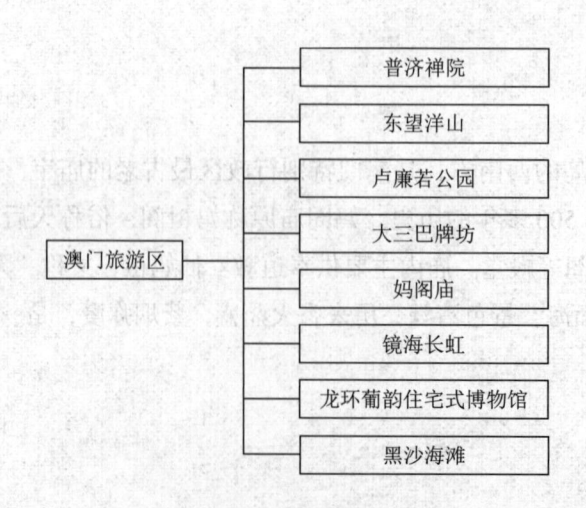

任务训练

以小组的形式，通过教材或其他方式了解澳门旅游区旅游景点，获得旅游景点信息，选出小组最喜欢的旅游景点。每组选出 1 名同学代表小组阐述任务完成的过程，讲解选出的旅游景点。

任务评价

表 12-3-1 澳门旅游区任务训练评价

评价指标	评价分值											
	自我评价				组间评价				教师评价			
	A	B	C	D	A	B	C	D	A	B	C	D
景点把握												
阐述过程												
讲解水平												
团队合作												
总体印象												

A. 优秀　　　　B. 良好　　　　C. 一般　　　　D. 欠佳

任务四　台湾旅游区

台湾自古以来就是中国不可分割的一部分。位于中国大陆东南沿海的大陆架上，扼西太平洋航道的中心，是中国与太平洋地区各国海上联系的重要交通枢纽，东临太平洋，东北邻琉球群岛，南界巴士海峡与菲律宾群岛相对，西隔台湾海峡与福建省相望，总面积约 3.6 万平方公里，包括台湾岛及兰屿、绿岛、钓鱼岛等 21 个附属岛屿和澎湖列岛 64 个岛屿。台湾岛是中国第一大岛，70% 为山地和丘陵，平原主要集中于西部沿海，地形海拔变化大，地处热带及亚热带气候的交界。壮丽的海洋、高耸的山岳、多样的自然生态与独特的人文风情，构成了独一无二的美丽台湾。

任务目标

1. 学生自行寻找台湾旅游区游览图，根据下面旅游行程线路，在图中标注旅游景区。

【五光十色】台湾 8 日游

Day 1：北京—台北：101 大楼、士林官邸、台北夜市。

Day 2：台北—台中：台北"故宫博物院"、野柳地质公园。

Day 3：台中—南投—嘉义：日月潭、中台禅寺。

Day 4：嘉义—高雄：阿里山、驳二艺术特区、高雄港。

Day 5：高雄—垦丁—台东：垦丁公园。

Day 6：台东—花莲：石梯坪风景区、北回归线标志塔。

Day 7：花莲—台北：太鲁阁风景区、西门町商圈。

Day 8：台北—北京：台北中山纪念馆。

2. 根据台湾旅游区游览图，了解台湾旅游区的特色旅游及代表性的旅游景区。

任务分析

要想了解台湾旅游区的特色旅游及代表性的旅游景区，首先要了解台湾旅游区的自然与人文地理环境，从而分析台湾旅游区的旅游特色；其次要熟悉台湾旅游景区特点及分布情况；最后总结出台湾旅游区的特色旅游及代表性景区。

知识准备

一、北部游览区

台北游览区指台湾岛北部，以台北市为中心，包括基隆、新竹、桃园、宜兰等市县所辖的区域，以火山地貌、温泉疗养、山湖胜景、文物古迹为主要特色。

（一）101 大楼

位于台北市信义区，为台湾第一高楼，是全球最高绿建筑及环地震带最高建筑物。此外，大楼内拥有全球最大的阻尼器以及全球起降速度最快的电梯。101 大楼有地上 101 层、地下 5 层，其中 B1—4 楼共有 5 层购物中心，89 楼为室内观景层，91 楼为室外观景台。

（二）中山纪念馆

位于台北市仁爱路四段，为纪念孙中山先生百年诞辰而兴建。孙中山先生是中国民主革命的先行者，中华民国的缔造者，是中国现代史上的一位杰出人物。台北中山纪念馆的平面是长为100米的正方形，高30.4米，每边由14支灰色大柱，以黄色屋顶采顶起翘角像大鹏展翼的形状，为仿中国宫殿式建筑，巍峨雄伟。平面分成前后两大部分，前为中山雕像纪念堂，后为表演厅，馆内四大展览室装饰精美，设计新颖。此外，馆内的表演厅、灯光、音响设备一流，经常举办高水准的音乐会。馆外有中山公园环绕，还有九曲桥、池塘、假山、柳树等景色点缀。台北中山纪念馆是市民户外活动、休闲，以及欣赏艺术、文化演出的综合性场所。

（三）士林官邸

位于台北市士林区福林路，早期属日本占领时代总督府园艺所用地，后成为蒋介石、宋美龄的官邸，分为平地区和山区，也是台北市第一座生态公园。士林官邸由外而内共分为外花园、内花园、正房几个区域。温室盆栽区及玫瑰园，是宋美龄最喜爱的花园。西式庭园中浪漫美好的风光，是新人婚纱照最常取景的地方。中式庭园里有拱桥、曲池、流水等东方庭园造景，令人仿佛置身古代中国。其他如园艺馆、新兰亭、凯歌堂等，都是十分具有特色的建筑。

（四）台北"故宫博物院"

位于台北市郊阳明山脚下双溪至善路2段221号，始建于1962年，原名中山博物院，后改为"故宫博物院"，是著名的历史与文化艺术史相结合的博物馆。台北"故宫博物院"建筑为中国宫殿式建筑，共4层，白墙绿瓦，院前广场耸立由6根石柱组成的牌坊，气势宏伟，整座建筑庄重典雅，富有民族特色。台北"故宫博物院"藏品包括清代北京故宫、沈阳故宫和原热河行宫等处旧藏之精华，以及海内外各界人士捐赠的文物精品，共约60万件，分为书法、古画、碑帖铜器、玉器、陶瓷、文房用具、雕漆、珐琅器、雕刻、杂项、刺绣及缂丝、图书、文献等14类。博物院维持有5000件左右的书画、文物展出，并定期或不定期地举办各种特展。馆内的展品每3个月更换1次。

（五）阳明山风景区

位于台北盆地的东北方，整个公园主要以大屯山和七星山火山群为中心，因此各种特殊的火山地形景观及地质构造，便成为本区的一大特色。由于阳明山公园气候分属亚热带与温带，温暖而潮湿，加之火山地质构造的影响，本区的动、植物种类丰富，并自成一个生态体系。蝴蝶则是本区数量及种类最多的动物资源，约有133种，阳明山因而成为台湾北部主要的赏蝶去处。目前公园内规划有冷水坑、擎天岗、龙凤谷硫磺谷、小油坑、大屯自然公园、二子坪等游憩区，并包括阳明山公园、竹子湖、蝴蝶花廊、于右任墓园、七星公园、马槽七股、中正山、纱帽山等景点。此外，为了方便游客深入寻访自然之美，阳管处特别规划了人车分道系统以及12条自导式步道，供民众放慢脚步、细心游览园区的自然景观和生态。

（六）北投风景区

位于台北市北郊，为台湾北部著名温泉区。泉水主要来自地热谷及行义路底的龙凤谷，水温85℃左右，属硫黄泉，不能饮用，但可用来煮蛋及番薯等。北投温泉被纱帽山、大屯山、七星山系所环抱，常年冒着硫磺的烟雾，拥有丰富的温泉资源，而享有"温泉乡"的盛名。泉质多属于硫矿泉，拥有白磺、青磺、铁矿泉等，泉温55~58℃，对于皮肤病、关节炎有不错的疗效。

（七）野柳地质公园

位于新北市万里区，野柳是突出海面的岬角（大屯山系），长约1700米，为台湾省北部著名的地质公园。受造山运动的影响，深埋海底的沉积岩上升至海面，产生了附近海岸的单面山、海蚀崖、海蚀洞等地形，海蚀、风蚀等在不同的岩层上作用，形成蜂窝岩、豆腐岩、蕈状岩、姜状岩，风化窗等世界级的岩层景观。野柳地质公园内可概分为三区：第一区属于蕈状岩、姜石的主要集中区；第二区的地景与第一区相似，皆以蕈状岩及姜石为主，但数量比第一区少，著名的女王头、龙头石与金刚石皆位于本区；第三区是野柳另一侧的海蚀平台，平台一侧紧贴峭壁，另一侧底下则是急涌的海浪，在这里可看到不少怪石散置其间，其中，较特殊的有二十四孝石、珠石、玛伶鸟石等。野柳地质公园以其独特的地形地貌吸引着游客，号称"世界十大最美海岸之一"。

二、中西部游览区

本区以台中为中心，是台湾地形变化最典型的地区，以山岳风景著称。

（一）日月潭

位于阿里山以北、能高山以南的南投县鱼池乡水社村，是台湾最大的天然淡水湖泊。日月潭四周群山环抱，潭水清澈晶莹，湖面辽阔，群峰倒映湖中，犹如画中的美景。湖中间有一个小岛，远看好像浮在水面上的一颗珠子，所以被叫作"珠子屿"，现在也叫拉鲁岛。以这个岛为界，湖的北半部分圆圆的像太阳，湖的南半部分弯弯的像月牙，这就是日月潭名字的来源。玄光寺，是为纪念唐玄奘法师而兴建，其离潭只有十多米，供奉着玄奘灵骨，玄光寺的建筑采用唐式，因临潭而建，可以就近欣赏日月潭的涵碧秀水。

（二）中台禅寺

位于南投县埔里镇一新里，将艺术、学术、宗教和文化融为一体，是一座融合中西方建筑特色的现代化寺院。其主体建筑以石材为主，象征修行的坚固和永恒不变。由侧面看主体建筑，仿佛是一位在青山中禅坐的行者，从正面看外观则像蓄势待发的喷射机，象征禅宗"顿悟自心，直了成佛"的无上心法，设计兼具时代开创新意与绵长的禅宗古意，包括禅堂、四天王殿、菩萨殿、三世佛殿、讲堂、知客室、大寮、斋堂等。

（三）阿里山

位于嘉义市东方75公里，地处海拔2000米以上，是台湾著名旅游风景区，东面靠近台湾最高峰玉山。阿里山区植被丰富，从亚热带的阔叶林到寒带的针叶林都有，红桧、台湾扁柏、台湾杉、铁杉及华山松被称为"阿里山五木"，阿里山的千年桧木群是台湾最密集的巨木群。阿里山景观多元，高山铁路、森林、云海、日出及晚霞号称"阿里山五奇"，此外尚有三代木、妹妹潭、慈云寺、受镇宫、高山博物馆、树灵塔、琴山河合博士旌功碑等景点。

（四）玉山

位于台湾中部，横跨南投、嘉义、花莲及高雄四地，总面积约达105491公顷，是典型的亚热带高山地质，其地形以高山及河谷为主。主峰海拔3997米，不仅是台湾岛最高山峰，也是中国东部最高峰。玉山虽然身居热带和亚热带，但冬季常积雪，色白如银，浑然如玉，故名玉山。山地多森林，目前仍有原始森林分布，材用、药用和化工用植物资源丰富。玉山以奇峰、云瀑、林涛、积雪而闻名。

（五）北港妈祖庙

北港妈祖庙又名朝天宫、天后宫，位于台湾西部云林县北港镇，是现在台湾妈祖庙中规模最大的一座，相传创建于清康熙三十三年（1694）。是年，佛教临济宗第三十四代僧树璧奉迎福建湄洲祖庙的妈祖神像到台湾，在笨港（即今北港）登岛。树壁初抵时，租借简陋民房，供奉神像。康熙三十九年，编竹葺茅，成一小祠。雍正八年（1730），易茅为瓦，焕然一新，其后又多次修葺，香火愈盛。

三、南部游览区

台湾南部游览区以台南市、高雄市为中心，主要风景区有以台南市为中心的历史古迹区、以高雄市为中心的风景游览区、以热带景观和独特的海滨风光为特色的恒春半岛。

（一）安平古堡

安平古堡古称"奥伦治城""热兰遮城""安平城""台湾城"，最早建于1624年，是台湾地区最古老的城堡。1662年，郑成功攻下"热兰遮城"，顺利将荷兰人驱逐出台湾，建立了台湾历史上第一个汉人政权。郑氏同时也将该城改为"安平城"，这就是现今"安平古堡"这个名称的由来。郑氏王朝三代统治者均驻居此城，故又叫"王城"。自建城以来，这里曾经是荷兰人统治台湾的中枢也曾经是郑氏王朝三代的宅第。清同治年间古城被英舰大炮所摧，经整修后，虽不复旧观，但仍保持古朴典雅的风韵。古堡中，有一片红砖砌成的残壁城垒，是300多年前古城仅存的遗迹。

【思政链接】

郑成功收复台湾

1661年3月，郑成功亲率2.5万名兵将，分乘百艘战船，从金门出发，越过台湾海峡，在澎湖休整几天准备直取台湾。荷兰侵略军听说郑成功要进攻台湾，十分惊恐。他们把军队集中在台湾（今台湾东平地区）、赤嵌（今台南）两座城堡，还在港口沉破船阻止郑成功船队登岸。郑军乘海水涨潮将船队驶进鹿耳门内海，主力从禾寮港登陆，从侧背进攻赤嵌城，并切断了与台湾城的联系。战斗中，侵略军以"赫克托"号战舰攻击，郑成功一声令下，把敌军紧紧围住，60多只战船一齐发炮，把"赫克托"号击沉。与此同时，郑成功又击溃了台湾城的援军。赤嵌的荷兰军在水源被切断，外援无望的情况下，向郑军投降。盘踞台湾城的侵略军企图负隅顽抗，郑成功在该城周围修筑土台，围困敌军8个月之后，下令向台湾城发起强攻，自此，郑成功从荷兰侵略者手里收复了沦陷38年的中国领土。

（二）西子湾风景区

位于高雄市西侧，北靠万寿山，南隔高雄港与旗津半岛相望，是一处以黄澄沙滩、碧蓝海水浴场、迷人的夕阳美景及天然礁石闻名的风景区。西子湾风景区包括西子湾海水浴场、海滨公园、蒋公纪念馆等。西子湾海水浴场极富热带气息，浴场海滩平坦，白沙细软，高大挺拔的椰林，迎风摇曳，充满了南洋风情。

（三）驳二艺术区

位于高雄市盐埕区大勇路，前身为港口仓库，"驳二"是指第二号接驳码头，原本是普通的港口仓库用于存放鱼粉和糖，2000年后转型成为以创新、实验、前卫为理念打造的艺术展示区，在特区旁有长长的自行车道，竖立着许多可爱的巨型公仔。驳二艺术特区还经常举办各种独具个性的艺术展、画展、雕塑展和音乐会，成为台湾南部的实验创作场所。

（四）垦丁公园

位于屏东县境内、台湾最南端的恒春半岛上。公园陆地范围包括龟山至红柴台地崖与海滨地带、龙銮潭、猫鼻头、南湾、垦丁森林游乐区、鹅銮鼻、东沿太平洋岸经佳乐水，北至南仁山区等区域；海域范围包括南湾海域及龟山经猫鼻头、鹅銮鼻北至南仁湾间，距海岸1公里内海域等区域。公园分为植物景观与人工建筑融合的游赏区域、特有的地形景观和植物景观、原始珊瑚礁雨林带三个区域。鹅銮鼻灯塔是台湾最南端的灯塔，猫鼻头为恒春半岛向巴士海峡延伸而出的突兀点，其外形状如蹲伏的猫，因而取其名，是台湾海峡和巴士海峡的分界点。

四、东部游览区

本区包括台东和花莲两个县，自然旅游资源十分丰富，以惊险壮丽的断崖幽谷最为突出。

（一）太鲁阁公园

位于台湾岛东部，地跨花莲县、台中县、南投县三个行政区。园内有台湾省第一条东西横贯公路通过，称为"中横公路系统"。公园拥有雄伟壮丽、几近垂直的峡谷和高山景观，著名景点有：长春祠、燕子口、靳珩公园、九曲洞、慈母桥、天祥、流芳桥、大禹岭、布洛湾、绿水合流步道、清水断崖步道、白杨步道、豁然亭步道、莲花池步道、黄金峡谷等。

（二）北回归线标志塔

北回归线横过台湾的澎湖、嘉义、南投、花莲四地，在台湾岛的东、西两面各立碑志，西标志碑就是嘉义市北回归线标志碑，东标志碑则建在花莲县。嘉义市的北回归线标志碑建于清光绪三十四年（1908），是我国最早建立的北回归线标志碑。花莲县北回归线标志塔位于花莲县丰滨乡静浦村，东临太平洋，呈圆柱形，灯塔状，一柱擎天，颇为壮观。标志塔的南北两面，上刻"北回归线"字样，圆柱中间有纵向狭长细缝，北回归线正从这里通过。

（三）清水断崖

位于花莲县北部，是崇德、清水、和平等山临海悬崖所连成的大块大石崖，断崖形状如鞘，绝壁万丈，脚下白浪滔天，前后绵亘达21公里，地质以片麻岩和大理岩为主，成90°角直插入太平洋，高度均在800米以上。临崖远眺，碧波万顷；俯视则惊涛骇浪，夺人心魄。清水断崖为太平洋西岸大海崖区，号称世界第二大断崖。

五、本岛附属岛屿游览区

台湾岛的附属岛屿澎湖列岛、钓鱼岛、赤尾屿、兰屿、绿岛等，以海岛风光为特色，其中大部分发展成为台湾省著名的旅游地。

（一）澎湖列岛

澎湖列岛位于台湾岛西部的台湾海峡，是台湾海峡东南部64个岛屿的总称。它们都属火山岛，由玄武岩组成，环以珊瑚礁，大部分海拔30~40米，最高的岛屿海拔79米。其中，以澎湖、渔翁、白沙三岛最大。

（二）兰屿

兰屿是台湾东部的一个小岛。因岛上安山岩含大量硫化铁而呈赤红色，远望如红色人头，故旧称"红头屿"，又因岛上盛产名贵的蝴蝶兰，后改名为兰屿。兰屿与鼓浪屿、江心屿、东门屿并称"中国四大名屿"。

（三）绿岛

位于台东东方约33公里处的太平洋上，岛身呈不等边四角形，南北长约4公里，东西宽约3公里，面积约16平方公里，为台湾第四大附属岛。绿岛旧称"鸡心屿""青仔屿""火烧岛",是个山丘纵横的火山岛。主要景点有:绿岛公园、南寮湾、绿岛灯塔、观音洞、龟湾等。

➢ 小结

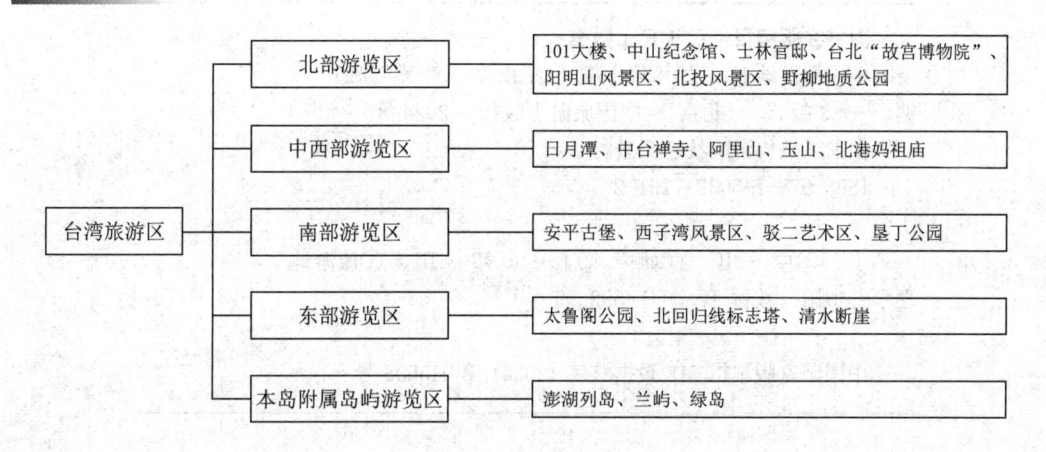

```
                    ┌─ 北部游览区 ──── 101大楼、中山纪念馆、士林官邸、台北"故宫博物院"、
                    │                  阳明山风景区、北投风景区、野柳地质公园
                    │
                    ├─ 中西部游览区 ── 日月潭、中台禅寺、阿里山、玉山、北港妈祖庙
                    │
台湾旅游区 ─────────┼─ 南部游览区 ──── 安平古堡、西子湾风景区、驳二艺术区、垦丁公园
                    │
                    ├─ 东部游览区 ──── 太鲁阁公园、北回归线标志塔、清水断崖
                    │
                    └─ 本岛附属岛屿游览区 ── 澎湖列岛、兰屿、绿岛
```

➢ 任务训练

以小组的形式,通过教材或其他方式了解台湾旅游区旅游景点,获得旅游景点信息,以"美丽宝岛行"为旅游主题,推荐旅游景点。每组选出1名同学代表小组阐述任务完成的过程,讲解推荐的旅游景点及推荐的理由。

➢ 任务评价

表 12-4-1 台湾旅游区任务训练评价

评价指标	评价分值											
	自我评价				组间评价				教师评价			
	A	B	C	D	A	B	C	D	A	B	C	D
景点推荐												
阐述过程												
讲解水平												
团队合作												
总体印象												

A. 优秀　　　　B. 良好　　　　C. 一般　　　　D. 欠佳

➢ 单元练习

1. 搜集相关资料,推荐本区特色饮食和特色旅游商品。
2. 搜集相关资料,了解各旅游亚区的历史文化。

单元十二知识测试

项目策划：段向民
责任编辑：武　洋
责任印制：钱　宬
封面设计：武爱听

图书在版编目（CIP）数据

中国旅游地理 / 姚雪峰主编；王佼佼，韩黄英副主编. — 2版. — 北京：中国旅游出版社，2024.8
全国重点旅游院校精品教材
ISBN 978-7-5032-7291-2

Ⅰ．①中… Ⅱ．①姚… ②王… ③韩… Ⅲ．①旅游地理学—中国—教材 Ⅳ．① F592.99

中国国家版本馆 CIP 数据核字（2024）第 045508 号

书　　名：	中国旅游地理（第二版）
主　　编：	姚雪峰
副 主 编：	王佼佼　韩黄英
参　　编：	林　婧　闫利娜　刘　芳　刘依川　袁晓红　郭艳萍
出版发行：	中国旅游出版社
	（北京静安东里6号　邮编：100028）
	http://www.cttp.net.cn　E-mail:cttp@mct.gov.cn
	营销中心电话：010-57377103，010-57377106
	读者服务部电话：010-57377107
排　　版：	北京旅教文化传播有限公司
经　　销：	全国各地新华书店
印　　刷：	北京工商事务印刷有限公司
版　　次：	2024年8月第2版　2024年8月第1次印刷
开　　本：	787毫米×1092毫米　1/16
印　　张：	22.75
字　　数：	427千
定　　价：	49.80元
ISBN	978-7-5032-7291-2

版权所有　翻印必究
如发现质量问题，请直接与营销中心联系调换